"十四五"职业教育国家规划教材

景区接待服务

第三版

主　编◎蔡　梅　　副主编◎周慧慧

中国旅游出版社

第三版前言

《景区接待服务》自2017年首次出版以来，在内容上突出应用性与实用性，得到了广大师生的广泛认可，并陆续获批“十三五”“十四五”职业教育国家规划教材。此次修订，主要体现在以下三方面：

一是增加了二维码在内的数字化呈现方式，便于读者通过扫二维码方式获取相关知识链接及教学资源，使其可听、可视、可练。

二是更新了书稿中的个别陈旧案例，新的案例资料在内容选取上重点凸显与旅游业发展新形态、新理念、新标准的紧密结合。

三是补充完善了社会主义核心价值观的内容。增加了绪论，绪论内容主要包括：深刻认识党的二十大胜利召开的伟大意义，提升新时代大学生政治站位；深刻把握党的二十大主题，激发新时代大学生爱国热情；深入学习领悟过去五年工作和新时代十年伟大变革的重大意义，增强新时代大学生民族自豪感；深刻领会“两个结合”是推进马克思主义中国化时代化的根本途径，加强新时代大学生弘扬中华优秀传统文化教育；牢牢把握全面建设社会主义现代化国家开局起步的战略部署，指引新时代大学生守正创新促发展；深入把握党的二十大关于文化和旅游工作的部署要求，推动文旅融合高质量发展；深刻把握团结奋斗的新时代要求，为文旅行业培养高素质人才。

由于作者水平有限，不足之处在所难免，敬请广大读者批评指正！

编者

2023年7月

第二版前言

新冠肺炎疫情发生后，对我国旅游业造成了极大的影响。中国旅游景区协会的相关报告指出，此次新冠肺炎疫情对景区行业的营业收入影响极大，不仅波及全国范围，而且受影响程度重、时间长。随着旅游新业态服务模式的开启和景区智慧化管理、云旅游对景区的接待服务也提出了更高的要求，有鉴于此，本书新增和更新了部分内容和案例，同时，本次修订结合了" 十三五" 职业教育国家规划教材的新要求，以便在完善本书知识体系的同时，也能更好地帮助学生掌握本书内容。

本书在编写过程中参考了大量的文献资料，在此对这些文献资料的作者表示谢意。由于编者水平有限，书中难免存在不妥之处，敬请广大读者批评指正。

蔡梅

2021 年 1 月

前　言

随着社会物质生活水平的提高以及人们对精神文化生活的追求，旅游需求日渐旺盛，国内的旅游业也逐渐步入大众旅游阶段。各地为了满足旅游者需求，大力发展旅游经济，不遗余力地进行景区建设。于是，各种规模、各个层次、各种类型的景区如雨后春笋般出现，一方面构成了旅游产业的主体，另一方面也成为大众文化生活的一个主要载体以及进行休闲旅游的主要场所。

旅游景区是旅游活动的核心和空间载体，是旅游系统中最重要的组成部分，也是激励旅游者出游的最主要的目的和因素，是一个国家人文资源和自然资源的精华。旅游业和旅游服务都依附于旅游景区的存在而存在，旅游景区产品的开发和品牌推广也是以旅游景区的存在为前提和基础的。

服务是旅游发展过程中的一个永恒主题，服务理念伴随着旅游活动的发展而不断提升。景区服务是旅游服务的一种，我们可以把景区向旅游者提供的与游览或娱乐相关的服务综合起来，称之为景区服务。景区服务环节主要包括进入景区、接待服务、交通服务、游览服务、解说服务、娱乐服务、购物服务、餐饮服务、住宿服务和其他服务。其中，接待服务是景区服务的关键，是景区形象的直接体现。景区接待服务的工作内容包括售票验票服务、入门接待服务、咨询服务、投诉处理服务和客户维护服务等内容。做好景区接待服务工作有利于塑造景区良好形象，扩大景区影响力；有利于吸引更多的游客，增加景区收入；有利于景区及时掌握游客动态，为景区市场营销及服务质量提升提供信息；有利于景区其他部门根据接待部门提供的游客情况来进行服务准备。

本教材共有九章，分别是导论，旅游景区入门接待服务，旅游景区咨询服务，旅游景区投诉处理服务，旅游景区游览过程服务和售后接待服务，旅游景区配套接待服务，旅游景区安全、卫生服务与管理，旅游景区其他接待服务，旅游景区接待服务规范实例。本教材是一本实训类教材，主要针对的是旅游管理专业的学生，旨在为学生参与景区实践活动提供理论和实践指导。

本教材由上海师范大学天华学院蔡梅、周慧慧编著。在编写过程中，参考并引用了国内有关的研究成果和文献，在此，谨向这些著作和论文的作者表示诚挚的谢意。特别应当提出的是，中国旅游出版社为本书的出版做了大量的组织协调工作，使本书得以在最短的时间与读者见面。本书在修订过程中，上海师范大学天华学院朱海森教授也对本教材提出了很多的宝贵意见。在此，再次向曾经帮助过本书编写和出版的所有人员表示诚挚的感谢。

由于编写人员经验和水平有限，加之成书时间仓促，不当之处，敬请行业专家及广大读者不吝赐教。

蔡梅

2017 年 3 月

目录
CONTENTS

扫码可下载课件 PPT

绪　论

党的二十大是在全党全国各族人民迈上全面建设社会主义现代化国家新征程、向第二个百年奋斗目标进军的关键时刻召开的一次十分重要的大会，是一次高举旗帜、凝聚力量、团结奋进的大会。党的二十大在政治上、理论上、实践上取得了一系列重大成果，就新时代新征程党和国家事业发展制定了大政方针和战略部署，是我们党团结带领人民全面建设社会主义现代化国家、全面推进中华民族伟大复兴的政治宣言和行动纲领，对于全党全国各族人民更加紧密团结在以习近平同志为核心的党中央周围，万众一心、接续奋斗，在新时代新征程夺取中国特色社会主义新的伟大胜利，具有极其重大而深远的意义。学习贯彻党的二十大精神，习近平总书记强调的“五个牢牢把握”是最精准的解读、最权威的辅导。要从战略和全局高度完整、准确、全面理解把握党的二十大精神，增强学习贯彻的政治自觉、思想自觉、行动自觉，为实现党的二十大确定的目标任务不懈奋斗。

一、深刻认识党的二十大胜利召开的伟大意义，提升新时代大学生政治站位

党的二十大担负起全党的重托和人民的期待，从战略全局深刻阐述了新时代坚持和发展中国特色社会主义的一系列重大理论和实践问题，科学谋划了未来一个时期党和国家事业发展的目标任务和大政方针，在党和国家历史上具有重大而深远的意义。

（一）这是中国共产党在百年辉煌成就和十年伟大变革的高起点上创造新时代更大荣光的大会

中国共产党在百年历程中共召开了十九次全国代表大会。党的二十大是我们党在建党百年后召开的首次全国代表大会，也是在新时代十年伟大变革的时间坐标上召开的全国代表大会，具有特别的里程碑意义。

（二）这是推进实践基础上的理论创新、开辟马克思主义中国化时代化新境界的大会

马克思主义中国化时代化既是马克思主义的自身要求，又是中国共产党坚持和发展

马克思主义的必然路径。中国共产党为什么能，中国特色社会主义为什么好，归根到底是马克思主义行，是中国化时代化的马克思主义行。党的二十大深刻阐述了习近平新时代中国特色社会主义思想的科学内涵和精神实质，深入阐释了开辟马克思主义中国化时代化新境界的重大命题并提出了明确要求，具有重大理论意义。

（三）这是谋划全面建设社会主义现代化国家、以中国式现代化全面推进中华民族伟大复兴的大会

现代化是各国人民的共同期待和目标。百年来，我们党团结带领人民进行的一切奋斗、一切牺牲、一切创造，就是为了把我国建设成为现代化强国，实现中华民族伟大复兴。在新中国成立特别是改革开放以来的长期探索和实践基础上，经过党的十八大以来在理论和实践上的创新突破，我们党成功推进和拓展了中国式现代化，创造了人类文明新形态。党的二十大明确提出以中国式现代化全面推进中华民族伟大复兴的使命任务，精辟论述了中国式现代化的中国特色、本质要求和重大原则，深刻阐释了中国式现代化的历史渊源、理论逻辑、实践特征和战略部署，大大深化了我们党关于中国式现代化的理论和实践。

（四）这是致力于推动构建人类命运共同体、携手开创人类更加美好未来的大会

当前，世界之变、时代之变、历史之变正以前所未有的方式展开，人类社会面临前所未有的挑战。世界又一次站在历史的十字路口，何去何从取决于各国人民的抉择。党的二十大深刻把握世界大势和时代潮流，宣示中国在变局、乱局中促进世界和平与发展、推动构建人类命运共同体的政策主张和坚定决心，为共创人类更加美好的未来注入强大信心和力量。

（五）这是推动解决大党独有难题、以党的自我革命引领社会革命的大会

全面建设社会主义现代化国家、全面推进中华民族伟大复兴，关键在党。党的二十大明确提出：我们党作为世界上最大的马克思主义执政党，要始终赢得人民拥护、巩固长期执政地位，必须时刻保持解决大党独有难题的清醒和坚定。

二、深刻把握党的二十大主题，激发新时代大学生爱国热情

党的二十大的主题，正是我们党对这些事关党和国家事业继往开来、事关中国特色社会主义前途命运、事关中华民族伟大复兴战略性问题的明确宣示，是大会的灵魂。习近平总书记在党的二十大报告中，开宗明义指出大会的主题："高举中国特色社会主义伟大旗帜，全面贯彻新时代中国特色社会主义思想，弘扬伟大建党精神，自信自强、守正创新，踔厉奋发、勇毅前行，为全面建设社会主义现代化国家、全面推进中华民族伟大复兴而团结奋斗。"这一主题明确宣示了我们党在新征程上带领人民举什么旗、走什

么路、以什么样的精神状态、朝着什么样的目标继续前进等重大问题。《中国共产党第二十次全国代表大会关于十九届中央委员会报告的决议》指出："报告阐明的大会主题是大会的灵魂，是党和国家事业发展的总纲。"学习理解党的二十大精神，必须把握这一"灵魂"，抓住这一"总纲"。大会主题中的六个关键词语值得我们高度重视。

（一）旗帜

新时代新征程党高举的旗帜就是"中国特色社会主义伟大旗帜"。大会主题写入这一根本要求，既体现了中国特色社会主义历史演进的连续性、继承性，又体现了新时代党坚持和发展中国特色社会主义的坚定性、恒久性。

（二）思想

大会主题所指示的"全面贯彻新时代中国特色社会主义思想"，就是要求在新时代新征程必须全面贯彻习近平新时代中国特色社会主义思想。党的二十大报告对此作出全面部署。

（三）精神

继在庆祝中国共产党成立100周年大会上习近平总书记提出并号召继承发扬伟大建党精神后，党的二十大主题写入了"弘扬伟大建党精神"的要求，新修改的党章载入了伟大建党精神"坚持真理、坚守理想，践行初心、担当使命，不怕牺牲、英勇斗争，对党忠诚、不负人民"的内涵，这是党在自己最高权力机关及最高章程上的庄严宣示，明确回答了党以什么样的精神状态走好新的赶考之路的重大问题，不仅是贯穿大会报告的重要红线，也是今后党的全部理论和实践的重要遵循。

（四）现代化

"现代化"即"全面建设社会主义现代化国家"。这一重要主题彰显了当前和今后一个时期党的中心任务。党的二十大庄严宣告："从现在起，中国共产党的中心任务就是团结带领全国各族人民全面建成社会主义现代化强国、实现第二个百年奋斗目标，以中国式现代化全面推进中华民族伟大复兴。""中国式现代化"成为这次大会的重要标识。

（五）复兴

在党的二十大主题中，前后用了三个"全面"，即"全面贯彻新时代中国特色社会主义思想""全面建设社会主义现代化国家""全面推进中华民族伟大复兴"。第一个"全面"规定了新时代党的创新科学理论的指导地位，第二个"全面"规定了新时代新征程的中心任务，第三个"全面"规定了党在新时代新征程的奋斗目标。大会主题中的前两个"全面"，以及报告全文使用的其他一百多个"全面"，都是为了实现"全面推进中华民族伟大复兴"这一根本目标。

（六）团结奋斗

“团结奋斗”是党的二十大主题的鲜明特色。除了在主题中要求“为全面建设社会主义现代化国家、全面推进中华民族伟大复兴而团结奋斗”外，“团结奋斗”一词还体现在党的二十大报告的标题、导语、正文、结束语各个部分。报告全文共使用7次“团结奋斗”、27次“团结”，突出表达了这次大会的主基调。

三、深入学习领悟过去五年工作和新时代十年伟大变革的重大意义，增强新时代大学生民族自豪感

过去五年和新时代以来的十年，在党和国家发展进程中极不寻常、极不平凡。习近平总书记在党的二十大报告中全面回顾总结了过去五年的工作和新时代十年的伟大变革，深刻指出新时代十年的伟大变革，在党史、新中国史、改革开放史、社会主义发展史、中华民族发展史上具有里程碑意义。学习宣传、贯彻落实党的二十大精神，必须深入学习领悟过去五年工作和新时代十年伟大变革的重大意义，坚定历史自信、增强历史主动，自觉在思想上政治上行动上同以习近平同志为核心的党中央保持高度一致。

党的二十大报告在总结党的十九大以来五年工作基础上，用“三件大事”、三个“历史性胜利”高度概括新时代十年走过的极不寻常、极不平凡的奋斗历程，从16个方面全面回顾党和国家事业发展取得的举世瞩目的重大成就，从4个方面总结提炼新时代十年伟大变革的里程碑意义。新时代十年的伟大变革，充分证明中国特色社会主义道路不仅走得对、走得通，而且走得稳、走得好。

四、深刻领会“两个结合”是推进马克思主义中国化时代化的根本途径，加强新时代大学生弘扬中华优秀传统文化教育

党的二十大报告提出，中国共产党为什么能，中国特色社会主义为什么好，归根到底是马克思主义行，是中国化时代化的马克思主义行。100多年来，我们党洞察时代大势，把握历史主动，进行艰辛探索，坚持解放思想和实事求是相统一、培元固本和守正创新相统一，把马克思主义基本原理同中国具体实际相结合、同中华优秀传统文化相结合，不断推进理论创新、进行理论创造，不断推进马克思主义中国化时代化，带领中国人民不懈奋斗，中华民族迎来了从站起来、富起来到强起来的伟大飞跃，实现中华民族伟大复兴进入了不可逆转的历史进程。

马克思主义理论不是教条，而是行动指南。习近平总书记在党的二十大报告中指出：“我们坚持以马克思主义为指导，是要运用其科学的世界观和方法论解决中国的问题，而不是要背诵和重复其具体结论和词句，更不能把马克思主义当成一成不变的教条。”坚持和发展马克思主义，必须同中国具体实际相结合。100多年来，我们党把坚持马克思主义和发展马克思主义统一起来，既始终坚持马克思主义基本原理不动摇，又根据中国革命、建设、改革实际，创造性地解决自己的问题，不断开辟马克思主义中国化

时代化新境界。坚持和发展马克思主义，必须同中华优秀传统文化相结合。只有植根本国、本民族历史文化沃土，马克思主义真理之树才能根深叶茂。中华优秀传统文化源远流长、博大精深，是中华文明的智慧结晶，其中蕴含的天下为公、民为邦本、为政以德、革故鼎新、任人唯贤、天人合一、自强不息、厚德载物、讲信修睦、亲仁善邻等，是中国人民在长期生产生活中积累的宇宙观、天下观、社会观、道德观的重要体现，同科学社会主义核心价值观主张具有高度契合性。中国共产党之所以能够领导人民成功走出中国式现代化道路、创造人类文明新形态，很重要的一个原因就在于植根中华文化沃土，不断推进马克思主义中国化时代化，推动中华优秀传统文化创造性转化、创新性发展。

五、牢牢把握全面建设社会主义现代化国家开局起步的战略部署，指引新时代大学生守正创新促发展

党的二十大站在党和国家事业发展的制高点，科学谋划了未来五年乃至更长时期党和国家事业发展的目标任务和大政方针，发出了全面建设社会主义现代化国家、全面推进中华民族伟大复兴的动员令。

“全面建成社会主义现代化强国，总的战略安排是分两步走：从二〇二〇年到二〇三五年基本实现社会主义现代化；从二〇三五年到本世纪中叶把我国建成富强民主文明和谐美丽的社会主义现代化强国。”党的二十大对全面建成社会主义现代化强国两步走战略安排进行了宏观展望，又围绕统筹推进“五位一体”总体布局、协调推进“四个全面”战略布局，从 11 个方面对未来五年工作作出全面部署，全面构建了推进社会主义现代化建设的实践体系。特别是把教育科技人才、全面依法治国、维护国家安全和社会稳定单列部分进行具体安排，充分体现了抓关键、补短板、防风险的战略考量，是党中央基于新的战略机遇、新的战略任务、新的战略阶段、新的战略要求、新的战略环境做出的科学判断和战略安排，必将引领全党全国各族人民有效应对世界之变、时代之变、历史之变，推动全面建设社会主义现代化国家开好局、起好步。

六、深入把握党的二十大关于文化和旅游工作的部署要求，推动文旅融合高质量发展

党的二十大作出推进文化自信自强、铸就社会主义文化新辉煌的重大战略部署，要准确把握社会主义文化建设的指导思想和原则目标、战略重点和主要任务以及中国立场和时代要求。

（一）要准确把握社会主义文化建设的指导思想和原则目标

报告指出：“全面建设社会主义现代化国家，必须坚持中国特色社会主义文化发展道路，增强文化自信，围绕举旗帜、聚民心、育新人、兴文化、展形象建设社会主义文化强国，发展面向现代化、面向世界、面向未来的，民族的科学的大众的社会主义文

化，激发全民族文化创新创造活力，增强实现中华民族伟大复兴的精神力量。”报告明确提出了社会主义文化建设的根本指导思想、基本原则和奋斗目标，坚持为人民服务、为社会主义服务，以社会主义核心价值观为引领，发展社会主义先进文化，弘扬革命文化，传承中华优秀传统文化，满足人民日益增长的精神文化需求，巩固全党全国各族人民团结奋斗的共同思想基础，不断提升国家文化软实力和中华文化影响力。

（二）要准确把握社会主义文化建设的战略重点和主要任务

党的二十大报告提出了建设具有强大凝聚力和引领力的社会主义意识形态、广泛践行社会主义核心价值观、提高全社会文明程度、繁荣发展文化事业和文化产业、增强中华文明传播力影响力五个方面的战略任务，准确把握、全面落实好这些战略重点和主要任务，对于推进文化自信自强，铸就社会主义文化新辉煌具有重要基础支撑作用。

（三）要准确把握社会主义文化建设的中国立场和时代要求

党的二十大报告指出：“中华优秀传统文化源远流长、博大精深，是中华文明的智慧结晶。”要把马克思主义基本原理与中华优秀传统文化相结合，不断推进马克思主义中国化，增强中华文明的传播力和影响力。

（四）以文塑旅、以旅彰文、推进文化和旅游深度融合发展

党的二十大报告明确提出：“加大文物和文化遗产保护力度，加强城乡建设中历史文化保护传承，建好用好国家文化公园。坚持以文塑旅、以旅彰文，推进文化和旅游深度融合发展。”这些重要论述，为文旅行业把握新发展阶段，贯彻新发展理念，构建新发展格局，推动高质量发展点明了方向，指明了路径，是未来 5 年乃至更长一段时间内文旅行业融合发展实践的根本遵循和行动指南，对文旅行业实现理念重构和实践创新具有非常重要的现实指导意义。

七、深刻把握团结奋斗的新时代要求，为文旅行业培养高素质人才

在党的二十大上，习近平总书记宣示新时代新征程党的使命任务，发出了全面建设社会主义现代化国家、全面推进中华民族伟大复兴的动员令。从现在起，中国共产党的中心任务就是团结带领全国各族人民全面建成社会主义现代化强国、实现第二个百年奋斗目标，以中国式现代化全面推进中华民族伟大复兴。

美好的蓝图需要埋头苦干、团结奋斗才能变为现实。习近平总书记的铿锵宣示充满信心和力量——“党用伟大奋斗创造了百年伟业，也一定能用新的伟大奋斗创造新的伟业”。让我们更加紧密地团结在以习近平同志为核心的党中央周围，全面贯彻习近平新时代中国特色社会主义思想，坚定信心、同心同德，埋头苦干、奋勇前进，深入贯彻落实党的二十大精神和党中央决策部署，为全面建设社会主义现代化国家、全面推进中华

民族伟大复兴而团结奋斗，在新的赶考之路上向历史和人民交出新的优异答卷！

相关链接1

关于党的二十大报告，必须知道的“关键词”

2022年10月16日，中国共产党第二十次全国代表大会开幕，习近平代表第十九届中央委员会向大会作报告。一起学习报告里的这些“关键词”。

【大会的主题】

大会的主题是：高举中国特色社会主义伟大旗帜，全面贯彻新时代中国特色社会主义思想，弘扬伟大建党精神，自信自强、守正创新，踔厉奋发、勇毅前行，为全面建设社会主义现代化国家、全面推进中华民族伟大复兴而团结奋斗。

【三个“务必”】

中国共产党已走过百年奋斗历程。我们党立志于中华民族千秋伟业，致力于人类和平与发展崇高事业，责任无比重大，使命无上光荣。全党同志务必不忘初心、牢记使命，务必谦虚谨慎、艰苦奋斗，务必敢于斗争、善于斗争，坚定历史自信，增强历史主动，谱写新时代中国特色社会主义更加绚丽的华章。

【极不寻常、极不平凡的五年】

党的十九大以来的五年，是极不寻常、极不平凡的五年。党中央统筹中华民族伟大复兴战略全局和世界百年未有之大变局，就党和国家事业发展作出重大战略部署，团结带领全党全军全国各族人民有效应对严峻复杂的国际形势和接踵而至的巨大风险挑战，以奋发有为的精神把新时代中国特色社会主义不断推向前进。

【三件大事】

十年来，我们经历了对党和人民事业具有重大现实意义和深远历史意义的三件大事：一是迎来中国共产党成立一百周年，二是中国特色社会主义进入新时代，三是完成脱贫攻坚、全面建成小康社会的历史任务，实现第一个百年奋斗目标。

【新时代十年的伟大变革】

新时代十年的伟大变革，在党史、新中国史、改革开放史、社会主义发展史、中华民族发展史上具有里程碑意义。

【归根到底是两个“行”】

实践告诉我们，中国共产党为什么能，中国特色社会主义为什么好，归根到底是马克思主义行，是中国化时代化的马克思主义行。拥有马克思主义科学理论指导是我们党坚定信仰信念、把握历史主动的根本所在。

【中国共产党的中心任务】

从现在起，中国共产党的中心任务就是团结带领全国各族人民全面建成社会主义现代化强国、实现第二个百年奋斗目标，以中国式现代化全面推进中华民族伟大复兴。

【中国式现代化】

中国式现代化，是中国共产党领导的社会主义现代化，既有各国现代化的共同特征，更有基于自己国情的中国特色。

——中国式现代化是人口规模巨大的现代化。

——中国式现代化是全体人民共同富裕的现代化。

——中国式现代化是物质文明和精神文明相协调的现代化。

——中国式现代化是人与自然和谐共生的现代化。

——中国式现代化是走和平发展道路的现代化。

中国式现代化的本质要求是：坚持中国共产党领导，坚持中国特色社会主义，实现高质量发展，发展全过程人民民主，丰富人民精神世界，实现全体人民共同富裕，促进人与自然和谐共生，推动构建人类命运共同体，创造人类文明新形态。

【全面建设社会主义现代化国家开局起步的关键时期】

未来五年是全面建设社会主义现代化国家开局起步的关键时期。

【五个“坚持”】

我国发展进入战略机遇和风险挑战并存、不确定难预料因素增多的时期，各种“黑天鹅”“灰犀牛”事件随时可能发生。我们必须增强忧患意识，坚持底线思维，做到居安思危、未雨绸缪，准备经受风高浪急甚至惊涛骇浪的重大考验。前进道路上，必须牢牢把握以下重大原则。

——坚持和加强党的全面领导。

——坚持中国特色社会主义道路。

——坚持以人民为中心的发展思想。

——坚持深化改革开放。

——坚持发扬斗争精神。

【加快构建新发展格局】

必须完整、准确、全面贯彻新发展理念，坚持社会主义市场经济改革方向，坚持高水平对外开放，加快构建以国内大循环为主体、国内国际双循环相互促进的新发展格局。

【发展经济着力点】

坚持把发展经济的着力点放在实体经济上，推进新型工业化，加快建设制造强国、质量强国、航天强国、交通强国、网络强国、数字中国。

【实施科教兴国战略】

必须坚持科技是第一生产力、人才是第一资源、创新是第一动力，深入实施科教兴国战略、人才强国战略、创新驱动发展战略，开辟发展新领域新赛道，不断塑造发展新动能新优势。

坚持创新在我国现代化建设全局中的核心地位。完善党中央对科技工作统一领导的体制，健全新型举国体制，强化国家战略科技力量，优化配置创新资源，提升国家创新体系整体效能。

【全过程人民民主】

全过程人民民主是社会主义民主政治的本质属性，是最广泛、最真实、最管用的民主。必须坚定不移走中国特色社会主义政治发展道路，坚持党的领导、人民当家作主、依法治国有机统一。

【全面依法治国】

全面依法治国是国家治理的一场深刻革命，关系党执政兴国，关系人民幸福安康，关系党和国家长治久安。必须更好发挥法治固根本、稳预期、利长远的保障作用，在法治轨道上全面建设社会主义现代化国家。

【文化自信自强】

全面建设社会主义现代化国家，必须坚持中国特色社会主义文化发展道路，增强文化自信，围绕举旗帜、聚民心、育新人、兴文化、展形象建设社会主义文化强国，发展面向现代化、面向世界、面向未来的，民族的科学的大众的社会主义文化，激发全民族文化创新创造活力，增强实现中华民族伟大复兴的精神力量。

【为民造福】

治国有常，利民为本。为民造福是立党为公、执政为民的本质要求。必须坚持在发展中保障和改善民生，鼓励共同奋斗创造美好生活，不断实现人民对美好生活的向往。

【完善分配制度】

坚持按劳分配为主体、多种分配方式并存，构建初次分配、再分配、第三次分配协调配套的制度体系。努力提高居民收入在国民收入分配中的比重，提高劳动报酬在初次分配中的比重。坚持多劳多得，鼓励勤劳致富，促进机会公平，增加低收入者收入，扩大中等收入群体。规范收入分配秩序，规范财富积累机制，保护合法收入，调节过高收入，取缔非法收入。

【推动绿色发展】

大自然是人类赖以生存发展的基本条件。尊重自然、顺应自然、保护自然，是全面建设社会主义现代化国家的内在要求。必须牢固树立和践行绿水青山就是金山银山的理念，站在人与自然和谐共生的高度谋划发展。

【总体国家安全观】

国家安全是民族复兴的根基，社会稳定是国家强盛的前提。必须坚定不移贯彻总体国家安全观，把维护国家安全贯穿党和国家工作各方面全过程，确保国家安全和社会稳定。

【新安全格局】

我们要坚持以人民安全为宗旨、以政治安全为根本、以经济安全为基础、以军事科技文化社会安全为保障、以促进国际安全为依托，统筹外部安全和内部安全、国土安全和国民安全、传统安全和非传统安全、自身安全和共同安全，统筹维护和塑造国家安全，夯实国家安全和社会稳定基层基础，完善参与全球安全治理机制，建设更高水平的平安中国，以新安全格局保障新发展格局。

【开创国防和军队现代化新局面】

实现建军一百年奋斗目标，开创国防和军队现代化新局面。

如期实现建军一百年奋斗目标，加快把人民军队建成世界一流军队，是全面建设社会主义现代化国家的战略要求。必须贯彻新时代党的强军思想，贯彻新时代军事战略方针，坚持党对人民军队的绝对领导，坚持政治建军、改革强军、科技强军、人才强军、依法治军，坚持边斗争、边备战、边建设，坚持机械化信息化智能化融合发展，加快军事理论现代化、军队组织形态现代化、军事人员现代化、武器装备现代化，提高捍卫国家主权、安全、发展利益战略能力，有效履行新时代人民军队使命任务。

【坚持和完善“一国两制”，推进祖国统一】

“一国两制”是中国特色社会主义的伟大创举，是香港、澳门回归后保持长期繁荣稳定的最佳制度安排，必须长期坚持。

坚持贯彻新时代党解决台湾问题的总体方略，牢牢把握两岸关系主导权和主动权，坚定不移推进祖国统一大业。

解决台湾问题是中国人自己的事，要由中国人来决定。我们坚持以最大诚意、尽最大努力争取和平统一的前景，但决不承诺放弃使用武力，保留采取一切必要措施的选项，这针对的是外部势力干涉和极少数“台独”分裂分子及其分裂活动，绝非针对广大台湾同胞。国家统一、民族复兴的历史车轮滚滚向前，祖国完全统一一定要实现，也一定能够实现！

【人类命运共同体】

中国提出了全球发展倡议、全球安全倡议，愿同国际社会一道努力落实。我们真诚呼吁，世界各国弘扬和平、发展、公平、正义、民主、自由的全人类共同价值，促进各国人民相知相亲，尊重世界文明多样性，以文明交流超越文明隔阂、文明互鉴超越文明冲突、文明共存超越文明优越，共同应对各种全球性挑战。中国人民愿同世界人民携手开创人类更加美好的未来。

【新时代党的建设新的伟大工程】

全面建设社会主义现代化国家、全面推进中华民族伟大复兴，关键在党。我们党作为世界上最大的马克思主义执政党，要始终赢得人民拥护、巩固长期执政地位，必须时刻保持解决大党独有难题的清醒和坚定。全党必须牢记，全面从严治党永远在路上，党的自我革命永远在路上，决不能有松劲歇脚、疲劳厌战的情绪，必须持之以恒推进全面从严治党，深入推进新时代党的建设新的伟大工程，以党的自我革命引领社会革命。

【五个“必由之路”】

全党必须牢记，坚持党的全面领导是坚持和发展中国特色社会主义的必由之路，中国特色社会主义是实现中华民族伟大复兴的必由之路，团结奋斗是中国人民创造历史伟业的必由之路，贯彻新发展理念是新时代我国发展壮大的必由之路，全面从严治党是党永葆生机活力、走好新的赶考之路的必由之路。

【战略性工作】

青年强，则国家强。当代中国青年生逢其时，施展才干的舞台无比广阔，实现梦想的前景无比光明。全党要把青年工作作为战略性工作来抓，用党的科学理论武装青年，用党的初心使命感召青年，做青年朋友的知心人、青年工作的热心人、青年群众的引路人。

资料来源：人民网·中国共产党新闻网.

相关链接 2

9 个重要表述，带你理解高质量

习近平在党的二十大报告中提出，必须完整、准确、全面贯彻新发展理念，坚持社会主义市场经济改革方向，坚持高水平对外开放，加快构建以国内大循环为主体、国内国际双循环相互促进的新发展格局。

中国式现代化

报告原文

在新中国成立特别是改革开放以来长期探索和实践基础上，经过十八大以来在理论和实践上的创新突破，我们党成功推进和拓展了中国式现代化。

中国式现代化，是中国共产党领导的社会主义现代化，既有各国现代化的共同特征，更有基于自己国情的中国特色。

高水平社会主义市场经济体制

报告原文

构建高水平社会主义市场经济体制。坚持和完善社会主义基本经济制度，毫不动摇巩固和发展公有制经济，毫不动摇鼓励、支持、引导非公有制经济发展，充分发挥市场在资源配置中的决定性作用，更好发挥政府作用。

现代化产业体系

报告原文

建设现代化产业体系。坚持把发展经济的着力点放在实体经济上，推进新型工业化，加快建设制造强国、质量强国、航天强国、交通强国、网络强国、数字中国。

乡村振兴

报告原文

全面推进乡村振兴。坚持农业农村优先发展，坚持城乡融合发展，畅通城乡要素流动。扎实推动乡村产业、人才、文化、生态、组织振兴。全方位夯实粮食安全根基，牢牢守住十八亿亩耕地红线。深化农村土地制度改革，赋予农民更加充分的财产权益。保障进城落户农民合法土地权益，鼓励依法自愿有偿转让。

区域协调发展

报告原文

促进区域协调发展。深入实施区域协调发展战略、区域重大战略、主体功能区战略、新型城镇化战略，优化重大生产力布局，构建优势互补、高质量发展的区域经济布局和国土空间体系。

高水平对外开放

报告原文

推进高水平对外开放。稳步扩大规则、规制、管理、标准等制度型开放。加快建设贸易强国。营造市场化、法治化、国际化一流营商环境。推动共建“一带一路”高质量发展。有序推进人民币国际化。深度参与全球产业分工和合作，维护多元稳定的国际经济格局和经贸关系。

新领域新赛道

报告原文

必须坚持科技是第一生产力、人才是第一资源、创新是第一动力，深入实施科教兴国战略、人才强国战略、创新驱动发展战略，开辟发展新领域新赛道，不断塑造发展新动能新优势。

共同富裕

报告原文

我们要实现好、维护好、发展好最广大人民根本利益，紧紧抓住人民最关心最直接最现实的利益问题，坚持尽力而为、量力而行，深入群众、深入基层，采取更多惠民生、暖民心举措，着力解决好人民群众急难愁盼问题，健全基本公共服务体系，提高公共服务水平，增强均衡性和可及性，扎实推进共同富裕。

和谐共生

报告原文

大自然是人类赖以生存发展的基本条件。尊重自然、顺应自然、保护自然，是全面建设社会主义现代化国家的内在要求。必须牢固树立和践行绿水青山就是金山银山的理念，站在人与自然和谐共生的高度谋划发展。

资料来源：http：//finance. people. com. cn/n1/2022/1018/c1004 –32547280. html.

相关链接3

高举中国特色社会主义伟大旗帜
为全面建设社会主义现代化国家而团结奋斗
——在中国共产党第二十次全国代表大会上的报告（节选）

八、推进文化自信自强，铸就社会主义文化新辉煌

全面建设社会主义现代化国家，必须坚持中国特色社会主义文化发展道路，增强文化自信，围绕举旗帜、聚民心、育新人、兴文化、展形象建设社会主义文化强国，发展面向现代化、面向世界、面向未来的，民族的科学的大众的社会主义文化，激发全民族文化创新创造活力，增强实现中华民族伟大复兴的精神力量。

我们要坚持马克思主义在意识形态领域指导地位的根本制度，坚持为人民服务、为社会主义服务，坚持百花齐放、百家争鸣，坚持创造性转化、创新性发展，以社会主义核心价值观为引领，发展社会主义先进文化，弘扬革命文化，传承中华优秀传统文化，满足人民日益增长的精神文化需求，巩固全党全国各族人民团结奋斗的共同思想基础，不断提升国家文化软实力和中华文化影响力。

（一）建设具有强大凝聚力和引领力的社会主义意识形态

意识形态工作是为国家立心、为民族立魂的工作。牢牢掌握党对意识形态工作领导权，全面落实意识形态工作责任制，巩固壮大奋进新时代的主流思想舆论。健全用党的创新理论武装全党、教育人民、指导实践工作体系。加强全媒体传播体系建设，塑造主流舆论新格局。健全网络综合治理体系，推动形成良好网络生态。

（二）广泛践行社会主义核心价值观

社会主义核心价值观是凝聚人心、汇聚民力的强大力量。弘扬以伟大建党精神为源头的中国共产党人精神谱系，用好红色资源，深入开展社会主义核心价值观宣传教育，深化爱国主义、集体主义、社会主义教育，着力培养担当民族复兴大任的时代新人。推动理想信念教育常态化制度化，持续抓好党史、新中国史、改革开放史、社会主义发展史宣传教育，引导人民知史爱党、知史爱国，不断坚定中国特色社会主义共同理想。用社会主义核心价值观铸魂育人，完善思想政治工作体系，推进大中小学思想政治教育一体化建设。坚持依法治国和以德治国相结合，把社会主义核心价值观融入法治建设、融入社会发展、融入日常生活。

（三）提高全社会文明程度

实施公民道德建设工程，弘扬中华传统美德，加强家庭家教家风建设，加强和改进未成年人思想道德建设，推动明大德、守公德、严私德，提高人民道德水准和文明素养。统筹推动文明培育、文明实践、文明创建，推进城乡精神文明建设融合发展，在全社会弘扬劳动精神、奋斗精神、奉献精神、创造精神、勤俭节约精神，培育时代新风新貌。加强国家科普能力建设，深化全民阅读活动。完善志愿服务制度和工作体系。弘扬诚信文化，健全诚信建设长效机制。发挥党和国家功勋荣誉表彰的精神引领、典型示范作用，推动全社会见贤思齐、崇尚英雄、争做先锋。

（四）繁荣发展文化事业和文化产业

坚持以人民为中心的创作导向，推出更多增强人民精神力量的优秀作品，培育造就大批德艺双馨的文学艺术家和规模宏大的文化文艺人才队伍。坚持把社会效益放在首位、社会效益和经济效益相统一，深化文化体制改革，完善文化经济政策。实施国家文化数字化战略，健全现代公共文化服务体系，创新实施文化惠民工程。健全现代文化产业体系和市场体系，实施重大文化产业项目带动战略。加大文物和文化遗产保护力度，加强城乡建设中历史文化保护传承，建好用好国家文化公园。坚持以文塑旅、以旅彰文，推进文化和旅游深度融合发展。广泛开展全民健身活动，加强青少年体育工作，促进群众体育和竞技体育全面发展，加快建设体育强国。

（五）增强中华文明传播力影响力

坚守中华文化立场，提炼展示中华文明的精神标识和文化精髓，加快构建中国话语和中国叙事体系，讲好中国故事、传播好中国声音，展现可信、可爱、可敬的中国形象。加强国际传播能力建设，全面提升国际传播效能，形成同我国综合国力和国际地位相匹配的国际话语权。深化文明交流互鉴，推动中华文化更好走向世界。

资料来源：http：//www. gov. cn/xinwen/2022 - 10/25/content_ 5721685. htm.

第一章

导　论

【学习目标】

- **知识目标**

1. 了解旅游景区的概念及类型
2. 熟悉旅游景区接待服务的概念、特点及原则
3. 掌握景区优质接待服务的标准

- **能力目标**

1. 培养学生接待服务的观念
2. 锻炼学生在旅游景区接待服务实务中的基本能力
3. 掌握现实中旅游景区接待服务的基本规律和技能方法

第一节　旅游景区概述

随着社会物质生活水平的整体提高以及人们对精神文化生活的追求，旅游需求日渐旺盛，国内的旅游业也逐渐步入大众旅游阶段。各地为了满足旅游者需求，大力发展旅游经济，不遗余力地进行景区建设。于是，各种规模、各个层次、各种类型的景区如雨后春笋般出现，一方面构成了旅游产业的主体，另一方面也成了大众文化生活的一个主要载体以及进行休闲旅游的主要场所。

旅游景区是旅游活动的核心和空间载体，是旅游系统中最重要的组成部分，也是激励旅游者出游的最主要目的和因素，是一个国家人文资源和自然资源的精华。旅游业和旅游服务都是依附于旅游景区的存在而存在的，旅游景区产品的开发和品牌推广也是以旅游景区的存在为前提和基础的。

一、旅游景区的概念

1. 旅游景区的字面含义

旅游景区简称景区，是一个比较直观的概念。从汉语字面含义来看，“景”即景致、景观、风景，“区”即区域、地方或场所，“景区”就是风景集中之地。《现代汉语词典》中将旅游景区解释为“供游览的风景区”。随着旅游活动的普遍化，人们通常用景区来表述旅游景区的含义。

从英语国家来看，用来表示旅游景区概念的词语很多，通常是用“visitor attractions”“attractions”或“tourist attractions”，有时也有用“places of interests”和“site”等词，度假胜地则通常用“resort”。国内学者大多将“tourist attractions”译为旅游吸引物，把“places of interests”“site”“resort”译为旅游景区、景点或度假地。

2. 旅游景区的一般定义

目前，各国在界定旅游景区的标准和管理体系方面存在诸多差异，由此导致人们对旅游景区概念的理解也不尽相同，至今还没有形成一个被普遍接受的定义。国内通常采用国家质量监督检验检疫总局于 2003 年发布的《旅游景区质量等级的划分与评定》（GB/T 17775—2003）中对旅游区的界定标准去解释旅游景区的概念。该标准对旅游区做了如下规定：“旅游区是以旅游及其相关活动为主要功能或主要功能之一的空间或地域。旅游区是具有参观、游览、休闲度假、康乐健身等功能，具备相应旅游服务设施并提供相应旅游服务的独立管理区。旅游区应该有统一的经营管理机构和明确的地域范围，包括风景区、文博院馆、寺庙观堂、旅游度假区、自然保护区、主题公园、森林公园、地质公园、游乐园、动物园、植物园及工业、农业、经贸、科教、军事、体育、文化艺术等多种类型园区。”

根据上述标准，本教材给旅游景区下一个简明定义，即旅游景区是具有清晰空间范围，以观光、娱乐等为主要功能，具有明确管理机构，为游客提供观光游览、休闲娱乐、体验学习等服务的综合地域空间。上述旅游景区定义可从以下四个方面加以理解：

第一，旅游景区具有一定清晰的空间范围。不论旅游景区的规模有多大，通常都有一个确定的空间范围，这一范围一般表现为它的门票范围。

第二，旅游景区具有明确的功能。旅游景区主要以吸引游客为目的，为游客提供一种愉悦体验，吸引游客前来消磨闲暇时间或度假。这里的游客既包括外地游客，也包括本地游客。在此，旅游景区的主体功能取决于旅游景区的旅游资源特征，可以是观光性的参观、游览，也可以是度假性的休闲、康乐，还可以是专项性的教育、求知等。

第三，旅游景区具有统一的管理机构。每个旅游景区都要有一个明确的管理主体，它对旅游景区内的资源开发、经营服务进行统一的管理。它是旅游景区经营的主体，是服务的提供方。这个主体可以是政府机构，或是具有部分政府职能的事业单位，也可以是独立的法人企业。

第四，旅游景区具有必要的旅游设施，提供相应的旅游服务。资源、设施与服务构成旅游景区产品的主体，也是旅游景区旅游功能得以发挥的基础。没有设施与服务，再好的旅游资源也还是旅游资源，不会成为可供游客消费的旅游景区产品。

二、旅游景区的类型

1. 按旅游景区资源类型划分

按资源类型划分，旅游景区可分为自然类旅游景区、历史文化类旅游景区和人工型旅游景区。

自然类旅游景区包括山、河、湖、海等自然风景区、自然保护区、森林公园等，如世界自然遗产九寨沟、黄龙、武陵源、三江并流等；历史文化类旅游景区是人类社会经济发展的产物，如世界文化遗产长城、颐和园、秦始皇陵及兵马俑、澳门历史城区等；人工型旅游景区主要是指主题公园，如迪士尼乐园、深圳华侨城锦绣中华和世界之窗等。

2. 按旅游景区功能和用途划分

按照功能和用途划分，旅游景区可分为开发型旅游景区和遗产型旅游景区。开发型旅游景区如主题公园、旅游度假区等，主要突出其经济功能。遗产型旅游景区如风景名胜区、自然保护区、文物保护单位、森林公园、地质公园、历史文化名城/镇/村/街等，主要突出其保护功能。

3. 按旅游景区形成的原因划分

美国学者查尔斯·R. 戈尔德耐、J. R. 布仑特·里奇、罗伯特·W. 麦金托什在2003年所著的《旅游业教程》一书中，根据形成原因将景区划分为文化、自然、节庆、游憩和娱乐五种类型，这种分类方法被人们称为景区类型的“五分法”（见表1－1）。

表1－1 旅游景区类型的“五分法”①

景区五分法				
文化景区	自然景区	节庆活动	游憩景区	娱乐景区
历史遗迹	山水	大型活动	观光	主题公园
考古遗址	海景	社区活动	高尔夫球	娱乐公园
建筑	公园	节日	游泳	赌场
烹饪	山地	宗教活动	网球	电影院
纪念馆	植物群	体育活动	远足	购物设施
工业遗址	动物群	会展活动	自行车游	艺术表演
博物馆	海岸	企业活动	雪地运动	运动中心
民俗	岛屿			
音乐会				
剧院				

① 资料来源：查尔斯·R. 戈尔德耐，J. R. 布伦特·里奇，罗伯特·W. 麦金托什．旅游业教程［M］．贾秀海，译，大连：大连理工大学出版社，2003：201.

4. 按照旅游景区管理归属划分

我国旅游景区管理主体多样，以景区的管理部门作为分类依据，形成了我国现有景区管理主体分类系统。如归属国家住房和城乡建设部的国家级风景名胜区；归属国家林业和草原局的国家级森林公园；归属文化和旅游部的国家级旅游度假区；归属环境保护部、国家林业和草原局的国家级自然保护区；归属国家文物局的国家级文物保护单位；归属自然资源部的国家级地质公园。

5. 按照旅游景区质量等级划分

我国目前将风景名胜区分为国家级和省级二级，采用的是二级分类法。我国自 1982 年起，国务院共审定公布了 7 批 208 处国家级风景名胜区。

我国将文物保护单位、森林公园等景区分为国家级、省级、市（县）级三级，采用的是三级分类法。我国自 1961 年起，国务院共审定公布了 6 批 2351 处全国重点文物保护单位。

《旅游景区质量等级的划分与评定》将旅游景区质量等级划分为五级，从高到低依次为 AAAAA、AAAA、AAA、AA、A 级旅游景区。从旅游交通（145 分）、游览（210 分）、旅游安全（80 分）、卫生（140 分）、邮电服务（30 分）、旅游购物（50 分）、综合管理（190 分）、资源与环境保护（155 分）8 个方面进行评分，满分为 1000 分，其中 A 级为 500 分以上、AA 级为 600 分以上、AAA 级为 750 分以上、AAAA 级为 850 分以上、AAAAA 级为 950 分以上。

从 2006 年开始，国家旅游局组织开展了 5A 级旅游景区创建试点工作。2007 年 8 月 17 日，66 家质量过硬、服务规范、秩序良好的景区被授予首批国家 5A 级旅游景区标牌。开展 5A 级旅游景区创建工作是中国旅游业发展的客观要求，是推进旅游景区升级的重要举措，是促进中国旅游业进一步健康和谐发展的重要措施，是满足广大游客强烈要求，树立精品景区标杆，引导景区业健康发展的重要举措。

【案例 1－1】

"互联网＋"背景下智慧景区建设探析

随着国内经济转型和文化旅游需求日益高涨，智慧景区建设这一绿色产业逐渐成为各城市相追逐的新的经济增长点，基于"互联网＋"大数据背景下的智慧景区建设，借助现代移动互联网技术、大数据、人工智能等信息技术提升景区的规划设计、服务管理和营销运营能力，是提高游客的旅游幸福感、提升旅游产业核心竞争力的重要举措之一。

1. "互联网＋"旅游营销的智慧建设

风景名胜、主题乐园等旅游产品同样需要营销策划和推广以获得消费者的认同的理念已成为共识。对旅游产品的个性化需求使得越来越多的人选择自助游和散客游，并已经成为旅游市场的一种主要的出游方式。“互联网＋”时代为游客自主规划旅游线路、购票、订房等提供了可视化、便利的服务。“互联网＋”旅游营销思维就是以满足海量游客的个性化需求为目标，建设景区一体化营销云平台来满足更加便利快捷的智能化、个性化、信息化的营销需求量。建设景区一体化营销云平台是移动互联网技术下，为用户搭建自己的电子商务平台，通过 B2C 官网购票、B2B 分销、OTA 对接，进行线上线下无缝对接，达到无时间、无区域平台限制进行票务销售，同时支持支付宝和各种网银付款，为用户创造自己的平台，实现了飞机票、火车票、景区电子门票等的游客自助购票功能。

2. “互联网＋”游览体验的智慧建设

信息科技让景区越来越精彩。利用传统景区的优势、突出传统景点的特色，运用最前沿的信息技术与先进的运营理念相结合，以新颖的形式提供游客更丰富的旅游模式，使游客获得一种更智慧、更易得、更趣味的实时沉浸式旅游体验。

通过在风景区各处布设传感前端，作为景区实况的实时感知数据源，实现景区的智能感知管理，结合“移动通信技术＋虚拟现实（VR）”技术，景区可实现面向游客的虚拟旅游，游客可以通过景区公共服务门户网接入到景区内的智能感知终端，借助 360°全景高清 VR，游客可以获得身临其境式的虚拟旅游体验。游客借助景区交通引导图或景区设置的二维码方便地获得旅游线路信息、人车流量信息、停车场信息等信息和智能导引。游客可以通过自助导游仪、手机、电脑等终端设备下载自助导游客户端软件，游客能够按照自己的兴趣设计专属的旅游线路实现景区自助导览、酒店餐饮购物娱乐等导览消费，以及景区景观的信息自动推送和自助语音导游。游客通过一部移动终端，实时联接景区的“智慧大脑”，在体验对景区全面感知的同时，还能体验与酒店、旅行社、旅游车船以及餐饮、商场、娱乐场所经营系统各种资讯和商务数据的共享与智能交互的便捷。

3. “互联网＋”旅游管理的智慧建设

景区智慧管理平台的构建应融合及提升原有传统管理信息系统，运用大数据、云计算技术进行数据的整合、分析及处理，通过移动互联网技术实现一站式的智能服务。一是建设覆盖景区的实时影像和数据采集系统，通过完善整个景区的视频监控系统，环境数据监测系统，游客信息管理系统，全方位地收集整个景区的实时数据。二是基于收集的数据的清洗、建模、分析，通过云计算服务，快速高效地获取分析结果，根据多通道信源进行综合定位与分析，实时绘制园区人流热力视图、景区现状态势视图以及客流拥堵预测视图，结合景区管控措施、虚拟景观设置等手段个性化地规划游客引导方案以避开客流高峰。三是根据分析结果为其他系统提供决策，通过应急调度系统、巡护监管系统，调配安全人员进入人流量大的区域，加强巡视，提高预警机制和应急管理能力，保障游客和景区的安全。四是为游客以及管理者提供个性化建议，通过手机 App、Web 应用、微信公众号引导游客避开拥堵区域，提醒管理人员对重点区域及时做出应急预案。

实践训练 1－1

一、实训项目

旅游景区认知实训

二、实训内容

选择当地一个大型旅游景区，查阅相关资料，实地走访调研，了解景区基本情况，总结景区发展现状、景区类型及所处地位。

三、实训目的

通过实训，学生能够了解该景区基本情况，学会区分景区类型。

四、实训步骤

1. 按约定时间，将学生带到旅游景区，对该旅游景区进行考察。
2. 学生分组自主考察景区基本情况（包括景区地位、所属类型、开放时间、门票价格、地理位置、景区历史、主要景点等）。
3. 听取景区有关人士介绍景区概况。
4. 学生分组主动与景区工作人员交流，求教其对景区目前发展现状的看法。
5. 学生分组撰写旅游景区考察报告。
6. 课堂分组进行考察学习汇报。
7. 实训指导教师根据学生景区现场实训表现、考察报告撰写质量、课堂汇报表现三方面，进行考查。

五、实训评分

1. 实训指导教师根据学生的现场纪律表现、现场合作表现、考察报告质量、课堂讲解质量以及课堂反应表现进行评分。
2. 按百分制记分。

旅游景区认知实训评分表

组别：__________ 姓名：__________ 时间：__________

项目		标准分	教师评分
旅游景区认知实训	考察报告质量	30	
	现场合作表现	30	
	课堂讲解质量	20	
	课堂反应表现	10	
	现场纪律表现	10	
合计得分			

考核时间：　　年　　月　　日　　　　考评教师（签名）：

第二节 旅游景区服务

服务是旅游发展过程中的一个永恒的主题，服务理念伴随着旅游活动的发展而不断提升。从最初的经验型向理论型转变，从标准化向个性化转变，从模式化向多样化转变，从理性化向人性化转变，服务的内涵也在这种转变中日益完善和深化。

一、服务

服务是一种非常复杂的社会现象，它所涉及的范围极为广泛，不仅包括传统意义上的服务业为满足顾客需要而提供的服务，也包括制造业向其顾客提供的各种支持服务和隐性服务。从20世纪60年代开始，学者们提出了许多不同的有关服务的定义，综合比较各种有代表性的相关定义，服务可以概括出以下几个特点：

1. 非实物性

服务有别于传统的货物贸易，交易的不是实物，而是非实物形式的。服务一般是单独销售的，如住宿服务，也有的服务同产品连在一起进行销售，如餐饮服务。

2. 无形性

产品销售出售的是实实在在的货物，是有形的。但对于提供方而言，服务是一种活动；对于需求方而言，服务是一种需求的满足和感觉。对于供求双方来说，服务都是难以测度的，也是无形的。

3. 是一系列过程或活动

对于服务的提供方而言，服务是由一系列或多或少具有无形性的活动所构成的一种过程。例如，酒店提供的住宿服务就是由入住登记、客房服务、行李服务等一系列的活动构成的。

4. 不涉及所有权的转让

对于顾客而言，服务只是一段时间内服务设施的使用权，而不能带走，因此它不会造成所有权的转移。

5. 存在互动现象

服务过程是在顾客与员工的互动关系中进行的，这些有形的资源（有形产品或有形系统）是作为顾客问题的解决方案而提供给顾客的。

二、旅游服务

旅游产品是旅游目的地或旅游企业为满足旅游者的需要而向旅游者提供的各种接待条件和相关服务的总和。可见，旅游产品属于服务产品，旅游服务构成了旅游产品最为重要的组成部分。交通运输、住宿、餐饮、娱乐、零售等设施与服务以及当地旅游组织提供的相关咨询服务都属于旅游服务的范畴。旅游服务就是向旅游者提供的满足他们在整个旅游过程中多种需要的一系列活动。这些活动是在旅游者与服务人员、有形资源的互动关系中进行的，旅游者最终获得了旅游经历和感受。

旅游产品的综合性特征决定了旅游服务的内涵也十分丰富。旅游服务的提供者既可以是营利性企业，也可以是非营利性组织或政府机构；既可以是旅游企业，也可以是非旅游企业。旅游服务中的互动关系既包含旅游者与服务人员、旅游者与服务设施、旅游者与旅游者的相互作用，也包含旅游者与目的地居民、旅游者与目的地社会文化的相互作用。旅游服务的内容既包括在旅游者旅游过程中向其提供的服务，也包括在其旅游准备阶段和旅游过程结束后向其提供的相关服务；既包括满足旅游者食、住、行、游、娱、购方面需要的服务，也包括旅游信息咨询、旅游保险、游客投诉处理等方面的服务。通过消费旅游服务，旅游者可以完成一次旅游活动，得到心理和精神上的满足。

三、景区服务

1. 景区服务概念

景区服务是旅游服务的一种，我们可以把景区向旅游者提供的与游览或娱乐相关的服务综合起来，称为景区服务。旅游景区的服务是由有形的游乐设施和无形的人员服务结合而成的。其中，无形的人员服务是旅游景区产品的核心内容，有形的娱乐设施只是服务的前提和基础。没有高质量的服务水平，再新奇、再刺激的游乐设施也不能有效地发挥娱悦游客的作用。

旅游景区服务质量和水平的高低取决于员工的服务技能和素质修养。根据服务的英语单词“service”，可以得出景区对员工服务的七个基本要求（见表1－2）。

表1－2　景区服务概念的分解

分解项目	分解内容	具体含义
S	微笑服务	每一个员工都必须以微笑来接待所有的游客，使旅游景区更具亲和力
E	优质服务	为顾客提供最优质的服务，力求每一项工作都做得十分出色
R	快捷服务	随时做好一切服务的准备工作，按照游客的需求提供快捷的服务
V	游客至上	员工要树立游客至上的观念，把每位游客都视为需要提供特殊照顾的贵宾
I	热情款待	员工在面对游客时要热情招呼、接待，热心为游客解决困难
C	创新能力	员工能根据游客的具体要求，在自身权限和能力范围内为其提供创新性的服务
E	热情目光	员工以热情的目光关注游客，准确预测游客的需求，及时提供个性化的服务

2. 景区服务构成

实际上，景区服务是景区内一系列服务的统称。一个旅游者前往一个景区游览或娱乐，其接受的服务一般包括接待、游览、解说等多个方面。

从流程上看，景区服务包括的环节如图1-1所示。

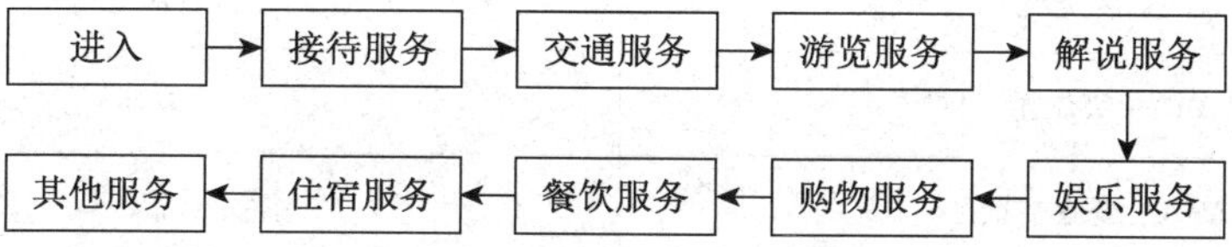

图1-1　景区服务流程

游览服务是整个景区服务的中心环节，其他环节都是为中心环节服务而产生的次要环节。对于不同的景区而言，次要服务环节的数量是有很大差别的。如博物馆就一般不存在餐饮服务、住宿服务，有些小型景区没有交通服务。对于不同的旅游者，其接受服务的顺序也是不同的，有些旅游者一到景区就会购物，有些旅游者离开景区时才会购物。

从构成上看，景区服务包括的内容如图1-2所示。

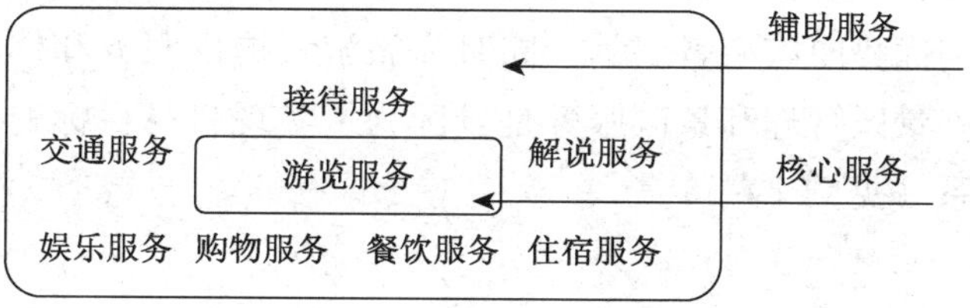

图1-2　景区服务构成示意

一般来说，一个景区提供的核心服务是游览，但也有些主题公园景区提供的核心服务是娱乐。这是景区的根本目的所在，是旅游者前往景区的直接原因，也是旅游活动开展的原动力。

景区在实现核心服务的同时，必须辅之以其他相关服务。这些服务对于景区来说，不是必需的，但是它是景区活动开展的前提条件和物质保障。而且，这些辅助服务对于景区来说，存在很大的差异，不同景区提供的辅助服务是不同的。如有些景区提供购物服务，有些景区不提供购物服务。

【小资料 1－1】

我国景区游客满意率要求

景区类型	游客满意率
AAAAA 级旅游景区	很高
AAAA 级旅游景区	高
AAA 级旅游景区	较高
AA 级旅游景区	较高
A 级旅游景区	基本满意

资料来源：国家旅游局、国家技术监督局，旅游景区质量等级的划分与评定［Z］．中国旅游网．

3. 旅游景区管理与服务的关系

景区管理是指景区管理主体利用计划、组织等管理手段使得景区的资源利用达到最优，从而实现景区社会、经济、生态环境的可持续发展。景区服务是指景区通过人员和设备把自身的资源和优势向旅游者展示，同时为旅游者提供服务和体验，使旅游者获得相关的经历和感受。景区管理和景区服务是景区为了实现自身目标的两个方面，管理和服务存在着依存关系（见图 1－3）。

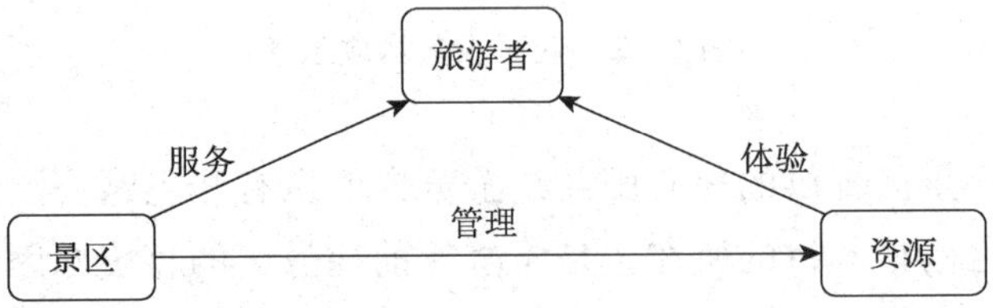

图 1－3　景区服务与管理的关系

（1）从涉及的范围来看。景区管理主要是景区内部的管理，即景区通过各种管理手段，使景区人、财、物的利用得到合理匹配和调控，实现景区的发展目标和经营目标。景区服务主要是景区对外的服务，即景区对旅游者的服务。景区通过为旅游者提供游览、购物、餐饮等服务从而实现景区的经济目标。

（2）从管理的层次来看。景区服务主要涉及景区具体的局部性的问题，一般为操作性和事务性的问题。如门票接待服务和解说服务，属于景区管理中的中下层次管理，是景区与旅游者交流的窗口。景区管理较多涉及景区宏观的全局性的问题，一般为管理性和战略性的问题，属于景区管理中的中高层次管理。

（3）从与旅游者的关系来看。景区服务是直接面向旅游者的。景区通过员工为旅游者提供票务、解说、购物、交通等相关服务，是使旅游者获得游览景区或在景区获得体验的前提条件。而景区管理是通过作用于景区内部的人员、设施设备和旅游资源等实现的。一般来说，景区管理不直接与旅游者接触，尤其是景区的财务管理、人力资源管理等。可以这样认为，景区管理作用于景区服务，然后再作用于旅游者。

（4）从人才培养来看。景区管理是一个实践性很强的活动，涉及景区的方方面面，景区管理者需要对景区各种服务进行深入了解和认识才能在进行景区管理时游刃有余，大部分景区的中高层领导都是从服务岗位逐步走上领导岗位的。对于高职高专学校而言，主要目的是培养景区的服务人员，如解说人员、接待人员等。

【案例1-2】

“互联网+”背景下大连金石滩智慧景区建设现状

随着信息技术的快速发展，个性化与智能化的旅游体验更成为吸引游客的独特优势。作为旅游业核心部门的景区，应该尽最大可能去提高游客的旅游体验质量。

大连是首批入选的18个“国家智慧旅游试点城市”之一，而作为“大连后花园”的金石滩，凭借其得天独厚的资源已经开始利用智慧旅游发挥资源优势，在智慧景区建设方面进行大胆尝试。

1. 智慧服务现状

金石滩景区通信设施布局合理，手机信号覆盖主要景点。金石滩在大连市率先建设Wi-Fi免费覆盖全景区，目前在金石滩主要景区，如十里黄金海岸，打开蓝牙，便可使用免费Wi-Fi，轻松、顺畅上网。在金石滩景区，游客进入智慧旅游系统，打开定位向导，便可获得关于周边的消费信息，如饭店、住宿、娱乐场所等的价格、位置等信息。在金石滩智慧旅游系统中，游客可在线查询到关于景点的介绍信息，了解景点。此外，金石滩旅游官网还为游客提供了在线订票、订房、购物服务。游客在网上选择好需要的景点门票，填上姓名、数量、身份证号码等便可完成订购，到达景点后，出示身份证，完成付款便可以拿到自己预先订好的门票。另外，游客进入金石滩旅游官方网站注册成为会员后，便可享受在线订购、金石滩3D虚拟旅游体验等各项服务内容，同时，游客进入金石滩旅游官方网站，可以下载景区导游图和语音导游系统，还可以在线进行虚拟旅游体验，不用到达景区，便可提前完成游览。在金石滩轻轨站游客服务管理中心，设有旅游信息屏幕，展示金石滩最新旅游信息及相关部门联系电话，并有语音喇叭不断播放简单实用信息。并且，如果游客设置好自己的兴趣、旅游时长、花费等，应用系统还能自动向游客推荐适合的线路。

2. 景区智慧管理现状

一是智慧景区创新管理模式。金石滩智慧旅游系统，设有旅游管理系统，便于管理人流、车流；设有电子票务系统，对售检票实行电子化、自动化；设有数据分析系统，可以收集到客流量信息及消费信息等等。金石滩旅游管理部门通过智慧旅游系统便可对金石滩旅游信息实施监控统计分析，从而提升管理能力，并开创创新管理模式。如在轻轨站等人流密集场所，设立多个监控点位，对全景区实时监控，可在线统计人流量，如果人流量过大，便可提前向有关部门发出预警，以便做好后续工作。二是智慧景区产品营销模式。金石滩旅游管理部门通过智慧旅游系统推广自己的旅游产品。目前，我国游客的旅游形式正在从团队旅游向散客旅游变化，越来越多的游客正逐步脱离旅行社，寻求一种更洒脱的“说走就走”自由旅行方式。在传统旅游方式中，游客主要通过一些旅游中间商购买旅游产品，了解旅游产品的方式和渠道单一。随着智慧旅游的深入发展，游客可直接与景区对接，游客也不用到达景区，通过“触屏”就可以“触”到景区，了解景区相关信息。旅游企业也可以在旅游淡季促销产品，通过智慧旅游系统向游客推送信息，提升经营营销能力，从而打开淡季市场，并靠成功的营销方式赢得市场，扩大市场规模。

实践训练 1－2

一、实训项目

旅游景区服务认知实训

二、实训内容

选择当地一个大型旅游景区，实地走访参观了解景区的不同服务，并总结归纳景区服务的类型。

三、实训目的

通过实训，学生能够了解并熟悉景区服务的构成，了解景区服务的基本工作内容。

四、实训步骤

1. 按约定时间，将学生带到旅游景区，对该旅游景区进行考察。
2. 学生分组进行不同服务岗位参观。
3. 听取景区有关管理人员介绍景区服务的构成内容。
4. 学生分组主动与不同服务岗位景区工作人员交流，并向景区一线员工学习。
5. 学生撰写旅游景区岗位见习考察报告。
6. 课堂进行见习总结，由学生谈心得体会。
7. 实训指导教师根据学生景区现场实训表现、考察报告撰写质量、课堂汇报表现三方面，进行考查。

五、实训评分

1. 实训指导教师根据学生的现场纪律表现、现场合作表现、考察报告撰写质量、课堂表现进行评分。

2. 按百分制记分。

旅游景区服务认知实训评分表

组别：____________ 姓名：____________ 时间：____________

项目		标准分	教师评分
旅游景区服务认知实训	考察报告质量	30	
	现场合作表现	30	
	课堂讲解质量	20	
	课堂反应表现	10	
	现场纪律表现	10	
合计得分			

考核时间：　　年　　月　　日　　　　考评教师（签名）：

第三节　旅游景区接待服务

接待服务是景区服务的关键，是景区形象的直接体现。景区接待服务的工作内容包括售票验票服务、入门接待服务、咨询服务、投诉受理服务和客户维护服务等内容。做好景区接待服务工作有利于塑造景区良好形象，扩大景区影响力；有利于吸引更多的游客，增加景区收入；有利于景区及时掌握游客动态，为景区市场营销及服务质量提升提供信息；有利于景区其他部门根据接待部门提供的游客情况来进行服务准备。

一、景区接待服务的特点

1. 接待服务范围的广泛性

从时间范畴上讲，从游客购票开始直到出景区为止，接待服务贯穿始终；从服务内容上来讲，从售票、验票到提供导游服务（导游员讲解或者提供电子讲解系统以及导游图），到提供游客咨询，到游客意见反馈机制，再到游客投诉渠道及处理等都属于景区接待服务的范畴。由此可见，景区接待服务的范围非常广。

2. 接待服务过程的关联性

景区接待服务不是彼此独立的，而是相互关联的过程。只有在服务时序上和内容上很好地衔接和连贯起来，才能提供给游客完整的接待服务，任何一个环节出现问题，都将影响游客对整个景区服务的整体印象和满意度。比如，在游客购票进入景区后，紧接着便是景区游览的导游服务，在游览过程中，游客随时可能需要咨询服务；游客意见要得到及时反馈；游客不满时，投诉要及时处理。

3. **接待服务方式的多样性**

接待服务的方式不是一成不变的，根据景区的具体情况应该采取不同的服务方式。对景区门票而言，可以是通票式的，也可以是单个项目的。比如，体验型的主题公园，可以一票包含所有的体验游玩项目，也可以根据游客需要自行决定体验游玩项目，入景区后再单个项目购票。对于景区的导游服务而言，可以是导游员讲解，可以是电子设备讲解，也可以使用图纸讲解，游客可根据自身需要选择。

4. **接待服务过程的复杂性**

景区接待服务的对象是人，他们既是消费者又是服务质量的最终评判者，这就使接待服务过程变得异常复杂。接待服务主要受到以下两个方面因素的制约：

（1）游客层次。游客包含了社会各层人士，无论是年龄、职业、受教育程度、家庭背景还是个性爱好都千差万别，所谓众口难调，要让游客都满意是一项非常复杂和艰巨的工程。

（2）意外情况。景区接待服务过程中，随时可能发生意外情况。例如，游船事故、索道故障、餐饮食物中毒等都会威胁到游客身心健康乃至生命安全。这些意外情况或事故，虽然不是直接的接待服务，但如果处理不当，会导致整个接待过程的中断。因此，景区接待必须考虑各种有可能发生的意外情况，做好预警、预防措施，同时要具备及时处理不良状况的条件和能力。

二、景区接待服务的原则

1. **以游客满意为中心**

市场竞争的加剧使得游客满意成为景区保持持续竞争力的重要内容。在对服务感知的基础上，游客会用自己的感受对景区的服务进行投票，服务质量不高的景区接待的旅游者数量必然会减少。因此，从发展战略的角度考虑，景区应该将旅游者需求放在管理决策的重要位置，理解游客当前的和未来的需求，并把它转化为具体的对景区服务的要求。

2. **大力推动全员参与**

景区产品以服务为主，人又是服务中的能动性主体。因此，对于景区而言，每一个员工都是景区服务的参与者和组织者，只有全体员工充分参与，才能发挥他们的才干，进而满足游客的最大需求。所以，景区应尽量培养职员的服务意识、职业道德意识和游客第一意识，并激发他们的积极性和责任感。

3. **促进服务的持续改进**

景区服务的改进是指景区服务过程和服务体系有效性和效率的提高。景区服务的改进要在识别当前状态的基础上，根据市场需求建立持续改进的目标，通过服务改进方案的选择和实施来推动景区服务的提升。

三、景区接待服务的要求

人们投入资金和时间到景区来旅游，为的就是通过体验这里的珍奇景色，优美的环境，以及温馨、舒适的服务，得到净化心灵、消除疲劳、陶冶情操、激发激情等精神的产出，以便更好地投入新的生活。因而，景区接待人员以自己规范的劳动提供优质服务，也是满足游客需求的一种方式。优质服务的表现是多方面的，但在接待过程中比较重要的是服务态度、服务语言、服务的礼节礼貌和精神状态等。

1. 服务态度

优质的服务态度，可以概括为“主动、热情、耐心、周到”八个字。

（1）主动服务。主动服务是指游客到来时要积极主动地提供服务，遇事不分分内分外，均认真对待，发现问题及时予以解决，不拖拉。

（2）热情服务。热情服务则表现在对游客要热情友好，宾客至上，面带微笑，自然适度，始终微笑服务。既要文明礼貌、敬语称呼、亲切和蔼，又要稳重端庄、落落大方、不卑不亢，把游客放在首位，一切为游客着想，努力满足游客合理和正当的要求，避免冷淡、粗暴、懒散，以及傲慢自大、盲目崇拜、厚此薄彼、低三下四等不良行为。

（3）耐心服务。耐心服务是指在繁忙的接待中，始终不急不躁，对事情不推诿，不怕麻烦，在发生矛盾时善于克制，对游客在游览中遇到的问题给予认真答复和解决。

（4）周到服务。周到服务体现在关心伤残、一视同仁、妥帖细致等诸多方面，对各种游客，不论其国籍、肤色、年龄、性别等，都礼貌友好、谦虚尊重、热情服务，无论大事小事，都尽职尽责，给予关心和帮助。

2. 服务语言

服务语言包括书面语言、口头语言和形体语言三个方面。在接待游客的过程中，更多的是应用口头语言和形体语言两种。因此，景区对员工的口头语言和形体语言应严格要求。

（1）口头语言。首先，应用口头语言，在语气语调上要做到亲切温和，热情而不浮躁，语速要不急不缓；音量要适中，要以交谈对象可清楚听见为准。其次，用语要规范，要适时使用礼貌语言，使用敬语，切忌粗俗口头语，不要谈论他人隐私，不要随便评论他人。最后，语言要准确、恰当，讲话要讲究语言艺术，说话力求语言完整，语句连贯流畅，讲话要注意场合，语言得体。服务人员与游客对话时，应礼貌文雅，当游客在思考问题或与别人讲话时，要在游客允许的情况下，才能与之讲话，不能粗鲁打断别人的讲话。讲话吐字要清楚，声音悦耳，给人以亲切感。与游客讲话时，语言、表情和动作要协调一致，要注意面向游客，笑容可掬，要正视谈话对象，目光不可游移不定，左顾右盼，心不在焉。讲话时两手自然下垂，距客人 1 米左右为宜。讲话时不要倚靠他物，举止要文雅，态度和蔼，能用语言表达清楚的，尽量少用手势。要注意进退有序，事毕时先要后退一步，然后再转身离开，以示对客人的尊重。另外，要尽量掌握一门外语，以便更好地为境外游客服务。

（2）形体语言。形体语言，即形体的动作。形体动作直接影响服务的质量。形体语言主要表现在站立、就座、行走、手势、服务操作等方面。对于形体语言，要求做到站立时身体挺直，双脚稍微分开，双手自然下垂，不可倚靠他物，应保持随时向客人提供服务的状态。坐时要端正，不可斜躺、靠椅背、跷二郎腿等。行走时脚步要轻稳，面带笑容，不应三五成群，勾肩搭背；不得跑步，超过行人时要转身向被超越者致意道歉。在为游客指引方向时，手臂要基本伸直，指向目标，上身稍向前倾，以示尊重，谈话时手势不宜过多，幅度不宜过大。在进行服务操作时，形体动作要伸展大方，符合规范。另外，在与游客接触时，禁止在游客面前打喷嚏、修指甲等。

3. **礼节礼貌**

礼节礼貌是优质服务的重要体现，景区服务人员要有较高的礼貌修养。礼貌建立在互相尊重的基础上，礼貌不是虚伪的客套，而是发自内心的、表里如一的。因此，景区服务人员要热爱本职，热心助人，方便游客，要精神饱满、乐观，具有全心全意为游客服务的思想境界，以便更好地礼貌服务。

4. **精神状态**

对每一位景区服务人员来说，为游客服务是职责所在，必须全身心投入到对游客的服务中去。但是为游客服务需要“情感劳动”，它会像体力劳动那样消耗你的精力，也会让你觉得疲惫、无精打采，甚至变得没有耐心。因此，要提供优质服务必须克服这种情况，要在服务中显得精神饱满，并想方设法使自己精力充沛。

【案例 1-3】

云谷索道多举措助力快速通行　平稳度过客流高峰

2022 年“十一”假期第二日，天气晴朗，游客兴致盎然。为给游客朋友们营造安全、舒适、有序的乘车环境，云谷索道细致部署，严格落实，多举措助力客流输送工作。

一是严格维护保运行。认真落实早检、晚检及巡查工作，对重点设备进行重点监护，加强动态巡检频次，落实风险隐患点排查，随时关注设备运行状况，发现问题立即处理，确保运维力量及时到位，各类设备设施安全无故障运行。

二是网格管理抓服务。制定“十一”接待工作网格图，节日期间全员上岗，管理人员一线靠前服务，定点定岗定人，重点岗位安排专人负责，做到全天候人员全覆盖，售检票服务优质高效，候乘车管理井然有序。

三是扫码购票增效率。在排队长廊、检票口、上站义务咨询亭等人员必经场所悬挂购票二维码，沿途工作人员主动引导扫码购票，做到场所、人员全覆盖，有效落实、落地实名制购票的同时，保障通行效率。

资料来源：黄山风景区管理委员会，https：//hsgwh. huangshan. gov. cn/xwzx/qykx/9063329. html，2022 - 10 - 02.

该案例表明，景区接待服务工作是一项实务性、思想性和艺术性很强的工作，主要包括景区门前的接待服务、游客进入景区后的接待服务、游客投诉服务等方面的内容。景区入门接待服务包括门前的车辆停放、售票服务、导入服务、咨询服务等。景区内的接待服务包括游览接待、导游讲解、餐饮接待、商业接待、娱乐接待等方面的服务。游客投诉服务包括游客投诉的类型识别、原因分析、处理原则、方法等。有些服务项目在后面的章节有具体的阐述，此处不再赘述。

实践训练 1 - 3

一、实训项目

旅游景区接待服务认知实训

二、实训内容

选择当地一个大型旅游景区，实地走访参观景区员工工作情景，并进行接待岗位见习体验。

三、实训目的

通过实训，学生能够了解并熟悉景区接待岗位的构成和接待服务的内容。

四、实训步骤

1. 按约定时间，将学生带到旅游景区，对该旅游景区进行考察。
2. 学生分组轮流对景区的不同接待岗位进行参观学习，听取景区有关管理人员介绍景区接待服务内容。
3. 学生分组轮流体验景区接待岗位工作，主要体验岗位是景区入口、游客中心和景区内具体接待岗位。
4. 学生撰写旅游景区接待岗位见习考察报告。
5. 课堂进行见习总结，由学生谈心得体会。
6. 实训指导教师根据学生景区现场实训表现、考察报告撰写质量、课堂汇报表现三方面，进行考查。

五、实训评分

1. 实训指导教师根据学生的现场纪律表现、现场合作表现、考察报告撰写质量、课堂表现进行评分。

2. 按百分制记分。

旅游景区接待服务认知实训评分表

组别：________　姓名：________　时间：________

项目		标准分	教师评分
旅游景区接待服务认知实训	考察报告质量	30	
	现场合作表现	30	
	课堂讲解质量	20	
	课堂反应表现	10	
	现场纪律表现	10	
合计得分			

考核时间：　　年　　月　　日　　　　考评教师（签名）：

第二章

旅游景区入门接待服务

【学习目标】

- **知识目标**

1. 了解旅游景区游客排队服务心理和排队措施
2. 熟悉旅游景区排队队形安排
3. 掌握景区验票服务标准和工作流程

- **能力目标**

1. 学生能够提高入门接待服务意识
2. 学生能够锻炼入门接待服务的对客沟通能力
3. 学生能够掌握入门接待服务流程和工作规范，提高岗位工作技能

第一节 旅游景区导入服务

旅游景区导入服务是指景区入口处的对客服务过程。景区入口是游客来到景区的第一印象区，是展现景区形象的窗口。要保持入口的通畅性、有序性，不要出现入口堵塞的现象，特别是在旅游旺季，要尽力避免游客长时间排队等候入园的情况发生。另外，景区内游客必游的一些重点项目也很容易出现排长队的现象，必须采取分流、疏导措施，否则将会降低游客的满意度，影响景区的声誉。

一、排队服务

游客进入景区接受的第一项服务就是景区排队服务。排队服务质量的高低会影响到

游客对景区管理科学性的评价，如果分流措施不力，会降低游客的满意度，影响景区的声誉。“管理排队”，在某种意义上成为景区提高顾客满意度、加大竞争优势的一种营销措施。

1. 排队心理

对等待心理的实验主义研究最早可以追溯到1955年。其中，大卫·迈斯特尔（David Maister）在1984年对排队心理做了比较全面的总结和研究，他提出了被广泛认可和采用的等待心理八条原则，另外，在此基础上M. 戴维斯及J. 海尼克在1994年和P. 琼斯及E. 佩皮亚特在1996年分别对顾客排队等待心理理论又加了两条补充：①无所事事的等待比有事可干的等待感觉要长；②过程前、过程后等待的时间比过程中等待的时间感觉要长；③焦虑使等待看起来比实际时间更长；④不确定的等待比已知的、有限的等待时间更长；⑤没有说明理由的等待比说明了理由的等待时间更长；⑥不公平的等待比平等的等待时间要长；⑦服务的价值越高，人们愿意等待的时间就越长；⑧单个人等待比许多人一起等待感觉时间要长；⑨令人身体不舒适的等待比舒适的等待感觉时间要长；⑩不熟悉的等待比熟悉的等待时间要长。

了解排队心理之后，景区可以采取措施对游客关于等待的认知施加正面影响。

首先，景区在排队管理时要遵循以下几项原则：第一，公平性原则，杜绝插队现象；第二，重要性原则，如果是VIP或老主顾，可以考虑单独开辟售票点；第三，紧迫性原则，如果游客确实有急事，可以考虑优先放行。

其次，在遵循以上原则的基础上，景区可以采取一些具体措施使得游客对排队等待更有耐心。

（1）积极与游客进行沟通，帮助游客克服在等待中可能产生的焦虑情绪，并尽可能准确告知他们需要等待的时间。例如，必胜客会准确告知顾客等待时间，并关注等待之中的顾客，隔一段时间就会为顾客送上一杯饮料以表示他们没有被忘记。

（2）为游客建立一个舒适的等待环境，使等候时间变得令人愉快。如设置专门的等候区，并将其布置得宁静、素雅，播放舒缓的轻音乐，并将等候区与就餐区隔开，避免直接的刺激。适当时可赠送顾客茶水、小食品等。

（3）在顾客等待的时候，为顾客提供相关内容的服务。如餐厅内顾客等待餐桌时，可以先点菜；在医院就医时，先填写医疗信息表等，都可以在心理上缩短顾客的等待时间，同时这样做可以帮助增强客户的体验经历。

（4）尽量使顾客等待的时候有事可做，并使得等待更为轻松有趣。例如，在候车室，可以提供大的电视显示屏幕，在顾客等待的时候，可以观看电视节目，帮助他们轻松度过等待的时间。在银行也可以提供大的电子显示屏，当顾客等待服务的时候，播放一些新闻和其他信息以分散顾客的注意力，使得等待时间更易容忍。

（5）不直接参与顾客服务的员工和资源，避免让顾客看到。如果在等待的时候，能够进入他们视线的每个员工都在忙碌的话，顾客会更耐心一些。相反，如果看到有些资源闲置在一边，顾客会感到不耐烦。

（6）充分利用科学技术，降低队伍的出现率。如果顾客能够不用排队等待而接受服务的话，这对公司和顾客来说都是有利的。例如，安装电子排号系统，通过电子报号来避免客户的排队。

【案例 2-1】

迪士尼的 Fast Pass（预约直通车）

迪士尼的 FP 卡（Fast Pass）是为缩短等候游乐和表演而设的排队系统，持有预约直通车的游客只要按照指定时间到达游乐设施，就无须排队，直接进入游乐设施或表演场。游客每次只能取一张直通车卡，持有的直通车卡上会有下一张直通车卡何时领取的提示。游客不可以连续拿两个景点的直通车卡，下一张直通车卡必须在这张直通车卡所指示的时间领取。FP 卡可以帮助游客节省很多时间，在等待期间，游客可以慢慢玩人少的游戏，到了预约时间段再去玩指定游戏。领取 FP 卡的过程很简单：直接进入 FP 卡登记区域，将门票插入 FP 卡机口，FP 卡便自动弹出，同时退出你的门票，你要在 FP 卡指示的时间内玩指定的游戏。

2. 排队队形安排

排队的队形应根据景区的游客流量、游客集中程度、热门参观点、排队项目点、排队区地形等特点来安排，符合客流规律的队形有助于提高排队效率。一般可将队形分为传统单行队形、多列队形、主题队形等 5 种形式，每种队形各有优缺点。如图 2-1 和表 2-1 所示。

（1）单列单人型。这种队形只设一名检票员，游客排成单列。优点是人工成本低，缺点是游客等候时间难以确定，而且游客的视觉受到阻碍。可以通过设置座位或护栏，标明等候时间来加以改进。

（2）单列多人型。这种队形设置多名检票员，游客排成单列。优点是接待速度快，缺点是人工成本增加。队列后面的游客仍然感觉视线较差。可通过将队列从纵向改为横向来加以改进。

（3）多列多人型。这种队形设置多名检票员，同时游客排成多列。优点是接待速度较快，视觉进入感缓和，适用于游客量较大的场合。缺点是人工成本增加，队列速度可能不一。改进措施：不设栏杆可以改善游客视觉进入感。

（4）多列单人型。这种队形只设一名检票员，游客排成多列。优点是视觉进入感缓和，人工成本低。缺点是栏杆多而导致成本增加，游客需要选择进入哪一队列。改进措施：外部队列位置从纵向改为横向，可以改善视觉。

（5）主题或综合队列：这种队形设置两名以上的检票员，队列迂回曲折，一般游客排成单列。优点是视觉及时改善，有信息展示空间和时间，适度降低了排队的枯燥感。缺点是增加了硬件建设成本。可通过将单列变双列来加以改进。

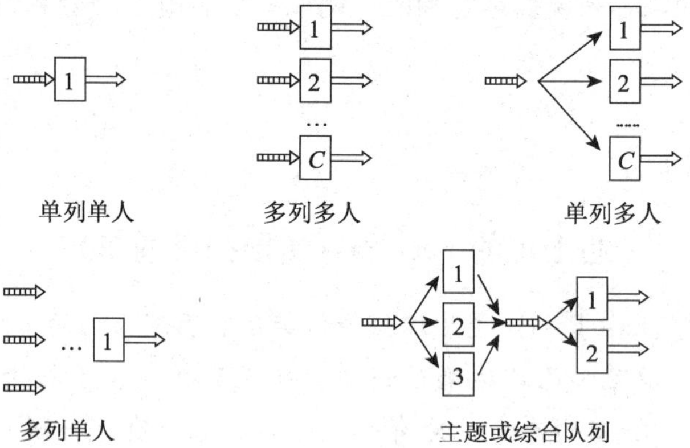

图 2－1　排队队形安排

表 2－1　景区入口导入 5 种队形比较

队形形式	示意图	特点	优点	缺点	改进措施
单列单人型		一名检票员	成本低	等候时间难确定；有视觉障碍	设置座位或护栏；标明等候时间
单列多人型	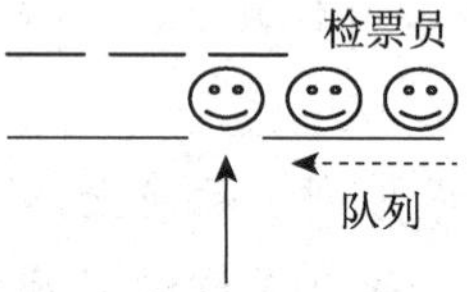	超过一名检票员	接待速度加快	人工成本增加；有视觉障碍	设置座位或护栏；队列从纵向改为横向
多列多人型	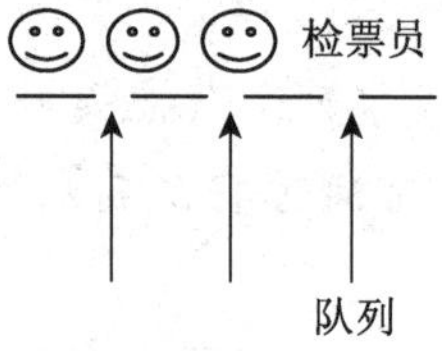	多名检票员	接待速度较快；视觉进入感缓和	人工成本增加；队列速度可能不一样	不设栏杆可以改善游客视觉进入感
多列单人型	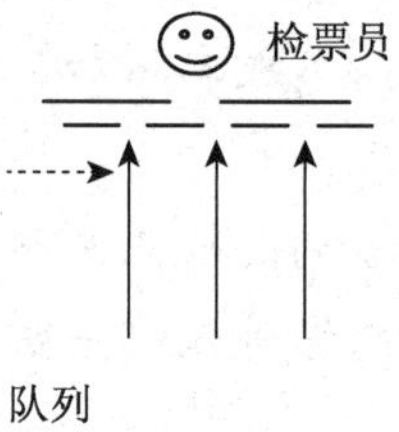	一名检票员	视觉进入感缓和；人工成本低	栏杆多，成本增加；游客需要选择进入哪一队列	外部队列位置从纵向改为横向，可以改善视觉

续表

队形形式	示意图	特点	优点	缺点	改进措施
主题或综合队列	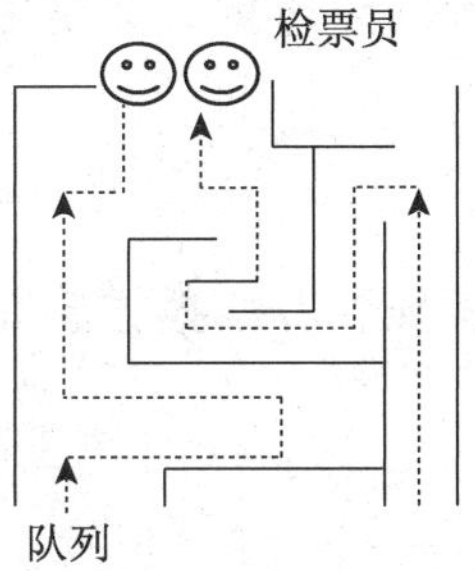	超过两名检票员	视觉及时改善；有信息展示的空间和时间；硬件齐全	增加了硬件建设成本	单列变双列

不同的景区应根据游客流量、游客集中度、热门参观点、排队项目点、排队区地形等特点采取不同的队形和接待服务方式。例如，丽江玉龙雪山索道、乐山大佛通过九曲栈道到大佛脚下的排队区，由于索道和九曲栈道的瞬时容量的限制、排队游客较多的原因，采用的是单列多人型队列；昆明世博园入口采用多列多人型队列，队列多达 12 条，根据入园游客数量多少，开启部分列队，确保游客不至于在入口滞留。排队服务可在不同的地方根据游客流动规律采取不同的队形和接待方式。

实践训练 2 –1

一、实训项目

旅游景区导入服务认知实训

二、实训内容

选择当地一个大型旅游景区，参观了解该景区的入口导入服务流程，学习该景区入口导入服务岗位职责和行为规范，并进行岗位见习体验。

三、实训目的

通过实训，学生能够了解并熟悉景区导入服务的工作内容。

四、实训步骤

1. 按约定时间，将学生带到旅游景区，对该旅游景区入口接待岗位进行考察。

2. 听取景区管理人员介绍景区入口导入服务岗位，学习入口导入接待流程和服务规范。

3. 学生分组主动与导入接待服务岗位景区工作人员交流并提问。

4. 学生分组进行景区导入接待服务岗位的见习体验，有条件可以进行模拟体验或直接对客服务体验。

5. 学生撰写旅游景区岗位见习考察报告。

6. 课堂进行见习总结，由学生谈心得体会。

7. 实训指导教师根据学生景区现场实训表现、考察报告撰写质量、课堂汇报表现三方面，进行考查。

五、实训评分

1. 实训指导教师根据学生的现场纪律表现、现场合作表现、考察报告撰写质量、课堂表现进行评分。

2. 按百分制记分。

旅游景区导入服务认知实训评分表

组别：______________ 姓名：______________ 时间：______________

项目		标准分	教师评分
旅游景区导入服务认知实训	考察报告质量	30	
	现场合作表现	30	
	课堂讲解质量	20	
	课堂反应表现	10	
	现场纪律表现	10	
合计得分			

考核时间：　　年　　月　　日　　　　考评教师（签名）：

第二节　旅游景区验票服务

验票服务也可以称作检票服务，主要工作内容是组织游客有序进入景区，验票服务也是给游客良好的第一感知和留下美好印象的开始。

验票服务一方面关系到景区经济效益的真正实现，另一方面也关系到景区良好秩序的维护。尽管越来越多的景区开始采用电子检票系统，但工作人员提供的服务仍然必不可少。

一、验票服务标准

（1）验票岗位工作人员应保持良好的工作状态，精神饱满，面带微笑。

（2）验票员能熟练使用普通话，同时掌握票价、景区名称、礼貌用语等简单的对话。如："您好，欢迎光临!""请拿好票，往这边走，祝您玩得愉快!"

（3）验票员熟悉本景区门票价格及优惠规定，熟悉免票、优惠票的条件并按要求检查。

（4）熟悉旅游团导游、领队带团入团的查验方法及相应的免票入园规定。

（5）对漏票、持无效证件的游客，要礼貌地耐心解释，说明无效的原因，说服游客重新购票。

（6）快捷、热情地为持有效票入园的游客检票、撕票、赠送导游图。

（7）坚持原则，按规定程序检票、撕票，不得出现漏票、放人现象。

（8）集中保管门票副券，当天副券投入副券箱，每月月底由主管开启销毁。

（9）如遇闹事滋事者，应及时礼貌地予以制止，如果无法制止，则立即报告有关部门。切忌在众多游客面前争执，破坏景区秩序。

验票员应认真遵守景区制定的有关规章制度，认真负责，敢于坚持原则，严禁利用职务之便私放游人进入景区。同时要主动接受旅游行政管理部门和执法人员的监督检查，自觉改进工作方法，提高工作效率，维护景区形象。

二、验票工作流程

验票服务工作的流程同售票服务工作一样，也分班前、工作中和班后三个阶段。一些基本要求包括按规定着装、佩戴工牌、整理仪容等。验票工作流程的要点包括以下几个方面。

（1）打扫游客入园闸口及周边卫生，备好景区导游图，做好开园迎客准备。

（2）开园后站在检票位，面带微笑，热情礼貌地迎接游客入园。

（3）游客入闸时，认真查验门票。对无票或持无效门票的游客，要求其重新购票。设有自动检票机的景区，验票员应监督、帮助游客通过自动检票系统验票。当自动检票机出现故障时，要及时进行人工检票。要保证不出现漏票、逃票、无票放人等现象。检票时向游客问好，如“您好，欢迎光临”。

（4）控制游客入园流量，维持闸口秩序，避免拥堵及混乱情况的出现。

（5）熟悉景区门票价格及优惠办法，熟悉旅行团导游、领队带团入园的查验方法，严格按规定查验。

（6）团队入园时，需登记游客人数、来自的国家（地区）、旅行社名称等信息。

（7）对于特殊人群，如残疾人或老人入园时，应予以特别关照，提供必要的帮助。

（8）保持闸口及周边的卫生。

（9）下班前认真填写好工作日志。

【案例2-2】

鲁迅故居景区以刷身份证方式进景区参观

浙江绍兴鲁迅故居景区从2010年后开始逐步推行免门票制度。景区刚开始实行景区免票制度时，还并没有采用刷身份证的方式进入景区，造成景区接待量饱和而无法准确计算景区接待人数，也会遇到景区游客破坏景区环境，甚至有一些不法分子趁机进入景区实施犯罪等情况。当遇到这些情况时，由于没有游客信息，所以无法及时处理，给景区正常运营带来严重影响。采用刷身份证进入景区这一办法为景区接待管理减轻了很多压力，上述情况也逐渐减少，但在实施初期，也经常发生景区游客忘记带身份证而无法通过正常程序进入景区参观的状况，给景区的入门接待工作带来很大的困扰，但是总体来说，采用刷身份证进景区参观这一办法逐步得到认可并逐步完善。通过刷身份证，景区的游客接待量以及游客基本信息不仅可以准确无误地显示出来，每一个游客信息也可以及时进行查找核对，大大提高了景区接待效率，以及应对景区突发事故的处理能力，也降低了景区接待的困难和风险。

【案例 2－3】

过度单纯依赖“门票经济”，势必导致景区创新动力不足

2019 年，国家发展改革委办公厅下发通知，决定于 9 月至 10 月在全国范围内开展降低重点国有景区门票价格“回头看”工作。重点在景区门票价格形成机制是否完善、门票价格是否已切实 降低、配套服务价格是否合理、价格行为是否规范、门票价格减免政策是否执行到位等方面开展“回头看”。门票收入是旅游景区主要经济支柱。有调查显示，在国内旅游的各项花费中，景区门票占总花费的比例较高。景区门票价格偏高，已经成为社会关注的热点，很多游客直呼“吃不消”。2018 年以来，国家发展改革委出台《关于完善国有景区门票价格形成机制降低重点国有景区门票价格的指导意见》等一系列文件，各地积极落实，让利于民，让广大游客享受实实在在的实惠。但有一些地方仍存在部分国有景区门票价格偏高、配套服务价格不合理、随意涨价、强制捆绑消费、门票明降暗涨等现象。有的景区在降价上“玩猫腻”，出现百元门票仅降 3 元的现象。景区门票价格“逢节必涨”“旺季涨价”的现象广受诟病。就景区长远健康发展而言，过度单纯依赖“门票经济”，势必导致景区缺乏创新意识，在开拓市场、提升服务和转型发展上的动力不足。过度单纯依赖“门票经济”的现象，已经成为旅游 业高质量发展的“绊脚石”。国家发展改革委对降低重点国有景区门票价格进行“回头看”，将倒逼景区由门票经济向综合产业经济转变。

事实证明，有不少景区发展“旅游＋”经济，坚持旅游与体育、养生、休闲等各产业融合发展，丰富景区的“食、住、行、游、购、娱”产业要素构成，提升景区文化内涵和品质，吸引游客、留住游客，增加收入，成功摆脱了对“门票经济”的过度单纯依赖。对于降低景区门票价格，各景区要严格落实，不得以任何理由、形式违反相关规定，搞变通、打“擦边球”。对“回头看”有关部门要真看、真查、真改、真究，建立问题台账和整改督导机制，对于不按规定执行政府定价、擅自增设收费项目、捆绑销

售、强制消费、不执行优惠政策、随意涨价等违法违规行为，要及时采取措施，依法处理，切实维护旅游市场价格秩序。

【小资料2－1】

鲁迅故里景区参观办法

凭本人第二代身份证直接到三味书屋、鲁迅故居、鲁迅祖居各景点的入口处刷证参观，每人每天限刷证1次，为照顾没有携带证件的亲友，一证可携带2人同行。为方便游客，鲁迅祖居入口调整到游客中心，请您进入游客中心直接刷证参观。旅行社团队参照散客参观办法。

实践训练2－2

一、实训项目

旅游景区票务接待服务认知实训

二、实训内容

指导教师考察当地某大型旅游景区，了解该景区的售票接待和验票接待服务流程，学习该景区票务服务岗位职责和行为规范，并在课堂上以案例教学的方式将票务接待相关理论知识和自身实践结合，让学生分组进行票务接待模拟表演。

三、实训目的

通过实训，学生能够了解并熟悉景区票务接待服务的工作内容。

四、实训步骤

1. 在课堂上指导教师讲解景区验票接待服务流程，学生分组学习讨论；也可邀请景区票务管理人员来课堂为学生介绍景区验票岗位服务内容。
2. 指导教师以案例为内容，让学生分组围绕验票接待服务案例进行辨析。
3. 指导教师进行案例总结。
4. 学生分组进行景区验票岗位表演体验。
5. 学生撰写旅游景区实训报告。
6. 课堂进行实训总结，由学生谈心得体会。
7. 实训指导教师根据学生景区课堂纪律表现、课堂合作表现、实训报告撰写质量、课堂汇报表现三方面，进行考查。

五、实训评分

1. 实训指导教师根据学生的课堂纪律表现、课堂合作表现、实训报告撰写质量、课堂表现进行评分。

2. 按百分制记分。

旅游景区票务接待服务认知实训评分表

组别：________ 姓名：________ 时间：________

项目		标准分	教师评分
旅游景区票务接待服务认知实训	实训报告质量	30	
	现场合作表现	30	
	课堂讲解质量	20	
	课堂反应表现	10	
	现场纪律表现	10	
合计得分			

考核时间：　　年　　月　　日　　　　考评教师（签名）：

第三章

旅游景区咨询服务

【学习目标】

- **知识目标**

1. 了解旅游景区游客中心的概念和功能
2. 熟悉旅游景区游客行为管理的内容
3. 掌握景区咨询接待服务的主要内容

- **能力目标**

1. 学生能够认识旅游景区咨询服务的重要性
2. 学生能够熟悉旅游景区咨询服务工作流程
3. 学生能够掌握旅游景区咨询服务工作技能

第一节 景区游客中心服务

向游客提供咨询服务是景区每一个员工应尽的职责，但主要由游客中心（Visitor Center）来完成。游客中心又称游人中心、访客中心，是旅游景区设立的为游客提供游览信息咨询、游程安排、讲解、教育、休息、电信、投诉接待等旅游设施和服务功能的专门场所，一般位于景区的入口，是景区对外形象展示的主要窗口。游客中心的有无和它提供服务的项目和服务的质量直接影响到游客对景区的印象。原国家旅游局颁布的《旅游景区质量等级的划分与评定》中，也对游客中心有明确的规定。游客中心的主要功能表现在三个方面：一是信息咨询服务，包括景区的基本情况、景点分布情况、最佳旅游线路、新近特殊景观、需要保护的动植物、当天的天气、各个景点游人数量预报、拥挤程度、食宿设施可利用情况等；二是向游客提供接待导览、咨询、失物招领、免费寄存物品、婴儿车出租、医疗救护、电子触摸查询系统、放映厅、展览厅、咖啡厅、旅游纪念品展示和销售等；三是接受游客投诉。

《旅游景区质量等级的划分与评定》对游客中心在选址、规模、设施、功能以及咨询服务人员服务质量这几方面都有明确的规定，如4A级旅游景区要求“游客中心位置合理，规模适度，设施齐全，功能完善。咨询服务人员配备齐全，业务熟练，服务热情”。近年，许多地区为提高景区的服务水平，营造一流的旅游环境，重视规范建设旅游景区游客中心，如北京市为促进旅游景区游客中心的规范化建设，制定了《北京市A级旅游景区游客服务中心建设和管理规范（试行）》，于2009年3月1日起试行。

【案例3－1】

江西龙虎山景区：旅游业加快复苏　全国游客免门票

近日，江西省龙虎山景区推出多项惠民旅游政策，促进旅游市场快速复苏。9月20日至9月30日，龙虎山景区针对全国游客推出免景区资源性门票的优惠政策，只需购买45元观光车票就可畅游龙虎山两日。同时，对持有鹰潭居民身份证的居民（含贵溪、余江、月湖、信江新区、高新区、龙虎山景区）、在鹰潭各高校就读的大中专学生、持有鹰潭市客商证的客商、持有“鹰潭市高层次人才服务卡”的高层次人才，推出免景区资源性门票观光车组合票的优惠政策。

据了解，为确保游客安心游、放心游，龙虎山景区在严格落实“三查一戴一扫一测”防控措施前提下，按“限量、预约、错峰”要求，严格控制游客接待量，引导市民和游客错时出行、错峰游览，并安排专人定时开展环境消杀，确保游客安全出游。同时，按照“自愿、免费、即采即走、不限制流动”原则，省外低风险地区游客抵达龙虎山景区后，可前往游客中心广场等核酸检测点采样。

自2020年疫情发生以来，龙虎山景区无一例新冠肺炎确诊和无症状感染者，真正做到神仙福地、一方净土。山岭俊秀的龙虎山空气负离子含量超过正常值15倍，是名副其实的天然氧吧，秋天的龙虎山正是舒适宜人的好时节，您可感受数亿年大自然的那份纯净，感悟数千年文化的那份神秘。

资料来源：中国新闻网－江西，http：//www.jx.chinanews.com.cn/news/2022/0921/69891.html，2022－09－21.

一、游客中心主要功能

游客中心内应设服务项目公示牌。游客中心主要功能包括：景区介绍、旅游咨询、游程信息、导游、休息、通信、邮电、便民服务、景区形象展示、投诉处理和安全提示等功能，各功能区进行合理划分，做到互不影响，有条件的提供医疗救护服务。

二、游客中心服务内容

游客中心的服务内容主要包括：电脑触摸屏、影视介绍系统、游客休息设施、旅游景区导览宣传资料；工作人员提供咨询服务；提供游程线路图；明示景区活动节目预告；提供导游服务；提供饮料及纪念品服务等。

【案例 3－2】

国内最大跨度的互承式胶合木结构——九寨沟沟口游客服务中心

2021 年 9 月 9 日，九寨沟景区沟口立体式游客服务设施项目竣工验收圆满通过。

九寨沟景区沟口立体式游客服务设施建设项目位于九寨沟县漳扎镇九寨沟景区沟口，建设内容包括：新建游客服务设施建筑面积 26600 平方米、景观及游人广场 3.97 万平方米、加固改造荷叶宾馆建筑面积 4049.84 平方米、设施设备购置及桥涵、道路工程、旅游厕所、消防道路及绿化等附属配套设施。

九寨沟景区沟口游客服务中心是一座在“绿水青山就是金山银山”思想指引下，充分前期策划，高度尊重自然，高度体现地域人文，以游客为本，高度装配化，高度智能化，大比例采用新材料、新工艺、新技术，全过程数字化交付的高水准绿色景区游客服务中心。其设计建造水平代表了我国在工程建设方面最新技术成就和最强技术集成能力，展现出我国在自然风景区基础设计建设领域结合先进建造理念运用复杂技术标准实现技术创新融合的综合创新能力。

该项目创造性地把游客服务中心和应急避难场所结合起来，为全国景区防灾避难的推广工作创立了典范。

新建的智慧中心为“智慧旅游大数据综合管理平台”提供硬件支撑，建设统揽整个自然保护区的指挥中心，为可持续发展国际联合实验室提供硬件支撑。

资料来源：腾讯网，https：//new.qq.com/rain/a/20210915A09ODA00，2021－09－15.

三、游客中心的服务要求

国家标准《旅游景区质量等级的划分与评定》对不同等级景区的游客中心建设做了明确规定：

AAAAA 级旅游景区：游客中心位置合理，规模适度，设施齐全，功能体现充分。咨询服务人员配备齐全，业务熟练，服务热情。

AAAA 级旅游景区：游客中心位置合理，规模适度，设施齐全，功能完善。咨询服务人员配备齐全，业务熟练，服务热情。

AAA 级旅游景区：游客中心位置合理，规模适度，设施、功能齐备。游客中心有服务人员，业务熟悉，服务热情。

AA 级旅游景区：有为游客提供咨询服务的游客中心或相应场所，服务人员业务熟悉，服务热情。

从国家标准的要求来看，游客中心的设置标准主要是依据选址、规模、设施、功能以及咨询服务人员服务质量等方面。

四、游客中心功能布局的服务内容

（1）咨询服务区。这是一个提供综合性信息的服务区，起到咨询和解答的作用，应配备咨询台和咨询人员，提供景区全景导游图、游程线路图等；提供旅游景区宣传资料；提供景区活动节目预告；提供景区周边交通图和游览图。有的景区还设置有电脑触摸屏和影视设备，介绍景区资源、游览线路、游览活动、天气预报；提供上网服务，有条件的景区应建立网上虚拟景区游览系统。

（2）风光展示区。此服务区主要是向游客展示景区的优美风光，引导游客对景区进行游览。应配备景区导游图示、宣传展板；提供正式出版印刷的导游图、明信片、画册、音像制品、研究论著、科普读物等；有条件可设置景区沙盘、多媒体放映厅、展示厅。风光展示区可起到广告宣传和教育游客的作用，不仅可以展示景区风光，还可教育游客保护景区资源。

（3）导游服务区。主要提供导游服务。此区应提供人工导游（讲解）服务，人员数量适当，能够满足景区日常需求。北京市对 A 级旅游景区游客中心还做出如下规定：1A 至 3A 级旅游景区要求采用中英双语种导游，4A 级（含）以上文物类景区要求提供普通话和两种以上外语的导游服务；4A 级（含）以上景区应配备高级导游员或讲解员。导游人员信息应公示，用中、英两种文字说明，要求照片和文字信息齐全、准确，展示牌美观、醒目。根据游客需求，提供自助语音导游器服务，使用外语语种能满足游客需求。根据团队游客需求，提供无线无噪声讲解器服务。

（4）客人休息区。设置专用的游客休息区，面积要适当，能够满足高峰期游人的需要；座椅数量能够满足游客需要，摆放合理，进出方便；注重休息氛围的营造，与周边功能区要有缓冲或隔离，要求安静、视野开阔；室内要有适当盆景、盆花或其他装饰品摆放；提供免费饮水服务；设置休闲茶饮服务台，有专人服务；提供茶饮或咖啡服务，价格要公示。

（5）票务区。主要是出售景区内的各种票据，如景区门票、景区内交通工具的车票或一些游乐设施的票据等。

（6）旅游商品销售区。主要向游客介绍并出售本地的一些土特产、旅游纪念品等旅游商品，还兼具出售旅游过程中的一些必备用品。

（7）餐饮住宿区。主要向游客提供餐饮、住宿等服务，为增加游客在景区的逗留时间，更好地游览景区提供了便利条件。

（8）便民服务区。提供雨伞租借，手机、摄像机、照相机免费充电，小件物品寄存，失物招领服务；提供电池、手机充值等旅游必需品售卖服务，收费合理；提供邮政明信片及邮政投递、纪念币和纪念戳服务；游客服务中心内设立公用电话，具备国际、国内直拨功能，移动信号全覆盖，信号清晰；有条件的，提供医疗救护服务，设立医务室，配专职医护人员，备日常药品、氧气袋、急救箱和急救担架。

五、游客中心选址与建筑

1. 位置应合理

能够从主入口便捷到达，与主入口间有一定的缓冲；引导标识醒目、齐全，设置科学，能够引导游客方便到达。游客中心应该与停车场距离100米。

2. 建筑有特色

符合景区主题，建筑外观与景观相协调；景观与环境美化措施多样，环境氛围优良。

3. 规模要适度

如《北京市A级旅游景区游客服务中心建设和管理规范（试行）》要求4A级（含）以上景区游客服务中心面积应达到100平方米以上；1A至3A级景区游客服务中心面积应达到50平方米以上。

【案例3－3】

圆明园游客服务中心

位置：位于圆明园南门的东北角。

规模：100余平方米。

设施：免费轮椅、免费婴儿车、爱心伞、饮水机、触摸屏查询、电脑等。

【案例3－4】

乌镇游客服务中心

一、服务中心咨询台岗位职责——咨询员岗位职责

（1）热爱本职工作，具有强烈的责任感和服务意识、营销观念。工作积极主动，及时准确地完成各项工作任务。

（2）了解景区环境，熟知景点知识及景区住宿、餐饮、娱乐的各种硬件设施、服务项目以及价格政策。

（3）熟悉服务中心各部门的管理职能，掌握各类别客人的相关接待程序。

（4）待客热情，精神饱满，说话和气，端庄稳重。

（5）认真聆听客人问讯，耐心、细致地做好解答，并积极听取客人的意见、建议。

（6）游客投诉和批评时，冷静倾听，耐心解释。

（7）积极与游客做好沟通工作，更多地了解游客信息。

（8）努力学习专业知识，不断提高服务水平和自身素质，提供优质服务。

（9）随时准备向客人提供一切必要的协助和服务，回答客人的一切询问。

（10）重要问题的处理需要第一时间请示汇报有关领导。

二、服务中心前台接待岗位职责——前台部接待员岗位职责

（1）热情礼貌地帮助客人登记入住及回答客人的各种询问。

（2）熟知公司及本部门的一切规章制度、服务规范和标准。

（3）熟悉景区、各酒店的各种服务设施、营业时间，了解本市交通、商业等方面的情况，掌握各酒店的各种促销活动、会议安排等，以便满足客人问询的需要。

（4）熟练操作电脑系统，能独立工作。

（5）接受客人的订房要求，向客人介绍酒店的服务设施，解答客人的任何问题。

（6）根据客人的要求，安排叫醒时间、行李运送时间等。

（7）就客人的行李与行李中心联系，以保证行李迅速准确地送至客房。

（8）与酒店保持密切联系，了解客房状况，以保证及时向客人提供合乎标准的客房。

（9）按公安部相关规定为客人办理入住登记手续，认真做好公安网的扫描与录入。

（10）准时报到，上班穿着正确制服，佩戴工作牌；注重个人形象仪表。

资料来源：乌镇旅游，http：//www.wuzhen.com.cn/jgwmg/jgwmg_zdhb.asp.

【小资料3－1】

上海科技馆寄包须知

1. 贵重物品请随身携带，勿寄存。

Please carry valuables with yourself.

2. 请于下午5：00之前取回寄存物品。

Please withdraw your property before 5pm.

3. 请妥善保管寄包牌，遗失或损坏寄包牌需交工本费10元。

Please take good care of your check. If it is lost or damaged，RMB 10 will be charged for cost.

4. 遗失寄包牌引起物品被冒领，本馆概不负责。

Our museum is not liable for false claiming as your own，caused by your loss of the check.

【小资料3-2】

鲁迅故里游客投卡须知

讲解员必讲景点：鲁迅纪念馆、陈列厅、鲁迅故居（含百草园、鲁迅笔下风情园）、三味书屋、鲁迅祖居。

讲解时间：80分钟左右。

评分标准：

“很满意”标准：讲解精湛、声情并茂、热情得体、具有钻研精神。

“满意”标准：内容翔实、服务规范、讲解到位、细致周到。

“不满意”标准：非游客意愿漏讲景点、时间过短、内容含糊、态度冷漠。

诚挚提示：如您对讲解服务不满意，请您在反馈卡上留下联系方式，我们将在三个工作日内给您回复，感谢您给予我们工作的支持！

【小资料3-3】

鲁迅故里景区游客中心

一、便民设施借用须知

1. 本区域所有设施均免费借用，如您需要，请到咨询/窗口办理手续。

2. 所有物品使用前请检查是否完好，如发现异常请及时与工作人员联系。

3. 所有物品请在工作人员指导下正确使用，如遗失或人为破坏，需按价赔偿。

4. 所有物品的使用时间均不超过三个小时。

二、物品自助寄存须知

1. 寄存开放时间8：00—17：00。

2. 贵重物品请随身携带，本柜不予寄存。

3. 易燃/易爆/易碎及违禁物品，恕不接受寄存。

4. 请严格按使用方法正确操作寄存物品。

5. 如发现条码失效/机器发生故障，请立即联系咨询窗口工作人员，请勿大力摇晃/拍打柜门。

6. 寄存条码丢失者，如行李被他人冒领，概不负责。

【小资料3-4】

兰亭景区游客中心

一、便民物品一览表

为给游客提供方便、贴心的服务，本馆特备以下物品，供您使用：

编号	物品名称	收费方式	押金
1	轮椅	免费	200元/辆
2	童车	免费	100元/辆
3	拐杖	免费	20元/根
4	雨伞	免费	30元/把
5	语音导览器	20元/只	400元/只

二、便民物品使用须知

1. 所有物品使用前需办理手续，并按照规定支付相应押金和费用，本馆均开具收款收据，归还时，经工作人员检查无误，退还押金。

2. 租借时请如实填写物品借用登记表，留下姓名和有效联系电话，便于联系。

3. 所有物品只限在本景区内参观使用，每次借用时间不得超过2小时，借用时间9：00～16：30。

4. 若物品在借用过程中遇人为损坏或遗失，借用者需按损坏程度做相应赔偿，拒不赔付者，景区有权从押金中抵扣赔款。

5. 所有物品请在工作人员指导下正确使用，如因借用人使用不当造成的人身伤害或财产损失责任由使用人自行承担。

三、便民免费服务及常用电话

免费提供：开水、寄存。

免费借阅：地图、宣传资料、报纸、杂志。

常用电话公示：

急救：120　火警：119　报警：110　电话查询：114　市长热线：12345

旅游投诉：96118　质检投诉：12365　消费投诉：12315　景区投诉：84600896

旅游咨询：84606885　兰亭医院：84606120

实践训练3-1

一、实训项目

旅游景区游客服务中心认知实训

二、实训内容

选择当地一个大型旅游景区，实地走访参观景区的游客服务中心，并进行岗位见习体验。

三、实训目的

通过实训，学生能够了解并熟悉景区游客服务中心工作内容。

四、实训步骤

1. 按约定时间，将学生带到旅游景区，对该旅游景区游客服务中心进行考察。
2. 学生分组进行游客中心岗位参观学习并拍照留存。
3. 听取景区有关管理人员介绍景区游客服务中心。
4. 学生分组主动与游客服务中心工作人员交流。
5. 学生分组进行景区游客服务中心岗位的见习体验。
6. 学生撰写旅游景区岗位见习考察报告。
7. 课堂进行见习总结，由学生谈心得体会。
8. 实训指导教师根据学生景区现场实训表现、考察报告撰写质量、课堂汇报表现三方面，进行考查。

五、实训评分

1. 实训指导教师根据学生的现场纪律表现、现场合作表现、考察报告撰写质量、课堂表现进行评分。
2. 按百分制记分。

旅游景区游客服务中心认知实训评分表

组别：________ 姓名：________ 时间：________

项目		标准分	教师评分
旅游景区游客服务中心认知实训	考察报告质量	30	
	现场合作表现	30	
	课堂讲解质量	20	
	课堂反应表现	10	
	现场纪律表现	10	
合计得分			

考核时间：　　年　　月　　日　　　　考评教师（签名）：

第二节　咨询服务细则

咨询服务是景区产品销售的配套服务，是一种免费的服务。对景区每位员工来说，服务游客，人人有责。但专职向游客提供咨询服务的主要是游客中心。游客中心集中向游客提供接待、导游、咨询、投诉受理、失物招领、免费寄存、医疗救护、旅游纪念品展示和销售等多项服务。向游客提供咨询服务是景区每一个员工应尽的职责，景区员工应将游客的每次咨询看作一次产品推销，增加景区收入的机会，而不能将其视为一种麻烦。有时游客也会问及景区之外的一些情况，员工都应详细解答。

对于咨询服务，无论是当面接受咨询，还是电话接受咨询，都应掌握基本的工作要点。

一、咨询服务的工作要点

（1）准时上班，按规定着装，戴好工牌，化妆得体。

（2）打扫咨询台周边的卫生，准备迎接游客。

（3）阅读工作日志，了解前一日游客咨询的主要内容。

（4）了解本景区最新的动态信息，为游客在本景区旅游做好参谋。

（5）精神饱满、热情、耐心地接受游客的咨询。

二、咨询服务工作的职业要求

（1）双目平视对方，全神贯注，集中精力，以示尊重与诚意，专心倾听，不可三心二意。

（2）咨询服务人员，应有较高的旅游综合知识，对游客关于本地及周边区域景区情况的询问，要提供耐心、详细的答复和游览指导。

（3）答复游客的问询，要做到有问必答，用词得当，简洁明了，不能说“也许”“大概”之类没有把握、含糊不清的话。

（4）自己能回答的要随问随答，决不推诿，对不清楚的事情，不要不懂装懂，随意回答，更不能轻率地说“我不知道”，经过努力确实无法回答的，要向游客表示歉意，说“对不起，这个问题我现在无法回答，让我了解清楚再告诉您”。

（5）如果多人同时问询，应先问先答，急问急答，注意客人情绪，避免怠慢，使问询不同的游客都能得到适当的接待和满意的答复。

（6）在咨询工作中遇到疑难问题，应灵活应变，事后应积极寻找答案，积累经验。

（7）接待游客时应谈吐得体，不得随意探询游客隐私，言谈不可偏激，避免夸张论调。

（8）及时了解该景区的动态信息，包括景区内开展活动的内容、时间和参加办法等，以便及时向游客提供游览景点的线路、购物和休息等相关信息，为游客在本景区旅游做好参谋。

（9）对于游客提出的意见和建议，应该认真记录并及时向有关部门反映。

（10）对游客关于本地及周边区域景区情况的询问提供耐心、详细的答复和游览指导。不能故意贬低周边竞争景区，应客观地向游客做介绍。

（11）懂得外事礼仪，能使用一门以上外语与游客交流。

（12）应严守景区商业秘密，遵守国家法律法规政策，避免涉及敏感政治、宗教问题。

（13）需掌握景区信息之外的其他业务信息，如所在地的便民信息：政府机关、银行、医院、交通等信息。

虽然景区可以投入智能化的设备来提供咨询服务，如前面提及的电脑触摸屏、虚拟景区等，但根据现代服务学理论的研究，顾客需要更为个性化的服务，而不是机器设备的程序化服务。正如虚拟旅游代替不了现实旅游一样，游客能从服务员良好的仪态、双方有效的面对面沟通中加深旅游体验。另一方面，因为客人的来源广泛，需要咨询服务员拥有广博的知识面，景区应像高星级酒店培养“万事通”咨询服务员一样努力提高景区咨询工作人员的素质。

三、咨询服务的工作内容

（1）向客人宣传介绍风景资源。

（2）提供本景区游程安排、游览线路、客流量变化信息、游览项目预告等信息或资料。

（3）做好游客参谋，回答游客疑问，能为游客旅游活动提供好的建议。

（4）向游客宣传有关科普知识和安全防范知识。

（5）收集并向上反馈游客意见。

（6）为游客提供便民信息，如医疗、交通、住宿等。

四、咨询服务的注意事项

（1）接待游客时应谈吐得体，不探询游客隐私，避免有夸张言论。

（2）工作时不与他人闲聊，遇急事不慌张、不奔跑，避免造成游客心理紧张。

（3）不和某一位游客谈话太久而忽略了其他需要服务的游客。

（4）对前来咨询的游客，不以貌取人，应一视同仁，平等对待。

五、接受电话咨询的工作要点

（1）在电话铃响两声之内接听电话，以体现出工作效率及乐意提供服务的意愿。

（2）接听电话及回答电话咨询时要热情、亲切、耐心、礼貌。

（3）电话旁要常备记录用的办公用品，如纸、笔，随时准备处理来电并迅速作答。

（4）直截了当报上自己的名字或景区部门的名称，尽快亮明自己的身份是良好礼仪的表现。

（5）如果没听清对方的名字，应该礼貌地问："对不起，我没听清楚您的名字，您能再重复一遍吗?"

（6）如果不能提供直接帮助，不要只是把问题推回去，而应表现很愿意为对方服务的态度。

（7）要带着笑容通话，就像同朋友打电话那样，要语气友好，应答自然。

（8）对方需要留言时，把记下的信息读一遍给对方听，确保信息的准确性，并向对方保证把留言传到。

（9）咨询结束时，要向对方讲一句"谢谢您打电话给我们景区"或"感谢您的来电"。

六、网络销售咨询的工作要点

（1）负责网站的在线预订咨询工作，对访客咨询要及时回应，用语要专业规范，清晰地了解访客需求，细致耐心地解答相关疑问。

（2）具备职业操守，严格遵守网络信息安全性规范。

（3）在网站后台及时确认支付成功的订单，向预订人进行确认，补充说明相关注意事项。

（4）确认短信平台预订信息的发送状态，监督系统的正常运作，并做好相关统计汇总。

（5）定期提出预订流程优化建议。

（6）整理网站常见问题汇总。

（7）配合团队制订旅游预订网推广方案。

（8）受理第三方预订平台的订单需求，熟练操作 eBooking 管理系统，与第三方预订员建立良好沟通。

【案例 3－5】

品牌打造、产业升级、数字化服务……北京旅游业高质量发展有了"指南针"

气势恢宏的古建筑群，浓厚的历史底蕴，重大活动重点项目的青睐，依托"天时地利人和"，北京旅游业展现出了得天独厚的优势。立足"十四五"，如何更好地发挥旅游资源的作用，带动北京旅游业发展更上一层楼成为必答题。2 月 9 日，记者自北京市发改委获悉，为更好发挥北京文化旅游优势，有力支撑国际消费中心城市建设，2022 年 1

月，北京市发改委联合市文化和旅游局共同制定并印发了《北京市“十四五”时期推进旅游业高质量发展行动方案》（以下简称《行动方案》），从产业升级、数字化服务、配套设施补短板等多方面指明了发力重点。

实现“数字+”是旅游业高质量发展的一大路径。据悉，目前北京全市已开放的收费型等级景区均实现门票网络预约。223家A级旅游景区、17家老年人文化旅游接待基地和91家红色旅游景区实现虚拟导游。“北京智慧旅游地图”等案例入选文化和旅游部首批发展智慧旅游提高适老化程度示范案例。

为进一步提升旅游数字化服务水平，《行动方案》提出，在收费型旅游等级景区和国家级、省级旅游度假区范围内，要全面落实门票网络预约限流制度，持续推进A级及以上景区和国家级、省级旅游度假区5G网络覆盖，实现4星级以上国际知名品牌酒店5G网络覆盖。搭建“一键游北京”平台。在A级及以上景区和国家级、省级旅游度假区设置特殊人群服务窗口。完善多语种服务体系，提升游客使用数字人民币支付便利性。探索推出跨区域、班线化旅游直通车和京津冀旅游专列。

资料来源：杨月涵．品牌打造、产业升级、数字化服务……北京旅游业高质量发展有了“指南针”［N］．北京商报，2022-02-09.

实践训练3-2

一、实训项目

旅游景区咨询服务认知实训

二、实训内容

指导教师考察当地某大型旅游景区，了解该景区的咨询服务流程和咨询服务岗位职责及行为规范，并在课堂上以案例教学的方式将咨询服务理论知识和自身实践结合，让学生分组进行咨询服务接待模拟表演。

三、实训目的

通过实训，学生能够了解并熟悉景区咨询接待服务的工作内容。

四、实训步骤

1. 在课堂上指导教师讲解咨询接待服务流程，学生分组学习讨论；也可邀请景区咨询服务方面管理人员来课堂为学生介绍景区咨询服务内容。

2. 指导教师以两个案例为内容，让学生分组围绕咨询接待服务进行辨析。

3. 指导教师进行案例总结。

4. 学生分组进行咨询服务岗位表演体验。

5. 学生撰写旅游景区岗位实训报告。

6. 课堂进行实训总结，由学生谈心得体会。

7. 实训指导教师根据学生景区课堂纪律表现、课堂合作表现、实训报告撰写质量、课堂汇报表现四方面，进行考查。

五、实训评分

1. 实训指导教师根据学生的课堂纪律表现、课堂合作表现、实训报告撰写质量、课堂表现进行评分。

2. 按百分制记分。

旅游景区咨询服务认知实训评分表

组别：________ 姓名：________ 时间：________

<table>
<tr><th colspan="2">项目</th><th>标准分</th><th>教师评分</th></tr>
<tr><td rowspan="5">旅游景区咨询服务认知实训</td><td>实训报告质量</td><td>30</td><td></td></tr>
<tr><td>现场合作表现</td><td>30</td><td></td></tr>
<tr><td>课堂讲解质量</td><td>20</td><td></td></tr>
<tr><td>课堂反应表现</td><td>10</td><td></td></tr>
<tr><td>现场纪律表现</td><td>10</td><td></td></tr>
<tr><td colspan="2">合计得分</td><td colspan="2"></td></tr>
</table>

考核时间：　　年　　月　　日　　　考评教师（签名）：

第四章

旅游景区投诉处理服务

【学习目标】

● **知识目标**

1. 了解景区游客投诉的原因和类型
2. 熟悉景区游客投诉的心理
3. 掌握景区游客投诉的处理原则和处理方法

● **能力目标**

1. 学生能够认识旅游景区投诉处理服务的重要性
2. 学生能够熟悉旅游景区投诉处理服务工作流程
3. 学生能够掌握旅游景区投诉处理服务工作技能

游客对旅游景区的投诉是景区运营过程中经常发生的现象。首先，要了解游客投诉的原因和类型；其次，要对游客投诉的原因和心理进行分析；最后，采取合适的处理方法。良好的投诉处理方法将会消除游客对景区的不满，甚至会让游客获得意外的惊喜，从而提高景区在游客心目中的美誉度。

第一节　景区游客投诉认知

一、正确认识游客的投诉

1. 投诉反映出游客对景区工作的期望

如果游客受了委屈、有了不满，也不再说、不想说，对景区来讲，是一件非常可怕和危险的事情。那只能表明游客已非常失望且对景区不再抱有任何期望。遇到游客抱怨和投诉，说明游客对景区服务有着很高的期待，说明景区还值得信赖，希望景区改进服务。因此，抱怨即信赖，抱怨即期望，如果游客有怨不抱，这表明游客认为与其浪费时间和精力来抱怨，不如再也不来，并将其不满不断倾诉给他的亲朋好友、同事、同学，他的亲朋好友、同事、同学又会继续传递关于景区的负面信息，形成放大效应。这对景区形象将产生不可低估的影响。

2. 投诉可作为景区建立游客忠诚的良机

提出抱怨和投诉的游客，如果问题得到圆满解决，其忠诚度会比从来没有提出抱怨和投诉的游客高得多。统计调查数字表明：有问题但没有提出抱怨的游客，有再来惠顾意愿的占 9%；提出抱怨但不管处理结果如何的游客，愿意再度惠顾的游客占 19%；提出抱怨并获得圆满解决的游客，愿意再度惠顾的高达 82%。因此，景区每一位员工都应该树立这样的理念：游客投诉是景区建立游客忠诚的良机，它为景区指明了改进的方向，为景区未来业务的发展奠定了基础。

二、游客投诉原因

景区服务内容丰富，涉及面广，因此要充分认识游客投诉景区的原因，以便预先估计可能发生的问题，重视令游客不满的部门和环节，尽量减少游客的投诉，努力做到防患于未然。就景区服务而言，造成游客投诉的原因和环节是多方面的。这和景区产品的综合性有关，和服务难以标准化的特性有关，和服务与预期存在的差异有关。

游客对旅游景区的投诉原因主要包括：因景区人员服务的投诉（服务态度差、服务技能有待提高等）、因景区服务产品的投诉（价格、质量、服务等）、因景区硬件及环境的投诉、因游客自身原因的投诉、因异常事件的投诉等。

分析游客投诉的原因，有利于在景区服务中事先预计可能发生的问题，有利于有针对性地改进可能导致游客不满的部门和人员的工作，做到防患于未然。

（1）景区人员服务方面的原因。①服务态度差。如对游客的询问置之不理，或回答时不耐烦、敷衍了事；服务过程中动作粗鲁，操作野蛮，不顾游客感受；不注重个人卫生，手指放入杯中或盘中，用手直接拿食品；对游客的意见和要求反应迟钝，让游客过久地等待；服务语言使用不当，缺少应有的礼貌，甚至出言不逊。②服务技能低。如基本工作程序不清楚，操作混乱，效率低下；账单金额出现差错，或张冠李戴记错账单；所上菜品、酒或饮料与菜单所点的不一致；寄放物品遗失、损坏或错拿；在清点游客人数时错点或漏点；不征求游客的意见，强迫游客与不相识的人一同就餐或同住房间。

（2）服务产品方面的原因。如景区门票价格太高，园中园重复购票；景区餐厅饭菜质价不符，口味差，餐饮卫生、就餐环境不能让游客满意；购物商店摆放的样品和游客所购买的同种商品在质量、分量或价格方面不一致；景区的最佳观景点被承包经营者占据，游客拍照需支付费用；商品或服务项目定价过高，随意宰客。

（3）硬件环境方面的原因。如缺乏卫生设施，或卫生状况太差，让游客感到极不方便或难以忍受；住宿条件简陋，设施设备用品等破损或不干净；缺乏停车场地，景区周边交通混乱，车辆无序停放；旅游气氛太差，商业气氛太浓，小商小贩强买强卖；没有配套的娱乐项目，缺少儿童娱乐或活动项目；发生安全事故或意外事件，治安状况差，让游客觉得缺乏安全感。

（4）游客自身的原因。①预期与服务的差异。现代服务理论认为，服务传输的过程中存在5种差距：消费者的预期与管理者看法之间的差距，管理者的看法和服务质量指标之间的差距，服务质量指标和实际提供服务之间的差距，实际提供服务和外部沟通之间的差距，预期的服务与实际提供的服务之间的差距。比如说游客对景区抱有过高的期望，或者游客对规定的理解与景区不一致等。减少此种投诉，景区只有缩减这些差距。②希望通过投诉满足苛求。有些旅游经验丰富的游客投诉经验非常丰富，熟知旅游企业的弱点及相关的法律规定，利用景区管理与服务中存在的不足和景区不愿把不良影响扩大的顾忌，希望通过投诉能够使得景区做出较大让步，答应他们苛刻的折扣要求。③心情不佳，借题发挥。

（5）异常事件方面的原因。如游客不慎摔伤、财物被盗、意外死亡等。此类事件对景区影响很大，减少此类投诉，景区应在做好安全防范的基础上，掌握危机处理的能力。

【案例4-1】

游客投诉如愿获赔

众多景区在2011年首个中国旅游日前后纷纷推出门票免费等措施，让很多游客享受到优惠。然而，本是景区对游客让的利，有些旅行社却偏要据为己有。近日，无锡浦姓游客就向中国旅游报社反映了旅游日期间与同行游客被旅行社多收景区门票费用的遭遇。

一、游客投诉：景区免费，旅行社照收不误

5月20日，江苏无锡的浦姓游客与亲朋好友共19人报名参加了浙江雁荡山三日游，地接社是浙江绍兴浙风旅行社。据浦先生讲述，5月20日当天一上车，浙风旅行社的导游小王便向车上的游客收取了两个自费景区门票费用共240元。其中60元为台州龙穿峡景区门票，80元为天下玉苑门票，100元为4顿餐费。5月20日下午，在龙穿峡景区旅游途中，游客获知龙穿峡景区在第一个中国旅游日前后三天推出免票活动。考虑到行程还没有结束，浦先生决定行程结束后再与导游进行交涉。5月22日，在回无锡途中，浦先生以及同行游客向导游小王提出全额退还多收门票费以及餐费共70元的要求，但导游请示单位领导后，拒绝了浦先生等人的请求。“没想到在第一个旅游日，还会遭遇旅游欺诈行为。”浦先生说。

据了解，当日游客曾一度拒绝下车，要求给出一个说法。旅行社回应：事先并不知景区免费。到达无锡后，游客要求旅行社方退还多收费用遭拒之后，浙风旅行社有限公司无锡分公司负责人梅经理曾赶到现场进行调解，但表示只能退还 20 元。游客对此并不满意，于是求助了当地 110 和新闻媒体。在接到游客来信之后，记者随即电话采访了浙风旅行社有限公司无锡分公司的梅经理。据她讲述，“雁荡三日游”属于拼团游，由无锡教育旅行社有限公司、二泉假日国旅、常州中青旅等旅行社代理销售浙风旅行社有限公司的这一产品。对于龙穿峡景区免票一事，他们事先并不知情。调解时之所以只允许退还 20 元，是因为自己是在咨询了其他几家旅行社处理此类纠纷相关办法后做出的决定。“20 元费用是按照我们的成本价进行核算之后做出的决定。”梅经理告诉记者。

“事发当日，我的确赶到现场进行调解，当时大家都很激动，险些动起手来。”梅经理说。记者在后续采访中了解到，浙风旅行社有限公司事后采取了积极的补救措施，车上所有的游客都可以去旅行社领取退还的费用。代理销售浙风旅行社旅游线路的无锡教育旅行社刘总经理与浙风旅行社的相关负责人已经亲自前往游客家中赔礼道歉，表示愿意退还全部多收的费用。但浦先生一行 19 人以旅行社态度恶劣为由拒绝领取，提出旅行社在媒体上公开道歉后再领取退款的要求。

二、无锡旅游质监所：责令旅行社全部退还门票及餐费 70 元

无锡市旅游质监所在事发后不久即接到了相关投诉。据该质监所相关负责人介绍，浙江省绍兴浙风旅行社有限公司是事实上的组团社。质监所在接到游客对该社投诉后的第二天，就对相关情况进行了及时跟进，并对相关人员进行了约谈笔录，同时展开了对导游及旅行社的调查。考虑到旅行社在出发前并不知晓龙穿峡景区免票一事，属于“非故意违规”，因而并未进行严重处罚。截稿当天上午，无锡质监所正式向浙风旅行社有限公司发出责令整改通知，要求旅行社全额退还游客门票费 50 元（门票费为 60 元，扣除的 10 元是游客在景区内乘小车的费用）和餐费 20 元，并向游客公开赔礼道歉。质监所同时也在行业内对此事进行了通报，并作为案例在业内进行公示。旅行社已接受了质监所发出的整改意见并同意向游客公开道歉。

资料来源：毕志强，《中国旅游报》.

【案例 4－2】

绍兴兰亭景区游客投诉受理制度

1. 成立游客投诉受理小组，由值班长和分管领导组成。

2. 现场投诉及电话投诉由值班长负责接待，接到投诉后，值班长必须详细询问投诉人的姓名、地址、电话、投诉事由等，同时认真记录在案，做到事实清楚，书写规范，内容完整。

3. 书面投诉由办公室负责登记，交分管领导签署处理意见后，由相关部室落实处理，办公室协助分管领导全程跟踪督促。

4. 一般现场投诉事件由值班长当场直接处理，重大投诉必须及时向领导汇报，交由分管领导处理。

5. 接诉人必须及时核实投诉事实，同时协调相关职能部门限时整改，严格按承诺内容做好善后处理工作。

6. 接诉人必须在3个工作日内向投诉人做出答复，5个工作日内处理完毕，同时询问当事人对处理结果的意见，确保投诉人满意。

7. 对投诉的难点、重点问题，受理小组必须及时召开专题会议研究，同时向上级领导汇报情况，提出处理方案。

8. 设立专线投诉电话0575－84606896、游客留言（意见）本，投诉处理应及时、妥善、有完整记录。

三、游客投诉的类型

游客投诉的类型，是游客投诉的表现形式。其分类方法通常有两种：一种是按投诉方式分类；另一种是按投诉者情绪分类。

1. 按投诉方式分类

游客投诉按照投诉方式分类可以分为直接投诉型、信函投诉型和突发事件型三种。

直接投诉型是指游客直接找上门，当场口诉的投诉；信函投诉型是指游客采用信函、电话等方式反映景区的某件事或提建议等方式的投诉；突发事件型是指景区服务人员与游客发生矛盾和冲突，出现争吵或打人事件。

2. 按投诉者情绪分类

游客投诉按照投诉者情绪分类可以分为理智型游客投诉、失望型游客投诉和发怒型游客投诉三种。

理智型游客投诉，是指理智型游客在景区受到冷遇服务或受到一种较为粗鲁的言行和不礼貌的服务，产生不满、生气，但他不会激动，更不会因此而发怒的一种投诉。理智型游客多数受过良好的高等教育，既通情达理，又会在发生问题时十分冷静和保持理智。因此，他们很容易打交道和处理问题，只要服务人员和管理人员对他们表示理解，并立即采取必要的改进措施，他们便会发出感谢之语。

失望型游客投诉，是指游客在景区遇到他事先预订的服务项目，因景区某部门的粗心服务而被忘却，失约了，从而引起游客的失望、不满，甚至发火的一种投诉。一般从这类游客的高声语言和手势动作，便可以知道是景区的某部门耽误了他的活动进程。

发怒型游客投诉，是指游客在受到冷遇服务或不周到服务，或碰到个别服务人员的粗鲁言行场面，就发生较高的怒声，不停地做手势与快速移动脚步及身躯，并要求讲道理，评理由，要求景区承认过失等的一种投诉。

四、游客投诉心理分析

正确认识游客投诉的心理有助于投诉的有效处理，游客在景区的游览过程中感到不满，会有不同的反应，有的不会选择投诉，而选择投诉的游客心理诉求又不尽相同。

1. 投诉心理

了解和认识游客的投诉心理有助于正确处理游客的投诉。游客投诉的心理主要包括：求尊重的心理、求平衡的心理、求补偿的心理。

（1）求尊重的心理。客人求尊重的心理每时每刻都是存在的。当客人受到怠慢时就可能引起投诉，投诉的目的就是为了找回尊严。客人在采取投诉行动之后，都希望别人认为他的投诉是对的，是有道理的，希望得到同情、尊重，并希望有关人员、有关部门高度重视他们的意见，向他们表示歉意，并立即采取相应的处理措施。

（2）求平衡的心理。人在遭到心理挫折后，主要有得到心理补偿、寻求合理解释而得到安慰、宣泄不愉快的心情三种心理。俗语说："水不平则流，人不平则语。"这是正常人寻求心理平衡、保持心理健康的正常方式。客人在碰到令他们感到烦恼的事之后，感到心理不平衡，觉得窝火，认为自己受到了不公正的待遇，他们就可能会找有关部门，利用投诉的方式把心里的怨气发泄出来，以求得心理上的平衡。当然客人之所以投诉，还源于客人对人的主体性和社会角色的认知，因为旅游者花钱是为了寻求愉快美好的经历，如果他得到的是不平、是烦恼，这种强烈的反差会促使其选择投诉来找回他作为旅游者的权利。

（3）求补偿的心理。在旅游景区服务过程中，如果由于工作人员的职务性行为或旅游景区未能履行合同，给旅游者造成物质上的损失或精神上的伤害，他们就可能利用投诉的方式要求有关部门给予经济上的补偿。这是一种正常的、普遍的心理现象。事实上，由于职务性行为所带来的某些精神伤害，在法律上旅游者也有权要求经济赔偿。

2. 不愿投诉的心理

并非所有的消费者在不满时会选择投诉，相反大多数消费者选择不投诉。对于景区来说，既要处理那些已经发生的投诉，也要留意游客隐藏起来的不满。不愿投诉的心理一般有 4 个方面：

（1）不习惯。有些游客对景区的服务、环境、规范缺乏了解而不投诉，而有些游客则不习惯用投诉来解决争端的方式。

（2）不愿意。有些游客比较善良，生性宽厚，对自身利益关注程度并不高；也有些游客性格豪爽，不愿为"小事"投诉。

（3）不相信。有些游客对投诉的结果没信心，认为投诉不能解决自己的问题。

（4）怕麻烦。这类游客会因为游程安排紧密或不愿多事而不投诉。

五、游客投诉的途径和渠道

（1）直接向景区投诉。

（2）向旅行社投诉。这种渠道往往是团队客人，他们认为向旅行社投诉更有效率。

（3）向消费者协会一类的社会团体投诉。

（4）向旅游局、旅游质监所、工商局等有关部门投诉；也有利用市长信箱、领导现场接访等形式投诉。

（5）用法律诉讼的方式起诉景区。

（6）向电视台、电台、报纸、杂志等媒体反映景区存在的问题，利用社会舆论向景区施加压力。值得注意的是，随着互联网的广泛应用，网络也成为投诉的有效渠道。

从旅游业的口碑营销作用来考虑，对于景区来说，游客的最好投诉方式是直接向景区投诉。因为投诉行为一旦让公众知晓，即使景区不存在任何过错，也需要努力防止投诉带来的负面效果。而在景区内投诉，景区可以及时采取措施补救。

实践训练 4 -1

一、实训项目

旅游景区投诉处理服务认知实训

二、实训内容

指导教师考察当地某大型旅游景区，了解该景区的投诉处理服务岗位职责和行为规范，并在课堂上以案例教学的方式将景区投诉处理服务理论知识和自身实践结合，让学生分组进行投诉处理服务接待模拟表演。

三、实训目的

通过实训，学生能够了解并熟悉景区投诉处理接待服务的工作内容。

四、实训步骤

1. 在课堂上指导教师讲解投诉处理服务的原因和类型，学生分组学习讨论；也可邀请景区咨询服务方面管理人员来课堂为学生介绍景区投诉处理服务内容。

2. 指导教师以两个案例为内容，让学生分组围绕投诉处理服务进行辨析。

3. 指导教师进行案例总结。

4. 学生分组进行投诉处理服务岗位表演体验。

5. 学生撰写旅游景区岗位实训报告。

6. 课堂进行实训总结，由学生谈心得体会。

7. 实训指导教师根据学生景区课堂纪律表现、课堂合作表现、实训报告撰写质量、课堂汇报表现四方面，进行考查。

五、实训评分

1. 实训指导教师根据学生的课堂纪律表现、课堂合作表现、实训报告撰写质量、课堂表现进行评分。

2. 按百分制记分。

旅游景区投诉处理服务认知实训评分表

组别：________ 姓名：________ 时间：________

项目		标准分	教师评分
旅游景区投诉处理服务认知实训	实训报告质量	30	
	现场合作表现	30	
	课堂讲解质量	20	
	课堂反应表现	10	
	现场纪律表现	10	
合计得分			

考核时间： 年 月 日 考评教师（签名）：

第二节 景区游客投诉处理方法

投诉也是游客与景区的沟通桥梁，投诉过程虽然令双方都有些不愉快，但只要投诉处理得当，对景区来说能将坏事转化成好事。首先，投诉可以帮助景区管理者发现服务与管理中存在的问题和不足，“旁观者清”，游客的投诉为景区管理者提供了新的视角；其次游客投诉能改善宾客关系，换回自身声誉，根据调查，投诉处理得当可以让大部分投诉者变成忠诚的客户。因为景区产品和服务的特殊性，投诉行为是很难避免的，景区应该积极应对，充分重视，充分利用游客投诉来提高景区的服务质量和管理水平，同时向游客展示一个以人为本、负责人的企业形象。

一、游客投诉的处理原则

（1）真心诚意，具有解决问题的意愿。以“换位思考”方式去理解客人的心情和处境，满怀诚意地帮助客人解决问题。只有这样，才能赢得客人的信任，才有助于解决问题。

（2）不与客人争辩。在客人情绪比较激动时，服务人员更要注意礼仪礼貌，要给客人讲话、申诉或解释的机会，争取控制住局面，而不能与客人针锋相对，强词夺理。

(3) 维护企业利益不受损害。服务人员解答客人投诉问题时，要注意尊重事实，既不能推卸责任，又不能贬低他人或其他部门，避免出现相互矛盾，否则客人会更加反感。

二、处理游客投诉的方法

无论什么原因，只要游客对服务质量产生抱怨，旅游景区就必须进行快速、主动的服务补救。若无法挽回，则必须对游客的投诉进行及时处理，因为这是游客预期的最后环节。

1. 服务补救

“服务补救”的概念最早是由 Hart 等于 1990 年提出来的，韦福祥（2002）在“服务补救”原有概念的基础上提出了新的观点，认为“服务补救”是服务企业在出现服务失误时所做出的一种即时性和主动性的反应。其目的是通过这种反应，将服务失误对顾客感知服务质量、顾客满意和员工满意的负面影响降到最低限度。这一概念强调的四个方面的内容是服务补救的实时性、主动性、全过程性和全员性。

从旅游景区服务产品的特性来说，实行服务补救的重要性是不言而喻的，而且有些细节上的服务补救也是可行的，如游客参与某一项游乐项目时，因工作人员的疏忽没能让游客享受到应有的服务内容，工作人员应该让游客重新参加。

(1) 做好旅游景区服务补救工作的要点。①预备补救措施。为了反映补救措施的实时性，旅游景区管理者应该事先对可能出现的各种服务失误进行分析与评估，并预备各种补救方案，以便能快速做出反应。②向服务人员授权。服务补救是对服务失误进行的补偿性服务，在服务运作系统中不能拘泥于原有的操作程序，这要求服务人员有一定的决定权，以便能快速、灵活地对问题做出处理。③强调主动性。服务补救是在游客抱怨以前进行的，它与产生抱怨以后进行的服务补偿性质不同。前者是一种主动性的、带有歉意的对服务失误的弥补；后者可以理解为游客抱怨（实质上是投诉）以后的被动性的补偿措施。两者对游客满意度产生的影响截然不同。④把握最佳补救时机。补救服务的时间性十分重要，一般要求在服务失误的现场进行。补救越及时，补救成本越低，效果越好。否则，会引起更大的不满。⑤服务补救的系统性。有些服务失误确实无法挽回，特别是由不可控随机因素引起的服务失误，游客没有享受到某一特定的服务内容，旅游景区可以考虑用其他的服务形式进行弥补。一个有效的服务补救系统由四个部分构成：避免失误（或者说第一次就做对），及时发现服务失误，有效解决服务失误，以及从服务补救中学习。这四个部分构成循环（见图 4－1）。

(2) 服务补救的方法。对于一般有形商品而言，可以采取保修、调换、退款等方式来解决问题。但对于景区游览这种无形的服务产品来说，会面临更为复杂的局面，需要更巧妙、更艺术的补偿性服务来弥补游客所遭受的损失。这种具体行动的目的是让游客知道不管是什么错误都是不能原谅的，也要让游客知道这种事情不会再发生，并且你

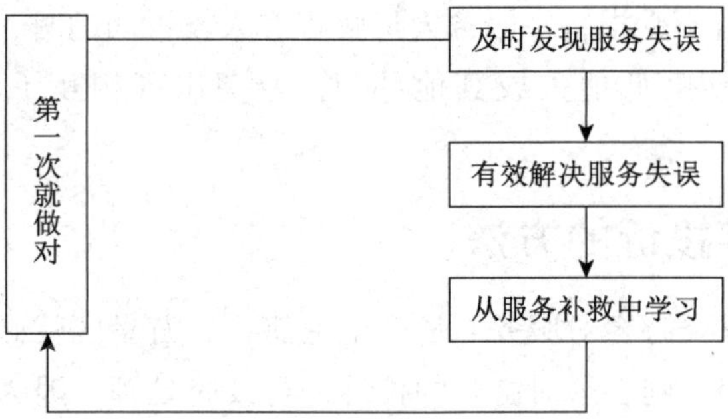

图4－1 有效的服务补救系统

很在意与他们继续保持联系。常见的方法有以下几种。①打折。如景区的酒店可以因为游客对服务有所不满，而在住宿价格上给游客打折。②送赠品。送赠品包括送礼物、商品或服务。如因为景区的员工与游客争吵，所以送给游客赠票。③个人交往。当给游客造成不便时，打电话给他表示歉意，当游客感受到你诚挚的关心时，这种私人交往会重建景区在他心目中的形象和信誉。

【案例4－3】

李先生曾经在悉尼的一家旅店里有过一次难忘的经历。当时，旅店的电子系统出了问题，把给李先生的房间又预订给了另外的客人。当李先生已经上床准备入睡的时候，一位陌生女子打开了他的房门。李先生和这位女士都吃了一惊，于是他向旅店投诉了此事。这是标准的旅店服务所不应该出现的问题，也不是他所期望的一流的连锁旅店的做法。旅店解释说是一些电子设备出了问题，造成电话不好用，客房预订系统出了差错，他们表示非常抱歉。令李先生吃惊的是，几天后他收到了旅店经理的一封信。信中，经理表示道歉，承认他无法补偿李先生那晚被搅乱的睡眠，但他希望李先生能带上三位朋友到他那儿做客，共进晚餐。当然结果李先生还是对这家旅店很满意。

分析提示：补偿性服务是在感情上给予顾客的一种弥补和安抚，它并不能代替整个服务。它只能用在特定的情况下：景区对游客的伤害或给游客造成的损失是无法改正和补偿的时候，眼看游客对景区的好感就要烟消云散了，为了不让他气愤地离开而且永远不再回来，你得马上在情感上来温暖他，使他那颗快要或者已经冰冷的心，一点点地感受到温暖。总之，补偿性服务是不得已而为之的，只有在你的基本服务正常运行的情况下才会有效。如果顾客发觉你在用补偿性服务替代预期服务，他们不但不会感到温暖，而且还会觉得这是不能接受的。

2. 调解解决

调解解决是指游客投诉管理机关主持旅游投诉者和被投诉者双方通过和解解决纠纷达成协议的行为。

旅游投诉所涉及的大部分是民事纠纷，所以旅游投诉受理机构应尽量调解。这样做，既可保护旅游者的合法权益，又可以避免矛盾激化。不过，调解不是“和稀泥”，而要以事实为根据，以法律为准绳，使有错方承认错误，受损方得到补偿。而且必须在双方完全自愿的基础上进行调解，使双方心悦诚服地达到调解的目的。

3. 投诉处理决定

（1）属于投诉者自身的过错，旅游投诉管理机构可以决定撤销立案，通知投诉者并说明理由。

（2）属于投诉者与被投诉者共同过错的，旅游投诉管理机构可以决定由双方各自承担相应责任。双方各自承担责任的方式，可以由双方当事人自行协商确定，也可以由投诉管理机关决定。

（3）属于被投诉者的过错，旅游投诉管理机构可以决定由被投诉者承担责任。可以责令被投诉者赔礼道歉，或者依据法律承担赔偿责任。

（4）属于其他部门的过错，可以转送有关部门处理。

【案例 4－4】

游客投诉上海外滩 27 家摄影点停业整顿

因为涉嫌故意增加拍摄照片数量以抬高价格，甚至未按要求胡乱取景拍照，在风景迷人的外滩，全部 27 家专职给游客拍照的摄影摊棚遭到了“停业整顿”的处罚。摄影点从业人员正在接受培训，并将于“端正品行”后恢复营业。

事情源于一位游客的投诉。2005 年 11 月 30 日，一名来自广西的游客想在外滩合影留念，就找到了一家名为临江的摄影点，按照双方约定，摄影点工作人员在黄浦江边取景，为其拍摄一张照片。但后者“刹不住”快门，一连照了 5 张，并要求该游客支付工本费。争吵中，游客当即投诉到了相关媒体。

黄浦区市政管理委员会党工委书记宁志超、上海市市民巡访团的杨存义以及相关部门管理人员一行到外滩景区检查，在闻知此事后当即决定取消这个摄影点在外滩风景区设摊营业的资格，并责令老板向游客退还所收款项。

随后，外滩管理所责令该景区 27 家摄影点停业整顿，27 家摄影点的老板以及 100 多名工作人员被安排培训，主题则为“诚信待客、规范服务”。

资料来源：新浪财经，http：//finance. sina. com. cn. （有删减）

三、处理游客投诉的步骤与要领

1. 投诉处理正确程序

（1）确认客人投诉的事实。

（2）表示同情和歉意。

（3）接受客人要求并采取措施。

（4）感谢客人的投诉。

（5）尽快采取措施解决客人投诉。

（6）落实、监督、检查投诉的处理。

（7）总结提高。

游客投诉处理程序也可以采用图 4－2 所示的处理步骤。

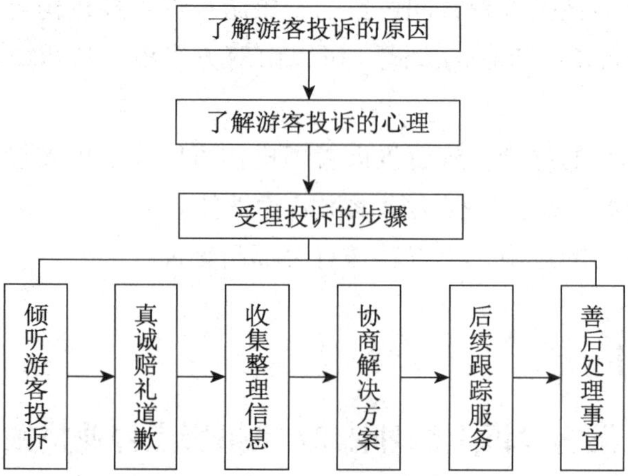

图 4－2　游客投诉处理程序

2. 投诉处理要领

（1）认真倾听很重要。在倾听的过程中要表示同情和对客人真诚的关心，注意保持冷静的头脑。如果客人情绪过于激动，邀请客人到合适的地点交谈。

倾听游客投诉，需要保持沉默，避免使用过激的语言，保持眼神交流，让游客感受到你在倾听。要敏锐地洞察对方感到委屈、沮丧和失望之处，不能无视对方的情绪。

（2）表达歉意需发自内心，体现出一种诚意，同时要对游客的遭遇表示同情与安慰。即使是客人误解了，服务人员仍然要表示歉意，不要阻拦对方提出自己的要求，更不要指责或暗示客人错了，也不要马上进行自我辩解，因为客人比较容易接受服务人员采取表示歉意的态度，道歉会使投诉者觉得你的态度诚恳，能够消除客人的怨气，怨气下去了，客人是会认识到自己的不对的。在表示道歉时，要注意用语，表示出一种诚意，比如可以说“非常抱歉，让您遇到这样的麻烦……”“这是我们工作的疏漏，十分感谢您提出的批评”，等等。

（3）真诚地与游客交流，理解游客，同时了解游客需要解决的问题，适当提出问题，获取客人的需求信息，用自己的话重复、确认游客所遇到的问题，并适时做好记录。这样做，可以使客人知道你在认真地倾听他的谈话，并了解了他的问题，能使客人放慢说话速度，避免冲突，平息客人的不满情绪，还可以为自己赢得思考问题的时间。

（4）明确游客的问题之后，须根据景区的实际情况，客观对待问题，有时可提出补偿性服务来弥补游客所受到的损失。通常补偿性服务包括：打折、送赠品（包括礼物、商品或服务）、个人交往等。

（5）解决问题的方案需要通过双方协商、确认之后才形成最终的方案。在确定解决问题方案的时候，既要维护游客的合法权益，又要维护旅游景区的合法权益。

（6）通过后续跟踪服务，进一步向游客了解旅游景区的解决方案是否有用，是否还有其他问题，如果有不尽如人意的地方，可继续寻求更合适的解决方案。后续跟踪服务的方法一般有电话、电子邮件、信函等。

（7）受理投诉的人员应记录投诉处理的全部过程，将投诉事件整理成报告并存档，同时对投诉进行统计，分析投诉的原因，总结投诉解决的方法，特别对典型问题产生的原因和相应措施进行分析，不断改进服务水平。

【案例 4－5】

金手链淬亮遂昌旅游“黄金成色”

俗话说：真金不怕火炼。看到现场淬火过程，自己怀疑为假冒的黄金手链竟愈发锃亮，上海消费者姜某惊诧之余，连向远道而来的浙江丽水遂昌金矿国家矿山公园景区负责人表示歉意。

原来，10 月 1 日上海游客姜某随团到遂昌旅游，在遂昌金矿国家矿山公园购物大厅，花 9317 元购得一条重 37.72 克的千足金黄金手链。回上海后发现饰品表面出现白色斑点，联想起所购手链售价比上海要低 20%，便认定其为假冒产品，并于 10 月 4 日中午，分别向丽水工商局 12315 申诉举报中心、遂昌县委办、上海市消协等多部门进行电话投诉。遂昌工商局接到投诉转办单后，随即与投诉人姜某取得联系，详细了解了事情经过和投诉要求。并立即与黄金手链的销售单位遂昌金矿黄金卖场负责人取得了联系，告知其投诉人反映的情况，要求其立即进行自查核实。在得到绝对不会制假售假的保证后，建议其尽快与投诉人进行直接接触，妥善处理，同时与工商部门保持密切联系，以便及时掌握进展情况。

遂昌县委书记接报后，更是高度重视，指示有关部门按照“不让一位游客在遂昌受委屈”的要求，依法、妥善、快速处理此事。

为切实维护遂昌旅游和遂昌金矿的良好声誉，在接到游客投诉不到两个小时，遂昌金矿国家矿山公园景区就派出由副总经理、总工程师、技术人员组成的投诉处理小组专程赶至上海，登门处理此事。

通过技术人员现场调查鉴定，饰品掉色变白缘于游客在金矿旅游过程中，洗手的水含硫过高与手链起化学反应所致。随后经淬火处理，饰品恢复黄金本色。对于游客“低价低质”怀疑，景区负责人也进行了解释说明，他们是根据当日国际黄金交易价定价，采取成本价销售，目的是让利给游客，让游客得实惠，为景区聚集人气。“真没想到，遂昌县对游客投诉这么重视，这么快就做出反应，还上门处理此事……”姜某用一连串想不到表达自己的感激，并说遂昌旅游就如这黄金手链一样，成色十足。

“不让一位游客在遂昌受委屈”在遂昌并不是一句口号，而是全县上下实实在在的行动。遂昌以“微笑遂昌、洁净乡村”建设为载体，开展“微笑遂昌”文明养成、“礼仪遂昌”服务水平提升等六大行动，致力于为客人营造家园般的温馨和谐环境，打响“健康、快乐、休闲”品牌，全面推进长三角休闲旅游名城建设。2009 年，遂昌县《创建“长三角”休闲旅游名城景区集群》项目还成了浙江省三个服务业（旅游业）标准化示范项目之一。为方便游客，遂昌又开通了“8181555”旅游服务一号通，专设旅游服务领导小组办公室，提供查询服务、受理投诉，并限时办结。今年以来，全县共接旅游投诉 4 起，处理满意率达 100%。

得益于旅游厚重成色，1 至 9 月，全县接待游客 187 万多人次，收入 7.4 亿多元，同比增幅都在 40% 以上，居丽水全市之首。

资料来源：人民网，http：//unn. people. com. cn/GB/10222143. html.

实践训练 4－2

一、实训项目

旅游景区投诉处理服务认知实训

二、实训内容

选择当地一个大型旅游景区，实地走访参观景区的游客服务中心的投诉处理处，并进行岗位见习体验。

三、实训目的

通过实训，学生能够了解并熟悉景区游客服务中心的投诉处理工作内容。

四、实训步骤

1. 按约定时间，将学生带到旅游景区，对该旅游景区游客服务中心投诉处理部门进行考察。
2. 学生分组进行岗位参观学习。
3. 听取景区有关管理人员介绍景区投诉处理的相关内容和真实案例。
4. 学生分组主动与工作人员交流。
5. 学生分组进行景区游客服务中心投诉处理工作岗位的见习体验。
6. 学生撰写旅游景区岗位见习考察报告。

7. 课堂进行见习总结，由学生谈心得体会。

8. 实训指导教师根据学生景区现场实训表现、考察报告撰写质量、课堂汇报表现三方面，进行考查。

五、实训评分

1. 实训指导教师根据学生的现场纪律表现、现场合作表现、考察报告撰写质量、课堂表现进行评分。

2. 按百分制记分。

旅游景区投诉处理服务认知实训评分表

组别：________ 姓名：________ 时间：________

<table>
<tr><td colspan="2">项目</td><td>标准分</td><td>教师评分</td></tr>
<tr><td rowspan="5">旅游景区投诉处理服务认知实训</td><td>考察报告质量</td><td>30</td><td></td></tr>
<tr><td>现场合作表现</td><td>30</td><td></td></tr>
<tr><td>课堂讲解质量</td><td>20</td><td></td></tr>
<tr><td>课堂反应表现</td><td>10</td><td></td></tr>
<tr><td>现场纪律表现</td><td>10</td><td></td></tr>
<tr><td colspan="2">合计得分</td><td colspan="2"></td></tr>
</table>

考核时间：　　年　　月　　日　　　　考评教师（签名）：

第五章

旅游景区游览过程服务和售后接待服务

【学习目标】

• 知识目标

1. 了解旅游景区游览接待内容
2. 熟悉旅游景区售后接待服务内容
3. 掌握旅游景区接待容量管理内容

• 能力目标

1. 学生能够认识旅游景区游览接待服务的重要性
2. 学生能够熟悉旅游景区游览服务工作标准
3. 学生能够掌握旅游景区游览接待服务工作技能

第一节　景区游览过程服务

一、景区游览过程服务的工作内容

通常在游览景区过程中，可以发现在不同的景点、景区内有很多一线的员工在做着基础接待工作，也许他们并不起眼，但是在景区里却起着很重要的作用，他们的主要工作职责有：

（1）关注游客行为，对游客的不文明行为予以及时制止或告知提醒。如绍兴鲁迅故里景区就专门设置了固定位置，是景区一线的接待人员的工作点，绍兴鲁迅故里景区倡导安静卫生的景区环境，但是经常会有游客在景区里大声喧哗、吃东西，这都是不允许的，但是许多游客并不知晓，这时就需要景区一线接待人员提醒游客不能大声喧哗，不能吃东西，更禁止带宠物进景区等。

（2）疏散游客。面对游客拥挤时，景区内的员工会及时进行游客的疏散沟通工作，避免发生游客拥挤现象。

（3）及时清理游客扔下的垃圾。现在游客的文明程度都有所提高，但是还是有个别游客会随地乱扔垃圾，这时也需要景区的一线接待人员进行垃圾的及时清理工作并尽可能及时制止随地乱扔垃圾或随地吐痰等行为。

（4）回答游客询问。景区一线接待服务人员也可以说是景区的半个导游，他们也肩负着为游客指路、回答游客提问的职责，所以作为景区的一线接待服务人员，也需要对景区的路线安排、景区的历史等知识有所了解和掌握，还有景区所在城市的基本知识也要有所了解。

（5）及时发现并及时处理景区突发事故。比如景区游客发生打架斗殴，或者景区内部发生失火等突发事故。景区里发生游客破坏景区环境、偷盗等行为，景区一线接待人员也有责任及时告知上级管理部门。总之，在景区接待服务过程中，随时都可能发生意外情况。

二、景区游览过程服务质量要求

（1）景区要求资质齐全。安全设施及服务配套完善，能提供景区内导游讲解服务，没有重大接待服务质量投诉。

（2）景区内避免安排损害游客利益的活动环节，门票价格经物价局审批正式挂牌。

（3）能配合客户需求悬挂特殊团队欢迎幅。

（4）在景区大门或景区内显眼位置摆放欢迎水牌。

（5）提供的讲解员，须尽心为游客做好景区内全程讲解；游客离开时须送行，并送上祝福话语。

（6）特殊团队需提供活动场地及活动服务配合等。

（7）有条件的景区，须在景区内配备医务室等服务设施。

三、景区导游员任职基本要求

（1）优先考虑持有全国导游员资格证书的员工担任导游员。

（2）诚实守信，懂得维护景区形象，非因不可抗力因素不得否定游客的游览线路安排，不得拒绝履行旅游合同约定的义务；不得欺骗、胁迫旅游者在景区购物或参加需另行付费的游览项目；不得擅自终止接待服务；不得私自安排他人参加团队活动，不得擅自增加计划外景点，必须严格执行《中华人民共和国旅游法》《旅行社条例》及相关法律法规。

（3）热爱导游工作，责任心强，组织能力、团队协调能力强，具备独立处理突发事件和承受较大工作压力的能力；遇事能冷静处理，心态平和，做事严谨细致，积极向上，能吃苦耐劳。

（4）要求形象佳，口气清新，服装整洁，态度和善、亲切。

（5）旅游文化知识丰富，沟通能力及口头表达能力较强。

（6）具有一项独特的技能或别具一格的带队风格。

（7）无传染病，身体无异味（如狐臭）。

（8）每团结束必须按景区要求填写“带队小结”一份。

（9）能保持稳定的带队心态，真正能够以服务为前提。

四、景区导游员接待行程要求

（1）开始一天的简介之前向客人问好，预报当天的天气预报情况，并重复简单介绍当时的行程安排。

（2）在整个行程中，导游员随时注意活跃气氛，注意和客人交流，耐心听取客人对安排内容的意见反馈。

（3）讲解时，站立姿势端正，禁止背对客人讲解。

（4）讲解时禁止使用不文明用语，禁止讲解不文明内容，讲解词必须有理有据，不可自编乱造。

（5）讲解时不允许接听私人电话，如有重要工作电话必须接听，接听前需向客人表示歉意。

（6）游览过程中沿途分主题进行介绍，比如介绍景区概况、地理位置、历史文化、季候特征、生态环保、风土人情、风俗习惯、地方美食，每个主题的内容不少于15分钟，全部内容介绍时间合计不少于1小时。

（7）合理安排客人在中途休息时间，客人休息时，导游应针对全体游客年龄情况，选择性和游客主动沟通，客人休息时导游不得大声接听电话或大声喧哗，应及时提醒游客上厕所时间。

（8）导游可以教客人学说一句有趣的或适用、文明的当地方言。

（9）导游讲解的语言节奏、速度应根据全团大部分客人年龄结构进行合理调整，吐字清晰，语速恰当，声音抑扬顿挫有较强的感染力。

（10）当行程结束前，须对客人当天给予工作的支持和配合表示感谢。

【案例5－1】

天山天池景区推行“游客至上、三化”服务质量管理模式

——让每一位游客期待而来满意而归

近年来，天山天池景区将质量、环境、职业健康安全管理三体系标准与世界自然遗产、国家5A级旅游景区、全国文明风景旅游区、国家地质公园等国际国内、行业地方标准进行融合，不断持续改进与创新，推行“游客至上、三化”服务质量管理模式，以满足游客需求为目标，按照“新疆标杆、国内一流，国际知名”的总体战略定位和发展

思路，大力实施标准化建设，以最细致最贴心的行动服务游客，让每一位游客期待而来、满意而归。眼下的新疆，正是一年当中最热的季节。而与这“烧烤模式”相应的是天山天池旅游的炙手可热，景区每天接待游客2万多人次。在天山天池景区售票大厅，优质细心的服务、秩序井然的环境让游客感到惊叹。喀什游客木再拜尔说：“工作人员都穿着统一的工装，在人群中一眼就能够找到他们，他们很有礼貌地为我们解答问题。景区卫生间、购票点外的指示标牌十分醒目，到天山天池旅游我们感觉非常舒心。”游客的点赞来源于天山天池景区2001年启动的质量、环境、职业健康安全管理三体系建设。

天山天池景区将三体系标准与世界自然遗产、国家5A级旅游景区、全国文明风景旅游区、国家地质公园等国际国内、行业地方标准进行融合，构建了科学合理、层次分明的标准体系框架，形成了《天池景区服务业标准化体系表》《天山天池景区企业标准汇编》，共发布实施66项企业标准，内容涵盖旅游交通、游览设施、旅游安全、环境卫生、邮电服务、旅游购物等方面，标准覆盖率达到100%。

新疆天池管理委员会票务管理中心工作人员作为与游客接触的第一环节，他们的形象和服务态度成为游客对景区的第一印象。

新疆天池管理委员会票务管理中心工作人员吕乔对笔者说：“我们每天上班统一着工装，推行‘人少问好、人多微笑’服务，不让一位游客受委屈，让大家都能有一个良好的旅游体验。”

“游客至上、三化”服务质量管理模式的推行促使天山天池景区在硬件基础设施建设上狠下功夫。“十三五”期间，天山天池景区基础设施建设投资约6.5亿元。完成了天池海北至灯杆山垭口7.6公里旅游公路提升改造，新建了马牙山游览科普栈道，对景区内原有精品环线游步道进行了维修改造，进一步完善了景区交通游览系统。实施天池景区充电桩箱变工程，为景区普及清洁能源提供基础保障。完成景区区间车换乘点改扩建项目，停车场已铺设完毕。2020年，景区启动了天池景区访客中心、机动车游览道路提升改造项目，巡护路网支线道路工程，步道建设、标识标牌提升改造工程以及环保厕所建设项目、环卫设施工程、通信工程、信息化配套设施工程，天山天池景区及周边植被生态治理、生态修复工程建设，着力完善景区基础设施。上海游客周奇文高兴地说：“天山天池不仅风景美，而且非常‘智能化’，我们可以用‘寻梦天山 做客天池’微信小程序买票，刷脸进入景区观光，电子导游讲解得非常细致，大家都很满意。”与此同时，天山天池景区新建通讯廊道32公里、5G基站2座，维修步道2万平方米，改造供水管网4公里，新增标识标牌1240个、环保垃圾箱2000个、休憩设施145组，新建旅游厕所4座。

实践训练5-1

一、实训项目

旅游景区游览接待服务认知实训

二、实训内容

选择当地一个大型旅游景区，实地走访参观景区，观察景区一线接待人员（景区岗位接待员、景区讲解员等）的工作内容，并进行岗位见习体验。

三、实训目的

通过实训，学生能够了解并熟悉景区一线接待服务人员的主要工作内容。

四、实训步骤

1. 按约定时间，将学生带到旅游景区，对该旅游景区讲解员和景区一线接待服务人员进行观察学习。
2. 学生分组进行岗位参观学习（景区内一线岗位接待服务员或景区讲解员）。
3. 听取景区有关管理人员介绍景区游览接待工作内容和真实案例。
4. 学生分组主动与景区工作人员交流并进行问卷调查。
5. 学生撰写旅游景区岗位见习考察报告。
6. 课堂进行见习总结，由学生谈心得体会。
7. 实训指导教师根据学生景区现场实训表现、考察报告撰写质量、课堂汇报表现三方面，进行考查。

五、实训评分

1. 实训指导教师根据学生的现场纪律表现、现场合作表现、考察报告撰写质量、课堂表现进行评分。
2. 按百分制记分。

旅游景区游览接待服务认知实训评分表

组别：______________ 姓名：______________ 时间：______________

项目		标准分	教师评分
旅游景区游览接待服务认知实训	实训报告质量	30	
	现场合作表现	30	
	课堂讲解质量	20	
	课堂反应表现	10	
	现场纪律表现	10	
合计得分			

考核时间：　　年　　月　　日　　　　考评教师（签名）：

第二节 景区售后接待服务

一、普通游客的跟踪服务

很多景区的服务人员对游客旅游结束后的服务基本为零。实际上，售后服务是非常有必要的，特别对于那些对景区有抱怨的游客。做好售后服务，是为景区赢得良好声誉的绝好机会。

虽然游客完成旅游后已经满意地走了，但服务并不能到此止步。要想做到更好，必须进行延伸服务，进行跟踪服务。

跟踪服务可以通过打电话或发电子邮件的方式来开展。通过跟踪服务，可以强化景区对游客的诚意，深深打动游客，并让他印象深刻，从而提高游客对景区的忠诚度。景区的服务质量也在这种螺旋式反复中得到不断提升。

同时，服务人员，尤其是管理人员应把游客的评价、意见和建议作为市场调研的重要组成部分，认真分析游客的意见，进行反思和总结，对典型问题产生的原因进行剖析，采取相应的措施，不断提升景区的服务水平。

二、大客户的维护办法

旅游景区销售中，会遇到许多中间代理商，他们是景区的重要客户，对景区的游客量起着关键作用。对这部分客户要特别重视客户关系的维护。

开展客户后续服务工作的方法如下。

（1）亲自拜访。虽然成本高，却可以产生最好的效果，是能够与客户面对面进行双向沟通的唯一方法。事后写出访问报告，访问报告是一种有助于客户与服务人员之间交流的报告形式。

（2）联系客户的“关心电话”。如果打算寄致谢卡或感谢信，在此之后可以打一个表示谢意的电话。

（3）电子邮件。很多时候，发一封电子邮件要比打一个电话要有效得多。有些客户更喜欢使用电子邮件，而且如果不按他们喜欢的方式与其沟通的话，他们可能会很不高兴。但如果知道哪个客户不习惯查收电子邮件，最好还是打个电话。如果不能确定，可以两种方法一起使用。

（4）感谢函及致谢卡。给客户寄感谢函是一种既方便又便宜的客户服务方法。信函和卡片可以用于感谢客户的支持并承诺继续为其服务。致谢卡应先印好，在销售结束后的一段时间内由销售人员寄出。不过，这种致谢卡有一个很大的缺陷：它们都是成批制作的，因而缺少非常重要的个性化色彩。如果在制作卡片时加上一点点服务上的差异，所带来的效果会格外不同。

不管用什么方法，我们必须能够：告诉客户我们很感谢他的支持；明确他们对购买是否满意。记住永远要比别人“再多一点努力”“再多一点关怀”“再多一点服务”“再多一点称赞”“再多一点打电话给客户”。“你不打那个电话，会有人打的，他们会抢走你的生意。”

【案例5－2】

“十一”黄金周期间，某景区为吸引游客搞了很多娱乐表演活动。一天，接待部小李接到了一个游客打来的投诉电话。双方对话的内容如下。

游客（激动并愤怒地）：你们景区的服务太差劲了，有哪些活动都不事先告诉我们。我回到家里以后听人家说才知道，好多表演我都没有看到。

小李（被对方的情绪感染）：是吗？我们在入口处有一块大的广告牌，上面有活动项目和时间，您没看到吗？

游客（嗓门儿更大了）：我怎么知道？你们又没跟我说。我们大老远赶来，花了那么多钱买门票进去，结果只看到别人后脑，其他什么也没有看到。

小李（据理力争）：那您当初怎么不问问呢？我们一天要接待好几万游客，总不可能一个一个地说吧。

游客（更加愤怒地）：好的，好的，你们就这个服务态度，我一定要去告你们。

小李：那我们也没有办法。

问题：如果你是小李，你会如何处理这个投诉？

分析点评：

处理游客的投诉的确是让景区服务人员有点头痛的一项工作，尤其是对工作经验不多的年轻员工来说更是这样。但只要掌握了一定的方法，是完全有可能把一件坏事变成好事的。

在上述案例中，小李犯了三个错误。首先，小李对自己作为服务人员的角色认识不清。服务是为了让游客快乐，而不是和游客争论谁对谁错。其次，小李对游客投诉的重要性认识不够。游客投诉是景区发展的财富，从某种角度看，它是一件好事，不必感到很紧张。最后，小李没有掌握处理投诉的基本方法，所以最终不能解决游客的问题。

游览接待服务是景区中难度最大的服务工作。从迎接游客进入景区、提供咨询、安排导游、安排住宿、联系娱乐，到送游客离开景区，整个工作过程始终与游客面对面打交道。相对来说，接待工作较为琐碎、灵活性大，这就要求服务人员具备细心、耐心、周到、热情的服务态度及灵活的处事能力和较强的独立工作能力。

实践训练 5 –2

一、实训项目

旅游景区售后接待服务认知实训

二、实训内容

模拟进行景区客户维护工作。

三、实训目的

通过实训，学生能够了解并熟悉景区的客户维护方法。

四、实训步骤

1. 将同学进行分组，并进行角色扮演，一组同学扮演景区的重要客户，另一组同学扮演景区的员工，并进行角色调换进行模拟扮演。

2. 扮演景区员工组负责给客户打电话回访和发邮件回访。

3. 扮演景区重要客户组负责找出景区存在的问题，并对景区服务提出建议。

4. 学生撰写旅游景区实训报告。

5. 课堂进行实训总结，由学生谈心得体会。

6. 实训指导教师根据学生实训表现、实训报告撰写质量、课堂汇报表现三方面，进行考查。

五、实训评分

1. 实训指导教师根据学生的现场纪律表现、现场合作表现、考察报告撰写质量、课堂表现进行评分。

2. 按百分制记分。

旅游景区售后接待服务认知实训评分表

组别：________________ 姓名：________________ 时间：________________

项目		标准分	教师评分
旅游景区售后接待服务认知实训	实训报告质量	30	
	现场合作表现	30	
	课堂讲解质量	20	
	课堂反应表现	10	
	现场纪律表现	10	
合计得分			

考核时间：　　年　　月　　日　　　　考评教师（签名）：

第六章

旅游景区配套接待服务

【学习目标】

● 知识目标

1. 了解景区餐饮、住宿、交通、娱乐接待服务类型
2. 熟悉景区餐饮、住宿、交通、娱乐接待服务管理
3. 掌握景区餐饮、住宿、交通、娱乐接待服务基本要求

● 能力目标

1. 学生能够认识旅游景区配套接待服务的重要性
2. 学生能够熟悉旅游景区配套接待服务工作流程
3. 学生能够掌握旅游景区配套接待服务工作技能

第一节　旅游景区餐饮接待服务

一、旅游景区餐饮接待服务概述

景区餐饮服务与社会餐饮服务不同，它主要是指景区内的餐饮接待服务，而且面对的客户群只是景区的游客，一般不会对外开放，而且景区餐饮相比社会大众餐饮更加具有景区本身的文化特色，它也是景区的一部分，更加注重特色化服务。景区餐饮接待服务质量是旅游景区服务质量的重要体现。

在旅游的六要素“食、住、行、游、购、娱”中，“食”排在第一位，可见，景区餐饮接待服务在整个景区服务中占据重要地位，它是景区向游客提供优质服务的基础和

保障。它不仅要满足游客对餐饮产品和服务的需求，还反映了旅游景区的饮食文化特色，影响着旅游景区的形象，是景区收入的重要组成部分。

【案例 6 -1】

南山素斋——心灵的朝圣之旅

南山文化旅游区坐落在我国唯一的热带滨海城市——三亚市，是依托南山独特的山海和丰富的历史文化渊源开发建设的全国罕见的超大型生态和文化景区，是新中国成立以来中央政府批准兴建的最大的佛教文化主题旅游区，是首批国家5A级景区。

在南山文化旅游区内有一家独特的主题餐厅——南山素斋餐厅。南山素斋餐厅以素斋为主创品牌，集寺院素斋之精华，融宫廷素斋、民间素斋之风格，兼南北地方风味于一体，运用现代烹饪技艺，形成了独特的南山饮食文化。

“南山素斋”在造型艺术上属“以荤托素”类，既达到形似，也追求神似；在原料上传承寺院素斋，不纳荤腥，全部素食。“南山素斋”已形成一百多种菜品，可谓“一菜一世界”，体现了重返自然、返璞归真的神韵。“南山素斋”具有清淡、味美、养生保健的特点，还将当地野菜、芋类、野生菌、特色蔬菜瓜果引入素斋，富含蛋白质、多种维生素和人体所需的多种氨基酸。“南山素斋”营养丰富而且具有很高的药用价值，长期食用能养颜美容、延缓衰老。

“南山素斋”已成为我国素斋的知名品牌，被评为“中国名宴”并获“金厨奖”，被海南省确定为“国宾接待基地”。

资料来源：南山旅游网，http：//www. nanshan. com/.

二、旅游景区餐饮接待服务的类型

1. 饭店餐饮部

饭店餐饮部是指景区内宾馆、饭店、酒店内的餐厅。这类餐饮场地大、设备齐全、员工专业水准高，可以为旅游者提供各类美食和完善的服务，是所有旅游景区餐饮接待系统中档次较高的。如安徽黄山景区内的玉屏楼宾馆，设有宴会厅、包厢、中餐厅、西餐厅、自助餐厅、快餐厅，可一次接待300余人用餐，主要以徽菜、黄山风味菜为主。玉屏楼宾馆餐饮有“游在黄山，食在玉屏”的美誉，其特色菜有：龙鼎银丝、黄山瓦罐双石、竹荪炖竹鸡、煲仔雪天牛尾狐、玉屏豆腐羹等，其中“龙鼎银丝”被评为黄山名菜。

2. 餐饮企业

餐饮企业是指只提供餐饮服务，为旅游者提供用餐场所的餐饮设施，目前景区中存在中餐厅、西餐厅、自助餐、快餐饭盒等几种餐饮企业形式。这类餐饮形式规模相对较小，提供的产品有限，是目前景区内最常见的类型。如杭州西湖景区的百年老店楼外楼，创建于清道光二十八年（1848年），采用砖木结构，端庄古朴，富有中国民族特色，素以“佳肴与美景共餐”而驰名海内外。楼外楼是一家正宗的杭菜馆，烹制的菜肴素以选料严谨、制作精细、烹调精湛、时鲜多变、风味独特而著称。招牌菜有：西湖醋鱼、宋嫂鱼羹、油爆大虾、东坡肉、叫花童子鸡、龙井虾仁等。

3. 饮品店

饮品店是指以提供饮料和冷饮为主的餐饮形式，包括：各类茶馆、酒吧、咖啡厅（屋、馆）、冰激凌店、冷饮店、以提供牛奶及饮料为主的乳品店以及其他形式的饮料服务。如福州三坊七巷景区内的星巴克咖啡店，2010年9月28日开业，店面沿袭了明清时期传统的建筑风格，最大限度地保留了与三坊七巷古老街区和谐相称的设计风格。典雅精致的布设、古色古香的桌椅让人耳目一新。

4. 售货亭

售货亭是指景区内的固定餐饮食品成品小卖部，主要为游客提供食品的成品和饮料等，如方便面、面包、糖果、瓶装饮料等。

5. 摊贩

摊贩是景区内的流动餐饮服务点，往往聚集在景区人流量较大的主干道沿线，以提供简便快速的食物为主，如热狗、面包和饮料等。摊贩占用空间极小，所用人力、物力资源较少，具有传统饮食文化的特色，其合理的价格和地点的流动性方便了大众旅游者，但也存在环境卫生脏乱、食品质量难以保证的缺点。

6. 特色餐饮

近年来，随着社会经济持续稳定地增长，人们的生活水平得到了极大的提高，对饮食的要求越来越高。除了上述传统的旅游餐饮形式外，各景区出现了多类型、多形态的特色餐饮形式。其中，老字号餐饮品牌、特色旅游餐饮街区、民族餐饮、主题宴席、农家乐餐饮等表现尤为突出。

【案例6-2】

福建首家“能吃”的博物馆——衣锦坊明清艺术博物馆

衣锦坊明清艺术博物馆建于2006年。地处福州市三坊七巷景区最显赫的衣锦坊，既是一座以明清艺术为主体展示的博物馆，也是一个独具风格的餐馆，是福建首家“能吃的博物馆”。其菜品精致名贵，有燕窝、鲍汁海参饭、贵宾黄汤翅、鳕鱼等名贵菜品，除此之外，一些普通原料的私房菜也做得很有特色，如筒骨萝卜煲、杏鲍菇中间酿肉末、自制的豆腐中间酿虾仁等。菜的口味偏清淡，如上汤野菜、即位小象蚌等，各种例汤也很美味清爽。满室雅韵，一桌珍品，艺术与美食共赏，不仅可以欣赏到典雅大气的明清艺术，还可品味顶级名师主理的极品燕鲍翅主餐，这无疑是一种别样的休闲方式。

在衣锦坊明清艺术博物馆吃的不只是菜，还是文化品位。

三、旅游景区餐饮接待服务的基本要求

1. 安全与卫生

安全卫生是人类最基本的生理需求之一。景区餐饮消费流动性大且常接待团队游客，团队用餐时间集中，并且游客构成复杂，彼此的健康状况不了解，容易引起交叉感染，因此游客对景区餐饮安全与卫生的要求非常强烈。景区餐饮安全卫生不仅会使游客产生安全感，也会给他们留下难忘的用餐经历，从而增强游客体验。游客对景区餐饮安全卫生的要求体现在用餐环境、餐具用品和餐饮产品几个方面。游客希望景区用餐环境整洁雅静、空气清新，餐饮用品都经过了严格的消毒，吃的餐饮产品都是新鲜、卫生的。

【案例6－3】

餐饮服务食品安全工作纳入旅游景区质量评级

2010年8月30日，国家食品药品监管局和国家旅游局联合下发《关于进一步加强旅游景区餐饮服务食品安全监管工作的意见》（以下简称《意见》），旨在进一步加强旅游景区餐饮服务食品安全监管，保障游客餐饮安全。《意见》要求，地方各级餐饮服务食品安全监管部门要扎实做好旅游景区餐饮服务食品安全日常监管，严格依法进行许可；加大对旅游景区餐饮服务提供者的例行监督检查力度，尤其要加强旅游高峰期间的监督检查；督促餐饮服务提供者建立从业人员健康管理档案，落实从业人员年度健康检查制度；严格落实进货查验、索证索票、台账记录制度；规范食品加工制作及餐饮用具清洗消毒；切实加强餐饮服务环境管理，做好防鼠、防蝇、防虫、餐厨废弃物处理；积极推行分餐、公筷等健康饮食方式。《意见》要求地方各级旅游行政管理部门要将餐饮服务食品安全规范和标准纳入旅游景区相关服务标准，将餐饮服务食品安全工作纳入旅游景区质量等级的划分与评定工作，督促旅游景区经营者认真履行相关职责。

资料来源：《法制日报》（有删改）.

2. 快速与及时

大部分游客进入景区主要是为了游玩，为了抓紧时间游玩，会缩短就餐时间，有的甚至选择边走边看边吃，因此为了满足游客需求，景区餐饮接待服务必须快速、及时，目前，大部分旅游景区餐饮形式以快餐业为主，常备有快餐食品，为那些急于就餐者提供快速的服务。

3. 特色与创新

游客在景区就餐不仅是为了填饱肚子，更是为了获得一种特殊的体验，品尝到平时

吃不到的东西。因此，要求景区餐饮在安全卫生、快速及时的前提下，还要对餐饮进行创新，体现其特色。游客对景区餐饮特色的要求不仅体现在餐饮产品本身，也体现在用餐的氛围、环境等方面。如福州三坊七巷文儒坊 9 号会馆，为传统福州古民居庭院，景观宁静精美，青色的旧时瓦片、光滑的青石板，富有文化灵气；以闽菜为主，采用闽菜的原始做法；既融入了三坊七巷明清古民居特色，又体现出原始闽菜风味，可谓闽菜的极致奢华。

4. **便利与舒适**

景区餐饮在景区内的位置要符合便利性的要求，既具有良好的外部连通性，又要有便捷的内部通达性；另外还要营造舒适的就餐环境，通过营造餐饮单位内部和外部环境，使游客感受到餐厅甚至景区的氛围，得到享受和尊崇感；但是景区餐饮在创造便捷交通和舒适环境的同时，不得以损害旅游景区景观环境和生态环境为代价，尽量减少对周边自然和人文生态的破坏。

四、旅游景区餐饮接待服务管理

1. **菜单设计**

菜单是景区餐饮企业提供的餐饮产品的目录，主要包括餐饮产品的品种、说明和价格，可分为固定菜单、循环菜单、即时菜单三种类型。菜单是景区餐饮企业对外沟通的窗口，具有展示餐厅经营理念、反映餐饮特色和水平、沟通旅游者等多重功能，对景区餐饮企业的销售和管理具有重要意义和作用。

菜单设计的内容包括菜品选择、价格制定和设计制作。

（1）菜品选择。菜品选择要以顾客需求为导向，根据旅游景区的饮食特点、地区特产和餐饮单位的经营定位、经营理念以及餐饮单位厨师的技能特点，确定菜单的菜肴类型，打造“拿手好菜”和“拳头产品”，并把它们放在菜单的醒目位置，单列介绍。菜品还应不断推陈出新，以适应新形势下顾客的需求。

（2）价格制定。菜品定价要合理，如果菜的价格过高，游客就可能接受不了；如果菜的价格过低，又会影响毛利，甚至可能出现亏损。因此，价格制定时，应适当降低高成本菜的毛利而提高低成本菜的毛利，以保证在总体上达到规定的毛利率。另外，菜单要标明菜肴的价格和分量，杜绝欺客、宰客现象的出现。

（3）设计制作。菜单不仅是餐厅的宣传工具，它也是艺术品。菜单设计制作要美观大方，其式样、大小、颜色、字体、纸质、版面安排需要与餐厅的等级和气氛相协调，要与餐厅的陈设、布置、餐具、服务人员的服装相适应。另外，菜单的文字、图片要与景区内其他标志风格一致，共同组成景区标志化的识别系统。

2. **服务质量管理**

（1）实物质量管理。餐饮实物质量是景区餐饮服务的基础，是指景区餐饮单位向游客提供的食品、饮料以及各种硬件设施的质量，它包括两个方面的内容：一是餐饮单位提供的食物、饮料等有形产品质量；二是设施用品质量。①有形产品质量管理。有形产品质量包含菜肴的花色品种、清洁健康、香味口感、色泽外观、内在质量与价格之间的吻合程度以及餐饮用具的清洁卫生、美观方便等。有形餐饮产品开发要尽量挖掘当地文化内涵，从外观、口感和健康等方面体现餐饮产品的精髓，反映旅游景区所在地区的风土特色。如海南石山火山群国家地质公园深挖火山文化，推出了药膳羊胎汤，选用火山地区石山羊羊胎，配以当地生长的名贵药材烹制而成，可起到养颜美容、补中益气之功效；还有，用火山黑豆制成的黑豆腐不但味道独特，还可以软化血管、补肾养血，让游客感受到了火山餐饮文化的独特魅力。另外，产品定价要合理，诚信服务，不欺客，不宰客；餐具、饮具、台布、餐巾、面巾等应每日清洗、消毒，禁止使用不可降解的、对环境造成污染的一次性餐饮具。②设施用品质量管理。设施用品质量管理包括设施设备的正常运转，如硬件的完好程度、安全程度、舒适程度和方便程度，以及硬件的档次和规格、餐厅的容量等，对供水供电、煤火设施，以及墙面、地板、天花板等设施设备应当定期维护和检修，为餐饮服务质量的提高提供可靠保证。

（2）环境质量管理。大多数外出旅游的人，都是寻求心理上的一种轻松和愉悦，这不仅贯穿在游览中，同时也贯穿于饮食中。他们在就餐的时候不仅要求食物的味道好，对就餐环境也有相应的要求。一个好的用餐环境，不但会给餐厅的食物增添几分美好的滋味，而且会给游客留下深刻的印象，同时也给企业增添不少客源。餐饮环境质量包括自然环境质量和人际环境质量。餐饮自然环境质量是指餐饮单位的建筑体量、外观风格和内部的装修设计、空间布局和灯光音乐等；而餐饮人际环境质量则是指餐厅的管理人员、服务人员和顾客三者之间友好、和谐、理解的互动关系。自然与人际环境质量共同影响了游客对景区餐饮甚至是景区旅游的感知与评价。

（3）对客服务质量管理。服务质量是餐饮质量管理中的重要构成，其水平的高低既要有客观的方法加以衡量，还要更多地按照顾客主观的认识加以评判。因此，对餐饮服务质量的管理要从以下两个方面入手。①服务标准。餐饮业是劳动密集型行业，服务人员多，服务项目复杂。而旅游景区游客的餐饮需求多样，就餐时间有限，这些都造成了景区餐饮服务质量的不稳定性。因此，必须制定服务质量标准和服务规程，通过对服务标准和每个环节的动作、语言、时间、用具，以及对意外事件、临时要求的化解方式、方法等的规定，来规范对客服务的行为，稳定餐饮服务质量；另外，顾客接受服务时的主观感受，因人、因地、因时而异，因此要求餐饮服务在标准化服务的基础上，对不同的顾客需求提供有针对性的、个性化的服务。②服务人才。制定切实可行的措施，加强对专业技术人才的管理，要建立一支思想好、业务精、技术硬的专业队伍，打造特色餐饮服务品牌；定期培训员工，加大对服务人员的卫生知识、外语知识、服务礼仪、服务技能等培训，不断提高餐饮服务人员的业务技能和素质涵养；与旅游院校联合，引进专业人才，提高景区餐饮从业人员的服务能力。

【案例 6－4】

北京质监局公布《旅游景区服务质量》标准

北京质监局公布《旅游景区服务质量》标准，自 2014 年 9 月 1 日起实施，该标准由旅游局具体制定并实行，是对旅游行业的指导规范。该标准对景区内餐饮服务质量做出了明确规定，具体如下：

（1）景区内的餐饮服务以及销售的商品都应明码标价。

（2）在景区内的餐厅吃饭，餐厅需要出具服务凭证或相应税票。

（3）服务人员每年接受体检，上岗需持健康合格证。

（4）餐具、饮具、台布、餐巾、面巾等应每日清洗、消毒，并禁止使用不可降解的、对环境造成污染的一次性餐饮具。

（5）景区内的餐饮经营者不得尾随兜售、强买强卖。

资料来源：中国经济网.

实践训练 6－1

一、实训项目

旅游景区餐饮接待服务认知实训

二、实训内容

通过学生自愿原则，对景区进行实地考察或进行二手资料搜集，并思考以下问题：

1. 旅游景区内餐饮服务与社会餐饮服务有何区别？
2. 一个旅游景区的餐饮服务如何体现区域地方特色？

三、实训目的

通过实训，学生能够了解并熟悉景区餐饮服务与普通餐饮服务的区别。

四、实训步骤

1. 去自己所熟悉的旅游景区进行考察，了解景区餐饮服务内容。
2. 搜集资料并整理景区餐饮服务相关案例。
3. 学生撰写旅游景区实训报告。
4. 课堂进行实训总结，由学生谈心得体会。
5. 实训指导教师根据学生景区实训表现、实训报告撰写质量、课堂汇报表现三方面，进行考查。

五、实训评分

1. 实训指导教师根据学生的现场纪律表现、现场合作表现、实训报告撰写质量、课堂表现进行评分。

2. 按百分制记分。

旅游景区餐饮接待服务认知实训评分表

组别：________ 姓名：________ 时间：________

项目		标准分	教师评分
旅游景区餐饮接待服务认知实训	实训报告质量	30	
	现场合作表现	30	
	课堂讲解质量	20	
	课堂反应表现	10	
	现场纪律表现	10	
合计得分			

考核时间：　　年　　月　　日　　　　考评教师（签名）：

第二节　旅游景区住宿接待服务

一、旅游景区住宿接待服务概述

旅游景区住宿接待服务就是借助旅游景区的住宿设施和服务人员向游客提供的以满足游客在景区住宿、休息等需求为基本功能，同时也可满足游客其他需求的服务。

不同规模的景区都会设有相应规模的住宿接待设施，其选址可能在景区内，也可能在景区外，经营管理方式一般为景区直接经营，也有租赁经营、委托饭店集团经营等方式，不论采用何种方式，都应作为景区的一个组成部门进行管理。

旅游景区住宿接待服务为旅游者在景区内的旅游活动提供了最基本的条件，使他们的基本需求得到满足和保障，并获得心理上的安全感。设施齐全、高质量或者特色化的住宿服务同样可以为游客带来美好的体验，延长游客在景区的停留时间，提高游客的满意度和重游率。但同时，旅游景区住宿接待服务较之其他住宿接待形式具有更强的季节性，受到旅游淡旺季的影响更大。

二、旅游景区住宿接待服务设施的类型

按照旅游景区住宿接待服务设施的档次和运作模式，可以分为标准酒店类、经济酒

店类、自助式或家庭旅馆类、民居客栈类和露营式等主要类型。

1. 标准酒店类

标准酒店类的住宿系统包括饭店、度假村、疗养院、避暑山庄、会议中心等，是按照国家星级饭店标准建设，并执行标准化服务，可以使旅游者获得较为舒适的旅行生活，是所有旅游景区住宿接待系统中档次较高的类型。但是这类接待设施适用范围有限，一般只适合规模较大的旅游景区和高级度假旅游区。

【案例6－5】

建国饭店入驻世界遗产地——五台山

五台山位于山西省东北部，是我国四大佛教名山之首，中国首批5A级景区，名扬海内外，并且被联合国列为世界文化景观遗产。虽然旅游人数大大增加，然而，与之相配套的高端接待设施却略显不足。

梵云酒店管理公司抓住五台山景区重新规划的契机，将原金都山庄改造成为一家高档的禅宗主题酒店，并与中国最大旅游企业首旅集团旗下建国酒店管理公司成功签署“全权委托管理协议”。五台山建国饭店，规划设计为园林式、禅式、唐风古韵灰墙木格窗棂与山林融合的饭店建筑群，将现代酒店与中国传统文化有机结合。其投入运营之后，必将有效弥补五台山高端服务的短板。

资料来源：中国旅游新闻网．

2. 经济酒店类

经济酒店类住宿接待设施不参与国内酒店的星级评定，在旅游景区中所占规模较小，设施有限且价格便宜，主要为住客提供整洁而简单的入住环境，设施和环境质量以及服务标准较星级饭店弱，但设施、设备和服务仍具有标准化的特点。

3. 自助式或家庭旅馆类

在旅游景区中，自助式或家庭旅馆类住宿接待设施和环境质量以及服务标准都较弱，价格便宜，旅游者在此获得住宿的空间、设施以及部分基本服务，而其他如做床服务、整理房间等则需要旅游者自己动手。此类接待设施在为旅游者提供住宿空间、设施和简单服务的同时，可以帮助旅游者节省开支，体验当地生活，还可以弥补旺季酒店床位不足的缺陷。例如，将以前厦门鼓浪屿景区内的单体独栋私家老别墅改建成家庭旅馆，较为有名的有朵拉旅馆、吴家园、船屋、海角八号等，这些家庭旅馆与鼓浪屿风景完全融合，相比大酒店，更具当地人文气息。

4. 民居客栈类

民居客栈类住宿接待系统是根据旅游景区的自然和人文环境加以设计的住宿设施，能反映当地的风土人情、历史文化特色，能够满足游客对典雅古朴的休闲游憩体验的需要，如吊脚楼、小竹屋、小木屋、小石屋等。该类住宿接待系统在为旅游者提供住宿服务的同时，也构成了景区中极具特色的风景，让旅游者感受景区内特有的自然和文化氛围。但是，该类接待设施往往较为简陋，服务内容也较为有限。例如，湖南张家界景区内的米兰客栈，只有10间客房24个床位，是张家界景区内唯一高标准配置客栈，同时也是景区内唯一一家有两层客房的山景客栈。客栈外观呈土家族建筑风格；淡蓝外墙，黑瓦阁楼，绛红窗套窗格，青竹栅栏。客房内的装潢采用杉木地板配淡黄色温馨墙纸，装饰有湘西民俗挂饰，使用按四星级酒店定制的床上用品，这些都令游客备感舒适。

【案例6－6】

台湾民宿

一、台湾马祖：芹壁休闲度假村民宿

芹壁休闲度假村位于中国台湾马祖群岛中的北竿岛的北方，因处于芹山与壁山之间而得名，是最靠近大陆沿岸的村落之一。

芹壁村宛如石头城，都是由粗犷的石块建筑而成，房屋建材以花岗岩与大理石为主，石材的质地粗糙且富有青白、黄褐、砖红等色泽，堆砌起来的石板屋相当美丽；古民宿群独立雄踞在海岸边，顺着山势呈梯形罗列，鳞次栉比，各户间互不影响展望空间，对面即是蔚蓝的大海，景色迷人。屋顶的“鲫鱼嘴”是用来排水的设计，而用以镇宅避邪的石狮则是闽北建筑中的代表作；为了防止强烈的海风吹袭，瓦上压着密实的石块；为了防湿冷的海风与盗匪，窗户都设在较高的位置，且窗口设计成“内大外小”的射口形。

芹壁休闲度假村的民宿保留了马祖地区最完整的闸北聚落的特色，表现出一种质朴且宁静的风格。赏海景、听海声、住石屋民宿，芹壁村已经成为现代旅游者休闲度假绝佳选择。

二、垦丁玛雅之家和二手童话民宿

做客台湾最南端的民宿之家，垦丁是很不错的选择。垦丁民宿价格与鼓浪屿家庭旅馆的价格很接近。垦丁民宿的价格一般在1500元新台币左右，贵的有6000元到2万元新台币不等。鼓浪屿自助家庭旅馆住一晚则从人民币200元到600元不等。

垦丁玛雅之家又称为大山姆农场，位于垦丁牧场区，是栋红瓦红墙的独栋别墅和小木屋。玛雅之家正对着垦丁大尖山，二楼有大型景观窗，可以泡茶、喝咖啡。还提供几十辆摩托车和自行车，不用租金，全部免费提供给房客使用。房间1500元新台币起。

垦丁牧场旅栈与二手童话民宿是一对夫妇经营的两家民宿。“二手童话”民宿的特点，就是从房子的建造到摆设布置，都由那对夫妇亲自设计。“二手，代表不是新的，而是有些时间、有些磨损、有些记忆。二手，是两只手。”“二手童话”是一座充满故事的城堡，等待旅客去发现。牧场旅栈则紧邻着垦丁的牧场，房屋的装饰完全是牧场风格，有奶牛、有草原，民宿风格以此为基调，带给人很放松的心情。

此外，屏东昆山会馆、垦丁幸运草景观别墅定位则比较高端。

5. 露营式

露营式住宿接待系统包括露营地、夏令营、临时帐篷驻地等，是指开辟一块专用营地作为旅游者夜间露营休息的场所，旅游者自带露营设施，如露营车、帐篷或租用景区的露营设施，以实现住宿的方式。这类住宿接待设施往往选址在远离城市的、风景秀美的、贴近大自然的区域，给人们自由、随意、放松的娱乐休闲体验。根据所处环境的不同，露营地可划分为以下六种类型：山地型露营地、海岛型露营地、湖畔型露营地、海滨型露营地、森林型露营地、乡村型露营地。完整的露营地通常包含生活区、娱乐区、商务区、运动休闲区等，具备生活所需的住宿、饮食、卫生、休闲、娱乐以及日常所需的种种设施场地。这类住宿接待系统在所有旅游景区住宿接待类型中设施设备和服务环境相对较为简陋，受外界的环境干扰较为严重，一般只在特定季节开放，在我国还较为少见。

【案例 6 –7】

厦门首家温泉汽车旅馆

近年来，自驾游已经变得越来越普遍，厦门日月谷温泉汽车旅馆的建设也正是为了满足自驾游客人的需要。与传统意义的汽车旅馆不同，它的客房将与停车位相连，不管入住哪一层，汽车都可以直接开到房门口，独门独户，入住方便快捷。

据介绍，日月谷温泉汽车旅馆规划建设 60 套房间，单间面积 60 ~ 120 多平方米不等，将按照超五星标准进行设计，每一个房间的装修风格也各不相同。每间房间均配备专属的美容养生纯天然温泉泡池，个别房间内还有专属游泳池和桑拿室，给客人提供多样化的选择。

资料来源：《厦门商报》（有删改）.

三、旅游景区住宿接待服务的内容与要求

1. 旅游景区住宿服务的内容

景区住宿服务所针对的客源主要是到景区观光、游览、度假的游客，客源相对较为单一，并且极易受景区旅游淡旺季的影响，而且，由于景区住宿服务设施的规模受景区规模的影响，一般规模相对较小，功能也不全面，因此景区住宿服务的完善还需借助景区别的部门（如餐饮部、娱乐部）进行弥补和配合。

旅游景区住宿服务包括前厅接待服务和客房服务两个方面，在业务上和内部管理上

与星级饭店管理差别不大。前厅接待服务的内容包括客房预订服务和接待入住服务，具体有前厅销售服务、客房预订服务、入住登记服务、问询服务、礼宾服务、总机与商务中心服务、前厅收银服务；客房服务包括清洁卫生服务（清洁整理客房、更换补充物品、检查保养设备）和对客服务（如管家式服务）。

【案例6－8】

巴厘岛金巴兰肉桂别墅——顶级奢华度假别墅

金巴兰肉桂别墅由一大片椰子树园改建而来，大厅就在广阔高耸的椰子林中，相当有热带岛屿风情。金巴兰肉桂别墅坐落在度假胜地巴厘岛的黄金海岸——金巴兰海滩，是一处引人入胜的高级度假区。

金巴兰肉桂别墅共有19座，都是传统的巴厘岛式风格。每间设计都别出心裁，可让人体验最清新脱俗、沉淀人心的岛屿度假生活。每幢别墅都有私人泳池、厨房等设施。所有别墅的私密性都很强，给人以酒店的舒适、家庭的温馨。

为了让每一次的造访都是一次零瑕疵的假期，度假别墅为每一位顾客都配有一位专属的私人管家。卓越的服务能力与敏锐的观察力，能够预先考虑到您的所需与所求，完全超出您事前的期望。自从抵达机场的那一刻开始，直至搭机离开的最后一分钟，您的私人管家不仅是专业的行程规划师，还是亲切的购物伙伴。而这一切殷勤的招待与细心打理，就是其能如此吸引人的原因。

资料来源：蜜月旅行网，http：//www. miyuego. com.

2. 旅游景区住宿服务的基本要求

（1）游客至上。景区赖以生存和发展的基础是游客，客源意味着财源。住宿服务作为景区的重要组成部分，担负着树立景区良好形象的重任。景区住宿服务必须把游客放在首位，想游客之所想，结合景区其他配套设施，充分满足游客的需求，提高游客的满意度。

（2）员工第一。景区服务尤其是接待服务，是一对一、面对面的服务，服务人员在这一过程中起着至关重要的作用，服务人员的气质面貌、精神状态、服务态度、服务技能都直接影响到旅游服务质量，关系到游客的满意程度。因此，必须树立员工第一的思想，提高服务人员的综合素质。

（3）不断创新。游客需求日益多样化，要赢得游客，保住市场，必须不断创新。景区住宿服务的创新也会带给游客全新体验，会给游客留下美好记忆。因此，创新也是景区制胜的关键因素之一。

四、旅游景区住宿接待服务管理

旅游景区住宿接待服务管理主要包括三个方面，即服务质量标准制定、程序与制度管理和人员素质控制。

1. **服务质量标准制定**

住宿服务质量标准是住宿服务管理最重要的基础工作，具体包括设施设备质量标准、消费环境质量标准、实物产品质量标准和服务操作质量标准等内容。因此，旅游景区住宿经营单位应利用和开发旅游景区良好的环境资源和现有的设施设备，结合景区特色，开发符合市场需求的产品，向游客提供高质量的住宿服务。

2. **程序与制度管理**

服务程序和管理制度是旅游景区住宿管理的基础和前提，因此，旅游景区应根据自身特色和住宿部门管理需要，制定符合行业通行规则和旅游景区实际的具有较高科学性的服务程序和规章制度，以此来规范景区住宿服务人员的行为及服务操作步骤，保证景区住宿服务各项工作能够顺利进行。如泰山景区为了让全运会期间来泰山旅游的游客住得安心，通过旅馆行业协会加强了价格和服务管理，依据旅馆设施档次、经营位置以及游客流量、季节，统一制定了住宿价格上限，不许随意突破，各种服务不得降低标准和随意减项。

3. **人员素质控制**

住宿服务人员素质的高低对景区住宿服务质量的高低有重要影响，因此，旅游景区要依据具体岗位工作的用人标准和素质要求，合理配备服务人员，并制订系统的、长期的培训计划和方案，不断加强各岗位服务人员的培训，还要运用各种激励手段调动广大员工的主动性、积极性，以充分发挥人员素质的作用，确保提供高标准、高质量的服务。

实践训练 6－2

一、实训项目

旅游景区住宿接待服务认知实训

二、实训内容

选择当地一个大型旅游景区，实地走访参观景区的住宿接待服务，并进行岗位见习体验。

三、实训目的

通过实训，学生能够了解并熟悉景区住宿接待服务工作内容。

四、实训步骤

1. 按约定时间，将学生带到旅游景区，对该旅游景区住宿设施进行考察。
2. 学生分组进行住宿接待设施的参观学习。

3. 听取景区有关管理人员介绍景区住宿接待服务相关内容和真实案例。

4. 学生分组主动与住宿接待工作人员交流。

5. 学生分组进行景区住宿接待工作岗位的见习体验。

6. 学生撰写旅游景区岗位见习考察报告。

7. 课堂进行见习总结，由学生谈心得体会。

8. 实训指导教师根据学生景区现场实训表现、考察报告撰写质量、课堂汇报表现三方面，进行考查。

五、实训评分

1. 实训指导教师根据学生的现场纪律表现、现场合作表现、考察报告撰写质量、课堂表现进行评分。

2. 按百分制记分。

旅游景区住宿接待服务认知实训评分表

组别：______________ 姓名：______________ 时间：______________

项目		标准分	教师评分
旅游景区住宿接待服务认知实训	实训报告质量	30	
	现场合作表现	30	
	课堂讲解质量	20	
	课堂反应表现	10	
	现场纪律表现	10	
合计得分			

考核时间： 年 月 日 考评教师（签名）：

第三节　旅游景区交通接待服务

一、旅游景区交通接待服务概述

1. 旅游景区交通服务的概念

旅游景区交通接待服务是指景区向游客提供的各种交通服务，以实现游客从空间上一点到另一点的位移。景区的交通接待服务直接关系着旅游者的出游愿望，是景区旅游活动顺利进行不可缺少的物质基础。它包括合理的交通线路、先进的交通设备、配套的交通服务设施（车站、码头等）以及交通服务管理人员的优质服务等。

【案例6-9】

五台山成为山西省首个环保交通景区

80辆崭新的环保旅游观光车在五台山风景名胜区投入运营，这也意味着今后所有外来车辆包括公务车、出租车等都不准再进入五台山核心景区。五台山也成为山西省首个实现环保交通的景区。

游客在五台山风景区游览，往返景点之间大都需要乘坐汽车，这不仅给景区造成了环境污染，而且造成了管理方面的一系列问题。五台山风景区于2008年3月启动景区旅游观光车项目，先后投资上亿元购置尾气排放量达到国家C3标准的四种车型共80辆旅游观光车，并新建三个大型旅游车停车场，在景区三个入口处、主要街道、景点、宾馆等地段设立18个观光车停靠站，观光车分别从南线、西线、北线三个入山口至中心区循环运行，三线运行总里程88千米。

首批投入使用的环保观光车将代替原来进入景区的各种车辆，并运用智能化信息中心监控系统进行实时视频采集，及时了解各景点和主要路段的人流、车流状况。观光车实行循环运行的公交化模式，游客在入山口统一购票后，可凭票在想去的景点停靠站自由上下车游览参观。观光车的运行不仅有利于景区人车分流，同时也使整个景区的道路交通、门票管理、旅游行业管理更加顺畅。

资料来源：《忻州日报》.

2. **旅游景区交通服务的类型**

旅游景区交通服务根据旅游者的空间移动过程，可以分为外部交通服务和内部交通服务两大类。

（1）外部交通服务。旅游景区的外部交通服务是指旅游景区为游客提供的从客源地到景区的空间移动过程的服务，包括从客源地到景区所在地以及从景区所在地交通口岸到景区的两个服务过程。景区外部交通关系着旅游目的地的可进入性（时间、距离、便利性）；主要交通工具包括飞机、火车、旅游大巴、自驾车、轮船等。

（2）内部交通服务。旅游景区的内部交通服务是指景区向游客提供的在景区内部空间移动的服务。旅游景区的内部交通是联系各个景区、景点的纽带和风景线，强调可通达性、视觉效果和美学特征，是组成景观的造景要素。内部交通服务是游客观光和了解地域风情的途径，一般采用公路、水上游览、特种交通及步行的方式；主要交通工具有环保车、电瓶车、出租车、缆车、游轮、滑竿、畜力驮运、羊皮筏子、雪橇和溜索等。

3. **旅游景区交通服务的作用**

（1）缩短旅游者的时空距离。旅游者在旅游活动中应遵循“行短游长”的原则。旅游交通作为旅游六要素中的重要组成部分，解决了旅游者的路上交通问题，节省了游览时间。安全、舒适、经济、方便的景区交通服务能减少游客的体力消耗，缩短旅行时间，还可改善景区接待能力，扩大旅游者的空间活动范围，从而扩大旅游者的规模、形式、内容和层次。

（2）增强游客旅游体验。现代旅游交通不仅是一种交通工具的形式，而且已经发展成为旅游景区重要的吸引物。旅游景区交通成为旅游活动的重要内容，乘坐不同的交通工具，接受不同的交通服务，可以使游客领略到不同的风光，体验到不同的旅游感受。比如怒江大峡谷凌空飞渡的独特的桥——溜索，千岛湖景区的飞机空中游，尼泊尔博克拉河谷的滑翔伞，有些景区还提供骑马、乘轿、缆车、热气球等新颖的旅游交通形式，在参与旅游活动的同时，享受到别样的旅游感受，极大地增强了游客的旅游体验。

（3）提高景区经济效益。旅游景区交通服务一方面增强了游客的旅游体验，另一方面使景区获得了丰厚的经济回报。景区内的旅游交通服务基本都是有偿服务，而且有些交通服务已发展成为旅游活动的重要内容和特色旅游项目，这部分收入已经渐渐成为旅游景区经济收益的重要组成部分。有的交通服务很昂贵，但是游客为了获得别样的旅游体验，很乐意支付这笔费用，比如千岛湖于2009年5月启动了私人飞机空中游这一旅游项目，一架游览飞机除飞行员外可乘坐3位游客，绕千岛湖上空环游半小时，而费用为每位游客1000元。

4. 旅游景区交通服务的内容

景区交通服务包括陆上交通服务、水上交通服务、空中交通服务和特种交通服务四个方面。景区内部交通服务相比景区外部交通，已经成为旅游活动的重要组成部分，很多景区内部交通服务已经发展成为景区的旅游吸引物，对于提升游客旅游体验和提高旅游景区综合效益具有重大的影响。

（1）陆上交通服务。旅游景区内的陆上交通服务主要由景区主干道交通服务和步行游览道路两部分组成。景区主干道主要指公路，它主要用于景观间的游客运输和供应运输。道路布局要合理，路牌及交通标志要醒目规范，进出应便捷安全，另外，交通工具应注重绿色环保，如目前景区广泛使用电瓶观光车。步行游览道路是旅游景区里各个景观内的步行连接道路，具有十分重要的景观烘托和陪衬作用。景区内步行游览道路的合理设计和建造相当重要，要求步行游览道路要有起伏并贯穿最佳的观赏点，注重生态环境保护的同时尽量体现地方特色及民族特征。如九寨沟景区中的步行栈道，蜿蜒在九寨沟森林中，把沿线的道道美景串联起来，游客行走在栈道间，有机会越溪涧、下危岩、穿丛林，在青山翠海中漫游这片神奇的土地，体会“童话世界”的精彩。

【案例6－10】

台湾阿里山观光小火车

我国台湾阿里山观光小火车是1899年日本殖民者为了运送木材而规划兴建的，轨距762毫米，最大坡度6.25%，最小曲率半径40米。1912年，长达66.6千米的嘉义至二万坪段宣布通车，1914 年，再延长至阿里山并逐渐增设支线。阿里山铁路全长 71.4 千米，从海拔 30 米的嘉义车站，历经 3.5 小时的车程，到达海拔 2216 米的沼平车站，与印度大吉岭至喜马拉雅山铁路、智利至阿根廷之安第斯山铁路，并称世界上仅存的三条登山铁路。昔日为转运木材而兴建的阿里山铁路，如今已蜕变成阿里山森林旅游列车，让大家有机会体验一下阿里山火车的风情。搭乘小火车，顺着阿里山森林铁路慢慢上山，将欣赏到四周的自然美景。全线共经过 49 个隧道，77 座桥梁，21 个车站。虽然小火车的速度很慢，但是可同时欣赏三进三退的“之”字形路段、螺旋爬山道，以及沿途热、暖、温三带的林相变化，却是台湾仅有、独一无二的！

资料来源：Q 旅行网，http：//www. qtours. cn/guide/taiwan/950111. asp.

（2）水上交通服务。水上交通服务包括内河航运、沿海航运和远洋航运三种形式，目前旅游景区广泛采用的水上交通工具主要有游轮、普通游船、游艇、帆船、汽艇、气垫船、帆板、冲浪板、竹筏、羊皮筏等。游轮是现代旅游交通工具中，旅游交通工具、旅游接待设施和娱乐场所三种功能合而为一的旅游设施，深受游客的喜爱。普通游船与游轮相比，体积与规模均较小，功能与设施较为简单，是游览江湖、观赏江南水乡景色的主要水上交通工具，如桂林漓江、大理洱海、无锡太湖、杭州西湖等江湖旅游景区的游船服务，周庄、同里、角直、乌镇、南浔等江南水乡古镇的游船服务。而游艇、帆船、竹筏等则是现代水上休闲娱乐旅游项目青睐的水上交通工具。

（3）空中交通服务。景区外空中交通以飞机为主，但并未普遍地成为旅游景区内的交通工具，目前这一交通方式主要出现在国外一些超大型的旅游景区。景区内空中交通主要以娱乐、休闲、运动为目的，采用小型飞行器，如牵引升空伞、自动升空伞、热气球、滑翔伞、超轻型飞机，以及采用高塔跳伞和山顶索道滑翔等。

（4）特种交通服务。特种交通服务是指带有娱乐、体育、辅助老幼病残旅游者和特种欣赏意义的旅游交通服务，如索道、旅游电梯、滑竿、溜索、轿子、马匹、骆驼、牦牛等。①索道。索道是为适应各种复杂地形而建造的能跨山、越河的运输工具，同时还具有游览、观光的作用，是森林公园和各种风景游览区一种理想的输送游客的交通工具。索道有助于减少游客的体力消耗，改善景区接待能力，但也常常会给景区环境造成一定的破坏，如景观破坏、植物毁坏、野生动物受干扰、噪声污染、水土流失等。因此在索道修建时应注意旅游景区环境和整体景观的保护。②旅游电梯。景区旅游电梯是一种垂直交通方式，主要用于高差明显景区的游客运输。旅游电梯为游客提供了一条更加便捷的旅游通道，并集观光与运输功能为一体，成为一种新兴的景区交通方式。与索道相同，旅游电梯的修建也要注意与景区整体景观相协调，注意对旅游景区环境的保护。③滑竿。滑竿是中国江南各地山区特有的一种供人乘坐的传统交通工具，目前这种旧式的交通工具与现代化的汽车、索道、缆车相结合，成为旅游景区交通的一个重要组成部分。滑竿用两根结实的长竹竿绑扎成担架，中间架以竹片编成的躺椅或用绳索结成的坐兜，前垂脚踏板。乘坐时，人坐在椅中或兜中，可半坐半卧，由两轿夫前后肩抬而行。滑竿在上坡时，人坐得最稳；下坡时，也丝毫没有因倾斜而产生的恐惧感；尤其走平路时，因竹竿有弹性，行走时上下颤动，更能给人以充分的享受，且可减轻乘者的疲劳。如今滑竿的意义已不局限于交通工具，更是当地民间习俗的一种体现。中国西南各省山区面积广大，因此滑竿最为盛行，特别是峨眉山上的竹椅滑竿，流传了几千年。④溜索。溜索是我国西南少数民族的一种跨越江河的传统交通工具。溜索是用两条或一条绳索分别系于河流两岸的树木或其他固定物上，一头高、一头低，形成高低倾斜，然后顺势滑过。溜索是怒江大峡谷各少数民族的主要交通工具，是怒江大峡谷最奇特的景观。到怒江大峡谷看溜索、过溜索，已成为云南省怒江傈僳族自治州开发的世上独一无二的旅游项目，吸引了无数中外游客。

二、旅游景区交通服务管理

景区内部交通管理就是要确保进出车辆行驶规范、安全有序，工作重点是景区路段、交通标志、运营车辆和运营人员是否符合要求等。

1. 交通管制

景区内单位和个人所拥有的车辆的停放和通行，必须遵守景区交通管理部门和景区管理委员会的规定。对于违反规定强行通行、不听劝阻的车辆，由景区交通管理部门责令其纠正交通违规行为，并给予罚款等行政处罚；妨碍执行公务的，由公安机关依法追究法律责任。必要时，可以对特定车辆实行交通管制，例如规定进入景区的时间和路段，可以有计划地分流，以免造成交通堵塞以致引起交通事故等隐患。

2. 停车场管理

景区一般都设有停车场，这是景区必须拥有的基础设施。停车场可以根据景区的交通状况来进行设立，一般可分成级别不同的停车场，用来停靠不同游览车辆。通常，景区可以开设大型机动旅游车停车场和小型游览车停车场。停车场要与景观环境相协调，停车场的服务应符合景区统一的要求，安排交通协管员或服务人员，要礼貌待客，文明服务，具备一定的交通指挥技能和知识，有安全意识，维护保管好客人的车辆。如位于四川省自贡市荣县大佛寺山门左侧的“生态停车场”，占地7000平方米，设车位近100个。该“生态停车场”地表铺设的是厚度达40厘米的生态青砂石，整个停车场按块状划分，车位之间种植树木相隔，夏季可为车辆遮阴，处处体现着人文关怀。

3. 安全管理

安全是旅游景区交通服务最基本的工作，游览过程是最易发生交通事故的环节，旅游交通安全事故的发生不但会给游客带来损伤，也会影响到旅游景区的形象、声誉、市场发展前景。因此景区人员要注意危险地段、公共场所、交通要道的交通秩序，建立健全完善的景区安全标志系统，通过制定严格的工作制度，对游客和服务人员进行交通安全宣传，旅游旺季加强监视和疏导工作等措施，避免交通事故的发生。

观看视频：
旅游景区恢复营业
服务到位了吗？

【案例6－11】

泰宁：在导游中建立交通安全员

近年来，福建省三明市泰宁县交通管理大队和旅游部门联合下发了《关于在全县导游中建立交通安全督导员队伍的通知》，建立了培训上岗、岗位职责、监督考核以及联席会议等制度，使全县436名导游员既成为宣传泰宁自然文化、历史文化的形象大使，又成为道路交通安全的宣传员、预防道路交通事故的督导员。他们在做好导游工作的同时，能认真引导驾驶员特别是自驾车司机合理的旅游线路，并提醒开好安全车，自觉遵守交通安全法规，并能够在发现交通违规行为时温馨地提醒、耐心地劝阻，直到把隐患消除。这样导游员就真正担负起“一岗两责”的重任，让游客来了高兴，走得平安。

自从泰宁县交通管理大队在导游中设立交通安全督导员，两年以来全县无一起游客交通事故。这项制度的实施，赢得了广大游客和市民的一致赞誉。

资料来源：《三明日报》（有删改）.

实践训练6－3

一、实训项目

旅游景区交通服务认知实训

二、实训内容

学生分组自行去不同景区参观景区的交通服务，并总结交通服务类型；分析景区交通服务和其他交通服务存在的差异是什么。

三、实训目的

通过实训，学生能够了解并熟悉景区交通服务工作内容。

四、实训步骤

1. 学生分组自愿自行去旅游景区参观学习，对该旅游景区的交通服务进行考察。
2. 学生分组进行岗位参观学习。
3. 听取景区有关管理人员介绍景区交通服务相关内容和真实案例。
4. 学生可主动与交通服务工作人员交流。
5. 学生撰写旅游景区岗位见习考察报告。
6. 课堂进行见习总结，由学生谈心得体会。

7. 实训指导教师根据学生景区现场实训表现、考察报告撰写质量、课堂汇报表现三方面，进行考查。

五、实训评分

1. 实训指导教师根据学生的总体纪律表现、总体合作表现、考察报告撰写质量、课堂表现进行评分。

2. 按百分制记分。

旅游景区交通服务认知实训评分表

组别：______________ 姓名：______________ 时间：______________

项目		标准分	教师评分
旅游景区交通服务认知实训	考察报告质量	30	
	现场合作表现	30	
	课堂讲解质量	20	
	课堂反应表现	10	
	现场纪律表现	10	
合计得分			

考核时间：　　年　　月　　日　　　　考评教师（签名）：

第四节　旅游景区娱乐接待服务

一、旅游景区娱乐接待服务概述

旅游景区娱乐服务是指旅游景区借助景区工作人员和景区活动设施向游客提供的各种娱乐活动，可使游客得到视觉及身心的愉悦。

景区娱乐服务对景区发展具有重要的意义，旅游景区娱乐服务不仅能够增加景区收入，还会直接影响景区游客的体验质量。但并不是所有的旅游景区都提供娱乐服务，如美国的黄石公园禁止在某些核心区域开展任何形式的娱乐活动；我国的故宫、敦煌莫高窟、一些国家自然保护区都是禁止或限制各类娱乐活动的。条件允许的旅游景区通过提供娱乐服务可以增强游客视觉及身心的愉悦，满足游客参与的欲望，从而增加客源，提升景区的美誉度和知名度。

【案例6－12】

深圳世界之窗：创造更精彩的“世界”

世界之窗是位于我国广东省深圳市南山区华侨城的大型文化旅游景区，是深圳最为著名的旅游景点之一。世界之窗坐落于深圳湾畔，占地48万平方米。作为以弘扬世界文化精华为主题的大型文化旅游景区，世界之窗荟萃了几千年来人类文明的精华。世界之窗以其丰富的文化内涵、雍容恢宏的规划设计、精美绝伦的景观项目、不同凡响的艺术演出、动感刺激的娱乐项目，为中外游客再现了一个美妙精彩的世界。自1994年6月18日开业以来，世界之窗共接待海内外游客4200多万人次，经营收入33亿多元，实现利税13亿元，是中国经营效益最好的旅游企业之一。深圳世界之窗锐意创新、不断发展，已发展成为一个集游、玩、看、住于一体的综合性主题公园。游，有130个不同比例的世界著名景观，美丽与庄严相交织，现代与古老相辉映；玩，有由主题文化包装的十大参与性娱乐项目；看，有十大风情表演让人流连忘返；赏，有环球舞台大型音乐舞蹈史诗《千古风流》等大型演出，深受八方游客的赞誉；住，有位于景区欧风街上的经济型酒店——深圳世界之窗城市客栈，以其独特的建筑风格、一应俱全的现代化酒店服务、便利的入园优惠政策迎接八方游客。

资料来源：新华网（有删改）.

观看视频：
提供多项服务！
湖北30家景区7天
接待游客超200万人次

二、旅游景区娱乐服务的规模

综合各类旅游景区的娱乐服务，按照活动规模和提供频率可以分为小型常规娱乐和大型主题娱乐。

1. 小型常规娱乐

小型常规娱乐是指旅游景区长期提供的娱乐设施及活动，使用员工较少，规模较小，游客每次得到的娱乐时间也不长，主要存在于游乐园和主题公园内。这类娱乐项目的特色性较弱，复制难度低，对中远距离游客的吸引力较小，游客以当地和周边居民为主。景区内小型娱乐项目可分为三大类和若干亚类（见表6－1）。

表6－1 旅游景区小型娱乐项目类型

大类	亚类	特征及举例
表演演示类	地方艺术类	法国“训蟒舞女”；日本“茶道”“花道”“能剧”“狂言”；川剧“变脸”
	古代艺术类	唐乐舞、祭天乐阵、楚国编钟乐器演奏、纳西古乐
	风俗民情类	对歌求偶、绣球招亲
	动物活动类	赛马、斗牛、斗鸡、斗蟋蟀、动物算题

续表

大类	亚类		特征及举例
游戏游艺类	游戏类		节日街头舞蹈、苗族摆手舞、秧歌、竹竿舞
	游艺类		模拟枪战、踩气球、单足赛跑、猜谜语、卡拉 OK
参与健身类	人与机器	人机一体	受控式：过山车、摩天轮、旋转木马
			操纵式：滑翔、射击、赛车、热气球
		人机分离	亲和式：翻斗乐
			对抗式：八卦冲霄楼
	人与动物	健身型	钓虾、钓鱼、骑马
		体验型	观光果园、观光茶园、狩猎
	人与自然	亲和型	滑水、滑草、游泳、温泉疗养、潜水
		征服型	攀岩、原木劳动、迷宫、滑雪
	人与人	健身型	高尔夫球、网球、桑拿、保龄球
		娱乐型	烧烤、手工艺品制作

【案例 6－13】

住建部叫停动物园内动物表演项目

为规范动物园管理，促进动物园（包括设动物展区的公园）健康、可持续发展，住建部发布《关于进一步加强动物园管理的意见》（下称《意见》），要求立即清理整顿动物园和公园的各类动物表演项目。此外，动物园和其他公园内严禁开设野味餐厅，禁止食用野生动物及其产品，禁止非法销售野生动物产品。《意见》还规定，新建和搬迁动物园，要按照动物园的公益性原则进行可行性论证。论证要广泛征求公众意见，结果要通过两种以上的公共媒体向社会公示。最终论证结果要经省级建设（园林绿化）主管部门报住房城乡建设部备案。确需搬迁的，搬迁后不得改变动物园的公益性质，不得改变动物园原址的公园绿地性质。此外，动物园要建立健全园内动物饲养、管理档案；设立动物谱系员专门负责登记、整理动物谱系资料，依据动物园行业的种群发展规划，制订本单位的动物种群发展计划。禁止将动物园、公园动物展区等以租赁、承包、买断等形式转交给营利性组织或个人经营。

资料来源：新华网.

2. 大型主题娱乐

大型主题娱乐是旅游景区经过精心筹划组织、动用大量员工和设备推出的大型娱乐活动，是景区的点睛之作。一般在推出前会进行较高频率的广告宣传，用心营造特定氛围，掀起游客入园新高潮。它按活动方式可以分为以下三种类型：

（1）舞台豪华型。舞台豪华型一般采用最先进的舞台灯光技术，用氢气球、秋千、声控模型、鸽子等占据多维空间，并燃放焰火、礼炮配合舞台演出。在舞台表演中，服饰强调彩衣华服、夸张怪诞，节目强调时代感与快节奏，集杂技、小品、歌舞、哑剧、服饰表演、游戏娱乐于一体，淡化艺术属性中的教育性、审美性和知识性，强调娱乐性，以新、奇、乐取悦观众。

☞【案例 6－14】

大型实景演出《印象·普陀》

《印象·普陀》是由著名导演张艺谋任艺术顾问，著名导演王潮歌、樊跃为总导演，历时两年，经数百次精密修改完成，于 2010 年 12 月 31 日首演。

《印象·普陀》选址在朱家尖原观音文化苑。朱家尖历史上为普陀山的庙宇地，是观音道场的重要组成部分。目前《印象·普陀》剧场所在地为朱家尖最重要的景区之一。《印象·普陀》是继《印象·大红袍》后又一部独特的山水实景演出，完美结合了普陀的地域特性，将场景、声光与表演融为一体，以观音文化与海洋文化为主题，由 400 多名演职人员合力献演，多名著名艺术家倾情创作，全景 2000 多盏灯光，36 座环绕音响，12000 米舞台视觉长度，同时容纳 2010 名观众的全球最大的 360 度全方位旋转观众席，共同营造“行走的山水，运动的舞台”，在如大卫魔术般的场景变化之间，感受全新的实景演出效果。

资料来源：新浪娱乐．http：//www. sina. con. cn.（有删改）

（2）花会队列型。花会队列型是一种行进式队列舞蹈、服饰、彩车、人物表演，一般与节庆相结合，在广场或景区内街道进行，一般选择民族民俗、传统神话、童话故事等主题，音响热烈，喧闹喜庆，服饰夸张怪诞，娱乐性强。如在水灯节期间泰国各大景区都举办丰富多彩的节日活动，身着盛装的象队、马队以及花车队伍举行盛大游行，让人感到仿佛又回到了古老的素可泰年代（1238—1420 年）。

（3）分散荟萃型。分散荟萃型是以一定的节庆为契机，围绕一定主题，在旅游景区多处同时推出众多小型表演型或参与型娱乐活动，从而共同形成一个大型主题娱乐活动。如在 2007 年 7 月 7 日至 8 月 26 日，世界之窗第十二届国际啤酒节期间同时推出冰雪狂欢、浪漫冰上表演、欧陆休闲小镇、巴伐利亚风情热舞、激情摇滚、啤酒大赛、精彩互动游戏、可口美食等诸多活动，冰与火的交融促成更丰富立体、更精彩纷呈的夏日狂欢。

三、旅游景区娱乐服务项目设计

在景区进行娱乐项目设计时，应该综合研究社会、政治、文化、环境、心理和娱乐对象等诸多因素，确定娱乐项目的主题，进而设计娱乐活动的具体内容，制定详细的运作模式和商业计划，并对娱乐项目进行严格的管理和后期市场调查，以便能适时调整完善。景区娱乐项目设计可从以下几方面入手：

1. 挖掘娱乐项目文化底蕴

有文化内涵才有灵魂，历史、文化都是旅游景点的宝贵财富，也是作为游览的“主心骨”，富有文化内涵的娱乐项目更能吸引观众。娱乐项目无论采用什么开发模式，都无法忽视社会文化发展中的民众角色，他们是文化的载体，其开发的主题定位要以民众为本，只有娱乐项目首先满足了当地人民的需要，才可能使其在举办中得到持续的发展，才可能散发真正吸引游客的魅力。

2. 挖掘文化内涵

挖掘娱乐项目所体现的旅游景区中的文化内涵，并为现代所用，而这种挖掘又要充分体现时代的潮流，既要扎根于中国优秀的历史文化传统，凝聚民族文化精华；又要反映时代发展的主流和方向，具有浓郁的民族风格。

3. 开发和建设娱乐项目

立足本土，开发和建设文化含量高的娱乐项目，整合历史文化内涵，着重反映我国民族文化的优秀传统，摒弃封建迷信以及低级趣味的东西，在设计上、风格上、形式上赋予新意，体现出丰富的文化内涵，获得游客的青睐。

4. 传承历史文化

创新历史文化传承，着眼于从历史文化中寻找旅游景点的灵感和独特魅力，用反映时代精神和现代文明成果的景观、景色、景点风貌去激励游客、感染游客、熏陶游客，显示民族文化的当代性，让游客流连忘返，成为独有风格和魅力的源泉。

【案例 6－15】

华侨城坚守艺术品位

百老汇之所以能够发展，是在商业娱乐的前提下保证高品质，除了娱乐效果外，它更能让大家体会到一种人文情怀。综观华侨城的所有演艺节目，尤其是大型综合性节目，无不关乎人类最关切的人文主题，如《千古风流》主题为“生命与爱情”，其取材于5部世界爱情名著，以动人悱恻的世界经典爱情故事为主线，关注人物命运的悲欢离合，在凄美绝唱的爱恨情仇中，探寻人类永恒的主题；《天机》探索和展现生命与水、人与自然的关系，告诉人们天人合一，起于生态，毁于生态，只有祈愿天福，才能万物共生；《创世纪》则以古中国、古埃及、古印度、古巴比伦为背景，通过人类在野蛮与文明、战争与和平的历史进程中所做的不懈努力和抗争，表达人类渴望和平的心声。这些具有极高艺术品位的精品之作，不仅让市场和社会见证了华侨城文化演艺的创作实力，而且成为深圳市最吸引游客的文化产品。正如华侨城20年创作实践和市场检验证明的，越是商业的演出，越要从文化入手；越是娱乐性的表演，越要在艺术上加强；越是流行性的创作，越要往精品上追求。

资料来源：《中国文化报》（有删改）.

5. 创新娱乐项目内容

旅游景区娱乐项目环境、内容及模式一旦固定，游客就会逐渐对娱乐项目失去兴趣，因此，旅游景区在原有娱乐项目的基础上，应注重娱乐项目主题外延、内涵深化和活动更新，把与主题相关的项目纳入娱乐项目中，以丰富其内容和服务，促进景区旅游资源的综合开发和利用，保持旅游景区娱乐项目的生命力。

另外，旅游娱乐项目具有自身的生命周期，存在着更新换代的替代性问题，因此时时刻刻需要创新。只有创新，才能够始终保持其持续发展的动力，才能够使其始终具有强大的竞争力。如机械游乐园因为其技术已经落伍，导致所提供的某些参与性设施或服务已不再具有吸引力，而有些游乐园引入电脑控制技术，给游客带来不同寻常的感受，从而重新焕发活力。

6. 设计娱乐项目“亮点”

景区娱乐服务的核心吸引力很大程度上来自于其设计的“亮点”，有效的“亮点”能充分地调动游客情绪，给游客留下深刻的印象，增强娱乐项目的美誉度，进而扩大市场影响力。

【案例 6－16】

透视中国文化演艺的“华侨城模式”

在过去的20年里，华侨城集团相继推出大中小型演出57台，接待观众逾7000万人次。作为中国最大的文化旅游集团，其借助主题公园的平台、客源市场及旅游收入，不仅开创了以大型晚会式、巡游式、歌舞史诗式旅游表演为核心，融合多种艺术门类的表演体系，并且构筑了与艺术圈、设计产业、演出设备制造和采购、高新技术产业、旅游业等多种产业紧密关联的演艺产业链条，形成了一套在中国文化演艺行业中独具特色的“华侨城模式”。

国家“十二五”规划中提出将推动文化产业成为国民经济支柱性产业，增强文化产业整体实力和竞争力，其中演艺产业位居文化产业的核心层，被列为九个重点发展的文化产业门类之一。在新的时代背景下，如何做大做强文化产业，如何让传统文化走出剧场开拓更大的空间，仅仅依靠传统的“演出＋票房”的简单模式，已经显得过于单薄。

华侨城最早的表演，是在1989年“锦绣中华”建成后，当时在葡萄架下铺了一块临时地毯，从外面请来几个队伍做了一些小表演，这可以说是我国景区秀最早的雏形。1991年，中国民俗文化村筹建，华侨城开始意识到，优美的环境、精美的建筑及各类静态陈设已难以适应游客消费偏好的多样化，于是探索性地将晚会和演艺元素加入其中，在民俗村里搭了一个小戏台似的剧场，并筹建了华侨城第一个艺术团——“锦绣中华职工实验艺术团”。起初带有强烈的实验性，白天艺术团里的人都有其他工作岗位，上午照常上班，下午集中排练，晚上演出。民俗村开业之前，为了让景区在香港打响知名度，该团队用了28天时间排练出第一台晚会，先到香港做了为期7天的宣传演出，效果非常好，开业后作为每天晚上的压轴推出，很多游客一定要看完这台演出才肯离开，它在无形中变成了日常运营中的主打项目。在这一基础上，华侨城把演出从实验性变成专业性，成立了专业的表演团队，并通过把文艺表演转化为村寨景点表演、剧场式演出以及大型广场艺术等多种产品，发展出旅游文化演艺这一崭新的市场形式。10年之后，以世界之窗环球舞台的建成、《跨世纪》的推出和深圳歌舞团演艺公司的成立为标志，华侨城的旅游演艺无论是从剧院、团队，还是作品质量上，都已经具备不亚于专业艺术剧院的实力。2001年，华侨城投资1亿多元建设世界之窗环球舞台，这个当时被称为“中国第一舞台”的最大演出面积可达1200平方米，台口最宽达48米，可容纳观众1万余人，多项建设指标都创造了我国甚至亚洲第一。而为这个舞台度身打造的史诗性鸿篇巨制《跨世纪》不仅具有全国意义的开创性，在世界上也具有先进性，2002年，该作品与迪士尼同台竞争，获得了国际主题公园协会（IAAPA）年会的最高国际大奖——“最佳整体制作奖”。

也正是从这时候起，华侨城的“景区秀”模式开始被国内大量同行模仿，景区秀、实景演出秀等各种旅游演艺产品在全国各地四处开花。通过对国内目前影响力较大的38个旅游演艺产品的样本分析，我们发现，其中84%的作品都出现在2001年以后。2004年，为配合深圳市文化产业体制改革工作，华侨城凭借在演艺方面的资源优势，勇于承担责任，承接了深圳歌舞团的转企改制，成立了深圳歌舞团演艺有限公司。

可以想象，如果没有世界之窗的《跨世纪》和《天地浪漫》，没有锦绣中华和民俗村的《龙凤舞中华》与《东方霓裳》，没有欢乐谷的《金面王朝》和《欢乐无极》，没有东部华侨城的《天禅》和《天机》等令人印象深刻的演出，华侨城旅游的亮点、动感和冲击力将大打折扣。正是通过主题公园与旅游演艺的良性互动，使华侨城的文化旅游成为最富有变化和创造性的核心产业，获得显著的商业艺术和娱乐文化价值，并成为“国家级文化产业示范园区”与“中国文化企业30强”。目前，华侨城已经分别在北京和成都建造了两座独立于景区的城市剧场，并打造了与这两座城市的城市文化、地方特色紧密融合的大型城市秀《金面王朝》与《天府蜀韵》，对游客来说，再也不必为了只想看一场演出而需多买一张景区门票了，当地城市居民可以在当地直接、更好地融入这种文化生活当中。

资料来源：《中国文化报》（有删改）.

实践训练 6-4

一、实训项目

旅游景区娱乐接待服务认知实训

二、实训内容

同学分组完成景区娱乐接待服务的考察，并进行总结归纳。

三、实训目的

通过实训，学生能够了解并熟悉景区娱乐接待服务的工作内容。

四、实训步骤

1. 学生以小组为单位分别负责不同旅游娱乐接待服务的考察。

2. 考察的景区类型有主题公园类、历史遗迹类、自然景观类、博物馆类等，每个组不能有重复景区类型。

3. 考察过程中，可以听取景区有关管理人员介绍景区娱乐接待服务的相关内容和真实案例。

4. 学生分组主动与工作人员交流。

5. 学生也可以在景区允许的条件下进行景区娱乐接待工作岗位的见习体验。

6. 学生撰写旅游景区见习考察报告。

7. 课堂进行见习总结，由学生谈心得体会。

8. 实训指导教师根据学生景区总体实训表现、考察报告撰写质量、课堂汇报表现三方面，进行考查。

五、实训评分

1. 实训指导教师根据学生的总体纪律表现、总体合作表现、考察报告撰写质量、课堂表现进行评分。

2. 按百分制记分。

旅游景区娱乐接待服务认知实训评分表

组别：＿＿＿＿＿＿　姓名：＿＿＿＿＿＿　时间：＿＿＿＿＿＿

项目		标准分	教师评分
旅游景区娱乐接待服务认知实训	实训报告质量	30	
	现场合作表现	30	
	课堂讲解质量	20	
	课堂反应表现	10	
	现场纪律表现	10	
合计得分			

考核时间：　　年　　月　　日　　　　考评教师（签名）：

第七章

旅游景区安全、卫生服务与管理

【学习目标】

● **知识目标**

1. 了解旅游景区安全事故的表现形态
2. 熟悉旅游景区安全事故发生的原因
3. 掌握旅游景区卫生质量标准和安全管理措施

● **能力目标**

1. 学生能够认识旅游景区安全和卫生服务的重要性
2. 学生能够熟悉旅游景区安全事故处理流程
3. 学生能够掌握旅游景区安全管理措施和卫生质量管理措施

第一节　景区安全服务与管理

一、旅游景区安全事故表现形态

旅游景区安全问题表现形态主要有：犯罪、交通事故、火灾（或爆炸）、突发自然灾害、疾病（或中毒）和其他意外事故。

1. 犯罪

犯罪是景区旅游安全中最引人关注的表现形态之一，也是景区安全中最常见的安全事件。由于景区游览往往是整个旅游活动的高潮，旅游者游兴高，常疏于防范，而景区地形相当复杂，隐蔽性较强，加之景区旅游者数量淡旺季明显，这些因素都为景区犯罪提供了便利条件。

景区犯罪大体上可分为三类：侵犯公私财产类的犯罪；危害人身安全的犯罪；性犯罪及与毒品、赌博、淫秽有关的犯罪。侵犯公私财产类犯罪数量众多，作案范围广，包括盗窃、诈骗、抢劫等，其核心就是非法获取旅游者钱财，在侵犯财产的同时还可能侵犯旅游者的人身安全。

2. 交通事故

景区交通事故主要指旅游者在上下或使用景区内的游览交通工具过程中所发生的事故，包括代步游览交通事故、水上交通事故、缆车索道交通事故等。

（1）代步游览交通事故。此类安全事故是指发生在景区各景点的干道、便道上的交通安全事故，表现为电瓶车、出租自行车、摩托车、三轮车等发生超载、失控、冲撞以及上下过程中的拥挤等事故。如2009年5月24日中午12时左右，黔南州荔波县小七孔景区鸳鸯湖停车场出口处发生一起景区电瓶车侧翻事故，造成车上8名游客受伤，其中3人伤势较重。2010年“五一黄金周”期间，一名来自四川的70岁女游客在西双版纳原始森林公园内从电瓶车摔下后昏迷不醒。

（2）水上交通事故。水上交通事故是指发生在景区湖面、海面、江河、溪流、码头等地方的交通安全事故，表现为邮轮、游船、快艇、木船、竹筏、橡皮艇、羊皮筏、气垫船等水上运载工具因各种原因碰撞、沉没、翻船、失踪等。由于营救的难度较大，此类事故往往直接威胁游客的生命安全，有时会给景区带来毁灭性的打击。

（3）缆车索道交通事故。景区为了方便游客欣赏到绝佳美景及体验具有特色的交通工具，常在高山、峡谷、山丘、江面、岛屿、沙漠等地方建有缆车索道、观赏电梯、溜索等空中运载工具。缆车索道的建设不仅破坏了景区的原貌，而且容易引发安全问题。2010年11月4日上午10时20分，深圳东部华侨城云海索道突发电气故障至缆车悬停半空，事后经工作人员紧急抢修排除故障，40多位被困的游客全部安全离开。2010年12月28日上午，美国东部缅因州一处滑雪胜地发生缆车索道脱轨事故，造成多名游客从空中跌落，至少8人受伤，另有200余人被困悬空吊椅长达数小时。

3. 火灾（或爆炸）

景区火灾事故主要是针对人为因素引起的各种火险。火灾（或爆炸）不仅造成人员伤亡，还造成后续反应如资源破坏、基础设施毁坏、财产损失等，甚至造成整个旅游系统的紊乱。2012年10月21日，江西龙湖山风景区高七层的某度假酒店主楼在翻新时发生火灾，由于该宾馆违章使用可燃材料装修，擅自关闭火灾自动报警系统，未能有效地组织旅客疏散，致使22人死亡、12人受伤，过火面积1577平方米，造成直接财产损失199万元。2012年12月8日，华山景区发生山林火灾。虽未造成人员伤亡，但景区森林植被过火面积达6公顷，损失巨大。2013年2月，韩国“第一号国宝”崇礼门失火，珍贵建筑遭毁灭性破坏。

4. 突发自然灾害

雪崩、山火、岩石崩塌、海啸、台风、地震等都是不可抗力的突发自然灾害的源头。由于自然灾害具有突发性和永久性、频繁性与不确定性、周期性与不重复性、广泛性与区域性等特征，景区发生自然灾害将给旅游者、旅游企业、旅游从业人员生命财产及景区资源带来巨大危害。2012 年 6 月底，庐山五老峰突遭雷击，发生了庐山有史以来首起雷电袭击游客的意外事故，3 名游客当场死亡，十余名游客不同程度受伤；2007 年 5 月 2 日，云南梅里雪山发生雪崩，2 名游客死亡，1 人重伤，6 人轻伤；2009 年 8 月 15 日，受秦岭主峰南麓短时强降雨影响，位于秦岭腹地的陕西省宁陕县广货街镇蒿沟段旅游景区暴发山洪，10 名游客被洪水冲走，最终 6 名游客遇难，4 人获救生还。

【案例 7－1】

台湾阿里山小火车发生翻车事故造成 5 名大陆游客罹难

2011 年 4 月 27 日中午，台湾阿里山发生小火车翻车事故，事故造成 5 名大陆游客罹难，百余名大陆游客不同程度受伤。据中国台湾嘉义县消防局消息，这列小火车是从神木站开往阿里山站，行经途中，突然有棵树木枝干断裂，刚好击中最后一节车厢，造成多节车厢翻覆，酿成意外。

资料来源：新华网.

5. 疾病（或中毒）

旅途劳累、旅游异地性导致的“水土不服”和食品卫生问题等可能诱发旅游者疾病或导致食物中毒等。如旅游者在高海拔旅游区常出现由于缺氧、高山反应而引发休克，甚至患上肺气肿等疾病的情况。再如与有毒昆虫或植物接触导致皮肤疾病或身体伤害。景区食物中毒多为因景区饮食卫生条件差、食品不干净导致的游客集体突发病。如 2010 年 10 月 8 日四川海螺沟景区的广州游客食用海螺沟磨西镇一家酒店提供的早餐后发生食物中毒事故，造成 1 人死亡 42 人入院。

【案例 7－2】

高山症

高山症是人体在高海拔状态由于氧气浓度降低而出现的急性病理性反应，海拔超过 2000 米，就可能逐渐显现，个别体质特别弱者甚至在海拔 1500 米时就会出现症状。严重的高山症患者会胸闷、呼吸困难，甚至晕厥，引起急性肺水肿和急性脑水肿，如果不采取措施，很可能导致心力衰竭乃至死亡。个别人还可能出现一些少见的症状，如腹泻、呕吐、精神倦怠、神志改变等。但这属于极个别现象，对于绝大多数人而言，高山症的相关症状只是暂时性的，及时补氧或回到平原后，就可解除症状，没有严重的长期后果。

6. 景区娱乐项目、器械导致的事故

随着人们生活节奏的加快，各大景区、游乐场所成了人们缓解工作、学习压力和度假休闲的好去处，尤其是惊险刺激的大型游乐设施更是备受广大青少年的青睐。此类事故一旦发生，对游客的伤害非常大，往往造成惨重后果。如 2012 年 9 月 12 日，巡回到韩国釜山的国际游艺活动项目“环球嘉年华”发生严重事故，摩天轮观览车厢突然被撞，5 名游客从 20 米高空坠落地面，全部死亡。在此次事故中，同时乘坐摩天轮的乘客还有 10 余人受伤和受惊，其中一名伤者伤势严重。

7. 其他意外事故

旅游景区安全事故除上述几种表现形态外，还有一些较常发生的意外事故，主要有以下几种：

（1）高风险旅游行为造成的意外事故。有些游客喜欢挑战自我，刻意追求高风险旅游行为，又没有经验或能力做足事先准备和应付中途突变，其代价往往是旅游者人身安全得不到保障。武汉某动物园里发生过狮虎伤人、吃人的事件，这其中有景区安全设施不完善的原因，但也有一些游客不遵守园方有关安全规定，自行与猛兽“靠拢”等游客自身原因。再如 2011 年 4 月 3 日晚，北京房山周口店猫耳山有 49 名“驴友”遇险，4 日下午，北京警方再度接到报警，又有 17 名在门头沟西龙门涧野山上登山的游客迷路，警用直升机多次出发赴山中搜寻。3 日晚对 49 名“驴友”的营救中，北京警方两架警用直升机首次参与搜救，公安、消防共出动 300 余名警力。2011 年 4 月 28 日，3 名来自深圳富士康公司的“驴友”冒险深入丹霞山未开放区“探险”，不料迷失方向被困山中。5 月 2 日 14 时许，被困山中两天的这 3 名“驴友”在经过 160 多人次的搜救队伍长达 23 小时的全力搜索后获救。

（2）旅游者无意识过错行为造成的安全事故。如烟头的随意扔弃、野炊、野外烧烤等引发山林大火；误入泥泞沼泽地、有瘴气的山谷或毒蛇及部分野兽猛禽经常出没地而意外丧生。如 2004 年春季，华山风景区就曾因游客扔弃的烟头而引发山坡植被着火。

（3）游客对旅游目的地文化背景缺乏了解而造成的意外事故。部分地区文化内涵丰富，而社会发展滞后，当地居民对于开展旅游较被动甚至排斥，加之游客在进入景区活动时，因放松肆意的心态、道德感弱化、文化背景差异及对民族禁忌的不熟悉，扰乱当地居民正常生活，极可能与当地居民发生冲突，造成旅游安全问题。游客与摊贩因纠纷引起的事故目前也不在少数。如 2011 年 4 月 10 日 15 时 30 分，在广西桂林市灵川县大余镇东瀑布景区，游客刘某等在景区向当地村民购买草莓时与摊主发生冲突，村民王某在冲突中倒地不起，经送大余镇卫生院抢救无效不幸死亡。当地村民情绪激动，用石块将景区道路堵塞，800 余名游客被滞留景区。

此外，还有景区内椰子坠落砸死游客、重大环境污染等安全事故。

二、旅游景区安全事故发生的原因

1. 旅游者因素

（1）游客安全意识差、安全行为差。旅游的本质决定了旅游者以追求精神愉悦与放松为特征和目的，这就导致游客出游的主要动机是放松休闲、逃避世俗环境到人迹罕见处。游客容易在流连于山水之间时在精神上放松警惕，行为上有时也表现出放纵自我以期获得更大的自由等，这些都为旅游安全隐患变为现实提供了温床及恣意扩大的空间。

（2）游客盲目追求个性体验。一方面，部分游客刻意追求高风险旅游行为，个别游客甚至不顾生命安全而去寻求一种危险刺激；包括极限运动、峡谷漂流、探险旅游、野外生存等在内的一批惊、险、奇、特旅游项目成为流行时尚。另一方面，游客早已不再满足于传统的被动旅游的方式，而是纷纷转向主动式、自助式、多文化主题的个性化旅游，主观上愿意选择游客相对疏散的景区，强调刺激和动态参与、单独行动，这些也容易导致旅游安全事故的发生。

【案例 7 -3】

"驴友"遇险背后的保障缺失

《2010 年中国户外安全事故调研报告》显示，户外事故主要集中在夏季，因为夏季户外活动比较频繁，10 月份最高有 42 起，其次是 7 月份有 27 起，8 月份有 23 起。冬季主要是经验丰富的户外人士进行活动，虽然有事故发生，但数目不多。报告收集了 22 个省份的户外事故，其中以北京和陕西为事故高发地区。陕西有 40 起，遇难人数 15 人，为全国最多；北京有 33 起，遇难人数为 4 人。

资料来源：《新京报》.

2. 景区管理者因素

（1）有些景区重效益轻安全，过度追求经济利润。没有处理好接待与安全、效益与安全、发展与安全的关系，忽视安全管理投入，造成安全服务基础薄弱、安全技术落后、安全设施不足、安全设备老化，以致消防、交通、饮食、治安等方面存在安全隐患。

（2）许多景区应急救援体系不健全、机制不完善。突发事件的应急预案不具可行性，或滞后于旅游发展，甚至缺失。安全生产宣传教育和培训工作不够普及、深入、细致和实用，对教育和培训重要性的认识有待加强。

【案例 7-4】

伤心的大峡谷

1999 年 10 月 3 日 11 时 20 分，被誉为“西南第一漂”的贵州省黔西南州兴义市马岭河峡谷景区发生一起缆车坠落事故。事故造成 35 名乘客死伤，其中 14 人死亡，死者年龄最大为 40 岁，最小为 7 岁。事故也使风景区一名工作人员意外受伤。14 名死者中除一名为贵州籍外，其余全部为广西籍。

事件经过：10 月 3 日上午 10 时 20 分左右，借国庆放假，广西 3 家旅行社组织的游客，聚集在马岭河峡谷谷底唯一的缆车乘坐点，等待乘坐缆车去山顶吃中饭，然后再去“西南第一漂”——马岭河漂流。200 多名游客闹哄哄的，11 时 10 分，在一阵难以想象的拥挤之后，面积仅有五六平方米的缆车厢，竟载满了 35 名乘客，又一次缓慢上升，10 分多钟后到达山顶平台停了下来。工作人员走过来打开了缆车的小门，准备让车厢里的人走出来。就在这一瞬间，缆车不可思议地慢慢往下滑去。有人惊叫起来：“缆车失控了！”风景区工作人员宋国斌正在平台旁吃午饭，见此情形大吃一惊，立即跑进操纵室猛按上行键，但已失灵。他又想用紧急制动，仍然无效。不得已拉下电开关，以为可以让缆车停下来，但缆车还是无药可救地向下滑着。缆车缓慢滑行了 30 米后，便箭一般向山下坠去，一声巨响后重重地撞在 110 米下的水泥地面上，断裂的缆绳在山间四处飞舞。

当地政府接到报告后，紧急动员、组织了 200 多名军队、地方医务人员赶到现场抢救，由于缺少担架等物品，很多人只好折断周围树枝、拆下门板做成简易担架，再从陡峭、狭窄的羊肠小道把手脚骨折的死伤者抬到山顶。在抢救中，5 人当场停止了呼吸，在送往医院的途中又有 2 人死去。在 10 月 3 日至 5 日的抢救中，先后又有 7 人在医院的病床上闭上了双眼，而其余 21 人全部重伤或轻伤，不得不住院治疗。山顶平台上的一名工作人员也被飞出的缆车钢绳打得头破血流。

资料来源：吴贵明，王瑜主编.《旅游景区安全案例》，上海财经大学出版社.

3. 社会因素

我国旅游安全管理部门多而复杂，景区的日常工作涉及多个政府职能机构，如旅游、工商、林业、环境等诸多部门，但这些部门、机构大多没有完全理顺彼此间的行政关系，由此导致多头领导、管理错位和混乱。更严重的是由于职责不明、责任落实不到位等原因形成了管理上的“真空地带”。这种局面使得景区安全受到威胁，安全隐患问题得不到及时发现和解决。

（1）相关法规不配套。在旅游安全管理立法上还存在许多空白处。一些颇受游客欢迎又对安全需要较高的特殊旅游项目未能纳入安全管理范畴，导致旅游设施安全事故频发。有关旅游的政策、法规相对于旅游经营实践存在滞后性，至今还没有建立起专门的旅游安全法，遇到棘手的问题只能套用其他相关法律。

（2）旅游安全管理执法不力。由于种种原因，已有的相关法律法规及安全制度并没有得到很好的落实。目前，我国旅游景区普遍存在重旅游基础设施建设、轻安全设施建设的情况。这二者的结合使得景区安全隐患无处不在，直接给游客的安全带来了威胁。

（3）其他因素。导致旅游安全事故的其他因素主要是自然因素，如洪水、泥石流、滑坡、地震等自然灾害，这些因素在山区型的景区最容易发生。在旅游高峰期，一旦发生旅游事故，往往会造成重大的损失。此外，也有人为因素：如旅游设施的设计不合理、质量不过关等埋下了安全的隐患。

【案例7－5】

我国“驴友”野外遇险事件频发引关注　看欧美如何野外救援

在欧美，登山一直是人们崇尚的探险运动。20世纪二三十年代，人类开始了一轮对高山的征服运动，随之而来的伤亡事件也越来越多，于是高山急救应运而生。开始时主要是人们自发营救，到后来，逐渐演变为有组织的营救。早在1948年，奥地利登山协会就召集奥地利、法国、德国、瑞士等国家经验丰富的高山救援者，成立了国际高山救援组织，简称ICAR；美国在1959年也成立了一个国际性的救援组织——高山救援协会，如今，该组织被人们视为美国最重要的野外探险救援协会。经过几十年的发展，欧美各国都形成了一套完整的野外救援体系，和我国不同的是，这些国家的野外救援主要依靠救援组织的专业志愿者。在美国，高山救援协会已成为和消防、公安、医疗等紧密联系的一部分，负责户外探险的救援工作。协会所有成员全是志愿者，受过专业的培训，并取得救援资质。目前全美各州均有救援协会的分会，分会下还设有多个救援中心。在业务上，救援中心归地方警察局领导。求救的电话号码与报警电话一致，都是911。在接到野外遇险求救时，协会会派出至少10名志愿者到达现场参加救援。美国高山救援协会属于社会安全保障体系的一部分，因此享受政府一系列的优惠政策——救援协会和救援中心的办公地点由政府提供；协会购置车辆、器材等享受免税；志愿者参加培训和救援工作时，其所就职的单位须无条件支持，不得克扣薪水；军队、警察、保险、医疗等部门须全力支持救援工作，如需要，军队和警方应向协会提供直升机和警犬。很多欧洲国家的救援体系也与美国相似，救援队伍主要由志愿者组成，与军队、警察、保险、医疗等部门合作实施救援工作。

资料来源：沙发客网.

三、景区常见安全事故的处理

1. 景区火灾事故处理

（1）组织灭火。①火灾发生部位的工作人员或发现火情人员应立即向景区安全职能部门报告，讲清失火的准确部位、火势大小等情况，失火现场及附近关联区域立即暂停游客接待。②安全职能部门立即上报景区主要负责人，并报告当地公安消防部门，拉响警铃。报警中心应指示总机播放录音，告知火势情况，稳定客人情绪，指挥客人撤离现场。③由景区负责人和有关部门成立火灾抢险指挥部，总经理或总负责人、安全部经理、工程部、消防队、医务人员等应立即赶赴火灾现场指挥救火。④迅速查明起火的准确部位和发生火灾的主要原因，采取有效的灭火措施。

（2）保护火灾现场。①应注意划定和保护起火点。②火灾扑灭过程中，不允许擅自清理火灾现场；火源全部扑灭之后，经公安部门允许再清理火灾现场。③勘查人员在现场工作时，不要贸然行动。

（3）调查火灾原因。景区火灾发生的原因基本上可以分为三类：一是思想麻痹、违规操作引发火灾；二是自然起火，如自燃、雷击等；三是人为纵火。对于这些原因，主要采用调查访问、现场勘查和技术鉴定等方法核实。

（4）善后措施。①对事故人员伤亡、财产损失进行统计。②严肃处理有关负责人，追究其法律责任。③对广大员工进行防火安全再教育。④安抚受害游客及前来探望他们的亲属，做出相应的补偿措施。

2. 景区游客突然死亡事故处理

景区内游客死亡处理应注意三个环节。

（1）游客病危时。当发现客人突然患病，应立即报告景区负责人或值班经理，在领导安排下组织抢救。在抢救病危客人过程中，必须要有患者家属、领队或亲朋好友在场。

（2）游客死亡时。①死亡的确定。一旦发现游客在景区内死亡，应立即报告当地公安局，并通知死者所属的团、组负责人。如属正常死亡，善后处理工作由接待单位负责。没有接待单位的，由公安机关会同有关部门共同处理。如属非正常死亡，应保护好现场，由公安机关取证处理。尸体在处理前应妥为保存。②通知死者单位或家属。凡属正常死亡的，在通报公安部门后，由接待或工作单位负责通知家属。如死者无接待单位，由景区或公安部门负责通知。③出具证明。正常死亡，由县级或县级以上医院出具“死亡证明书”。非正常死亡，由公安机关或司法机关法医出具“死亡鉴定书”。④死者遗物的清点与处理。清点死者遗物应有死者随行人员或家属及景区工作人员在场。如死者有遗嘱，应将遗嘱拍照或复制，原件交死者家属或所属单位。⑤尸体的处理。遗体处理一般以在当地火化为宜。遗体火化前，应由领队、死者家属或代表写出“火化申请书”，交景区保存。如死者家属要求将遗体运送回原籍，尸体要由医院做防腐处理，由殡仪馆成殓，并发给“装殓证明书”。遗体运送回原籍应有相关证明。

（3）其他注意事项。善后处理结束后，应由聘用或接待单位写出“死亡善后处理情况报告”，送主管领导单位、公安局等相关部门。内容包括死亡原因、抢救措施、诊断结果、善后处理情况等。对在华死亡的外国人要严格按照《中华人民共和国外交部关于外国人在华死亡后的处理程序》处理。

3. 景区食物中毒事故处理

（1）赶赴现场，核实确认事件。在现场核实确认事件时应了解事发现场情况，访问相关人员和在场群众，观察中毒患者，对其病原进行判断，并进行受害群体的统计工作。

（2）上报景区管理部门，成立临时指挥部。事件上报当地卫生医疗与防疫部门，同时向景区主管部门报告，服从上级部门做出的安排，临时指挥部负责整个抢救与处理工作。

（3）协同医疗单位组织开展紧急抢救工作。设法催吐游客，使他们多喝水排泄毒性，把严重的中毒者送到附近医院进行救治。

（4）收集物证，查明毒源。收集与食物中毒有关的食物、餐具、呕吐物等，交由卫生防疫部门化验取证，对现场遗留物和剩余食物、原料、容器具等切记不能移动、踩踏、洗刷、清扫，留待卫生防疫部门作调查用，并做消毒、扑杀、销毁处理。

（5）撰写事故发生报告后，上报主管部门，追究饮食经营单位的责任。对事发的饮食经营单位责令停业，由卫生执法部门调查后暂扣一切食品原料和一切生产经营器具，令其接受处罚或被取缔。接受处理应立即按照要求整改，经卫生检疫部门验收合格后，方可恢复饮食经营。

（6）安抚受害游客及探望他们的亲属，做出相应的补偿措施。

4. 人身安全事故处理

用爆炸、暗杀、凶杀、抢劫、绑架等暴力造成人身伤害的案件发生后，安全人员应急速赶赴现场，组织人员对伤员进行抢救护理；保护现场，注意收集整理遗留物和可疑物品，保管好受害者财物，组织力量协助警方破案。应注意以下几点：

（1）案发后，应立即抓捕尚未逃走的犯罪分子。

（2）行动迅速，不失时机，不给犯罪分子以喘息的机会。

（3）对带有凶器、枪支或爆炸物品的逃犯进行追缉堵截时，要警惕罪犯拒捕。

四、旅游景区安全管理内容

（1）建立景区安全检查制度；进行贯彻执行国家安全法规政策情况、景区安全管理、安全条件、存在的隐患等方面的安全检查，主要内容包括以下几点。①对各级领导、部门、员工落实安全责任制、安全培训、岗位安全技能方面进行检查。②对景区的环境、标志、安全设施方面进行检查。③由企业领导组织采用座谈分析、项目对照的方式对企业的安全机构、人员、职能、制度、经费投入等安全管理效能，进行全面系统检查，促使企业完善安全管理，提高安全管理效能。④除每日进行经常性安全检查外，每年应定期进行2～4次群众性大检查。包括普遍检查、专业检查和季节性检查。⑤开展安全检查，必须有明确的目的、要求和具体计划，检查要有台账记录。依靠群众边检查、边改进，发现隐患及时整改排除。

（2）景区内有潜在危及游客安全的地域、通道要设有明显的警示标志，提醒游客注意安全。在危险地段要安置防护设施以保证游客的安全。

（3）景区内的缆车、高架索道等设备，必须符合有关安全标准，并应经常检查保养，确保安全运转。

（4）景区必须有专职或兼职安全员，负责对景区进行经常性的巡查，发现有不安全因素、安全隐患，及时报告管理部门，并应及时采取有效措施排除隐患，确保景区安全。

（5）正确引导和约束景区内游客的游览行为，防止其不安全行为导致事故。例如不顾各种安全警示，跨越安全栏、随意攀爬、接近危险水源；在游览过程中，不遵守相关的安全规定，不按照规定的操作执行等；不在指定的吸烟区域吸烟，或在禁火的景区乱丢烟头等。

（6）要求旅游设施设备操作人员严格按照规范操作，防止违章作业导致事故。例如因操作不当导致漂流船翻沉、客运索道停止运行、游艺机械造成人员受伤等事故。

（7）要求景区员工按照既定的标准和流程操作，避免在服务提供过程中产生不安全行为。例如在为游客提供餐饮、购物等过程中，造成客人烫伤、食物中毒等事故。

（8）搞好景区范围内的治安保卫工作，防止偷盗、抢劫等犯罪行为的发生，避免造成游客的人身伤害或财物损失，及时查禁“黄、赌、毒”等社会不良现象，依法打击强买强卖、敲诈勒索、殴打辱骂游客等各类违法犯罪活动等。

（9）景区内如有建设或维修施工的，应做好安全防护工作，防止施工过程中的不安全行为对游客造成伤害。

（10）做好景区内的道路交通设施、各种车辆以及停车场的安全管制工作，特别是在旅游旺季、高峰期尤为重要。

（11）做好景区内各种游乐场所、游览道路、游客休息停留场所及其周边环境的安全管理工作，避免或减少可能对人员造成的伤害。

（12）做好员工工作或生活场所的安全管理与教育，如不得私拉电线、私用电炉，注意交通安全等。

（13）做好如台风、洪水，以及山体塌方或泥石流等自然灾害的预报或防范措施，尽可能减少景区或游客的生命财产损失。

（14）做好特种旅游项目的安全管理，如攀岩、冲浪、骑马、拓展、蹦极、速降等。

（15）其他可能产生危险的因素与环境。

五、旅游景区有效安全管理措施

有效做好景区安全管理工作，应主要抓好以下诸方面的工作：

第一，建立安全管理组织机构。一般而言，由景区总经理或主要分管领导担任组织机构的主要负责人，各部门主要管理者为组织机构成员，实现分级管理，特种旅游或特殊岗位需要配备专业的专职安全管理人员，并明确组织机构各成员的职权与责任，以此来组织、督导和推动景区安全管理工作。

第二，完善各项安全管理制度。为了使景区安全管理做到有章可循，避免“三随”（随机、随意、随便）处理，有必要通过各项安全管理制度来明确职责分工，规范各种安全行为，建立和维护安全管理秩序，做到事事有人做，件件有落实。制定安全管理制度时应注意：必须依据国家有关的法律法规，各项制度之间要衔接配套，要科学合理操作性强，文字简练便于记忆，同时还要不断总结经验，根据环境变化而不断完善。

第三，加强安全教育培训工作。主要包括以下两个方面的内容：一是加强员工的安全意识与安全技能的培训。主要通过课堂讲授、现场示范、操作训练、经验分享等方式，提高员工的安全管理意识，增强安全管理责任感，避免消极态度和抵触情绪。同时，通过培训掌握岗位工作所需的安全知识与操作技能，增强识别危险与自我保护能力，提高事故预防与应急处理的能力，避免因忽视安全或无知而产生的不安全行为，减少人为失误而导致的事故。二是在服务提供过程中，提高游客自身的安全意识和自我保护意识，使其了解相关的安全知识与保护措施，遵守有关的安全管理规定，防止其不安全行为导致事故，以及发生事故时能正确应变，懂得基本的自救方法，从而更好地保障其安全。

第四，落实安全督导检查工作。根据安全管理的对象，旅游景区的安全检查工作主要包括三个方面的内容：一是检查物品的状况是否安全，例如景区内旅游设备设施、安全设施、游乐场所以及游览环境是否安全，安全标识和救生用具是否齐备、完好等；二是检查人的行为是否安全，例如是否有违章指挥、违章操作和违反安全制度的行为等；三是检查安全管理是否完善，例如是否设置了合理的安全管理机构，是否建立了完善的安全责任制度，是否配备了充足的安全器材等。相关人员在检查过程中，对发现的问题要提出具体整改意见，并跟踪整改情况，必要时根据有关规定对违反安全制度者给予批评，严重者依照制度给予处分。

第五，制定应急预案文件体系。根据旅游景区的实际情况，针对可能出现的严重事件或重大的灾害风险等紧急情况，进行重点控制和防范，并制定专项事故应急处理预案，其他一般危险源则进行日常安全管理控制。景区管理者应根据预案，适时地进行应急救援演练，针对演练发现的问题进一步修改完善，确保在任何情况下都能迅速按照预案实施救援。

第六，健全事故应急响应机制。景区范围内一旦发生重特大安全事故、事件或灾害时，景区负责人应以最快的速度、最大的效能，及时启动应急响应机制，按照事先制定的各种应急预案，有序地实施应急救援行动，最大限度地减少人员伤亡和财产损失，把事故危害降到最低限度。按“四不放过”（事故原因未查清、防范措施未落实、责任人未受到处理、有关人员未受到教育不放过）的原则，做好事故发生现场保护、事故调查，以及善后处理和事故赔偿等工作，以维护旅游景区的持续稳定发展和正常的经营管理秩序。

【案例 7－6】

景区旅游安全应急预案范本

一、安全应急预案指导方针

“以人为本，预防为主，快速反应，联动处置”，把保障游客健康和生命财产安全作为景区首要任务，层层落实责任，形成统一指挥、反应灵敏、协调有序、运转高效的应急管理机制，对各种突发事件做到“早发现、早报告、早处置”。

二、建立安全应急领导小组和安全应急救援分队

安全应急领导小组组成人员：

组　长：（集团总经理）

副组长：（景区总经理）（景区经理）（集团安保部经理）

成　员：（景区主管）（景区安保部经理）

安全应急值班电话（24 小时）：×××

安全应急救援分队组成人员：

安全应急救援队队长

安全应急救援分队队员（共××人，附名单）（略）

三、应急处置程序

1. 发生情况和报告

一旦游客在景区内因道路交通事故、火灾、强风、雷击、冰雪灾害或因滑跌、落水、疾病、食物中毒造成人员伤亡，以及因遇险、迷途走失等报警求助，各工作点（岗位）员工要迅速报告本部门主管（负责人），部门主管（负责人）根据现场情况做紧急处置并迅即报告办公室和应急领导小组当日值班领导。对报告已明确发生了重大安全事故（险情）和人员伤亡的，各级负责人应以最快速度报告集团领导以及相关的公安派出所、交警、旅游质监、安全生产监督、卫生防疫等政府部门。

2. 出发救援

安全应急领导小组值班领导接报告后应立即通知安全应急领导小组其他成员，各位成员根据分工做好车辆调度、组织相关人员、准备应急处置装备（工具）、联系有关单位等各项准备工作，集合待命。

安全应急分队队长以最快速度通知各位队员。所有应急分队队员不论人在何处，无

论白天黑夜，必须立即携带通信、照明等应急装备（工具）赶到指定地点，在应急领导小组值班领导和队长带领下，火速赶赴现场，开展救援处置工作。

3. 现场处置

（1）情况报告。应急分队到达现场后，迅速全面掌握了解情况，随时向安全应急领导小组组长报告事件性质、发生的时间和地点、人员伤亡损失、救援处置进展以及是否需要后继人员和装备支援等情况。

（2）抢救伤员。应急队员利用携带的担架，尽快将伤员（患者）抬（搀扶）至安全地段，由受过医疗救护专业训练的队员进行基本情况检查并进行精神安抚。根据伤员（患者）情况，轻者送山下景区游客中心休息康复，重者直接送相关医院诊治。

（3）保护现场。设立警戒范围，安排人员在现场警戒、守候（在搜救伤员和紧急排险时，对现场原始状态应做好标记标号），等待有关部门来勘查现场。

（4）疏导游客尽快撤离危险地段。

（5）协助有关部门对事故进行调查。

4. 信息汇总

应急处置信息中心设在集团办公室。

四、安全应急处置分队在紧急情况下可直接听从××公安派出所和××交警大队的调遣，参加统一指挥的突发事件应急救援工作。

五、因景区发生道路交通事故处置难度较大，适用法律要求高，故道路交通事故应急处置预案根据交通管理部门要求另行制定实施。

六、工作总结

每次实施突发事件应急处置后，应急领导小组应组织参与单位和有关人员进行工作总结（总结内容主要有：事故发生原因、预防事故对策、应急救援措施的成功与不足、整改措施等），以利不断修订完善本预案。

【案例7-7】

景区安全管理规范实例

1. 范围

本标准规范了景区安全管理的目的、安全管理机构和职能、安全教育培训、游览场所安全、景区交通安全、景区消防安全、大型活动安全、食品卫生安全、特种设备安全、突发事件的应急救援。

本标准适用于××××××××安全管理规范。

2. 目的

2.1 为加强旅游景区安全生产管理，防止和减少旅游安全事故，保障游客和人民群众生命财产安全。坚持“安全发展”的指导原则，贯彻“安全第一、盯防为主、综合治理”的方针。

2.2 企业是安全管理的责任主体。旅游景区（点）法人代表、企业“一把手”是安全生产第一责任人，对旅游景区（点）安全生产工作负全面责任；其他负责人对各自职责范围内的安全生产工作负责。

3. 安全管理机构和职能

3.1 旅游景区（点）应建立以法人代表为组长，各部门负责人参加的安全工作领导小组，设置安全管理部门，专兼职安全管理人员的配备应与景区（点）规模性质相适应。

3.2 安全管理职能：

（一）制定、完善并监督各项安全生产规章制度、安全操作规程和游览、游玩安全规则的执行；实施游客安全保护措施，设置景区（点）安全警示标识和游客须知。

（二）建立健全安全检查制度，定期召开安全工作例会；检查景区（点）生产、作业安全条件，生产安全事故除患的排查及整改效果；制止和查处违章指挥、违章作业行为。

（三）按照“谁主管、谁负责”的原则，景区（点）安全管理部门应与安全生产、公安、消防、卫生、交通、质量技术监督、旅游等政府有关部门签署安全生产管理目标责任状（承诺书）。

（四）加强安全宣传教育和岗位培训，提高全员安全防范意识和技能；收集整理旅游安全信息，建立并保管旅游安全档案。

（五）制定和落实景区（点）各种应急防范预案，定期组织模拟演练；组织处置各类突发事件，保障景区（点）良好的游览秩序和治安秩序。

（六）受理游客有关安全问题的投诉；及时准确报告景区（点）发生的安全事故，突发性安全事故发生后，迅速组织救援，将损失降到最低限度；参与涉及游客安全的事故处理。

4. 安全教育培训

4.1 贯彻落实各项安全生产法律法规，开展安全生产月活动，强化旅游安全意识和法治观念。

4.2 建立全员安全培训制度，制订年度各类安全培训计划，落实培训机构、人员和经费，培训计划实施记录完整。

4.3 对新员工及换岗员工进行岗前安全培训，提高安全意识，掌握事故防范技能；定期对全员进行职业道德和安全法规教育，预防和减少各类安全事故；健全员工培训档案。

4.4 景区（点）法人代表、部门负责人、专兼职安全员和从事有关法律法规规定的特殊工种作业的员工，应经专业主管部门培训、考核合格后，持证上岗。

5. 游览场所安全

5.1 观光车、索道等特殊旅游项目、特种游乐设施设备应经专业主管部门验收确认安全后投入运营。

5.2 观光车、索道等设施应设置安全护栏等安全防护设施，设置规范醒目的安全警告标志、标识，安全说明或须知，配置完备的救护人员和救生设备。

5.3 景区（点）安全保护人员应在游客集中和有安全隐患的区域分布；流动安全保护人员数量应与景区（点）规模及性质相适应，定时巡查，能有效维护安全秩序。

5.4 防火区，禁烟区应设置明显的禁止标志；重点景区（点）应设置瞭望台、闭路监控系统、全覆盖的有线广播，并设流动巡查人员，一旦游客出现意外，能及时得到救助。

6. 景区交通安全

6.1 游览车驾驶员应遵守交通规则和安全操作规程，按游览路线安全行驶，严禁超员、超速、带病行驶和酒后、疲劳驾车。

6.2 游览车营运证件齐全有效，严格执行机动车检测、维护、保养制度，保持车辆技术状况完好。

6.3 驾驶员应严格执行安全操作规程，不超载。

6.4 游览车、驾驶员应经专业主管部门培训，考试合格后持证上岗。

7. 景区消防安全

7.1 定期组织防火检查，落实隐患整改，完善灭火应急疏散预案；建立义务消防队伍，定期组织消防安全演练。

7.2 文博场馆等室内旅游景点的消防设备齐全、完好，保持消防安全出门畅通，设置消防安全疏散指示标志和应急照明设施。

7.3 严禁在室内景点堆存易燃、易爆等危险品。动用明火，电气焊须向主管部门申办动火证，动火证限一次有效。

8. 大型活动安全

8.1 大型活动坚持“谁主（承）办，谁负责”，“谁审批，谁监管”的原则，活动举办应严格履行申报审批手续，制定安全工作方案和应急预案。

8.2 大型活动应配备应急广播、照明设备，安全防范设施应与大型活动的规模及性质相适应。

8.3 景区（点）出入口和安全通道应保证畅通，必要时在入口处设立安全疏导缓冲区：一旦发生安全突发事件，应及时启动应急预案，采取有效措施疏散游客。

8.4 举办夜间游览活动，应加强危险地段的巡视检查，封闭式夜游活动结束时应做好清园工作。

8.5 景区（点）接待游客不得超过核定容量，采取有效措施控制高峰时段游客总量，加强客流疏导。

9. 食品卫生安全

9.1 加强食品卫生安全管理，旅游景区（点）应与食品生产经营者签订承租协议，明确食品卫生安全责任。

9.2 食品经营单位的卫生许可证件齐全有效，从业人员应持有健康合格证明，并经专业主管部门培训后上岗。

9.3 设置专兼职的卫生管理员，定期检查食品生产经营过程的卫生状况，检查记录完整，健全食品卫生管理档案。

9.4 建立并落实食品加工操作规程，原料采购验收管理，个人卫生与健康管理，餐、饮、酒具清洗和消毒卫生，环境卫生，场所及设施卫生，设备及工具卫生，有害昆虫与鼠类的消杀与控制等管理制度。

9.5 大型接待活动的食品成品应按规定留样，对游客投诉、处理结果、发现问题后采取的措施等应做好记录。

9.6 空调通风系统应定期清洗，空调的卫生及排风口应清洁、完好、有效。在传染疾病流行期间，应采取有效预防、警示等措施，以保障游客的健康和安全。

9.7 餐饮场所不使用不可降解一次性餐具。

10. 特种设备安全

10.1 特种设备，应取得专业主管部门签发的使用证后投入运行，操作人员须经主管部门特种设备安全技术培训考核合格持证上岗。

10.2 建立特种设备技术档案，定期检验和定期自检、日常使用状况、运行故障和事故，均须记录在案。

10.3 各类特种设备、设施在容易发生危险的部位，应设置明显的警示标志，各类特种设备、设施，每日须进行运行检查和定期维护检查，保持完好、安全有效，检查发现安全隐患，应立即停止运行。

10.4 景区（点）制高点、建筑物、高大游乐设施等应安装避雷设施，每年雷雨季节前应进行检测维修，保证完好有效。

10.5 变电室、空调机房、电话总机房、消防中控室等要害部位应24小时有人值班，禁止无关人员进入。

11. 突发事件的应急救援

11.1 景区（点）高峰期游客安全应急救援预案职责明确，程序清晰；发生突发事件工作人员应迅速到岗到位，做到分流得力，处置措施安全有效。

11.2 建立景区（点）应对恶劣气候、突发灾情、传染病疫情、食物中毒、缆车停电等特殊情况安全预案；景区（点）应为游客设置医务室，配备医护人员及日常药品、急救箱、急救担架等救护设备；建立景区（点）紧急救援体系，向游客公布内部救援电话，与医疗单位签订安全运送协议；应急处置做到反应迅速，组织得力，替代设施到位。

11.3 景区（点）应为涉及人身安全的特种旅游项目、风险游乐项目操作人员和游客投保旅游人身意外伤害险。

观看视频：英姿飒爽！她们在日平均接待近万人次的景区实现警务服务“无处不在”

【案例 7－8】

盐源县政府对泸沽湖景区旅游安全生产工作进行大检查

为创建盐源旅游标准化示范县，展示盐源旅游的良好形象，确保实现“安全、质量、秩序、效益”四统一，8月8日，副县长江文世带领县安全执法检查领导小组对交通沿线、县城和泸沽湖片区做巡回检查，旅游行政执法人员在主要景点、交通干线对旅游单位进行运营检查，对游客做安全提示，并沿路发放火把节旅游安全温馨提示，确保节日期间旅客安全，真正实现旅客满意、地方受益的目标。

县政府副县长江文世带领县旅游、公安、消防、路政、交通、安监、药监、海事以及泸沽湖景区管理等部门负责人，深入各景点，对景区的道路交通、水上设施、食品、消防、用电进行安全检查。重点检查有宾馆、饭店的餐饮、住宿等是否卫生等；液化气罐是否安全使用、易燃易爆物品是否远离火源；餐饮经营的食品是否存在变质、变味、过期，餐具等是否干净整洁；从业人员的安全、卫生教育是否全面，健康证、营业执照证件是否完备；电线电路是否私拉乱接，是否老化；插线板等是否接触不良，是否存在使用超负荷的大功率电器，等等。副县长江文世就检查过程中发现的问题对经营业主进行现场教育，他指出，食品安全、消防安全至关重大，不仅关系到自身的切身利益，更关系到周边群众的生命财产安全，所以我们要加强消防安全、食品安全的大排查，消除安全隐患防患于未然。对发现的问题进行了及时处理。针对水上安全，江文世要求船主成员必须穿救生衣，组织船员学习紧急救援措施，禁止当众抽烟喝酒、酒后划船等现象。

为实现“安全、质量、秩序、效益”四统一目标，县委、县政府要求各值班领导小组坐镇泸沽湖，指挥景区旅游服务管理和各项监管工作，确保火把节期间泸沽湖旅游井然有序，确保旅游服务质量，真正实现旅客满意、群众受益的目标。

实践训练 7－1

一、实训项目

旅游景区安全服务与管理认知实训

二、实训内容

就近考察一个旅游景点，实地了解其安全管理，找出安全隐患，讨论分析如何防范安全事故的发生。

三、实训目的

通过实训，学生能够了解并熟悉景区安全服务与管理的工作内容。

四、实训步骤

1. 学生以小组为单位分别负责不同旅游景区安全服务和管理的考察。
2. 考察过程中，可以听取景区有关管理人员介绍景区安全服务与管理的相关内容和真实案例。
3. 学生自行考察景区内可能存在的安全隐患。
4. 考察过程中把可能存在的安全隐患进行记录并共同分析如何防范安全事故的发生。
5. 学生撰写旅游景区见习考察报告。
6. 课堂进行见习总结，由学生谈心得体会。
7. 实训指导教师根据学生景区总体实训表现、考察报告撰写质量、课堂汇报表现三方面，进行考查。

五、实训评分

1. 实训指导教师根据学生的总体纪律表现、总体合作表现、考察报告撰写质量、课堂表现进行评分。
2. 按百分制记分。

旅游景区安全服务与管理认知实训评分表

组别：________ 姓名：________ 时间：________

项目		标准分	教师评分
旅游景区安全服务与管理认知实训	实训报告质量	30	
	现场合作表现	30	
	课堂讲解质量	20	
	课堂反应表现	10	
	现场纪律表现	10	
合计得分			

考核时间：　　年　　月　　日　　　　考评教师（签名）：

第二节　景区卫生服务与管理

一、旅游景区卫生标准

1. **环境及容貌管理（50分）**

（1）景区内环境卫生面貌良好，无游人丢弃的各种垃圾和其他废弃物。（6分）

（2）各类自然景物、人文景物保存完好，无破败荒芜现象，周围环境整洁、清新，无损伤景物和影响观瞻现象。（6分）

（3）景区内供游人游览、休息的设施、建筑物完好、整洁、无残垣断壁。景点的山石、树木以及各处墙壁上无乱刻、乱画、任意钉凿涂抹迹象。（6分）

（4）景区的河、湖等各种水域无倾倒废弃物和超标排放污水现象。做到定期疏浚，保持水流畅通、水面清洁。（6分）

（5）景区内有为游人准备的垃圾箱、果皮箱等公共设施，且完好美观，定期清理，保持清洁卫生。（4分）

（6）景区有垃圾集中收集或处置设施，管理完善，垃圾收集处理措施合理，行之有效。（4分）

（7）景区内的景点介绍说明牌、标志牌需在指定地点位置，做到定期维修、油饰，保持图文清晰、清洁美观。（4分）

（8）有专人负责景区内的清扫保洁工作，并能及时清除垃圾。（4分）

（9）景区内道路完好、清洁；公共场地无违章堆物、搭建；施工场地围栏作业，做到工完场清。（6分）

（10）允许进入景区的车、船等交通工具容貌整洁，无漏油、超标排污等影响环境卫生现象。（4分）

2. **公厕管理（20分）**

（1）景区内按规划要求和公厕建设标准设置、建设公共厕所（含残疾人蹲位），厕所容貌与环境协调，外观整洁，标识标准规范。（5分）

（2）公共厕所有专人管理，为水冲式，内部清洁卫生，通风良好，无粪便堆积、无臭味、无尿碱、无蝇蛆。（5分）

（3）公共厕所粪便均进行无害化处理（三格式或沼气式），并定期清理。（10分）

3. **食品卫生、公共场所卫生管理（20分）**

（1）各类餐厅、饭店、饮副食店（摊）、旅店、歌舞厅环境清洁卫生，各种证照齐全有效，挂放位置醒目。（4分）

（2）设有垃圾存放容器，并有盖、不溢漏，并正确使用。（2分）

（3）对餐具进行消毒处理；生熟食品、菜墩分开。（2分）

（4）无过期、霉变食品出售。（2分）

（5）餐饮食店有完善的防蝇、防鼠设施；蝇、蟑螂、老鼠密度在规定范围内。（4分）

（6）餐饮、旅店从业人员持有卫生监督部门颁发的健康证；个人卫生符合规定要求。（2分）

（7）旅店客房清洁卫生，被套、枕巾、床单等床上用品一客一换一消毒，茶（饮）具规范清洗、消毒。（2分）

（8）歌舞厅设有机械通风装置，有醒目的禁烟标志和专门的吸烟室；有对茶（饮）具、话筒消毒的设施。（2分）

4. 宣传教育（10分）

二、景区卫生环境质量管理

1. 景区垃圾问题

随着旅游业的迅猛发展，旅游景区垃圾也不断增加。若按垃圾的来源分类，大致可分为两类：一类是旅游者在旅游过程中产生的各类生活垃圾；另一类是旅游经营开发单位和个人在开发经营过程中产生的垃圾，如建筑垃圾、“三废”垃圾等。这些旅游垃圾不仅给旅游景区带来了极大的破坏，还将直接危害旅游景区周边居民及旅游者的身心健康。据环境专家对各类废弃物的解体时间所做的推算，玻璃瓶在任何时间都不能分解，塑料制品需450年，易拉罐需200~250年，棉织物需1~5个月，废纸屑需15天。而有机垃圾较易腐烂，含有病原体，尤其在夏季，旅游旺季时有机垃圾所占比例大，气候湿热，不及时处理就会马上腐烂。景区垃圾是一把“双刃剑”，处理不当会影响旅游体验、损害旅游形象、危害人体健康、威胁旅游安全、影响旅游可持续发展，但若处理得当就会变成宝贵的财富。

2. 景区垃圾处理

如果旅游景区位于城区或城郊，旅游垃圾可纳入城市垃圾处理系统；如果旅游景区远离城镇，就要考虑旅游垃圾处理问题。景区垃圾处理主要包含以下内容。

（1）旅游垃圾盛放装置的类型及要求。目前主要有金属垃圾桶、塑料垃圾桶、木头垃圾桶、塑料袋等。其要求是不漏水，结实耐用，有盖，易于清洗和携带，且与景区环境相协调。

（2）旅游垃圾盛放装置的数量和摆放。要根据游客数量的多少合理摆放垃圾箱桶，比如在游客集中的地方，如门口、停车场、住宿点、餐馆、商店摊位等处要多放一些。垃圾箱桶要安放牢固，上面加盖。在有条件的地方，实行分类收集，采用不同颜色的垃圾箱桶，也可放置不同的标志，引导游客处理不同类型的垃圾（见表7－1）。另外，也可在出售门票时把垃圾袋发给游客，以供盛放废弃物之用。

表 7－1　不同类型垃圾的处理

可回收垃圾	废纸：主要包括报纸、期刊、书本纸、各种包装纸、办公用纸、广告纸、纸盒等，但是要注意纸巾和厕所纸由于水溶性太强不可回收
	塑料：主要包括各种塑料袋、塑料包装物、一次性塑料餐盒和餐具、塑料泡沫、硬塑料、牙刷、杯子、矿泉水瓶等
	玻璃：主要包括各种玻璃瓶、碎玻片、镜子、灯泡、暖瓶等
	金属：主要包括易拉罐、铁皮罐头盒等
	布料：主要包括废弃衣物、桌布、洗脸巾、书包、鞋等
不可回收垃圾	在自然条件下易分解的垃圾，包括烟头、果皮、菜叶、鸡毛、煤渣、建筑垃圾、油漆颜料、食品残留物等
	有毒垃圾，包括电池、日光灯、水银温度计、油漆桶、药品、化妆品等

（3）垃圾的收集、清运。在旅游旺季，要及时清运垃圾；如果游客不多或在旅游淡季，可根据情况处理。垃圾桶箱要及时清洗、消毒，收垃圾最好选在开放时间之外，以免干扰游客。

（4）垃圾的处理。垃圾处理就是要把垃圾迅速处理干净，并进行无害化处理，最后加以合理利用。垃圾处理的目的是无害化、资源化和减量化。减量化是解决景区垃圾问题的关键。减量主要包括垃圾生产量的减少及垃圾自身的减少。对于垃圾生产量的减少，必须从源头做起：通过改变景区燃料结构，提高燃气普及率和集中供热率，减少煤灰垃圾产生量；鼓励净菜进景区，减少厨房残余垃圾生产量；提倡减少使用一次性塑料袋等，直接减少垃圾生产量。无害化是解决景区垃圾问题必不可少的环节。景区垃圾若不及时妥善处理，将对自然环境造成严重污染。垃圾中的电池、水银温度计、废弃油漆桶及过期药品等含有多种有害物质，如铜、镉、汞等，不进行处理，将渗透到地下水中，污染水源。有机物的腐烂变质，散发出的气体也会对大气造成污染。因此，必须对有害垃圾进行集中收集和处理。资源化是解决景区垃圾问题的有效手段。垃圾混置是废物，回收是资源。垃圾中还有大量的、可回收利用的资源，如塑料、纸张、玻璃、木材、金属等，而且推广垃圾回收利用也可以实现垃圾的减量。例如印度的昌迪加尔有一座垃圾公园，园内到处可见用垃圾材料制作的雕塑。

【案例 7－9】

垃圾门票

在瑞典首都斯德哥尔摩，人们只要在街上拾一袋垃圾，或捡几片落叶交到公园和游泳池的垃圾站，就可免费入内。

垃圾雕塑

位于法国的欧洲第一峰勃朗峰，近年来因游客数量猛增，人为污染非常严重。于是有关部门在它附近的迈尔杰—格拉斯冰川中心，用游客丢弃的罐头、啤酒瓶、塑料袋等垃圾，搭建了一座高6米、重1吨的巨大雕塑，以告诫人们要保持良好的自然环境。

垃圾纪念碑

意大利的菲腊奥市位于利古里亚海滨，那里风景优美，气候宜人，是理想的旅游胜地。许多游客在尽情地享受日光浴和海水浴后，把各种饮料、食品垃圾扔在大海里，造成了环境污染。为此，当地政府特意在此修建了一座垃圾纪念碑，碑上写着："请保护大自然。这里展出的所有废物，都捞自海中。"

垃圾博物馆

在美国新泽西州有一座垃圾博物馆，展示现代生活废弃物品：四周墙壁都用垃圾堆积而成，连地面和天花板也布满垃圾。这座造价达40万美元的博物馆试图告诉人们：自觉的消费者决不随意乱扔垃圾，解决垃圾问题的根本方法是不乱扔垃圾。

垃圾公园

美国佛罗里达州有一座垃圾公园，游乐设备都是以垃圾为原料做成的，它的目的是告诫人们：身在优美的环境中，要注意对垃圾的利用。在印度北部的冒迪加尔也有一座垃圾公园，公园里的动物造型、人物塑像都是用垃圾做的。公园还用垃圾做肥料，种植各种花草树木，供人观赏。

垃圾节

日本东京曾举办过垃圾节，展品都是从垃圾堆里拣出来的，有各种家用电器、家具、玩具等。其目的在于提倡节俭之风，不要任意挥霍浪费。意大利环保部门经常举办"垃圾摄影赛"，展出拍摄的垃圾照片，哪张照片上的垃圾最脏、最乱，哪张照片就能获头奖。办赛的目的是提醒人们加强环保意识，不要乱扔垃圾。

3. 景区厕所管理

旅游厕所是景区旅游接待服务中重要的配套设施，是向旅游者提供优良、舒适和卫生的旅游环境的重要环节。旅游厕所的修建与管理，既可以促进旅游资源开发建设与环境保护的有机结合，又可提高旅游景区的整体形象，实现生态和环境保护的协调统一。

（1）重视规划设计与选址。景区厕所的选址、设计和建设，要尽量做到与周围环境和谐，实现数量与质量、适用与美观的统一。重要旅游区的厕所还要适当增加文化内涵，在为旅游者提供方便场所的同时，发挥赏心悦目的功能。

（2）体现环保理念。建厕工作对水源要求高，同时又有可能引起环境污染，因此在建设过程中要体现环保意识。无上下水系统可供依托的山岳型景点厕所，应尽量建在能使污物自然化解、不造成环境污染的合适地点，加强自然通风措施，并采取"生态厕所”“沼气化粪”等先进技术，以保证厕所外观整洁，内部干净，使用安全。

（3）表现人文关怀。景区厕所的设计与建设，还必须按照与国际接轨的要求，对特殊人群给予关注：中高档旅游厕所要适当增加女厕厕位的数量，配备适应女性需求的设施；要有专门适应儿童生理的厕所；要为残疾人提供位置判断方便、进出方便、使用方便的专门设施。

（4）景区厕所卫生标准。《风景旅游区服务质量标准与操作规范》对厕所卫生有以下规定：所有厕所在开门接待客人前必须清扫干净，做到地面无污物、尘土、积水，便池无污物、不堵塞，墙壁门窗无蛛网、无乱涂乱画现象，无积土，无明显异味，纸篓倒净；在游览时间内，厕所有专人全日服务，视厕所等级提供卫生纸、洗手水、烘手器、肥皂、擦手纸等；按以下顺序进行厕所保洁工作：墙壁、天花板和门窗，厕位和便池，纸篓，地面。

【案例 7－10】

海南景区厕所：生态、低碳、环保成趋势

在建设星级旅游厕所的过程中，海南不同景区参照国家建设标准，结合海南实际，走出了一条旅游厕所的创新之路。生态、环保、低碳等建设理念开始深入人心，逐渐成为海南景区厕所的一大文化和特色。

一、与自然美景相融相生

更多的景区在旅游厕所的建设中注重与自然美景融为一体，厕所成为展示美景的另类场所。南山文化旅游区在旅游厕所建设中，充分考虑厕所与景区生态景观之间的关系，使厕所形成独特景观。例如，该景区观音阁、照见壁、长寿谷、南山寺、观音广场的旅游厕所，设计独特的建筑掩映在幽幽竹林和缤纷花海中，和整个生态园景融为一体，门前的标识牌按国际标准制作，有中、英、日、俄、韩文字对照，给各国游客提供方便。海口石山火山群世界地质公园地处火山地带，当地有极为丰富的火山文化。景区内的旅游厕所，外形建造和火山民居一模一样，采用古朴质感的火山石堆砌而成，与整个火山群公园融为一体。里面的很多器具也传承古老的火山器具造型，让游客在如厕时都能体验到当地普通的火山生活。游客评价说，这样的厕所，真实又生动，像进了一个火山博物馆。呀诺达雨林文化旅游区位于海南特有民族黎族居住区里。黎族以前住的是用茅草搭建的像倒扣过来的船一样的茅草屋，被称为船形屋。该景区为了向游客展示这种古老的房屋建筑，把厕所建造成船形屋，藏在雨林深处，很多游客都戏称“这才是真正的上茅房”。在与美景融为一体的同时，还引美景“入厕”，越来越多的景区开始设计敞开式厕所，特别是在洗手池等地采用大窗户，让游客能够边洗手边欣赏自然美景。其中，亚龙湾热带天堂森林旅游区的海景厕所、山景厕所、园景厕所无疑是最有特色的。

二、不求豪华求特色

在国家对五星级旅游厕所的建设要求中，明确要求厕所大门要采用感应式自动门，材质高档，且全面室内温度要控制在23～26℃，要达到这样的要求，厕所就必须有空调。同时，要求室内墙壁使用高级大理石、花岗岩或其他豪华瓷面砖到顶，室内地面使用防滑防腐高档大理石。这是一个豪华旅游厕所的标准，按照这样的建设标准，一座这样的五星级旅游厕所的投资在百万元以上。不少景区在实践过程中却发现，这并不太符合海南的实际，特别是全封闭带空调的要求，太过于城市化。大小洞天旅游厕所设计人员认为景区本来就位于海边，夏天并不太热，全封闭的厕所不但空气流通不好，而且长期开空调浪费资源，于是提出了开放式、园林式的建设方案。在摸索中建设好的这个五星级旅游厕所，后来获得了国家5A级景区评审组的高度赞扬，评审组认为这个旅游厕所符合景区实际和景区文化理念，而且生态、健康，是对自然环境的合理利用。评审组表示，只要旅游厕所能够给游客带来愉悦的感受，就是一个好的旅游厕所，不必拘泥于国家标准。

三、生态、低碳、环保成趋势

如何解决热、臭、闷的问题，考验着海南旅游景区的建设者们。最简单的办法是借鉴酒店宾馆的模式，全封闭、打空调，但一来成本高，二来不是一种低碳的做法。各景区各显神通，采用不同办法来解决这个难题。猴岛在旅游厕所建设中，考虑到海南天气炎热，所以大多选择在大树附近、通风的地方，再就是在厕所屋顶铺上厚达30厘米的土，一方面可以有效隔热；另一方面用来种植花草，花草生长后可以带来阴凉。在厕所建造上，就地取材，用当地槟榔秆搭建，椰子壳做瓷砖。在构造上采用科学设计，能使其产生回旋风，有效地解决通风的问题。大小洞天的旅游厕所采用玻璃屋顶，全天都有不间隔的水流过，一方面成为旅游厕所的一道独特景观，同时也能够有效地隔温增湿。而开敞的空间，周围良好的绿化，又可以增加厕所的通风和排臭。或在屋顶采用专门的排风口，加大空气对流和循环，解决厕所臭、闷的问题。如何做好厕所的污水处理和净化也是必须要面对的问题。呀诺达景区专门邀请北京一家污水处理公司帮忙处理污水，设计建设了四级化粪池，将处理达标的污水引到景区的一处湿地，用于浇灌景区内橡胶、槟榔等树木。热带天堂森林公园分布于景区各处大小不一的旅游厕所，也全部采用这种办法，通过化粪池集中处理后，这些达标的污水成了浇灌森林公园各类植物最好的肥料。

许多景区经营者意识到，旅游景区厕所的建设意义不在于厕所本身，它是海南国际旅游岛建设中对旅游要素进行国际化改造的一个重要行动。海南正通过旅游厕所的建设和管理，展现海南生态省的天然魅力和生态文化。

资料来源：旅游联盟网.

【案例 7-11】

2016 年旅游景区环境卫生管理方案

为切实保障全乡旅游景区优美清洁的环境，全面改善旅游景点及山庄的环境卫生，从而提升旅游景区的整体形象，经研究决定制定如下管理方案：

一、工作目标

以创建国家级生态县为目标，以“洁化、清新、有序”为标准，重点解决旅游景区环境卫生存在“脏、乱、差”的问题，进而打造环境优美、卫生整洁、服务优良、健康文明的旅游景区，促进全乡旅游业健康发展。

二、工作要求

各旅游景点及山庄产生的生活垃圾，要求纳入城乡垃圾一体化处理，即将垃圾分类袋装堆放在指定地点，再由垃圾清洁车运至乡垃圾压缩中转站进行处理。严禁景区范围内随意乱丢乱堆垃圾。要求各旅游景点及山庄严格执行，并形成长效管理机制。届时由乡政府牵头，协调各旅游责任单位与垃圾清运车的垃圾清运工作。

三、时间安排

垃圾清运时间从 5 月 1 日至 10 月 15 日。

四、责任要求

各旅游责任单位要有高度的责任意识，保护和爱护好我们的旅游环境。乡政府将会不定期地进行环境卫生督查，如发现有随意倾倒垃圾，随处可见垃圾现象，将责令停业整改，待整改达标后再开业。

实践训练 7-2

一、实训项目

旅游景区卫生服务与管理认知实训

二、实训内容

对于减少景区垃圾，加强景区厕所管理创新，提出一些有创意的想法。

三、实训目的

通过实训，学生能够了解并熟悉景区卫生服务与管理的工作内容。

四、实训步骤

1. 学生以小组为单位对景区垃圾处理和景区厕所管理进行二手资料的搜集。
2. 小组的每位同学将自己提出的想法写到记录本上，并集中进行讨论。

3. 学生撰写旅游景区实训考察报告。

4. 课堂进行实训总结，由学生谈心得体会。

5. 实训指导教师根据学生景区总体实训表现、实训报告撰写质量、课堂汇报表现三方面，进行考查。

五、实训评分

1. 实训指导教师根据学生的总体纪律表现、总体合作表现、考察报告撰写质量、课堂表现进行评分。

2. 按百分制记分。

旅游景区卫生服务与管理认知实训评分表

组别：________________ 姓名：________________ 时间：________________

项目		标准分	教师评分
旅游景区卫生服务与管理认知实训	实训报告质量	30	
	现场合作表现	30	
	课堂讲解质量	20	
	课堂反应表现	10	
	现场纪律表现	10	
合计得分			

考核时间：　　年　　月　　日　　　　考评教师（签名）：

第八章

旅游景区其他接待服务

【学习目标】

● 知识目标

1. 了解旅游景区团队接待管理办法
2. 熟悉旅游景区团队高峰日服务制度
3. 掌握不同游客特点和针对不同游客的服务技巧

● 能力目标

1. 学生能够认识旅游景区团队接待服务的重要性
2. 学生能够熟悉旅游景区高峰日游客接待服务流程
3. 学生能够掌握旅游景区大型活动接待服务工作技能

第一节　景区团队接待服务

一、景区接待团队游客服务技巧

旅游接待服务对象十分复杂，他们来自五湖四海，性格不同、职业不同，这就增加了接待服务的难度。景区在接待过程中应针对不同的旅游团，提供不同的景区导游服务，要结合团队本身做好准备工作和服务工作给游客留下良好的第一印象。为此，必须了解旅游团队的特点并掌握相应的服务技巧。

1. 重视第一印象

第一印象是在首次接触时所留下的印象，一般来说都较为鲜明牢固，景区导游或接待员树立的第一印象将直接影响游客的心理感受，所以应注意自己的形象，穿着要得体，注意接团时的欢迎语、说话语气等，切忌“千人一词”“千团一词”。在充分了解所接团队心理特征的基础上，有针对性地提供导游服务。

2. 不同年龄段旅游团队的特点与相应服务技巧

（1）老年游客特征和服务技巧。特征：一般来说，老年人自尊心强，希望得到他人的重视，喜欢别人恭顺服从。老年人往往随着年龄的增长，记忆力下降，心理承受能力也在下降。他们积累了丰富的生活和工作经验，形成了比较固定的思维方式，比较固执，不愿改变过去的老习惯，比较节俭，行动较慢，不易适应新的环境。环境的改变往往会使老年人不适应，内心常常感到孤独寂寞。老年游客接待服务技巧：①导游或接待员穿着应朴素大方，不要穿过于时尚的衣服；②讲解介绍时语速要慢，声音要响亮，富有感染力；③服务态度要亲切、热情和周到；④时时处处要体现尊重，称呼要恰当，言行有礼貌，举止要文雅，学会耐心倾听老人的倾诉，万不可表现出厌烦情绪，对其建议和唠叨应予以谅解；⑤提供耐心细致的服务：生活上关心，旅游中留心，服务上耐心，安全上挂心。

（2）中年游客特征和服务技巧。特征：①思维敏捷，情绪稳定，能独立地进行观察和思考，并组织和安排好自己的生活；②自我意识明确，对事物能做出理智的判断，具有独立解决问题的能力；③知识、经验丰富，富有创造力，注意力集中，记忆力较强，能把握和控制情绪，具有保持群体意义上的平衡能力，能较好地适应和把握环境。中年游客接待服务技巧：①服饰简单大方，注意衣服的品质，化淡妆以表示对游客的尊重；②语速适中，讲解应有一定内涵和知识含量；③适宜用规范式的欢迎词，即用简洁的语言表达出基本要素的欢迎风格，能够表现出导游的稳重和优势。

（3）青年游客特征和服务技巧。特征：①喜欢多动多看；②对旅游有一种特殊的偏爱；③在旅途中时常表现出激动、好奇和热闹；④特别喜欢开玩笑，喜欢提出各种各样、名目繁多的问题和要求。青年游客接待服务技巧：①充满朝气活力，根据年轻人特点，开展别具风格的导游服务工作；②适宜用调侃式欢迎词，即针对游客的背景或接团时的情境，以轻松、活泼的语调，借题发挥的风格，可以迅速与游客拉近心理距离，放松其紧张情绪。

（4）儿童游客特征和服务技巧。特征：好奇、多动，喜欢新鲜的事物，专注力差，不像成年人旅游团那样乐意听导游的讲解。儿童游客接待服务技巧：①保持一颗童心，服饰简单可爱，适当带有卡通图案的服饰是最好的选择；②讲欢迎词时，语言要生动形象，富有激情而又准确，语速要亲切、缓慢；③适宜用提问式、启发式等互动欢迎词，使小朋友对所讲话题产生浓厚的兴趣。

3. 不同职业的旅游团队特点与相应服务技巧

（1）教师团队特点和服务技巧。教师团队特点包括：①综合素质较高，知识面宽，态度认真、负责，且能以身作则；②遇事冷静，善于思考，不易容忍不合理的事物，对导游服务的要求较高。相应服务技巧包括：①语言逻辑性要强，有一定的知识含量，语速适中，语气亲切；②不固定使用某种风格的欢迎辞，要根据旅游团队的气氛适当选择适合的欢迎词。

（2）公务员团队特点和服务技巧。公务员团队特点包括：①平日工作繁忙，工作压力大，抗压能力强，整体素质高；②社会责任意识强，政治敏感度较高；③习惯于安排、处理各种工作，对遇到的事情往往持有自己的观点。相应服务技巧包括：①接待这种较严肃、正规的团队，导游服饰应品质良好，款式简单大方；②导游应当化妆，表示对团队的重视和对游客的尊重；③与游客交谈时，导游应注意倾听，对他们的观点表示理解，如果出现与其观点不一致的情况，切忌与游客发生争执；④导游要运用简练语言风格的欢迎词，树立稳重的良好形象。

（3）农民团队特点和服务技巧。农民团队特点包括：①衣着比较朴实，收入水平相对较低，勤俭节约，待人热情；②文化水平相对较低，普通话水平不高，一般说方言。相应服务技巧包括：①穿着应朴实大方，少佩戴或不佩戴首饰；②适宜用聊天式的欢迎词，即以自然、平和、亲切的语调表达，内容通俗易懂，趣味性强的欢迎词风格，这样易于被大多数游客接受，能够拉近与游客间的心理距离。

（4）特殊旅游团队特点与服务技巧。特殊旅游团队特点包括：具有自卑心理，出行困难，服务难度大，需要的人力、物力比正常团队多得多。相应服务技巧包括：①安排适宜的游览线路，妥善选择中途休息地，线路无安全隐患；②注意尊重，端正服务态度，保护自尊心，选择合适的服务方式；③适时关心，时刻关注，提供周到的服务，树立安全第一的观念。

（5）宗教界人士特点与服务技巧。宗教界人士特点包括：①以朝圣、拜佛、求法、取经或宗教考察为主要目的，有虔诚的信仰，对名山古寺、教堂圣殿以及丰富多彩的古代宗教建筑艺术感兴趣，通过游览活动既能达到宗教目的又获得审美乐趣；②大都虔诚友善，但由于其特殊背景和身份，他们也有不少特殊的需求。相应服务技巧包括：①学习了解我国的宗教政策，掌握有关基本情况；②提前做好准备工作；③满足特殊要求；④尊重游客的宗教信仰及习惯；⑤不多做评论。

（6）特殊身份和地位游客的特点与服务技巧。该类型游客的特点包括：①他们大多是国家领导人和国内外的政要和各界知名人士，如知名政治家、社会活动家、大企业家等；②除游览外还有其他任务，游览日程变化大；③素质高，知识面广；懂得尊重别人，待人友善。相应服务技巧包括：①知识准备充分；②要有充分信心；③多请示，多汇报。

二、重点团队游客接待禁忌

（1）忌分不清贵宾的职务和身份，称呼出错。

（2）忌直呼贵宾姓名，乱拍贵宾，和贵宾称兄道弟。

（3）忌大谈政治、讨论时事，谈论民族宗教问题，谈论贵宾私事。

（4）忌分不清主要贵宾。

（5）忌缠着贵宾拍照。

（6）忌把贵宾之间的谈话，特别是工作上的事到处宣扬。

（7）忌打断贵宾讲话。

（8）忌贵宾讲话时讲解，应马上停止讲解。

（9）忌贵宾在批评下属或做指示时在旁边笑，而且笑出声。

（10）忌眼中只有一个主要贵宾，而怠慢冷落其他贵宾。

（11）忌乱回答问题，不知道的不要回答。

总之，不管是什么类型的游客，旅游景区工作人员都应认真接待，通过优雅得体的服务礼仪和真诚热情的服务态度，在游客心目中树立起可信赖的、亲切热情的良好职业形象，增强景区的吸引力，在景区与游客之间架起沟通的桥梁。

【案例 8－1】

某景区团队接待管理办法

为规范景区团队旅游接待的程序和过程管理，打击非法倒票行为，监督、控制在团队旅游接待过程中景区管理内部的不良行为和损害景区利益的违纪现象，特制定本管理办法。本办法适用于接待服务人员和景区全体旅游市场从业人员。

1. 人员安排

（1）接待服务人员确定，根据本岗位的特殊性和景区集团公司人员的工作实情，景区集团办公室对接待服务工作行使调度管理，可在总部任何部门抽调人员，以确保接待服务工作的正常开展。

（2）人员每日的排班由景区集团办公室安排，为保证接待服务工作不受影响，其他任何部门不得以工作为由不予配合；周六、周日必须 2 人上岗，周一至周五必须 1 人上岗，景区集团总裁助理参与服务站的接待工作，并对服务站的工作进行监督。

（3）确定人员抽调名单，当日接待量大可临时增加人员，从其他部门再临时抽调。凡因本岗位重要工作和特殊事情，需提前向办公室主任报告，便于提前调整和安排。

（4）此项工作为景区集团共性的重要工作，任何部门都有责任和义务配合做好此项工作，在目前工作都较繁忙之际，应合理调整内部人员，不能以任何理由推托。

2. 团队接待服务人员工作职责与流程

（1）仪容整洁大方、微笑热情周到、举止文明礼貌。

（2）每天 8 点钟以前必须到岗，周一至周日必须工作至下午 5 点；上班时值班人员应随时观察到达车辆情况，中午午饭时不能缺岗，保证值班期间时时有人在岗，当日结束接待服务工作后，清理好所有单据，避免遗失。

（3）旅游团队到达时，服务人员在开确认单之前，导游员必须提供其本人的导游证和旅行社开具的出团通知单，经核实相符无误后进行下一步核实登记工作。

（4）填单时先填制地接社名称、组团社名称、客源地、记下真实车牌号；地接社和组团社以通知单上的“印章”为准。

（5）上车详细清点团队旅游人数，将实际人数在确认单上用大写、小写分别记录清楚，并将团队中的司陪人员、老人（60岁以上）、儿童分别清点记录清楚。

（6）记录导游姓名和联系电话，确认单填制要求记录字迹工整清楚。

（7）有散客或私家车到服务站咨询，服务工作人员有义务记下随车人数和车辆号码，及时通知指挥中心大概到达时间，便于公司掌握途中是否存在倒票行为和相关情况。

（8）在游客团队数量较大的情况下，服务工作人员必须每隔1小时及时通知指挥中心大概要到景区的人数，便于景区及时做好人员疏散和分流的安排。

（9）确认单开错后，不能涂改，应保留一式三联，在上面注明作废，按顺序不能缺号。

（10）当日接待确认工作，必须在最后一单的确认单上注明当日的团队旅游总人数（不含司陪人员），便于对到达景区的实际人员的核对和监控。

3. 监控管理措施

（1）服务工作人员必须听从景区集团办公室的安排，并以对公司高度负责的姿态从事自己的工作，由于大意造成记录错误和服务过程因态度引起团队投诉，将给予每次20~50元的处罚。

（2）私家车散团旅游，服务人员一律不认可外地牌车号，并一律不得开具确认单（不含本地车牌），违背者一律给予100元/次以上的处罚和处分。

（3）无出团通知单或任何片区业务人员及片区经理打来电话要求开具确认单，服务人员一律不认，违规者立即开除。

（4）无团队通知单的旅游团队，一律不得开具团队确认单，若发现与营销人员和旅游团队私自串通弄虚作假（如无团队通知单就给予开具确认单的）谋取私利，损害公司利益者，立即开除。

（5）核查出来出团通知单有涂改的，一律不得开具团队确认单，谁开即辞退谁。

（6）片区营销人员电话通知要求为旅游团队在无出团通知单的情况下开具团队确认单的，应一律给予拒绝，谁开即开除谁。

（7）对营销人员的虚报、弄假和要求串通的行为应给予制止，对真实、大胆举报的人员给予重奖。

（8）景区游客中心主任对于到达的旅游团队，至少要抽查三个，查核确认单和出团通知单，若存在不实的和不符的违规行为，立即将情况汇报给景区总经理，景区总经理立即将情况通报给集团办公室，由集团拿出处罚措施。

(9) 集团将成立监控检查专班，不定时地对营销人员、服务站工作人员和相关人员进行监督检查，对违规违纪人员将毫不留情按奖罚制度给予重罚。

【案例 8-2】

宜昌三峡晓峰旅游发展集团接待预案

为确保大型（重要）团队接待工作安全、有序进行，结合晓峰三峡大瀑布、情人泉、金狮洞景区实际情况，制定本预案。本预案包括大型（重要）团队进入景区的信息传递、客源分流、相关岗位人员安排等要求。

一、景区接到大型（重要）团队要来的信息后，应立即通知游客服务中心，游客服务中心应迅速进行确认，确认信息应包括团队的客源地、组团社、儿童人数、老年人数、总人数、车辆数、计划到达时间、结算票证等情况。

二、游客服务中心确认信息后，应迅速向景区领导报告有关情况，同时向其他部门通报有关信息情况。

三、各部门接到游客服务中心通报的信息后，应按以下程序进行工作：

(1) 景区办公室做好组织协调及后勤服务工作，主动了解各部门在本次接待工作中存在的困难并积极进行解决。

(2) 市场部根据有关信息做出游客分流计划：如果是特大型团队，应与组团社联系，要求其团队分期分批到达；如果是老年团队，应考虑邀请卫生医务人员到景区现场服务。

(3) 财务部：根据游客服务中心提供的信息，准备足够的门票或收费收据。

(4) 检票组：根据游客服务中心提供的信息，增派适量的检票员，认真核对进入景区人数，确认客、票（单）相符。

(5) 导游服务中心：应根据游客服务中心提供的信息配备足够的导游员，导游员应根据游客服务中心提供的游客分流计划将游客带至不同的景区，然后沿着规定的游览路线、时间进行游览。

(6) 保卫部：根据游客服务中心提供的信息，在各相关景区（点）增加安全管理员，加大景区安全巡视频次，防止事故发生。

四、接待工作结束后，游客服务中心应对本次接待工作的全过程进行总结，及时改进不足之处，并将总结情况报集团领导。

注：大型团队指一次进入景区人数在 400 人以上的团队。重要团队指领导视察或政府接待的团队。

实践训练 8 –1

一、实训项目

旅游景区团队接待服务认知实训

二、实训内容

角色扮演旅游团和景区团队接待工作。

三、实训目的

通过实训，学生能够了解并熟悉景区团队接待的工作内容。

四、实训步骤

1. 学生以小组为单位，分别扮演不同类型的团队游客，可以扮演老年团、青年团、儿童团、教师团、农民团、宗教团、贵宾团，并选出一组同学扮演景区的接待组。

2. 学生根据接团流程或规程分组进行练习，学习接团业务。

3. 学生撰写旅游景区实训报告。

4. 课堂进行实训总结，由学生谈心得体会。

5. 实训指导教师根据学生实训表现、实训报告撰写质量、课堂汇报表现三方面，进行考查。

五、实训评分

1. 实训指导教师根据学生的总体纪律表现、总体合作表现、考察报告撰写质量、课堂表现进行评分。

2. 按百分制记分。

旅游景区团队接待服务认知实训评分表

组别：______________ 姓名：______________ 时间：______________

项目		标准分	教师评分
旅游景区团队接待服务认知实训	实训报告质量	30	
	现场合作表现	30	
	课堂讲解质量	20	
	课堂反应表现	10	
	现场纪律表现	10	
合计得分			

考核时间： 年 月 日 考评教师（签名）：

第二节　景区旅游高峰期接待服务

由于旅游高峰期景区游客量增大，景区旅游高峰期接待与平时的景区接待相比有更多的不可控因素，接待难度也相对加大，因此应根据景区旅游高峰期接待的特殊性，制定一套完整的服务或管理制度。

一、景区高峰期接待管理方案——以徽州古民居为例

为了做好旅游高峰期游客接待工作，使到景区参观的游客能更好地欣赏到景区优美的人文、自然景观和体会到古民居古村落深厚的徽文化的底蕴，让广大游客乘兴而来，满意而归，保证景区接待工作在忙而不乱、忙而有序中顺利开展。景区旅游高峰期接待具体管理方案如下。

（1）旅游高峰期，景区所有工作人员必须全部持证上岗，工作时必须坚守岗位。

（2）旅游高峰期，景区所有工作人员必须服从管理人的工作安排和调动，保质保量地完成管理人员分配的各项工作。

（3）景区导游员必须熟悉各条旅游线路和景物介绍内容，以便在带领游客参观时选择不同的线路，避免景区的局部拥挤而影响游客的参观质量。

（4）景区导游员不能因为游客较多而任意减少所要参观景点数量和景点解说词内容，从而降低服务质量。

（5）景区卫生员在旅游高峰期必须在游客到来前做好景区卫生工作，并全天在景区线路内巡逻，保证景区卫生。

（6）景区票务员和导游员紧密配合，迅速办理购票、验票手续，尽量减少游客在购票处停留时间。

（7）旅游高峰期，景区所有工作人员必须全力以赴、相互配合、各司其职、各负其责，做好接待工作。

二、景区高峰期接待期间容易出现的问题及解决对策——以太白山为例

1. 游客滞留问题

（1）票务部要根据往年统计数据，在旅游接待高峰期前，向领导上报数据，各部门提前做好接待预案。

（2）票务窗口游客买票、咨询过多时，咨询部应安排4名咨询员佩戴“小蜜蜂”标识，做好票务政策及游客旅游注意事项提醒，缓解售票人员压力。如售票窗口排队等待人数超过200人时，应立即设置临时售票口，缩短游客购票时间。

（3）当停车场车辆数饱和时，中心要设置临时停车位，及时安排人员管理，疏导游客。

（4）当检票处满负荷运转时，应时刻注意检票后进入乘车等待区的游客人数，一旦超过400人，可考虑暂停售检票；运输公司要联系增加车辆，售检票人员要做好购票游客和等车游客的安抚解释工作，景区运营公司要根据天气为游客提供降暑或御寒物资，为游客提供便利。

（5）当等待区的游客人数超过100人时，运输公司不仅要对游客做好解释安抚工作，还应立即调度车辆，及时将游客运送下山，必要时，景区运营公司要为游客提供御寒衣物或热汤。

2. 容量控制问题

（1）当游客人数在8000人以下时，由交通运输公司、票务部、讲解部紧密配合，维护好售票区和上山候车区秩序，疏导游客安全有序乘车。

（2）当游客人数达到8000时，由票务部向中心分管领导上报游客容量，中心班子成员坚守指挥中心，根据景区视频监控实时画面商议调配人员，做好游客引导疏散工作；交通运输公司做好上山车辆调配；办公室协调安排二线部室进入一线各岗位做好游客疏散和秩序维持工作；宣传咨询部对外告知景区旅游气象、安全须知等信息。

（3）当游客人数达到10000人时，游客服务中心（简称"游服中心"）在启动8000人预案的同时，由主要负责人上报管委会，管委会分管领导与游服、公园、交通运输公司主要领导召开紧急会议，从管委会和投资集团抽调员工进行现场秩序维护；信息控制部负责西停车场LED大屏循环播放太白山景区宣传片，缓解游客急躁的心情；由安保部负责搭建临时蛇形护栏引导游客排队检票；同时由管委会分管领导向汤峪派出所请求抽调警力协助维持排队检票秩序。

（4）当游客人数达到12000人时，游客服务中心主要负责人上报管委会，管委会在启动景区10000人预案时，由管委会分管领导协调眉县公安局增派警力协助维持景区秩序；游服中心在室外LED大屏上对外如实公布景区容量；管委会分管领导、游服中心、森林公园、交通运输公司主要负责人与县公安局坚守指挥调度中心分析判断形势，分配各部门工作任务，根据上山游客数量和车辆运行状况上报请示管委会主要领导，由管委会领导决定是否停止售检票，游服中心负责人接到管委会主要领导停止售检票通知后，票务部出具封园通告，由咨询与宣传部和宣传营销中心负责在中心广播上进行通告，并通过其他媒体对外发布信息，提示游客做出理性的出行计划，并耐心做好解释安抚工作。

实践训练8－2

一、实训项目

景区旅游高峰期接待服务认知实训

二、实训内容

景区旅游高峰期或旅游旺季景区接待服务考察。

三、实训目的

通过实训，学生能够了解并熟悉景区旅游高峰期接待的工作内容。

四、实训步骤

1. 学生以小组为单位，在景区旅游高峰期或旅游旺季（“五一”“十一”、寒暑假等）去不同的旅游景区进行考察。

2. 观察景区游客接待量、接待规模和景区接待服务质量，认真记录并对景区人流拍照留存。

3. 听取景区有关管理人员介绍景区高峰期游客接待量和接待服务相关内容和真实案例。

4. 学生主动与景区接待工作人员交流。

5. 在景区允许的情况下，学生可进行景区接待服务工作岗位的见习体验。

6. 学生撰写旅游景区实训考察报告。

7. 课堂进行实训总结，由学生谈心得体会。

8. 实训指导教师根据学生景区实训表现、实训报告撰写质量、课堂汇报表现三方面，进行考查。

五、实训评分

1. 实训指导教师根据学生的总体纪律表现、总体合作表现、考察报告撰写质量、课堂表现进行评分。

2. 按百分制记分。

景区旅游高峰期接待服务认知实训评分表

组别：__________ 姓名：__________ 时间：__________

项目		标准分	教师评分
景区旅游高峰期接待服务认知实训	实训报告质量	30	
	现场合作表现	30	
	课堂讲解质量	20	
	课堂反应表现	10	
	现场纪律表现	10	
合计得分			

考核时间：　　年　　月　　日　　　　考评教师（签名）：

第三节　景区大型活动接待服务

景区往往会承接一些大型的活动或者景区管理者自身承办一些大型的活动，这时就需要景区的接待服务投入更多的人力、物力和精力。

一、景区接待人员增加

景区内进行大型活动时，在策划初期就应该策划好景区的接待服务人员的配置，景区一般采取的方式主要有：招聘景区接待志愿者，招聘景区接待志愿者可以节约大量的人力资源成本，而且还解决了景区接待人员空缺的问题；招聘景区接待临时工，在集中的时间招聘小时工进行景区接待，这样可以解决景区接待人员缺乏的问题，相对人力资源成本也较低；将接待人员外包给专业的人力资源管理公司，这样做可以节约景区管理者的时间，省去了寻找接待工作人员的麻烦，提高了工作效率，相对人力资源的成本也会比较低。

二、景区接待规模增大

景区承办大型活动时，景区的游客量会比平时多很多，所以接待规模也会比平时大很多，这就需要景区的策划者注重接待质量，在每一个接待岗位都要使人员的数量配备和活动规模相匹配。

三、景区接待承载量增大

大型活动在景区里举办，景区的接待承载量会出现饱和或超过接待承载量等问题，所以接待部门需要有合理的应对措施，预防景区发生意外情况等。

【案例 8－3】

深圳主题公园景区 2014 年主要活动一览表

景区	1－4 月	5－6 月	7－8 月	9－12 月
民俗村	大庙会	功夫节	泼水节	爱我中华狂欢盛典、聊斋夜 火把节
欢乐谷	新春滑稽节	时尚节	玛雅狂欢节	国际魔术节、万圣节、圣诞节、流行音乐节
世界之窗	春节、情人节、风车节	狂野非洲风情节	啤酒节	天地浪漫上演、万圣节、冰雪节

续表

景区	1－4月	5－6月	7－8月	9－12月
东部华侨城	沐浴节、山地春节、采茶节	全面试业	山地歌会	“第59届世界小姐中国总决赛”“国际音乐节”、祈福佛事活动、《天机》试演、“冰雪圣诞·童话新年”

【案例8－4】

春节黄金周景区接待活动

深圳居民春节期间的活动重点是探亲访友。2015年春节黄金周共接待入园游客98953人次，其中本市游客占57%；团队以海外团为主，约占团队人数的60%。由于产品老化，国内团队份额下滑，造成我司本市游客比例相对较高。针对现有条件和市场，在2016年的春节活动方案中，针对深圳移民城市来深探亲者多的特点，仍将突出传统庙会喜庆热闹风俗，以十足中国年味为卖点。

春节 情人节 元宵节	民俗村大庙会 龙腾虎跃大庙会 村村寨寨闹新年	1. 华夏大庙会——以“天桥绝活、地坛风情、庙会展演”为主要内容 2. 村寨过大年——隆重展示各民族村寨过年的习俗 3. 社火大巡游，火龙钢花夜 4. 南北美食荟 5. 除夕狂欢夜，迎虎倒计时 6. 佛国花香、情人玫瑰园 7. 元宵灯谜节 8. 生肖文化节	1. 利用微缩景区现有景点提炼主题活动区佛国花香祈福园、情人节玫瑰园 2. 与中山古镇合作举办灯展、生肖文化节（正在洽谈） 3. 邀请集团内外企业参加灯展，宣传品牌造人气

实践训练8－3

一、实训项目

旅游景区大型活动接待服务认知实训

二、实训内容

学生分组策划一个景区活动方案和活动接待服务方案。

三、实训目的

通过实训，学生能够了解并熟悉景区大型活动期间的接待服务工作内容。

四、实训步骤

1. 学生以小组为单位，选择不同景区为研究对象，对该景区进行旅游活动方案设计和活动接待服务内容的安排设计。

2. 学生撰写旅游景区实训报告。

3. 课堂进行实训总结，由学生谈心得体会。

4. 实训指导教师根据学生景区实训表现、实训报告撰写质量、课堂汇报表现三方面，进行考查。

五、实训评分

1. 实训指导教师根据学生的实训态度表现、实训合作表现、实训报告撰写质量、课堂表现进行评分。

2. 按百分制记分。

旅游景区大型活动接待服务认知实训评分表

组别：______________ 姓名：______________ 时间：______________

项目		标准分	教师评分
旅游景区大型活动接待服务认知实训	实训报告质量	30	
	现场合作表现	30	
	课堂讲解质量	20	
	课堂反应表现	10	
	现场纪律表现	10	
合计得分			

考核时间：　　年　　月　　日　　　　考评教师（签名）：

第四节　景区特殊接待服务

旅游景区特殊接待服务主要指对景区的特殊游客采取的特殊照顾及服务，主要包括景区儿童走失处理服务、婴幼儿服务、轮椅的租借服务和手语服务，这些特殊服务主要针对社会上的一些特殊人群或弱势群体。

一、景区儿童走失处理服务

景区在旅游旺季或旅游高峰期，经常会发生景区内儿童走失现象，作为景区服务工作人员，应该了解景区内容易发生儿童走失的场所有哪些，并了解防止儿童被拐骗的措施，一旦发生儿童走失，也应该有一个科学应对处理方法。

1. 景区内易发生儿童走失的场所

（1）景区入口处：景区入口处游客相对集中，若儿童家长稍不注意，很容易使儿童游客走失。尤其是当游客较多需要长时间排队等候时，由于儿童缺乏耐心，注意力也很难集中，所以当在游客排队时，儿童游客很容易因感兴趣的事物而离队，进而脱离大人的视线，甚至出现走失情况。

（2）景区大型节目表演现场：景区内一般都会有一些大型节目演出，节目演出现场也是游客量较集中的场所，容易引发儿童走失或被拐骗。

（3）景区游乐设施现场：游乐设施是儿童游客最喜爱的场所之一，也是儿童游客最集中的场所，且游客量较大，也是最容易发生儿童走失的场所之一。

（4）景区内的餐厅：景区内的餐厅是景区游客休息吃饭的场所，也是景区内游客量比较集中的场所，由于在吃饭休息时人们处于放松警惕的状态，因而是比较容易发生儿童走失的场所之一。

（5）景区内购物场所：景区内购物场所游客量比较集中，最容易分散成人游客对儿童看管的注意力，因此应该格外小心。

2. 景区防止儿童走失的措施和处理方法

（1）作为景区接待服务人员，有责任和义务口头提醒带儿童的成人游客注意保护好自己的孩子，景区也可以通过广播或文字提示，提高游客警惕意识。

（2）景区内应该设有安保和监管人员，随时注意景区内是否有走失的儿童，并第一时间告知景区游客中心。

（3）景区内的所有工作人员都有责任和义务保护好景区内游客人身安全不受侵犯，所以景区所有员工应该提高景区接待意识，一旦发现有异常人员或发现儿童身边没有大人等异常现象，都要第一时间通知景区相关部门并可进行报警。

（4）一旦发现景区内有儿童走失，景区所有员工应该积极配合，共同合作寻找走失儿童，并耐心查找原因，找出儿童走失原因。

（5）安慰走失儿童家长，从儿童家长取得儿童的基本外貌信息，有助于第一时间找到走失儿童。并注意观察景区内是否有不法分子拐骗儿童的行为。

（6）景区应该利用监控设备进行及时查找，并可借助一些科技手段进行查找。

【案例 8－5】

某日下午，上海的游客卢先生和10岁的儿子卢林在无锡三国城风景区游览时，卢林被三国城丰富多彩的游乐设施所吸引，于是他征求卢先生的意见，想自己独自一人游玩游乐设施，由于卢先生更想观看游乐设施附近的景点，就和儿子约定一个具体时间过来找儿子，便把儿子一人留在了游乐设施处，独自一人去参观离游乐设施最近的一个景点，可当卢先生参观完回来找儿子时，却发现儿子不在游乐设施旁，于是卢先生开始到处寻找儿子，寻找一个小时还是未找到儿子，卢先生急忙报警。接警后，无锡三国城管理处紧急启动应急预案，派工作人员与三国城派出所民警一同寻找，景区所有工作人员也进行配合查找，直到晚上6时许，营救人员在景区的某个角落终于找到了迷路的卢林。

二、景区婴幼儿服务

景区的特殊服务中，婴幼儿服务主要表现在为婴幼儿游客提供婴儿车服务并在入口、台阶处设置无障碍通道，方便婴儿车顺利通过。

三、轮椅出租服务

轮椅出租服务主要是为了方便残疾人游客和老年人游客，为他们能够顺利实现旅游活动而提供的服务。

四、手语服务

手语服务主要是指景区有专门懂手语的服务人员针对聋哑人游客提供的相应服务。

【案例8-6】

某景区特殊人群服务指南

一、总则

1. 对特殊人群（老人、幼儿、残疾人等）提供个性化服务，确保服务质量。

2. 对上述特殊人群提供必要的服务及代邮、寻人及预约、送票等服务。

二、职责

1. 景区管理部门负责残疾人专用通道、残疾人专用便池及特殊标识的设计安装。

2. 景区管理部门负责为残疾人、老人、幼儿提供轮椅或者婴儿车服务。

3. 景区管理部门负责为老人、幼儿、残疾人提供检票或放行服务，提供预约送票服务并负责景区寻人服务。

4. 营销部门负责旅游工艺品的代邮服务。

5. 其他部门负责特殊游客的相关接待和服务。

实践训练8-4

一、实训项目

旅游景区特殊接待服务认知实训

二、实训内容

指导教师考察当地某大型旅游景区，了解该景区的特殊接待服务流程和岗位职责，并在课堂上以案例教学的方式将景区特殊接待服务理论知识和自身实践结合，让学生分组进行特殊服务接待模拟表演。

三、实训目的

通过实训，学生能够了解并熟悉景区特殊接待服务的工作内容。

四、实训步骤

1. 在课堂上指导教师讲解特殊接待服务内容，学生分组学习讨论；也可邀请景区接待服务方面管理人员来课堂为学生介绍景区特殊接待服务内容。
2. 指导教师以两个案例为内容，让学生分组围绕特殊接待服务进行辨析。
3. 指导教师进行案例总结。
4. 学生分组进行特殊接待服务岗位表演体验。
5. 学生撰写旅游景区实训报告。
6. 课堂进行实训总结，由学生谈心得体会。
7. 实训指导教师根据学生景区课堂纪律表现、课堂合作表现、实训报告撰写质量、课堂汇报表现四方面，进行考查。

五、实训评分

1. 实训指导教师根据学生的课堂纪律表现、课堂合作表现、实训报告撰写质量、课堂表现进行评分。
2. 按百分制记分。

旅游景区特殊接待服务认知实训评分表

组别：________ 姓名：________ 时间：________

项目		标准分	教师评分
旅游景区特殊接待服务认知实训	实训报告质量	30	
	现场合作表现	30	
	课堂讲解质量	20	
	课堂反应表现	10	
	现场纪律表现	10	
合计得分			

考核时间：　　年　　月　　日　　　　考评教师（签名）：

第九章

旅游景区接待服务规范实例

【学习目标】

• **知识目标**

1. 了解旅游景区的游客管理制度
2. 熟悉旅游景区接待服务规范和标准
3. 掌握旅游景区接待服务规范具体内容

• **能力目标**

1. 学生能够认识旅游景区接待服务规范的重要性
2. 学生能够熟悉不同旅游景区接待服务规范流程
3. 学生能够按照接待服务规范掌握接待服务工作技能

旅游景区接待服务包括问讯服务、咨询服务、投诉处理服务等内容，本章节从旅游景区整体接待服务的角度总结出景区的接待服务规范和景区人员接待服务规范。

第一节　景区接待服务规范

一、总则

（1）景区应制定游客接待程序化文件，明确接待服务的规范及程序。

（2）游客接待服务包括：检票口问讯服务、游客物品（行李和车辆）保管服务、导游服务，以及有关表演、安全、景区交通、环境等服务。

二、问讯服务

（1）景区应在检票口等位置设立问讯处，负责游客的咨询服务。

（2）咨询人员应经过充分的培训，熟悉景区及相关信息，对于不能准确回答的问题，应明确告诉游客其他的问讯渠道。

（3）咨询人员应掌握的知识至少应包括：

①景区的基本情况；

②景区的主要活动及时间；

③景区内的车船服务，餐饮、购物的有关信息；

④景区周边情况、酒店及入住标准等。

（4）游客中心接待应备有当地的交通旅游地图、当地至全国各地的交通时刻表等，以方便游客查询。

（5）游客中心接待应有明显标志，并有专人值班。

三、游客物品保管

（1）景区在检票口设置游客物品保管室，为游客存放物品。

（2）景区应制定书面的游客物品保管标准，并向游客公布。

（3）根据游客存放的物品，设置必要的保管设施。

（4）对游客物品应准确核对、妥善保管，并形成必要的记录。

四、导游服务

1. 导游服务的对象

（1）散客。

（2）旅游团队。

（3）领导、贵宾。

2. 导游服务的联络方式

（1）散客的导游服务直接在检票口联络提供。

（2）旅游团队的导游服务应进行需求评审。

（3）景区应明确规定导游的上岗资格和服务规范，确保导游服务质量。

（4）领导、贵宾及团队的导游服务，导游员要有相应的记录。

五、散客接待

（1）景区的售票人员、检票人员应热情、快捷地为游客提供入园门票服务及游船等其他票务服务。

（2）景区导游员为要求提供讲解服务的游客提供导游服务。

（3）市场开发部员工按规定的时间、场次，为游客提供各类表演及广场演出活动服务。

（4）景区保洁和安保部门做好景区卫生、安全工作，维持景区旅游秩序。

（5）景区各岗位员工应按景区服务规范，热情、礼貌地提供服务，满足游客要求，接纳游客建议、抱怨、投诉，并按景区的有关规定处理。

六、贵宾接待

（1）游客中心根据有关规定制订详细的接待计划，做好相应的接待工作，接待计划应经景区主要负责人审批后，由办公室下发各有关单位。

（2）景区领导及各部门负责人、工作人员提前到达指定地点，做好接待的准备工作。

（3）客人到达景区入口，景区领导出面迎接，也可组织适当的演出活动。

（4）景区领导陪同重要宾客进入景区参观，导游员可随同讲解。

（5）安全保卫部门负责接待过程的安全保卫工作。

（6）如安排植树等活动，有关部门应做好相关的准备工作。

（7）如安排题词或赠送礼品活动，由工程部负责组织实施。

（8）领导或重要宾客游览结束后，可组织演出活动进行欢送。

（9）整个接待过程应根据情况做好保密工作。

（10）在接待过程中临时增加或取消的参观内容，接待前导人员应迅速通知有关部门。

七、团体及有特殊要求游客的接待

（1）游客中心制订团体游客及有特殊要求游客的接待计划，报景区主要负责人审批后，下发到相关接待部门。

（2）各部门根据接待计划的要求，在保证安全的情况下做好团体游客和散客的协调工作，避免不安全的事故发生。

（3）游客中心应了解有特殊要求客人的特殊服务工作。

八、接待档案管理

（1）游客中心接待贵宾及团体游客后，应及时填写《贵宾及团体客人接待记录表》。

（2）每月5日前，游客中心将上月的《贵宾及团体客人接待记录表》上交办公室汇总保管、归档。

【案例9-1】

上海庙欢乐大草原旅游景区接待服务规范

游客接待服务包括检票口问讯服务、游客物品保管服务、导游服务，以及有关表演、安全、景区交通、环境等项服务。

一、问讯服务

1. 景区在检票口、恰特、蒙古部落、赛马场等位置设立问讯处（恰特、蒙古部落、赛马场由各处售票员兼职），负责游客的咨询服务。

2. 咨询人员应熟悉景区及相关信息，对于不能准确回答的问题，应明确告诉游客其他的问讯渠道。

3. 咨询人员应掌握的知识至少应包括：

（1）景区的基本情况：旅游资源（蒙元文化、游牧文化、蒙古文化、草原文化赛马场等）、旅游线路（景区入口、蒙古部落、福敖包、季节性马兰花观赏、赛马场等）、项目价格（身高1.3~1.5米儿童、全日制在校学生凭学生证可享受门票半价优惠；现役军人、持老年证或65周岁以上持本人身份证、1.3米以下儿童、持旅行社经理资格证人员、持导游证的带团导游、持新闻署签发的本人记者证、文博旅游部门持单位相关证件或证明材料者均可享受免购门票优惠）。

（2）景区的主要活动及时间：蒙古部落三学（上午9：30、下午3：00蒙文、蒙语、蒙礼）；赛马场主题演出（上午11：00、下午4：30）；恰特演出：鄂尔多斯婚礼（下午1：30），篝火主题表演（晚9：00）。

（3）景区内的乘车线路服务及价格（观光车、大篷车、越野车、草原小火车分别为20元/人·次），餐饮、住宿、购物的有关信息。

（4）问讯处公示内蒙古自治区、宁夏回族自治区交通旅游地图及呼和浩特、银川市至全国各地的交通时刻表等，以方便游客查询。

二、游客物品保管

1. 景区在售票大厅设置游客物品保管专柜，为游客存放物品。

2. 游客寄存物品时须填写“上海庙欢乐大草原游客物品保管单”，并将领取联交游客妥善保管，应提醒游客领取物品时务必出示交回领取联。

3. 游客寄存物品时应提醒游客贵重物品（照相机、摄像机、女士饰品等）随身携带，由此引起的损失由游客自行承担。

4. 游客寄存物品时工作人员对游客物品应准确核对，填写“游客寄存物品登记表”，妥善保管游客寄存物品。

三、散客接待

1. 讲解员、艺术团工作人员负责景区入口敬迎宾酒，由讲解员引导游客至售票大厅购票。

2. 售票员、检票员应热情、快捷地为游客提供景区入园门票服务及其他票务服务。

3. 购票进行时，检票员根据游客数量联系观光车司乘人员做好接待准备。

4. 讲解员为要求提供讲解服务的游客提供导游服务。

5. 赛马场、蒙古部落、恰特在规定的时间、场次，为游客提供各类表演及广场演出活动服务。

6. 各岗位做好所负责区域卫生、安全工作，维持景区旅游秩序。

7. 各岗位员工应按景区服务规范，热情、礼貌地提供服务，满足游客要求，接纳游客建议、抱怨、投诉，并按景区的有关规定处理。

四、贵宾接待

1. 接到参观计划通知后，预订专员负责与来宾单位沟通协调，了解拟参观的项目、参观陪同人数、预计到达时间、是否安排用餐等基本信息。

2. 景区分管副总根据接待计划，协调各部门落实接待准备工作（接待时间、接待行程、环境保洁、安全保障、保障车辆、接待参加人员等）。

3. 景区领导及各部门负责人、工作人员根据接待安排提前到达指定地点，做好接待的准备工作。

4. 客人到达景区入口，公司领导出面迎接。

5. 公司领导陪同客人进入景区参观，讲解员随同讲解。

6. 各区域保安人员负责接待过程的安全保卫工作。

7. 如安排题词或赠送礼品活动，由行政部负责组织实施。

8. 在接待过程中临时增加或取消的参观内容，行政部或预订专员、讲解员及对方前导人员应迅速通知有关部门。

五、团体及有特殊要求游客的接待

1. 预订专员制订团体游客及有特殊要求游客的接待计划，报景区主要负责人审批后，下发到相关接待部门。

2. 各部门根据接待计划的要求，在保证安全的情况下做好团体游客和散客的协调工作，避免不安全的事故发生。

3. 景区各部门了解有特殊要求客人的特殊服务需求，制定接待预案，保障接待工作顺畅进行。

六、接待档案管理

1. 预订专员接待贵宾及团体游客后，应及时填写《贵宾及团体客人接待记录表》。

2. 每月5日前，预订专员将上月的《贵宾接待记录表》报行政部汇总、保管、归档。

实践训练9－1

一、实训项目

旅游景区接待服务规范认知实训

二、实训内容

对旅游景区接待服务规范进行学习并识记。

三、实训目的

通过实训，学生能够了解并熟悉景区接待服务规范的内容。

四、实训步骤

1. 学生以小组为单位，到熟悉的景区学习景区的接待服务规范。

2. 学生也可以查资料搜集景区的接待服务规范，小组之间对不同景区接待服务规范进行比较。

3. 学生以小组为单位学习编写景区接待服务规范。

4. 学生撰写旅游景区实训考察报告。

5. 课堂进行实训总结，由学生谈心得体会。

6. 实训指导教师根据学生景区实训表现、考察报告撰写质量、课堂汇报表现三方面，进行考查。

五、实训评分

1. 实训指导教师根据学生的总体纪律表现、总体合作表现、考察报告撰写质量、课堂表现进行评分。

2. 按百分制记分。

旅游景区接待服务规范认知实训评分表

组别：________　姓名：________　时间：________

项目		标准分	教师评分
旅游景区接待服务规范认知实训	实训报告质量	30	
	现场合作表现	30	
	课堂讲解质量	20	
	课堂反应表现	10	
	现场纪律表现	10	
合计得分			

考核时间：　　年　　月　　日　　　　考评教师（签名）：

第二节　景区接待服务人员规范

一、景区接待服务人员职业道德规范

（1）爱国爱企，自尊自强，遵纪守法，敬业爱岗。

（2）公私分明，诚实善良，克勤克俭，宾客至上。

（3）热情大度，清洁端庄，一视同仁，不卑不亢。

（4）耐心细致，文明礼貌，团结服从，大局不忘。

（5）优质服务，好学向上，积极主动，助人为乐。

二、景区服务人员职业形象

（1）精神饱满，佩证上岗，着装整洁，仪态大方。

（2）站姿挺拔，行姿稳重，微笑服务，细致周详。

（3）语言标准，言辞得当，吐字清晰，不说脏话。

三、景区服务人员职业纪律

遵守职业纪律，做到“四不”：不擅自离岗，不嬉笑打闹，在岗时不吸烟、酗酒，不占用电话聊天。

四、旅游景区从业人员文明用语

（1）您好，欢迎光临×××景区。

（2）您好，请收好门票，景区内有××个景点需要验票。

（3）谢谢，欢迎下次光临。

（4）对不起，您的证件不符合免票规定，请到售票处补票，谢谢。

（5）请拿好票，往这边走，祝您玩得愉快！

（6）您好，需要帮忙吗？

（7）对不起，这个问题我现在无法回答，我了解清楚后再告诉您，请留下您的联系方式。

（8）对不起，请再重复一遍。

（9）您好，这是×××景区咨询员为您服务。

（10）感谢您打电话给×××景区，希望能继续得到您的关注，谢谢！

（11）请您坐下，慢慢说。

（12）非常抱歉让您遇到这样的麻烦……

（13）这是我们工作的疏漏，十分感谢您提出的批评。

五、旅游景区从业人员服务忌语

（1）不知道。

（2）自己看。

（3）你是谁。

（4）牌子上写的有，你不会自己看。

（5）你可能不明白……

（6）我们不会……我们从没……我们不可能。

（7）你弄错了。

（8）这不可能。

（9）你别激动……你不要叫……你平静一点……

（10）我不是为你一个人服务的。

（11）没看到我们有多忙吗？你先等一下。

（12）你最好……之前给我们打电话，否则我们就下班了。

（13）你必须先排队后买票。

（14）你刚才说你是谁？

（15）禁止……不准……严禁……不得……违者罚款；严惩。

（16）这不是我们的责任。

六、旅游景区主要岗位服务规范

1. 旅游景区服务人员接待服务规范

景区接待服务的主要工作包括售票服务、入门接待服务（包括验票及咨询）和投诉受理服务。

（1）景区售票服务规范。

①景区售票员积极开展优质服务，礼貌待客，热情周到，售票处应公示门票价格及优惠办法。

②景区售票员主动解答游客的提问，做到百问不厌，杜绝与游客发生口角，能熟练使用普通话。

③景区售票员主动向游客解释优惠票价的享受条件，售票时做到热情礼貌、唱收唱付。

④景区售票员向闭园前一小时内购票的游客提醒景区的闭园时间及景区内仍有的主要活动。

⑤游客购错票或多购票，在售票处办理退票手续，景区售票员应按景区有关规定办理，如确不能办理退票的，应耐心向游客解释。

⑥景区服务人员热情待客，耐心回答游客的提问，游客出现冲动或失礼时，应保持克制态度，不能恶语相向。

⑦景区服务人员耐心听取游客批评，注意收集游客的建议，及时向上一级领导反映。

（2）景区验票服务规范。

①景区验票员，应保持良好的工作状态，精神饱满，面带微笑。

②游客入景区时，应使用标准普通话及礼貌用语。

③景区验票员对漏票、持无效证件的游客，要礼貌地耐心解释，说明无效原因，说服游客重新购票。

④残疾人或老年人入景区时，景区验票员应予以协助。

⑤景区验票员如遇闹事滋事者，应及时礼貌予以制止，如无法制止，立即报告有关部门。切忌在众多游客面前争执，引起景区秩序混乱。

（3）景区咨询服务规范。

①景区咨询服务人员接受游客咨询时，应面带微笑，且双目平视对方，全神贯注，集中精力，以示尊重与诚意，专心倾听，不可三心二意。

②景区咨询服务人员，应有较高的旅游综合知识，对游客关于本地及周边区域景区情况的询问，要提供耐心、详细的答复和游览指导。

③景区咨询服务人员答复游客的问询时，应做到有问必答，用词得当，简洁明了。

④景区咨询服务人员接待游客时应谈吐得体，不得敷衍了事，言谈不可偏激，避免有夸张论调。

⑤景区咨询服务人员接听电话应首先报上姓名或景区名称，回答电话咨询时要热情、亲切、耐心、礼貌，要使用敬语。

⑥景区咨询服务人员如暂无法解答的问题，应向游客说明，并表示歉意，不能简单地说“我不知道”之类的用语。

⑦景区咨询服务人员通话完毕，互道再见并确认对方先收线后再挂断电话。

（4）景区投诉受理服务规范。

①景区投诉受理服务人员应把游客的投诉视为建立诚信的契机，受理人员要着装整洁，举止文明、热情、耐心地接待投诉游客。

②景区投诉受理服务人员受理投诉事件，能够现场解决的，应及时给予解决。若受理者不能解决的，应及时上报景区负责人，及时将处理结果通知投诉者，并注意收集反馈意见，科学分析，以便及时改进，提高服务质量。

③景区投诉受理服务人员要以“换位思考”的方式去理解投诉游客的心情和处境，满怀诚意地帮助客人解决问题，严禁拒绝受理或发生与游客争吵现象。

④景区投诉受理服务人员接待投诉者时，要注意礼仪礼貌，本着“实事求是”的原则，不能与客人争强好胜、与客人争辩，既要尊重游客的意见，又要维护景区的利益。

⑤景区应设立专用投诉电话，并在景区明显位置（售票处、游客中心、门票等）标明投诉电话号码，且有专人值守。

2. 旅游景区导游（讲解员）服务规范

（1）景区导游（讲解员）应符合有关规定和要求，取得导游员（讲解员）资格，方可上岗。

（2）景区导游（讲解员）要时刻保持饱满的工作、服务热情，时刻处于良好的工作状态。

（3）景区导游（讲解员）应尊重游客，礼貌待客、微笑服务，热情主动并耐心地倾听游客的意见，在合理而可能的情况下，尽量满足游客的要求。

（4）景区导游（讲解员）要严格按照讲解服务单位确定的游览线路和游览内容进行讲解服务，不得擅自减少服务项目或中止讲解服务。

（5）景区导游（讲解员）在讲解服务中，对涉嫌欺诈经营的行为和可能危及游客人身、财产安全的情况，要及时向游客做出真实说明或明确警示。

（6）景区导游（讲解员）不得向游客兜售物品和索要小费，不得欺骗、胁迫游客消费。

3. 旅游景区商业人员服务规范

（1）景区娱乐服务规范。

①景区娱乐服务人员每天上岗前要认真仔细检查娱乐设施、设备，加强对设备、设施的定期维护和保养，使其处于良好的使用状态，保障游客安全。

②景区娱乐服务人员应具备良好的职业道德、文明素质、娴熟的技能技术和良好的心理素质。

③景区娱乐服务人员应提醒游客安全须知，并帮助游客做好安全措施，确认安全无误后再启动娱乐设施。

④对于不遵守安全规定的游客，景区娱乐服务人员要耐心说明违反规定的后果。如有解决不了的问题，应及时上报。

（2）景区购物服务规范。

①景区购物服务人员除要注意自己的着装和仪容仪表外，还要善于与游客沟通。

②景区购物服务人员应主动向客人介绍富有本景区特色的旅游商品，明码标价，无价格欺诈行为。

③景区购物市场管理有序，经营者应统一佩戴胸卡，亮照经营，无尾随兜售或强买强卖现象。

（3）景区餐饮服务规范。

①景区餐饮服务人员要做到文明礼貌，热情待客。做到来有迎声、去有送声，微笑服务，耐心解答就餐者提出的问题。

②景区餐饮服务人员注重个人仪表仪容，保持个人卫生整洁，站立端正，面带

“十二五”职业教育国家规划教材
经全国职业教育教材审定委员会审定

双语教学用书

中国主要旅游客源国与目的地国概况

（第二版）

王佩良 ◎ 编著

中国旅游出版社

再版序言

高水平对外开放
需要高质量双语教学

21 世纪以来，全球的政治、经济、文化和社会发生深刻变化，人类迎来百年未有之大变局。党的十八大召开以来，中国进入社会主义新时代，综合国力迅速提升，中外经贸文化交流频繁，中国步入世界舞台中央，中华民族迎来伟大复兴。海纳百川，有容乃大，国家越是强大，越要对外开放。习近平总书记在党的二十大报告中做出了“推进高水平对外开放”“实现高质量发展”的重要战略部署。现代科技日新月异，拉近时空距离，但因历史文化差异，各国人们交流仍有隔阂。全球经济一体化，民族文化多元化，人体命运共同体建设，需要跨文化交流。

三十年来，因学习和工作的缘故，我去过许多国家学习工作及考察交流，长期从事跨文化研究、教学与实践。2021 年来湖南工商大学工作，分管国际交流与合作处，联系外国语学院、国际商学院，创建湖南省社会科学创新研究基地（中非经贸深度合作）。目前，学校以高水平对外开放为契机，聚焦湖南省自贸区与中非经贸深度合作先行区建设，依托中非经贸博览会平台，推进教育链、人才链、创新链与产业链的有机衔接，形成产教融合、中外互动的发展新格局，在推动中非经贸高质量发展、构建新时代中非命运共同体进程中发挥重要作用。贸易、会展、旅游，作为外向型的现代服务产业，是推动国民经济健康快速发展的引擎，需要高校立德树人，培根铸魂，培养大量优秀的从事跨文化交流的专门人才，双语教学方兴未艾，双语教材必不可少。

多年来，我校王佩良博士投身于双语教学改革与实践，针对引进国外原版教材既价格昂贵又教学不方便的痛点，致力于双语教材研究与开发，先后在中国旅游出版社、高等教育出版社出版多种旅游客源国概况的双语教材。教材入选“十二五”职业教育国家规划教材，全国各地高校踊跃征订，师生使用该教材开展双语教学，既节省时间和精力，又节约书费，一举多得，事半功倍。今年，中国旅游出版社决定修订该教材。佩良教授治学严谨，结合新时代的教材出版要求，认真审核，大幅增删，融入最新的研究成果、独特的教学经验、丰富的经典案例，并配有精美的教学课件，从思想到观点，从内容到形式，精益求精，力求完美。定稿后，佩良教授嘱我撰写再版序言，我欣然应允，仔细审阅。该教材对全球 17 个主要发达国家的地理、气候、政治、经济、人口、教育、历史、习俗、艺术、城市、景区、旅游、会展、节庆、活动等进行系统梳理，深入浅出，言简意赅，双语结合，既是高校相关涉外专业开展双语教学的优秀教材，也是广大涉外从业者开阔视野、提升素养的良好读本，难能可贵，值得拥有。

张玲

湖南工商大学副校长、教授、博士

2023 年 6 月

序一

适合旅游与会展专业开展双语教学的好教材

认识佩良博士是一种缘分。2008 年 7 月，我应邀出席第四届中国国际会展文化节期间，佩良邀请我去湖南商学院交流一下，之后又全程陪同我参观了岳麓书院。佩良对岳麓书院历史的讲解，给我留下了非常难忘的印象，他渊博的知识和对事物执着钻研的治学态度，使我本能地感受到他肯定能够成为一个非常有影响力的学者。

会展业作为一种新兴的现代服务业，近年来得到了世界很多国家和地区的高度重视。中国会展业经过 21 世纪以来“黄金十年”的发展，目前在国民经济和社会发展中的作用和地位日益凸显。旅游与会展都是国际化程度非常高的行业，不仅需要从业者具有较高的外语水平，同时还需要深入了解不同国家和地区的政治、经济、历史、文化等方方面面，因而推动旅游和会展领域的双语教学是提升旅游和会展行业人才素质的基础性工作。双语教学有多种体现形式，但不管哪种形式，都需要首先创建一套好的双语教材。

这本教材的内容主要分为两个板块。一是简要介绍了旅游及会展领域的基本概念和发展态势，二是分地区和国别简要介绍了中国 17 个主要客源国与目的地国的经济、政治、历史、文化、民俗、会展业和旅游业概况。这 17 个国家中，我只去过美国、德国、澳大利亚、俄罗斯、韩国等部分国家，对不少国家缺乏直接体验和研究。由于我在澳大利亚的时间相对较长，情况比较熟悉，因而详细阅读了关于澳大利亚的相关资料，我觉得该书的资料非常翔实，对了解澳大利亚的风土人情和旅游、会展具有很高的价值。

佩良最近推出的这本《中国主要旅游客源国与目的地国概况（双语教学用书）》，是推动我国旅游及会展领域双语教材建设的重要探索，对推动该领域双语教学的发展必将发挥重要的作用。

刘大可

北京第二外国语学院经贸与会展学院院长

2014 年 1 月

Preface Two

It is claimed that tourism is the fastest growing international industry. The speed of its development is such that it is easy to lose sight of its dimensions. It is a multidisciplinary area of study, embracing a variety of analyses, from marketing and economics to ethnographic and environmental studies. With such breadth and depth, tourism needs a solid starting point and where better than a description of the main organizations, places and occasions which are relevant? This book provides this starting point, with an encyclopedic review of the main structures with which tourism is organized and major contexts within which tourism takes place.

The book focuses on an important component of tourism : MICE i.e. travel for Meetings, Incentives, Conventions and Exhibitions. Whilst much of tourism literature concentrates on leisure tourists, an important element of the growth in tourism worldwide is business tourism, of which MICE is the most significant element.MICE provides the places and occasions at which to host face–to–face industrial communication. And in the internet age, MICE is an important reminder that there is no substitute for being there!

Survey of Major Source and Destination Counties for Chinese Tourism has an impressive global coverage, which is only right considering that tourism and MICE are definitive international industries. The range of countries covered comprises seven from the Asia–Pacific region, five from Europe, three from America and two from Africa. This book provides a clear and succinct guide to the main features of tourism and MICE in these countries.

Peter Taylor

Professor of Sheffield Hallam University, UK

January, 2014

目录
CONTENTS

Chapter One

Tourism & MICE Industry

学习意义　全球旅游产业与会展产业方兴未艾，发展迅猛。通过本章的学习，熟悉旅游和会展产业的相关概念，了解相关的组织与机构，宏观把握全球旅游和会展产业的发展态势，为下一步分国别学习奠定基础。

内容概述　Section 1　Tourism Industry介绍了全球旅游业发展概况、著名的旅游组织、旅游公司、旅游项目以及知名的旅游酒店。Section 2　MICE Industry解释了会议、展览、节庆的基本概念，并着重介绍了世界博览会、世界杯足球赛、世界选美赛等大型赛事活动。

学习目标

知识目标

1. 了解世界主要旅游组织、机构。
2. 了解世界主要旅游类型及其特征。
3. 了解会议、展览、节庆等相关概念。
4. 了解全球主要的会展公司及会展活动。

能力目标

1. 能通过网络、文献等手段搜集资讯，掌握全球旅游与会展产业发展态势。
2. 能针对所在地的出入境旅游与会展活动开展调研。

Section 1 Tourism Industry

【导读】1841 年，英国人托马斯·库克包租了一列火车，组织 570 人从莱斯特前往拉夫堡参加禁酒大会，从而揭开了现代旅游的序幕，库克因此被誉为现代旅游业之父。“二战”后，科技进步，现代交通工具日新月异，人们的闲暇和可支配收入不断增多，人类由此进入休闲时代，全球旅游产业开始突飞猛进。现在，人们外出旅游日益频繁，旅游花销越来越多，旅游形式日益丰富。或入繁华都市休闲，或至荒漠旷野探险，或于深涧险峰寻幽，或往异国他乡猎奇，探险游、美食游、生态游、医疗游等，花样繁多，你来我往。旅游过程中，人们互尊互重，增信释疑，加强了了解与合作，全球成为村庄，天下可臻大同。中国也正在由旅游大国向旅游强国迈进。

Part One Tourism Situation and Trends

1. International Tourism Survey（国际旅游概况）

Tourism means travel for recreational, leisure or business purposes. Wealthy people have always traveled to distant parts of the world, to see great buildings, works of art, learn new languages, experience new cultures and taste different cuisines. The word “tourism” was used by 1811 and “tourist” by 1840. In 1936, the League of Nations defined foreign tourist as “someone traveling abroad for at least 24 hours”.

Tourism is vital for many countries due to the large intake of money for businesses with their goods and services, and the opportunity for employment in the service industries associated with tourism. These service industries include transportation services, hospitality services, and entertainment venues.

2. International Tourism Trends（国际旅游趋势）

Tourists have high levels of disposable income（可支配收入）, considerable leisure time, better education, and sophisticated tastes. There is now a demand for better quality products, which has resulted in a fragmenting of the mass market for beach vacations ; people want more specialized versions, quieter resorts, family-oriented holidays or niche markettargeted destination hotels.

The developments in technology and transport infrastructure, such as jumbo jets（巨型飞机）, low-cost airlines and more accessible airports have made many types of tourism more affordable.UNWTO estimates that up to 500,000 people are on planes at any time. There have also been changes in lifestyle, such as retiree-age people who sustain year round tourism.

UNWTO forecasts that international tourism will continue growing at the average annual rate of 4%. With the advent of e-commerce, tourism products have become one of the most traded items on the internet. Tourism products and services have been made available through intermediaries.

Part Two Main Tourism Organization and Tourism Culture

1. Cox & Kings（考克斯金旅游公司）

Cox & Kings is the oldest established travel company in the world, its history stretching back to 1758. It grew through the 18th and 19th centuries. The company set up five branches in India between 1905 and 1911, supplementing those in Alexandria and Egypt（1919 and 1920）and Rangoon（1921）.

When the Great War began, Cox & Co employed some 180 staff, of which one third joined the army. During the Great War, some 250,000 men were on their books, 50,000 cheques were cleared a day and a special department was set up to deal with the influx of American soldiers in 1917. By the end of the war some 4,500 worked for the firm.

In October 1922, Cox & Co bought Henry S. King Bank which had a large network in India. They also moved into new offices in Pall Mall. The USA office was opened in New York in June 1988 . Cox & Kings purchased Tempo Holiday, a Melbourne based wholesale travel company in July 2008, and purchased Bentours（based in Sydney）in January 2010. Cox & Kings is now an independent tour company with offices in the United Kingdom, India, the United States and Japan. Its global headquarter is in London.

2.World Travel and Tourism Council（世界旅行旅游理事会）

The World Travel & Tourism Council（WTTC）was established in 1990 in London, and today the Council is positioned as the global business leaders' forum for Travel & Tourism, comprising the Chairmen and Chief Executives of 100 of the world's foremost organizations, representing all regions and sectors of the industry. Its website is www.wttc.org.

WTTC works together with governments to raise awareness of Travel & Tourism as one of the world's largest industries, employing approximately 235 million people and generating 9.3 percent of world GDP. The Global Travel & Tourism Summit is an annual WTTC gathering for both public and private sector leaders of travel and tourism. The Summit aims to facilitate meaningful dialogue among the world's Travel & Tourism industry and government leaders.

3. World Tourism Organization（世界旅游组织）

The World Tourism Organization（UNWTO）, based in Madrid（马德里）, is a United Nations agency dealing with issuess relating to tourism. It is a significant global body, concerned with the collection and collation（核对）of statistical information on international tourism.

UNWTO plays a role in promoting the development of responsible, sustainable and universally accessible tourism and the interests of developing countries. UNWTO encourages the implementation of *the Global Code of Ethics for Tourism*（《全球旅游道德规范》）, with a view to ensuring that member countries, tourist destinations and businesses maximize the positive economic, social and cultural effects of tourism and fully reap（获得）its benefits, while minimizing its negative social and environmental impacts.

The origin of UNWTO stems back to 1925 when the International Congress of Official Tourist Traffic Associations（ICOTT）was formed at Hague（海牙）. WTO came into operation on November 1, 1974. At the fifteenth general assembly in 2003, the UNWTO general council and the UN agreed to establish the UNWTO as a specialized agency of the UN. As of 2010, its membership included 154 members, 7 associate members and 2 observers.

4. World Tourism Day（世界旅游日）

Since 1980, UNWTO has celebrated World Tourism Day on September 27. This date was chosen as on that day in 1970, the Statutes of the UNWTO were adopted. The purpose of this day is to raise awareness on the role of tourism within the international community and to demonstrate how it affects social, cultural, political and economic values worldwide.

At its twelfth session in Istanbul（伊斯坦布尔）in October of 1997, the UNWTO General Assembly decided to designate a host country each year to act as the Organization's partner in the celebration of World Tourism Day.

5. World Heritage Site（世界遗产地）

A UNESCO World Heritage Site is a place（such as a forest, mountain, lake, desert, monument, building, complex or city）that is listed by the UNESCO as of special cultural or physical significance. The list is maintained by the international World Heritage Program administered by the UNESCO World Heritage Committee, composed of 21 parties which are elected by their General Assembly.

The program catalogues, names, and conserves sites of outstanding cultural or natural importance to the common heritage of humanity. Under certain conditions, listed sites can obtain funds from the World Heritage Fund. Each World Heritage Site is the property of the state on whose territory the site is located, but it is considered in the interest of the international community to preserve each site.

As to 2023, there have been 1,157 World Heritage Sites located in 167 States Parties. Of these, 900 are cultural, 218 are natural and 39 are mixed properties. Italy is home to the greatest number of World Heritage Sites to date with 58 sites inscribed on the list. The World Heritage Committee has divided the countries into five geographic zones：Africa, Arab States, Asia-Pacific, Europe & North America and Latin America & Caribbean.

Part Three Characteristic Tourism

1. Leisure Travel（休闲旅游）

Leisure travel was associated with the Industrial Revolution in the United Kingdom–the first European country to promote leisure time to the increasing industrial population. Initially, this applied to the owners of the machinery of production, the economic oligarchy（寡头）, the factory owners and the traders. These comprised the new middle class.

2. Adventure Travel（探险旅游）

Adventure travel is a type of tourism, involving exploration or travel to remote, exotic and possibly hostile areas. Adventure travel is rapidly growing in popularity, as tourists seek different kinds of vacations. Adventure tourism gains much of its excitement by allowing its participants to step outside of their comfort zone. This may be from experiencing culture shock or through the performance of acts, that require significant effort and involve some degree of risk and/or physical danger. This may include activities such as mountaineering, trekking（徒

步）, bungee jumping（蹦极）, mountain biking, rafting（漂筏）, zip-lining（索道）and rock climbing. Some obscure（鲜为人知）forms of adventure travel include disaster and ghetto（贫民窟）tourism.

3. Culinary Tourism（美食旅游）

Culinary tourism is experiencing the food of the country, region or area, and is now considered a vital component of the tourism experience. Dining out is common among tourists and food is believed to rank alongside climate, accommodation, and scenery in importance to tourists.

Culinary tourism is defined as the pursuit of unique and memorable eating and drinking experiences. Culinary tourism is not limited to gourmet food, and wine tourism and beer tourism are also regarded as subsets（子集）of culinary tourism.

4. Cultural Tourism（文化旅游）

Cultural tourism has been defined as the movement of persons to cultural attractions away from their normal place of residence, with the intention to gather new information and experiences to satisfy their cultural needs. It is the subset of tourism concerned with a country or region's culture, specifically the lifestyle of the people in those geographical areas, the history of those peoples, their art, architecture, religions, and other elements that helped shape their way of life. Cultural tourism includes tourism in urban areas, particularly historic or large cities and their cultural facilities such as museums and theatres. It can also include tourism in rural areas showcasing the traditions of indigenous cultural communities, and their values and lifestyle.

5. Ecotourism（生态旅游）

Ecotourism is responsible travel to fragile, pristine, and usually protected areas that strive to be low impact and small scale. Its purpose is to educate the traveler, provide funds for ecological conservation, directly benefit the economic development and political empowerment of local communities, and foster respect for different cultures and for human rights. Since the 1980s, ecotourism has been considered a critical endeavor by environmentalists, so that future generations may experience destinations relatively untouched by human intervention.

Ecotourism typically involves travel to destinations where flora, fauna and cultural heritage are the primary attractions. One of the goals of ecotourism is to offer tourists insight into the impact of human beings on the environment, and to foster a greater appreciation of our natural habitats.

6. Medical Tourism（医疗旅游）

Medical tourism is a term initially coined by travel agencies and the mass media to describe the rapidly growing practice of travelling across international borders to obtain health care. It also refers to the practice of healthcare providers travelling internationally to deliver healthcare.

Services typically sought by travelers include elective procedures as well as complex specialized surgeries such as joint replacement, cardiac（心脏）surgery, dental surgery, and cosmetic（美容）surgeries. However, virtually every type of health care, including psychiatry（精神病）, alternative treatments, convalescent（康复）care and even burial services are available. Over 50 countries have identified medical tourism as a national industry.

7. Agritourism（农业旅游）

Agritourism involves any agricultural operation or activity that brings visitors to a farm or ranch（牧场）. Agritourism is considered a growth industry in many parts of the world. Agritourism overlaps with geotourism, ecotourism and culinary tourism.

Agritourists can choose from a wide range of activities that include picking fruits and vegetables, riding horses, tasting honey, learning about wine and cheese-making, or shopping in farm gift shops and farm stands for local and regional produce or hand-crafted gifts.

8. Sports Travel（体育旅游）

Since the late 1970s packaged（打包）sports travel has become increasingly popular. Events such as rugby（橄榄球）, Olympics, Commonwealth Games, Asian Games and Football World Cups have enabled specialist travel companies to gain official ticket allocation and then sell them in packages that include flights, hotels and excursions.

9. Educational Tourism（教育旅游）

Educational tourism developed, because of the growing popularity of teaching and learning of knowledge and the enhancing of technical competency outside of the classroom environment. In educational tourism, the main focus of the tour or leisure activity includes visiting another country to learn about the culture, such as in Student Exchange Programs and Study Tours, or to work and apply skills learned inside the classroom in a different environment, such as in the International Practicum（实习）Training Program.

10. Creative Tourism（创意旅游）

Creative tourism has existed as a form of cultural tourism, since the early beginnings of tourism itself. In 2006, Barcelona（巴塞罗那）Creative Tourism Program was created in order to promote creative tourism in Barcelona and its surroundings. Meanwhile, the concept of creative tourism has been picked up by high-profile organizations such as UNESCO, who through the Creative Cities Network（创意城市联盟）, have endorsed creative tourism as an engaged, authentic experience that promotes an active understanding of the specific cultural features of a place.

11. Dark Tourism（黑色旅游）

Dark tourism involves visits to dark sites, such as battlefields, scenes of horrific crimes or acts of genocide（种族大屠杀）. These sites include battlefields such as Culloden（卡洛登）in Scotland, Beaumaris Prison（博马里斯城堡监狱）in Wales, the Memorial Hall of the Victims in Nanjing Massacre by Japanese Invaders（侵华日军南京大屠杀遇难同胞纪念馆）in China, either man made spots such as Chernobyl（切尔诺贝利）in USSR（苏联）, Ground Zero（地面零点）in New York, and Dungeon（地牢）in London.

12. Doom Tourism（末日旅游）

Also known as Tourism of Doom, or Last Chance Tourism（告别旅游）, this emerging trend involves traveling to places that are environmentally threatened before it is too late. This type of tourism is believed to be on the rise. Some see the trend as related to sustainable tourism or ecotourism due to the fact that a number of these tourist destinations are considered threatened by environmental factors such as global warming, over population or climate change.

Part Four Hospitality Industry（酒店产业）

Hospitality is the relationship between guest and host, or the act of being hospitable. Specifically, this includes the reception and entertainment of guests, visitors, or strangers, resorts, membership clubs, conventions, attractions, special events, and other services for travelers and tourists. The hospitality industry consists of broad category of fields within the service industry that includes lodging, restaurants, event planning, theme parks, transportation, cruise line, and additional fields within the tourism industry. A hospitality unit such as a restaurant, hotel or even an amusement park consists of multiple groups such as facility maintenance, direct operations, management, marketing and human resources.

1. InterContinental Hotels Group（洲际酒店集团）

InterContinental Hotels Group is a global hotels company headquartered in Denham（德海姆）, United Kingdom. It is the largest hotels company in the world measured by number of rooms with 880,327 as of January 2021, and has over 5,911 hotels in over 100 countries. Its brands include Inter Continental, Holiday Inn and Crown Plaza. InterContinental Hotels Group can be traced back to 1777 when William Bass established the Bass Brewery. In 1876, their red triangle trademark was the first registered in the United Kingdom.

2. Hilton Worldwide（希尔顿国际）

Hilton Worldwide is a global hospitality company. It is owned by the Blackstone Group, a private equity（股市）firm. As of June 2020 Hilton brands encompass over 6,215 hotels with 983,465 rooms in 118 countries. Hilton is ranked as the 36th largest private company in the United States by Forbes（福布斯）.

The company owns, manages or franchises（加盟）a portfolio（组合）of brands, including Hilton Hotels & Resorts, Conrad Hotels（康拉德希尔顿）, Doubletree（逸林酒店）, Embassy Suites Hotels（大使馆套房酒店）, Hampton Inn & Suites, Hilton Garden Inn. It was founded by Conrad Hilton in Cisco（思科）of Texas and was headquartered in Beverly Hills of California from 1969 until 2009.

3. Marriott International（万豪国际）

Marriott International Inc. is a worldwide operator and franchisor of a broad portfolio of hotels and related lodging facilities. Founded by Willard Marriott, the company is now led by son Marriott, Jr. Today, Marriott International has about 7,487 lodging properties located in the United States and 130 other countries and territories in 2020.

4. Accor（雅高集团）

Accor is a French multinational corporation operating in nearly 100 countries. Headquartered in France, Accor runs a hotels branch (Accor Hospitality) and formerly ran a corporate services firm (Accor Services).

Accor Hospitality has more than 5,100 hotels worldwide in 2019, ranging from economy to luxury. Through Accor Services, Accor also sold service vouchers（代金券）to over 430,000 companies and institutions and 30 million users in 40 countries. The company demerged（拆分）its Accor Services unit in 2010 under the name Edenred.

拓展阅读 搜索

世界旅游产业发展态势

20世纪90年代初，旅游业已超过石油和汽车工业，成为世界第一大产业，也是世界经济中持续、稳定增长的重要战略性、支柱性、综合性产业。随着全球经济一体化深入发展，世界旅游业进入快速发展的黄金时代。过去60年来，世界旅游业长盛不衰，呈现出五大特点。

一是旅游业高速、持续、稳定增长，综合效益明显。就全球旅游者数量和旅游收入而言，在60年间大约每10年就会翻番。世界旅游业收入增速明显高于同期世界经济年均3%的增速。截至2010年，国际旅游业经济总量占全球GDP总量10%以上，旅游投资占投资总额12%以上。旅游业不仅是支柱产业，也是关系就业、扶贫、环保的民生工程。世界旅游组织早在1993年就指出，旅游业是世界上创造就业机会最多的行业。很多国家把旅游作为推进贫困地区脱贫致富的重要手段，都非常成功。旅游是资源节约型、环境友好型产业，通过保护性开发旅游资源，积极发展绿色旅游、文明旅游，可以改善生态环境，实现可持续发展。

二是世界旅游市场呈现三足鼎立的新格局。欧洲和北美曾长期是世界上最受欢迎的两大旅游地，但情况正在发生快速变化，东亚及太平洋地区已成为全球第三大旅游目的地。20世纪80年代以前，美、德、英、法、日、意和西班牙等发达国家几乎垄断了国际旅游市场，接待人数和旅游收入都占到世界总量的90%。此后，随着中国、俄罗斯、印度、巴西、波兰和亚洲"四小龙"等新兴工业化国家和地区的崛起，国际旅游市场朝多极化发展。2010年，全球9.4亿旅游人次有47%来自新兴工业化国家，中国已成为全球第三大旅游目的地，2010年接纳旅游者5600万人次。

三是旅游实现休闲化、大众化和社会化，人类已进入旅游时代。随着科技进步和经济发展，人们的闲暇与时俱增，恩格尔系数与时俱减，休闲度假旅游成为现代人生活的重要组成部分。从20世纪70年代末开始，旅游者已不再满足于传统的观光旅游，开始选择具有鲜明地域特色、时代特色和个性特色的休闲度假旅游产品。欧美发达国家是休闲度假旅游的发源地，世界旅游强国大都休闲度假旅游发达。地中海沿岸、加勒比海地区、波罗的海及大西洋沿岸的海滨沙滩都成为度假旅游胜地。

四是旅游与科教、文体、会展等产业结合紧密，成为战略产业。科技进步和技术创新已成为世界旅游业发展的主要推动力。信息、网络、交通技术的快速发展，促进旅游需求多样化、旅游管理信息化、旅游装备科技化。旅游业与文化体育事业产业的结合也成为亮点。文化是旅游的灵魂，旅游是文化的载体。随着信息化时代的到来，国家之间的竞争力已经从硬实力的较量，发展到文化软实力的竞争。国际旅游是一个国家输出文化、改善形象和扩大影响的重要渠道，通过举办国家主题文化年、体育赛事、盛大展会等活动，可以广泛地吸引国际游客，增进国际交流，提升国家软实力。旅游与文化紧密结合的态势，使中国、希腊、埃及、印度等在未来国际旅游竞争中具有优势。旅游业还直接促进了酒店、餐饮、服务和商贸等产业，旅游公司也可成为庞大的商业帝国。例如美国运通公司是全球最大的旅游企业，其资产总额达2,000多亿美元，在全球130个国家设立1,700多家营业网点，年收入360亿美元。

五是旅游已上升为国家战略，成为参与国际竞争的重要平台。美国、法国、西班牙都将发展旅游业作为国家战略，许多国家元首和政要亲自宣传本国旅游，甚至担任旅游大使，通过旅游这个渠道，积极扩大国际影响力。例如日本实施“观光立国”战略；韩国提出“国民观光职业化”；马来西亚提出“马来西亚，真正的亚洲”旅游宣传口号；印度提出“令人难以置信的印度！”；西班牙政府通过“旅游促进计划”，在 2008 ~ 2020 年间每年投入 15 亿欧元，用于发展旅游业；墨西哥将“国家旅游发展计划”列为法律，将 2011 年定为“旅游年”。旅游业已成为各国应对经济危机、促进经济复苏、培育新经济增长点的重要手段。许多国家建立了政府主导、行业合作、企业参与、专业运作的市场营销推广机构，日本观光振兴会、韩国观光公社、法兰西之家、美国国家旅游组织、加拿大旅游委员会、新加坡旅游促进局等都做得很成功。

——资料来源：刘文海，《世界旅游业的发展现状、趋势及其启示》，《中国市场》。

复习与思考

一、名词解释

世界旅游组织　世界旅游日　世界文化遗产

二、简答题

1. 简述全球旅游产业发展简史。
2. 目前主要有哪些类型的旅游活动，分别有什么特征？
3. 全球的酒店产业发展态势如何，有哪些知名的酒店企业，分别有哪些经营特点？

三、实践与训练

1. 调查本地区的世界文化遗产项目及其保护开发情况。
2. 调查本地区的出入境旅游情况。
3. 调查本地区的国际品牌酒店经营情况。

Section 2 MICE Industry

【导读】会展产业大致包括会议、奖励旅游、节庆与展览四部分(Meetings, Incentives, Conventions and Exhibitions, 简称 MICE)。会议交流信息，展览展示产品，节庆提供体验，奖励旅游激励员工更好地工作。从全球来看，欧洲会展产业最发达，美洲次之，亚洲迅速崛起，南美与非洲稍差。德国是展览强国，专业水准高，品牌效益好，以服务产业为主。法、英曾举办多届世博会和奥运会，注重文化与艺术，以人为本。美国以会议和节事活动为主，强调交流与休闲，关联效益好。日本、韩国、新加坡会展产业发展迅猛，中国会展产业突飞猛进，正由会展大国向会展强国迈进。世博会、奥运会、世界杯为全球顶级节事活动。达沃斯论坛、APEC 会议、博鳌论坛为具有影响力的国际会议。广州交易会、东京电玩展、汉诺威工业展、美国消费类电子展为知名展会。

Part One Meeting and Convention

1. Convention（会议）

A convention is a gathering of individuals who meet at an arranged place and time in order to discuss or engage in some common interest. Trade conventions typically focus on a particular industry or industry segment, and feature keynote（主旨）speakers, vendor（厂商）displays, and other information and activities of interest to the event organizers and attendees. Professional conventions focus on issues concerning to the profession and advancements in the profession. Fan conventions usually feature displays, shows, and sales based on pop culture and guest celebrities（名流）. Science fiction conventions traditionally partake（分担）of the nature of both professional conventions and fan conventions.

A convention center is a large building that is designed to hold a convention, and typically offers sufficient floor area to accommodate several thousand attendees. Convention centers typically have at least one auditorium and may also contain concert halls, lecture halls, meeting rooms and conference rooms. Some large resort area hotels include a convention center.

2. Professional Conference Organizer（专业会议组织者）

A Professional Conference Organiser（PCO）is a company which specialises in the organisation and management of congresses, conferences, seminars（论坛）and similar events. PCOs work as consultants for academic and professional associations. They usually provide full service management for conferences including but not limited to conference design, registration, site and venue selection and booking, audiovisuals, IT support, logistics（物流）, leisure management, marketing, printing and web services, sourcing speakers, funding and sponsorship, financial management and budget control.

3. Meeting Professionals International（国际会议专家联盟）

Meeting Professionals International（MPI）is a professional community for the global meeting industry. Founded in 1972, the Dallas-based non-profit association has 68 chapters and clubs, over 24,000 members from 69 chapters in 20 countries around the world. It organizes four annual conferences：the World Education Congress, the Meet Different, the Asian Meetings and Event Conference, and the European Meeting and Events Conference.

Part Two Exhibition and Trade Fair

1. Exhibition（展览）

An exhibition is an organized presentation and display of a selection of items. In practice, exhibitions usually occur within museusms, galleries（美术馆）and exhibition halls. Exhibitions may be permanent displays or temporary, but in common usage, exhibitions are considered temporary and usually scheduled to open and close on specific dates.

Art exhibitions include an array of artifacts from countless forms of human making：paintings, drawings, crafts, sculpture, video installations, sound installations, performances, interactive art, etc. Art exhibitions may focus on one artist, one group, one genre, one theme or one collection；or may be organized by curators（策展人）, selected by juries, or show any artwork submitted.

Commercial exhibitions, generally called trade fairs, trade shows or expos, are usually organized so that organizations in a specific interest or industry can showcase and demonstrate their latest products. Some trade fairs are open to the public, while others can only be attended by company representatives and members of the press.

2. Trade Fair（贸易展）

A trade fair is an exhibition organized so that companies in a specific industry can showcase and demonstrate their latest products, service, study activities of rivals and examine recent market trends and opportunities. In contrast to consumer fairs, only some trade fairs are open to the public. A few fairs are hybrids of the two；one example is the Frankfurt Book Fair, which is trade-only for its first three days and open to the general public on its final two days. They are held on a continuing basis in virtually all markets and normally attract companies from around the globe.

Trade fairs often involve a considerable marketing investment by participating companies. Costs include space rental, design and construction of trade show displays, telecommunications and networking, travel, accommodations, and promotional literature and items to give to attendees. In addition, costs are incurred at the show for services such as electrical, booth cleaning, internet services, and drayage（托运费）. Consequently, cities often promote trade shows as a means of economic development.

Part Three　Festival and Event

1. Festival（节庆）

A festival is an event, usually staged by a local community, which centers on and celebrates some unique aspect of that community.

There are numerous types of festivals in the world. Though many have religious origins, others involve seasonal change or have some cultural significance. Also, certain institutions celebrate their own festival to mark some significant occasions in their history.

Among many religions, a feast（祭日）is a set of celebrations in honour of God or Gods. In the Christian calendar（历书）, there are two principal feasts, properly known as Christmas and Easter（复活节）.

Seasonal festivals are determined by the solar and the lunar calendars and by the cycle of the seasons. The changing of the season was celebrated because of its effect on food supply. An important type of seasonal festivals is those related with the agricultural seasons.

2. Food Festival（美食节）

A food festival, usually held annually, uses food as its central theme. These festivals have always been a means of uniting communities through celebrations of harvests and giving thanks for a plentiful growing season. They can be traced back thousands of years to celebrate the arrival of harvest time, the autumnal equinox（秋分）, and the honoring of earth gods.

3. Music Festival（音乐节）

A music festival is oriented towards music that is sometimes presented with a theme such as musical genre, nationality or locality of musicians, or holiday. They are commonly held outdoors, and are often inclusive of other attractions such as food and merchandise vending machines, performance art, and social activities.

Many festivals are annual, or repeat at some other interval. Some are held only once. Some festivals are organized as for-profit concerts and others are benefits for a specific cause.

4. Arts Festival（艺术节）

An arts festival focuses on the visual arts in all forms. Arts festivals in the visual arts are exhibitions and are not to be confused with the commercial art fair. Artists participate in the most important of such festival exhibitions by invitation, and these exhibitions are organised by internationally recognized curators（策展人）chosen by a committee of peers. These international exhibitions must be distinguished from art fairs, market-oriented gatherings of art dealers and their wares.

5. Literary Festival（文学节）

A literary festival is a regular gathering of writers and readers, typically on an annual basis in a particular city. A literary festival usually features a variety of presentations and readings by authors with the primary objectives of promoting the authors' books and fostering a love of literature and writing.

Writers' conferences are sometimes designed to provide an intellectual and academic focus for groups of writers. There are many literary festivals held around the world.

6. Film Festival（电影节）

A film festival is an organized, extended presentation of film in one or more movie theaters. The films may be of recent date and can include international releases as well as films produced by the organizers' domestic film industry. Sometimes there is a focus on a specific film-maker or genre or subject matter. A number of film festivals specialize in short films, each with its defined maximum length. Film festivals are typically annual events.

The first major film festival was held in Venice in 1932 ; the other major and oldest film festivals of the world are : Festival del Film Locarno（洛迦诺电影节，1946）, Edinburgh International Film Festival（爱丁堡国际电影节，1947）, Cannes Film Festival（戛纳电影节，1947）and Berlin International Film Festival（柏林国际电影节，1951）. The Edinburgh International Film Festival in the UK is the longest continually running film festival in the world. Raindance Film Festival is the UK's largest celebration of independent film-making and is taking place in London in October.

Part Four　Main World Events

1. World's Fair（世界博览会）

World's Fair, or Expo, is names given to various large public exhibitions held in different parts of the world. World's Fairs originated in the French tradition of national exhibitions, a tradition that culminated with the French Industrial Exposition of 1844 held in Paris. It was soon followed by other national exhibitions in continental Europe, and finally came to London where the first real international exhibition was held on May 1 of 1851. Since then, the character of world expositions has evolved. Three eras can be distinguished.

The first era of industrialization covered the period from 1800 to 1938. In these days, World Expositions were especially focused on trade and famous for the display of technological inventions and advancements. World Expositions were the platform where the state of the art in science and technology from around the world was brought together.

From the international exhibition of New York in 1939~1940 onwards, World's Fairs became more strongly based on a specific theme of cultural significance, and began to address issues of humankind. They became more future oriented and utopian in scope. Technology and inventions remained important, but no longer as the principal subjects of the Fair. Cross-cultural dialogue and the exchange of solutions became defining elements of the Expos.

From Expo 1988 in Brisbane onwards, countries started to use World Expositions more widely and more strongly as a platform to improve their national images through their pavilions. Apart from cultural and symbolic reasons, organizing countries also utilize the World Exposition to brand themselves.

Presently, there are 2 types of World Expositions : registered and recognized. Registered exhibitions are the biggest category events. Their duration may be between six weeks and six months. Since 1995, the interval between two registered expositions has been at least 5 years.

Recognized expositions are smaller in scope and investments and generally shorter in duration, between three weeks and three months. Their total surface area must not exceed 25ha and organizers must build pavilions for the participating states, free of rent, charges, taxes and expenses. The largest country pavilions may not exceed 1,000 square meters. Only one recognized exhibition can be held between two registered exhibitions.

2. Olympic Games（奥林匹克运动会）

The Olympic Games are a major international event featuring summer and winter sports. Originally, the ancient Olympic Games were held in Olympia（奥林匹亚）of Greece from the 8th century BC to the 5th century AD. Pierre de Coubertin（皮埃尔·顾拜旦）founded the International Olympic Committee（IOC）in 1894. The IOC has since become the governing body of the Olympic Movement, whose structure and actions are defined by the Olympic Charter（《奥林匹克宪章》）.

The evolution of the Olympic Movement during the 20th and 21st centuries has resulted in several changes to the Olympic Games. Some of these adjustments include the creation of the Winter Games（冬奥会）for ice and snow sports, the Paralympics Games（残奥会）for athletes with a physical disability, and the Youth Olympic Games（青奥会）for teenage athletes. The IOC has had to adapt to the varying economic, political and technological realities of the 20th century. As a result, the Olympics shifted away from pure amateurism（业余）to allow participation of professional athletes. The growing importance of the mass media created the issue of corporate sponsorship and commercialization of the Games. World Wars led to the cancellation of the 1916, 1940 and 1944 Games. Large boycotts during the Cold War limited participation in the 1980 and 1984 Games.

The Olympic Movement consists of international sports federations（IFs）, National Olympic Committee（NOCs）, and organizing committees for each specific Olympic Games. As the decision-making body, the IOC is responsible for choosing the host city for each Olympic Games. The host city is responsible for organizing and funding a celebration of the Games consistent with the Olympic Charter. The Olympic program, consisting of the sports to be contested at the Games, is also determined by the IOC. The celebration of the Games encompasses（包括）many rituals and symbols, such as the Olympic flag and torch（火炬）, as well as the opening and closing ceremonies. There are over 13,000 athletes that compete at the Summer and Winter Olympics in 33 different sports and nearly 400 events. The first, second, and third place finishers in each event receive gold, silver and bronze medals respectively.

The Games have grown in scale to the point that nearly every nation is represented. The Games also constitute a major opportunity for the host city and country to showcase themselves to the world.

3. FIFA World Cup（世界杯足球赛）

The FIFA World Cup is an international association football competition contested by the senior men's national teams. The championship has been awarded every four years since the inaugural tournament in 1930. The 21 World Cup tournaments have been won by eight different national teams. Brazil has won five times, and they are the only team to have played in every tournament. The other World Cup winners are Italy and Germany with four titles; France, Argentina and Uruguay with two titles each；England and Spain with one title each.

The current format of the tournament involves 32 teams competing for the title at venues within the host nation over a period of about a month – this phase is often called the World Cup Finals. A qualification phase, which currently takes place over the preceding three years, is used to determine which teams qualify for the tournament together with the host nation.

4. Miss Universe（世界小姐选美赛）

Miss Universe is an annual international beauty contest run by the Miss Universe Organization. The pageant（盛会）is the most publicized beauty contest in the world with 600 million viewers. The contest was founded in 1952 by California clothing company Pacific Mills and moved its headquarters to New York City in 1998.

The Miss Universe crown used from 2002 to 2007 was designed by Mikimoto（御木本）. The crown has 500 diamonds of almost 30 carats（克拉）, 120 South Sea and Akoya pearls（日本珠）, ranging in size from 3mm to 18 mm diameter and is valued at $250,000. Since 2009, Diamond Nexus Labs made Miss Universe crown. The crown is set with 1,371 gemstones, weighing a total of 416.09 carats. It contains 544.31 grams of 14 karat（k 黄金）and 18karat（k 黄金）white gold as well as platinum（铂金）.

拓展阅读 搜索

全球会展产业格局及发展趋势

2013年6月，上海会展研究院发布《全球会展国力报告》，这是中国乃至全球首次对国际知名会展国家从全球场馆50强、世界商展100强、国际组展商27强三个指标进行综合评估。

目前，德国、意大利、法国、英国、美国、西班牙、瑞士、荷兰、中国、俄罗斯、泰国11国构成全球会展国力竞争的主体，大致可分为世界会展超级强国、世界会展强国、世界会展大国和世界会展新兴大国四个梯队。

德国是当今唯一的会展超级强国，在全球会展产业格局中一枝独秀，遥遥领先。德国在全球最具竞争力的展馆中占有30%，高出第二名意大利13个百分点；德国拥有的百强商展分别是第二名意大利和第三名中国的5倍之多；德国在全球组展商27强中独占9席，占33%，其中4家进入前十强。

意大利、法国、英国和美国是传统的世界会展强国，综合实力雄厚，特色鲜明，体制成熟，经验丰厚，地位突出，在国际会展产业格局中构成第二方阵，也是当前全球会展业的中流砥柱。意大利、法国在展馆指标上分别居第二和第六位，在展会指标上分别居第二和第四位，在展商指标上分别居第三和第四位。英国展馆和展会规模不大，但展商实力雄厚，拥有5家全球顶尖级组展商。美国作为内需主导型超级经济体，跨国展览公司不多，但在展馆和展会指标上排名靠前，分别位列第三和第五。

西班牙、瑞士、荷兰综合实力均衡，地位稳定，在国际会展产业格局中构成第三方阵，堪称“低调贵族”。西班牙和瑞士在展馆指标上分别居第五和第九位，在展会指标上分别居第六和第七位，在展商指标上分别居第七和第五位。荷兰拥有一个10万平方米的展馆，经营效率跻身全球第六位。

中国、俄罗斯和泰国会展产业迅速崛起，是国际会展业不可忽视的新兴力量。在全球最具竞争力的场馆中，中国和俄罗斯分别拥有6席和2席，居第四和第七位；泰国表现优异，跻身世界会展场馆十大国家。在展会指标上，中国和俄罗斯分别有14个和1个展会入选国际商展百强，分别位列第三和第八，但经营的规模效益有待提升。

在未来，会展业对国民经济的拉动效应日益显著，对各国综合竞争力的提升影响巨大，国际会展业竞争将日趋激烈，且这种竞争将首先在世界上最具影响力的会展城市和最具规模经济效应的大型会展场馆之间展开。德国独大和欧美主导的趋势仍将长期持续，但以中国、俄罗斯、泰国、巴西、印度、南非、墨西哥、土耳其为代表的新兴市场经济体在国际会展产业市场的增长势头将异常强劲，国际会展业正由欧美发达国家向亚非拉美新兴经济体梯度转移，中国会展国力将出现突破性进展。为了谋求全球发展，各国会展业将在长期实践中不断寻找符合自身特点的发展模式，形成百花齐放的态势。

——资料来源：《全球会展国力报告首次公开发布》，《会议》。

复习与思考

一、名词解释

专业会议组织者　世界博览会　奥运会　世界杯足球赛

二、问答题

1. 阐述全球会展产业发展简史。
2. 会展活动包括哪些种类?
3. 全球会展产业的发展态势如何?

三、实践与训练

1. 调查本地区的大型会展项目。
2. 考察一家本地区的会展公司、会展场馆。

Chapter Two

Asia-Pacific Region

学习意义 中国是亚太地区的重要成员国，中国与亚太邻国关系密切。通过系统地学习韩国、日本、泰国、马亚西来、印度尼西亚、印度、澳大利亚等亚太国家的基本国情、社会文化、会展产业与旅游产业基本情况，提高学生与亚太地区国家进行旅游与会展产业交流与合作的素质与能力。

内容概述 本章主要阐述韩国、日本、泰国、马来西亚、印度尼西亚、印度和澳大利亚的基本国情、社会文化、旅游产业与会展产业的基本情况。

学习目标

知识目标

1. 了解韩、日、泰、马、印度尼西亚、印、澳等亚太国家的基本国情，如地理、政治、经济、国体等。
2. 了解韩、日、泰、马、印度尼西亚、印、澳等亚太国家的历史、文化、教育、社会风俗、美食等。
3. 了解韩、日、泰、马、印度尼西亚、印、澳等亚太国家的旅游产业，如主要旅游城市旅游景点以及旅游项目。
4. 了解韩、日、泰、马、印度尼西亚、印、澳等亚太国家的会展产业，如会展场馆、主要会展项目和会展公司。

能力目标

1. 能通过网络、文献等手段搜集资讯，掌握韩、日、泰、马、印度尼西亚、印、澳等亚太国家的旅游产业与会展产业发展现状与趋势。
2. 能运用所学亚太地区国家相关知识，对所在地的旅游活动与会展项目进行创新开发。

Section 3 South Korea

【导读】韩国地处朝鲜半岛南部，三面环海，地层稳固，少地震、火山之灾。四季分明，春花夏果，秋月冬雪，景致宜人。地形东高西低，西部多沃野平川，东部多崇山峻岭。汉江西流入海，智异山峙立中央，济州岛孤悬大海。东北、西南地区最发达，迁都世宗以实现中部崛起，影视、动漫、音乐、美容等发展最快。深受中国孔孟之道和佛教文化影响，萨满教及欧美文化也无处不在。民众喜食泡菜，嗜烧酒、人参汤，忌数字4和13。首尔为时尚购物中心，旅游会展业发达，曾举办奥运会、世博会和世界杯。庆州为千年古都，古迹众多，被誉为露天博物馆；济州岛为蜜月度假胜地；光州以泡菜闻名；釜山以海鲜著称，多俄罗斯游客。

Part One Basic Information

1. Overview

South Korea, officially known as the Repubic of korea, is a country in East Asia, covering the southern half of the Korean Peninsula. Japan lies across the sea. China lies to the west across the Yellow Sea. The capital Seoul in the northwest is the largest city, other major cities include nearby Incheon（仁川）, central Daejeon（大田）, Gwangju（光州）in the southwest and Daegu（大邱）, Busan（釜山）and Ulsan（蔚山）in the southeast. There are 9 provinces：such as Gyeonggi-do（京畿道）, Gangwon-do（江原道）, Chungcheong-do（忠清道）, Jeolla-do（全罗道）, Gyeongsang-do（庆尚道）and Jeju-do（济州道）.

2. Geography

The landmass of the peninsula is rather stable geologically. Most of the country is covered in mountains, and the highest is Hallasan（汉拿山）at 1950 meters. The Sobaeksan（小白山）range culminates in the massive Mt. Jirisan（智异山）. West of this range are the drainage basins of the Hangang（汉江）and Luodong Rivers（洛东江）. South Korea has a long coastline divided into the east, west and south coasts. Along the south coast, things get a bit more tropical and the vegetation is lush. This is where South Korea grows its ginseng（人参）

supplies. The country is dotted with 20 national parks.

3. Climate

The climate of South Korea is characterized by four distinct seasons. Spring (April to May) can be beautiful. Summer is hot, muggy, crowded, wet, typhoon-prone and expensive. August is the hottest month with the mean temperature ranging from 19℃ to 27℃ . Autumn (September to November) with its crisp air, spectacular autumn foliage（红叶）, crystal blue sky, and various folk festivals, is the season most widely loved by Koreans, an old Korean saying "The sky is high and the horses get fat" is for its Autumn. Winter (November to March) is cold but dry, and a good time for skiing, visiting snow-draped temples.

4. Politics

The South Korean government is comprised of three branches : executive（行政）, legislative（立法）and judiciary（司法）. The President, who is elected by direct popular vote for a single five-year term, is the highest representative of the republic and commander-in-chief（总司令）of the armed forces, and has considerable executive powers such as appointing and presiding over the State Council or cabinet. Cabinet members act on policy matters and are accountable to the President. The Prime Minister, appointed by the President, oversees administrative functions of the ministries. In addition to the State Council, the President has several agencies under his or her direct control to formulate and carry out national policies. The unicameral Korean parliament is the National Assembly（国会）, whose members serve a four-year term of office. The highest judiciary body is the Supreme Court（最高法院）, whose justices are appointed by the president with the consent（批准）of parliament. South Korea maintains its alliance with the U.S. to ensure sustained peace, security and economic development.

Taegeukgi（太极旗）, its national flag, consists of a blue and red yin-yang circle in the center, one black trigram in each of the four corners, and a white background. Its national anthem is *Aegukga*（《爱国歌》）, which means Love the Country. Its national flower is the rose of Sharon（木槿花）. According to records, Koreans have treasured the rose of Sharon as a heavenly flower since ancient times. It blooms from early July through late October. The flower represents the wish for lasting national development and prosperity. Koreans cherish and care for the national flower as it symbolizes the many glories the country has experienced and the trials and tribulations（苦难）the people have overcome.

5. Economy

South Korea's economy was one of the world's fastest growing from the early 1960s to the late 1990s, and one of the fastest growing developed countries in the 2000s, along with Hong Kong, Singapore, and Taiwan, the other three Asia Tigers.South Koreans refer to this growth as the Miracle on the Han River. The South Korean economy is heavily dependent on international trade, and in 2010, South Korea was the sixth largest exporter and tenth largest importer in the world.South Korea's market economy ranks 15th in the world by nominal GDP and 12th by purchasing power parity, identifying it as one of the G-20 major economies. South Korea was one of the few developed countries that were able to avoid a recession during the global financial crisis. Its economic growth rate reached 6.2 percent in 2010, a sharp recovery from economic growth rates of 2.3% in 2008 and 0.2% in 2009 when the global financial crisis hit.

Part Two Culture and Customs

1. History

According to the Koreans, a classic legend, Korea's first large social civilization, Go-Joseon（古朝鲜）, was founded by the man-god Dangun（檀君）in 2333 BC. In 1122 BC, a kingdom called Gija（箕子国）was established when a Chinese exile Jizi（箕子）led 5000 followers to the mountainous peninsula and founded the kingdom by merging with existent populations. In 108 BC, the Chinese Emperor Han Wudi（汉武帝）established four commanderies（郡）: Lelang（乐浪）, Xuantu（玄菟）, Zhenfan（真番）and Lintun（临屯）. Then three different confederate chiefdoms（酋邦）existed : Mahan（马韩）, Jinhan（辰韩）and Byeonhan（弁韩）.

Under constant pressure from China, these tribes banded together to found Korea's first kingdom Gogurye（高句丽）in the 1st century AD. The next four centuries were known as the Three Kingdoms Period : Gogurye, Baekje（百济）and Silla（新罗）. But in the early 13th century the Mongols reached Korea and gave it their scorched-earth（焦土）treatment. When the Mongol Empire（元帝国）collapsed, the Choson（朝鲜）Dynasty took over and a Korean script（文字）was developed. In 1592 Japan invaded. Korea closed its doors to outside influence until the early 20th century. Japan invaded the peninsula in 1904, and officially annexed（兼并）it in 1910. The Japanese, who hung on until the end of WWII, were harsh masters, and anti-Japanese sentiment was strong.

After the war, the USA occupied the south of the peninsula. A war lasted until 1953, and armistice（停战协议）was signed, splitting the peninsula along the demilitarized zone（非军事区）at about the 38th north parallel（北纬）.

In 1988, Seoul hosted the Summer Olympics. In 2012, Park Geun-hye（朴槿惠）won the presidential election.

2. Festivals

New Year's Day, or Seollal（新年）, is one of the biggest holidays of the year. On this day, people traditionally dress their best, take off from work and gather with family to observe the ancestral ceremonies. A feast is spread and the younger members of the family make the New Year's bow to their elders. These youths then go around the neighborhood to offer New Year's greetings to their older relatives and acquaintances（熟人）.

The 15th day of the first month is regarded as important since it is the first full moon of the year. People crack various kinds of nuts and set off firecrackers to exorcise（驱除）harmful spirits, insects and animals. In the evening, a variety of traditional games are played under the moonlight.

Some time during the second or third month is a day called Hansik（寒食节）. On this day, ancestor（祖先）rites are performed early in the morning when the whole family visits the tombs of their ancestors to pay respects. This usually includes tidying up the tombs.

The fifth day of the fifth lunar month is called Dano（端午）, which is another big holiday. According to ancient records, people on this day rested from work, dressed up in their best, and feasted just as they did on New Year's Day. Special events usually planned for the day include wrestling matches for men in which the champion receives a bull as a prize. Likewise, women participate in swinging（秋千）competitions；the winner of this event goes home with a gold ring.

In September, the National Folk Arts Festival showcases Korean culture. South Korea's biggest holiday is Chuseok（中秋）or the Harvest Moon Festival, which falls on the 15th day of the eighth month. On the night before Chuseok, all the family members sat around and made songpyeon（赏月饼）, looking at the full moon. Particularly, single men and women tried their best to make songpyeon as pretty as possible.

The 9th day of the ninth month is Jungyangjeol（重阳节）. On this day, people cooked pancakes with chrysanthemum（菊花）leaves or made wine with mums（菊花）. In groups, people went to the mountains or entered valleys to see the foliage（红叶）, and enjoyed the day by eating food and drinking wine.

3. Arts

Traditional music is similar to that of Japan and China, with an emphasis on strings (弦). The two main forms are the stately chongak (正乐) and the folksier minsogak (民俗乐). The former is closely related to the culture of the royal family and the upper-class, the latter belonging more to the common people. Korea's traditional music is based on the distinctively Korean voice. That voice is related to Korea's climate and natural environment and also to religion and ideology. Korean music instruments include wind instruments, string instruments, percussion (打击) instruments and so on. Among the folk dances are drum dances, mask dances, monk dances and spirit-cleansing (驱鬼) dances.

The most important work of Korean literature is *Samguk Yusa* (《三国遗事》), written in the 12th century by a monk. Koreans also consider their language an art form, and are particularly proud of their script, Hangeul (韩文). Hangeul was created by the fourth monarch of the Joseon Dynasty King Sejong the Great (世宗大王) in 1443. The alphabet consisted of 28 letters, was published in 1446 with the name *Humminjeongeum* (《训民正音》). As a result, the use of the alphabet spread among the general population. Its publication was a truly momentous event in Korean history, and the document is a valued national treasure.

4. Social Relations

The Confucian social order is based upon the five human relationships (五伦) and this concept has long dictated Korean behavior to a large extent. At meetings, social gatherings, or drinking parties, social order becomes an immediate question : who should greet whom first, who should sit where, who should sit down first, who should pour wine for whom first. Among close friends, those born earlier are treated as elder brothers and sisters.

The law of the three obediences (三从) dictated women's behavior : obeisance to the father before marriage, to the husband upon marriage, and to the son after the husband's death. The woman's role was "within" , within the home that was her domain to control. The man's role was "outside" , and his concern was limited to the affairs of the state and life beyond the confines of the home.

5. Marriage

In Korea, the marriage between a man and woman represents the joining of two families, rather than the joining of two individuals. During the Joseon period, people married in their early teens, with the girl often being several years older than the boy. The groom (新郎)

usually traveled to the house of the bride for the ceremony, then stayed there for 3 days before taking his new bride to his family's home. Although Koreans have kept several aspects of the traditional ceremony, most modern ceremonies resemble Western marriage ceremonies more than traditional Korean ones. However, many folk villages and museums across the country regularly perform ceremonies to keep the traditions alive.

6. Dress

Traditional Korean clothing has its roots extending back at least as far as the Three Kingdoms Period. The top part called a jeogori（则高里袄）is blouse-like with long sleeves. Women wear skirts while men wear baggy paji pants（巴基裤）. Commoners wore white, except during festivals and special occasions such as weddings. Clothes for the upper classes were made of bright colors and indicated the wearer's social status. Various accessories such as footgear（鞋袜）, jewelry, and headdresses or hairpins completed the outfit.

7. Table Manners

Kimchi（泡菜）is served at almost every meal, and few Koreans can last more than a few days without them. At table, firstly taste soup or kimchi juice, and then try rice or other dishes. Use spoon for rice and liquid foods ; use chopsticks for other food. Do not make noises with spoon or chopsticks hitting the rice bowl or other food containers. Do not hold the rice bowl or soup bowl in hand during the meal. During the meal, uneatable parts such as bones are quietly discarded by wrapping them in a paper so that others won't see them. Do not put them on the table or floor. When coughing or sneezing, face the other way from table and cover mouth with hand or napkin. Eat the rice and side dishes from one side. Chew food with mouth closed and do not make noises while chewing.

8. Drinks

Korean traditional alcohols can be divided into 3 categories : takju（浊酒）, yakju（清酒）and soju（烧酒）. Among them, yakju has the richest history and tradition. According to Koreans, the principle of drinking is to think of human beings first and form better relationships for the purpose of harmony. First, wear clothes tidy and keep the right attitude throughout. Second, prepare clean dishes and cook food neatly. Third, behave well, walk actively, and talk quietly. Fourth, express your gratitude（感激）, rejection（拒绝）. The most important seat in drinking is the inner side from the door and center position.

9. Village Guardians（村神）

A Changseung（长生）is a milepost（指路碑）or guardian for a village. Deeply rooted in Korea's shamanism culture, it has over 200 years of history. The name Changseung was borrowed from the Taoism idea of "jangsaeng bulsa"（长生不老）. The name of the various types of Changseung differs according to its role, function, appearance and location. It is classified into many different functions such as village protection, national defense, protection from disaster and diseases, protection of Buddhism, geological boundary, legal milepost, and praying for a son. Usually, a pair would guard the entrance to the village. The expression of the face marks the most important aspect. It usually has popped eyes, a big and bulbous potato nose, protruding teeth, and a hat. Chonha-dejangkun（天下大将军）is the great god above the world, and he is usually found together with Jiha-yojangkun（地下女将军）, the great female god of the underground. Bangwee-shinjang（保卫神将）is the god guarding against devils and misfortune, while hohop-shinjang（护法神将）is the god who protects national or religious constitution.

10. Folk Medicine（巫医）

In ancient times, illness was thought to be due to something entering the body, and recovery meant ridding oneself of this contamination（玷污）. Shamans, usually female, were employed to drive away this evil spirit. To cure the sick, the shaman made offerings of food and wine, and sometimes even sacrifices of animals, symbolizing the ill person. In return for the offerings, the shaman would request the spirits to leave the body and home of the sick person and never return. Making the entreaty, the shaman would sing, chant, dance and pray. If this was not effective, a more active and hostile approach was adopted. The locality of the spirits would be sought out and if found, beaten, shut up in a bottle, floated down the river, buried in the ground or wounded with a sharp knife or stick through a performance that symbolized these actions. These performances, lasting anywhere from an hour to a week, were accompanied by music.

11. Taekwondo（跆拳道）

Taekwondo as one of the most systematic and scientific of Korean traditional martial arts has become one of the most popular martial arts, practiced by millions of people all over the world. Taekwondo goes far deeper than just physical attacking or self-defense. It is a discipline that shows ways of enhancing one's spirit and life through training one's body and mind. It is also a modern sport that has gained an international reputation and stands among the official games in the Olympic Games.

The word taekwondo is composed of three parts. Tae（跆）means foot, leg, or to step on. Kwon（拳）means fist or fight. Do（道）means the way or discipline. These three parts together form the two important concepts. First, taekwondo is the right way of using Tae and Kwon, or all the parts of the body represented by fists and feet. Second, taekwondo is a way to control or calm down fights and keep the peace. This concept comes from the meaning of Tae Kwon to put fists under control. Thus the comprehensive meaning would be the right way of using all parts of the body to stop fights and help to build a better and more peaceful world.

Part Three Tourism Attractions

1. Seoul（首尔）

Seoul is the capital and the heart of South Korea, containing about 10.2 million of the nation's 45 million people. It is the financial, political, commercial, recreational, educational and cultural center of South Korea, home to major corporations, banks, government offices, leading schools and universities, theaters and entertainment facilities. Despite its tall buildings and neon lights, Seoul is not just an intriguing（迷人）city, but also a showpiece of modern and traditional architecture, offering the visitor a wealth of cultural sights. The central city area is ringed with royal palaces, and around the old city gates are enormous bustling markets. Skyscrapers（摩天大楼）jostle（紧邻）with a maze（迷宫）of traditional-style Korean houses and inns.

Gyeongbokgung Palace（景福宫）was first built in 1394. It was burned down during the Japanese invasion of 1592 and left in ruins until reconstruction in 1868. It is located in a 40-acre complex along with several impressive buildings.

Changdeokgung（昌德宫）, one of the five palaces of the Joseon Dynasty, was constructed in 1405, and the complex's layout is designed in accordance with the surrounding topography. Changdeokgung has undergone a number of repairs and reconstructions due to fire；yet it was never reduced in size. Of the three palaces that were burnt down during the Hideyoshi（丰臣秀吉）invasions of 1592~1598, it was the first to be restored and thus served as the main palace for almost 270 years. The oldest structure in the complex is Donhwamun Gate（东华门）. In addition, the back garden served as a recreational area for Joseon kings. It is a fine example of ancient Korean landscaping with a lotus pond, trees and a pavilion all arranged in harmony with the natural surroundings. Changdeokgung makes an invaluable contribution to a understanding of traditional architecture, landscaping and history.

Jongmyo（宗庙）is the Royal Ancestral Shrine where the spirit tablets of Joseon (1392~1910) kings and queen-consorts（皇妃）are enshrined（供祀）and rituals performed. As the number of spirit tablets（灵位）increased, the complex was repeatedly expanded. When built, Jongmyo's main hall had the longest floor space of any contemporary wooden building in the world. At present, an annual Confucian ceremonial rite is held on the first Sunday in each May. The ritual and music used for the ceremony have been designated（命名）as Intangible Cultural Properties（非物质文化财产）respectively. In 1995 Jongmyo Shrine was added to UNESCO's prestigious World Culture Heritage List.

2. Gyeongju（庆州）

For 1000 years, up until the 10th century, Gyeongju was the capital of the Silla dynasty. The craftsmen of the Silla Kingdom worked on stone and wood with great artistry. The center of the town and its suburbs contain many royal burial mounds（皇陵）and Buddhist remains that preserve this apogee（顶点）of art and culture. Gyeongju is an open-air museum and Korea's Culture City. The city itself is adorned with many roadside parks, spacious and well-tended historic sites, and a lakeside resort, all of which combine to make it an attractive urban landscape.

In the center of the town, Tumuli（图里木）Park is a huge walled area with 20 royal tombs, one opened in cross section. Cheomseongdae（天文台）looks like a pile of rocks but is actually one of the oldest and exquisite astronomical observatories in East Asia. The pile of rocks is a mathematical allegory（象征）for the days and months of the year.

The crowning glory of Silla temple architecture is Bulguksa（佛国寺）, a magnificent temple built on a series of stone terraces（台）in 751~774 and about 16 kilometers from the town. The eaves（屋檐）and internal painting of this gorgeous temple are one of the artistic highlights of Asia. High above the temple, a seated Buddha gazes over Gyeongju from Seokguram Grotto（石窟庵）. Seokguram is a man-made cave carved from white granite using special sculpting techniques. It exquisitely combines Silla's knowledge of architecture, maths, geometry, physics, religion and art into an organic whole. In 1995, Bulguksa temple and the Seokguram Grotto were registered on UNESCO's prestigious World Cultural Heritage List.

3. Busan（釜山）

Busan, the world's third largest container port and Korea's second largest metropolis, is the largest port and fisheries city located on the southeast coast of the Korean Peninsula. It opened its ports as the first international port in Korea in 1876. As a frequently visited coastal city for Korean and foreign vacationers alike, Busan offers precious natural resources including mountains, rivers, hot springs and the sea, all to be enjoyed in a year round temperate climate. Busan is reinventing itself into an international tourist sea resort. All year round, its has a lot of exciting festivals. Located close to the sea and plains, Busan is a place where people can relish fresh natural dishes ranging from raw fish, seafood soup, roasted eel（鳗）to roasted beef and barbecued（烧烤）goat meat. Busan is also a city of sports. It has successfully hosted many international sporting events such as the Asian Games, the 1988 Olympic Games and the 2002 FIFA World Cup.

4. Jeju Island（济州）

Located on the southwest seas off the Korean peninsula, Jeju is South Korea's largest island, covering 1, 845 square kilometers in area. With its unspoiled natural beauty, unique cultural traditions, mild climate and well developed infrastructure such as world-class hotels, Jeju Island is a living folk village, and has become one of South Korea's most cherished tourist destinations. Because of its romantic tropical image, it's a paradise for honeymooners(蜜月客).

5. The Demilitarized Zone（非军事区）

The Demilitarized Zone（DMZ）, a symbol of ideological dispute between North and South Korea, winds 155 miles across the Korean Peninsula. Stretching from the Han River to the East Coast, it ranges 2 kilometers north and south of the Military Demarcation Line（军事分界线）. Devoid（缺乏）of people, rare plants and animals exist in an unnatural nature preserve. Peace and tension coexist on a daily basis.

Part Four MICE Industry

1. Coex Convention & Exhibition Center（首尔 Coex 会展中心）

Coex is one of South Korea's largest convention & exhibition center. Situated on the grounds of the Korean World Trade Center complex, the site features the convention and exhibition centers, the Coex shopping mall, two luxury hotels, a multiplex cinema, the Coex Aquarium（水族馆）and the Seven Luck Casino（七喜赌场）. Up to 200,000 people visit the complex to work and shop every day. The 437,221 square meters Coex complex is home to culture, shopping, business, entertainment, dining. Coex maintains almost 30% of the market share of the domestic exhibition industry in Korea. In close cooperation with international exhibition organizations such as UFI and IAEE, the center has attracted many international exhibitions.

The Coex brand is quickly growing stronger ; not only nationwide but also internationally with increasing numbers of large scale congresses being attracted to Coex. With 51 meeting rooms that can be divided into 89 smaller rooms, 4 exhibition halls and experienced professional staff, Coex provides the space and services necessary to accommodate events of any scale and style. It was the site of the November 2010 G-20 Seoul Summit.

2. SETEC（SETEC 会展中心）

SETEC consists of 3 exhibition halls and 4 meeting rooms with a floor space of 15,630 square meters and a construction area of 34,600 square meters. The space can be organized in many different ways to accommodate demands for various functions, including specialty exhibitions, EXPOs, international meetings, events and performances. This world-class exhibition and convention center is fully equipped with a wide range of annex（裙楼）and support facilities.

This venue is useful for various events such as directors' seminars, business fairs and business talks as well as conventions. In addition, a professional seminar room organized by exhibition experts is also available along with an international conference hall.

3. KINTEX（韩国国际会展中心）

KINTEX, the Korea International Exhibition Center, is located in Goyang's West Ilsan(一山）District. It is a three-storey building on a 224,800 square meters plot of land between Ilsan's central road, Chungangno（中央路）, and the Han River. The building, which can hold 5 tons per m^2, opened on April 29, 2005. Shortly after opening, it hosted the 2005 Seoul Motor Show（首尔汽车展）.

KINTEX has five exhibition halls, two meeting rooms, a ballroom（舞厅）, an event hall and three outdoor exhibition areas. It is served by the Uijeongbu（议政府）and Songpo Dong airport buses, and is also in walking distance of Daehwa Station（大化站）on Line 3 of the Seoul Subway.

4. International Convention Center Jeju（济州会议中心）

International Convention Center Jeju（ICC Jeju）opened in 2003 in the Jungmun Resort（中文景区）near the city of Seogwipo（西归浦）. It began under private-public consortium（联营）ownership and is becoming fully publicly owned. It consists of a larger oval-shaped glass structure and a smaller round glass annex（附楼）, and surrounding facilities. The largest hall accommodates 4,300 people, with various smaller halls and meeting rooms.

The building consists of a large elliptical（椭圆）fully glass-wall structure four floors above ground connected to a smaller circular glass building housing restaurant and coffee shop, and is set on a cliff over the Pacific Ocean. ICC Jeju bills itself as "the Most Beautiful Convention Center in the World". The building houses the Jeju Convention Bureau.

5. Busan Asiad Stadium（釜山亚运体育馆）

The Busan Asiad Stadium was built for the 2002 Asian Games and was also used for matches in the 2002 Football World Cup. It has a capacity of 53,864 people. The Stadium also hosted the opening and closing ceremonies of the 2002 Asian Games. It is the home stadium for Busan I'Park of the Korea Professional Football League（K-League）.

6. Daejeon Expo 1993（大田世博会）

Daejeon Expo 1993 was a three-month international exposition held between August 7 and November 7, 1993, in the central South Korean city of Daejeon（大田）. The theme of the exposition was "The Challenge of a New Road of Development", with various other sub-themes around sustainable and green development. The exposition was the first exposition held in a developing country.

The exposition site consisted of three main areas：the international zone, the corporate zone and the fun park zone. The pavilions in the international zone were for the most part prefabricated and rented out to the various international participants for the duration of the exposition. One hundred and eight nations participated at Daejeon Expo'93, making it one of the largest expositions ever held.

Today one can visit the Expo Park for a small fee, savor（体验）the site from the Tower of Great Light, ride some roller-coasters as well as visit some of the more popular permanent organization and corporate exhibits from the Expo, including the United Nations Pavilion, which is now a Museum for the Expo.

7. 1988 Summer Olympics（1988 夏奥会）

The 1988 Summer Olympics were celebrated from September 17 to October 2 in Seoul. They were the second summer Olympic Games held in Asia, and the fourth Olympic Games held in Autumn.

In the Seoul Games, 160 nations were represented by a total of 8, 391 athletes：6,197 men and 2,194 women. 237 events were held. 27,221 volunteers helped to prepare the Olympics. 11,331 media（4,978 written press and 6,353 broadcasters）showed the Games all over the world. North Korea and its allies boycotted the games. For differing reasons, Ethiopia（埃塞俄比亚）and Nicaragua（尼加拉瓜）did not participate in the Games.

8. 2002 Asian Games（2002 釜山亚运会）

The 2002 Asian Games is a multi-sport event held in Busan from September 29 to October 14，2002. Busan is the second largest city of South Kovea, after Seoul in 1986 to host the Asia-Games. A total of 419 events in 38 sports were contested by 7,711 athletes from 44 countries in the Games for 16 days of competition. Bodybuilding（健美运动）was the debutant（首赛）sport in Games. The Games also co-hosted by its four neighboring cities：Ulsan（蔚山）, Changwou（昌原）, Masan（马山）and Yangsan（梁山）. 44 venues were used in the Games with twelve of them are newly built.

9. Pusan International Film Festival（釜山国际电影节）

Pusan International Film Festival（PIFF）, held annually in Pusan, is one of the most significant film festivals in Asia. The first festival, held from September 13 to September 21, 1996, was also the first international film festival in South Korea. The focus of the PIFF is introducing new films and first-time directors, especially those from Asian countries. Another notable feature is the appeal of the festival to young people, both in terms of the large youthful audience it attracts and through its efforts to develop and promote young talent. In 1999, the Pusan Promotion Plan was established to connect new directors to funding sources.

10. Busan Rock Festival（釜山摇滚音乐节）

Busan Rock Festival is a music festival that exists since 2000 and takes place each year in August. It is located in Busan, near beach. The lineups（阵容）accumulate acts of various genres such as rock, metal, indie（独立摇滚）. And the festival does not charge admission. The 2007 festival enjoyed a total crowd of 70,000.

拓展阅读 搜索

韩国免税购物发达

"旅游的核心是消费，消费的核心是免税"，这句话揭示了韩国旅游、消费和免税购物三者之间的密切关系。人口仅5,000万的韩国是全球最大的免税购物市场，年销售额超过50亿美元，约占全球免税购物总额的10%。韩国的免税购物业已有30年历史，但最近十年得以快速发展。2007年以来，韩国免税购物业年均增长率超过20%，是全球免税购物业增长最快的国家。

韩国免税购物业高速增长并跃居全球第一，首先得益于韩国政府的大力扶持以及业界的齐心协力。韩国免税购物业拥有三大优势。一是引入会员制。韩国推行免税店会员等级制和积分制，免税店的积分可与集团旗下的百货、超市等共享使用，大大提高客户的忠诚度，韩国免税店的会员15%是外国客户，他们大都是优质客户。二是强势的营销推广。韩国免税店拥有包括机场店、市内店、网店、手机等在内的多元渠道，常年举办各种打折优惠促销活动，专门推出中国人专用电梯、中国团队游客柜台和中文翻译等服务。三是韩流文化的魅力。韩国免税店以韩流明星作广告模特，如乐天免税店门前的"星光大道"因有诸多明星助阵，成为首尔一道独特的风景，吸引了不少外国游客，购物消费成为中、日游客赴韩的首要目的。

韩国免税购物业巧妙地结合旅游、消费以及韩流文化，在政府和业界的倾力打造下，已成为韩国旅游业的金字招牌。近年来，韩国政府不断放开对外国游客的签证限制，以鼓励外国游客多到韩国购物。韩国业内人士认为，如果没有免税购物业作为支撑，仅凭自然和人文旅游资源，韩国旅游将很难获得如此辉煌的成就，免税购物业已成为韩国旅游发展的核心动力。

韩国发达的免税购物业吸引了大量境外游客，为航空、住宿、餐饮、娱乐和文化等相关行业带来巨额收益，提供了大量就业岗位。2012年，韩国旅游业外汇收入142亿美元，对韩国经济整体贡献度达到5.2%。免税购物业是展示韩国制造的最佳窗口，各免税店大都设有韩国产品专柜。中国游客是促成韩国免税购物业空前繁荣的最大功臣。2013年上半年，到访韩国的中国游客174万人次，其中有130万人次光顾乐天免税店，中国游客在韩国免税店的购物消费首次超过韩国国民，跃居首位。

中国的人口和经济规模远超韩国，每年赴华的入境游客为韩国的12倍，但免税购物市场规模不及韩国的一半。中国的出境游市场增长迅速，对免税购物的需求堪称全球第一，如此庞大的需求却流失于国外市场，非常可惜。韩国的成功经验值得学习和借鉴。免税购物业不仅是特殊的营销渠道，也是发展旅游产业、输出中国制造、传播中华文化的重要途径，需要从国家层面制定一系列强有力措施，以促进中国免税购物业健康快速发展。

——资料来源：芮晓恒，《韩国何以成为全球最大免税购物市场》，
《南方都市报》。

复习与思考

一、名词解释

汉城奥运会　跆拳道　非军事区　泡菜

二、简答题

1. 为何说庆州是韩国的千年古都?
2. 韩国的文化创意产业有何特点?
3. 韩国济州岛的会展旅游产业有何特点?

三、实践与训练

1. 调查本地区的韩国游客情况。
2. 调查本校学生对韩国文化和产品的态度。

Section 4 Japan

【导读】日本列岛绵亘于西太平洋亚洲大陆架，多火山、地震，遍布温泉。山多田少，富士山最高，琵琶湖最广。京滨与阪神地区城市连绵，人口密集，且不断老龄化。深受中国儒家和佛教文化影响，学习中国的花道、茶道、书道、剑道、香道，并发扬光大。大和民族以鱼、米为主食，讲究色、香、味、器俱美，喜食寿司饭团、清酒、拉面，鱼则生食，营养清淡，可延年益寿。科教发达，重知识产权，机器人应用最广，经济实力雄厚，品牌多，为旅游会展大国，曾举办奥运会、世博会和亚运会。四季分明，春赏樱花，夏避酷暑，秋看红叶，冬泡温泉。东京为购物天堂，秋叶原电器琳琅满目。京都寺庙古迹众多，有大唐风韵。北海道阿伊努族颇具原始风貌。此外，箱根的温泉、秋田的竿灯节、仙台的七夕节、青森的灯笼节、富士山的野营都令人神往。

Part One Basic Information

1. Overview

Japan is an island nation in the East Asia comprised of a large volcanic archipelago（列岛）extending along the Pacific coast of Asia. The country is located north-northeast of China and slightly east of Korea. The four major islands, sometimes called the Home Islands, are Hokkaido（北海道）, Honshu（本州）, Shikoku（四国）and Kyushu（九州）. There are also about 3,000 smaller islands, some inhabited and others uninhabited. In total, Japan's territory is 377,800 square kilometers. The total population of Japan was 125.57 million in 2022.

2. Geography

The chief feature of the Japanese archipelago（群岛）is its geological instability, resulting in frequent volcanic activity and earthquakes. Destructive earthquakes occur several times a century. Hot spring are numerous and have been developed as resorts. Another distinctive topographical characteristic is that the archipelago is made up almost entirely of steep mountain districts. Mountains and hills account for 73% of the land area, making Japan a very mountainous island country. Japan's highest mountain is Mt Fuji（富士山）, with an elevation of 3,776 meters. With very limited plains area, many hills and mountainsides are cultivated all the way to the top. A small number of large rivers, such as the Shinanogawa（信浓川）have large deltas（三角洲）at their mouths. Biwa-ko（琵琶湖）is the largest lake.

3. Climate

Japan belongs to the temperate zone with four distinct seasons. Because the country is stretched longitudinally（纵向）, Japan's climate varies from cool temperate in the north to subtropical in the south, and affected by the seasonal winds. Late June and early July are of a rainy season except Hokkaido（北海道）as a seasonal rain front stays above Japan. In summer and early autumn, typhoons（台风）, grown from tropical depressions（低气压）generated near the equator, attack the coastlines of Japan rainstorms.

Spring is probably the best time to be in Japan. The temperatures are warm but not hot, and March-April is a time of revelry（狂欢）and festivals. Summer starts with a dreary（郁闷）rainy season in June and turns into a steam bath in July and August. In autumn, temperatures become more tolerable. Fair days are common and fall colors can be just as impressive as cherry blossoms. Winter is a good time to go skiing or hotspring hopping.

4. Politics

Japan is generally considered a constitutional monarchy（君主立宪）country. The highest organ of state power is its bicameral parliament, the Kokkai（国会）. The Cabinet is composed of a Prime Minister and ministers of state, and is responsible to the Kokkai. The Prime Minister must be a member of the Kokkai and is designated by his colleagues. The Prime Minister has the power to appoint and remove ministers. The Liberal Democratic Party（自民党）has been in power since 1955, except for a short-lived coalition government formed from its opposition parties in 1993; the largest opposition party is the Democratic Party of Japan.

The administrative system, based on areas, starts from the biggest division, prefectures. They are suffixed with to for Tokyo（都）, fu（府）for Osaka and Kyoto, dō（道）for Hokkaidō and ken（县）for the rest. Kens are then divided into shi（市）and gun（郡）. Cities belong directly to prefectures while towns and villages are under districts. Big cities are usually divided into ku（区）which are further divided into machi（町）. Rural districts are subdivided into mura（村）.

5. Economy

Government-industry cooperation, a strong work ethic, mastery of high technology, and a comparatively small defense allocation have helped Japan advance with extraordinary rapidity to the rank of the third most technologically powerful economy in the world. Industry is heavily dependent on imported raw materials and fuels. The much smaller agricultural sector is highly subsidized（补贴）and protected, with crop yields among the highest in the world. Japan maintains one of the world's largest fishing fleets and accounts for nearly 15% of the global catch.

For three decades overall real economic growth had been spectacular（惊人）：a 10% average in the 1960s, a 5% average in the 1970s, and a 4% average in the 1980s. Growth slowed markedly in the 1990s largely because of the aftereffects of over investment during the late 1980s and domestic policies intended to wring speculative（投机）excesses from the stock and real estate markets. Government efforts to revive economic growth have met with little success. The crowding of habitable land area and the aging of the population are two major long-run problems. Robotics constitutes a key long-term economic strength.

As of 2012, Japan is the third largest national economy in the world, after the United States and China, in terms of nominal GDP, and the fourth largest national economy in the world, after the United States, China and India, in terms of purchasing power parity. As of December 2013, Japan's public debt was more than 200 percent of its annual gross domestic product, the second largest only next to the USA. The large budget deficits and government debt since the 2009 global recession and followed by earthquake and tsunami in March 2011 made the rating downgrade. The Service sector accounts for three quarters of the gross domestic product.

Part Two Culture and Customs

1. History

The Jomon（绳文）culture emerged around 11,000 BC. It is thought that Jomon populations were the ancestors of today's Ainu（阿伊努人）. The start of the Yayoi（弥生）Period around 300 BC marked the influx of new technologies such as rice farming, irrigation and iron and bronze-making, brought by migrants from Korea and China.

Recorded Japanese history began in the 5th and 6th centuries AD, when the Chinese writing system, Buddhism and other Chinese culture was introduced by Baekje（百济）. Through the Taika Reform Edicts（大化革新）of 645, Japanese intensified the adoption of Chinese cultural practices, and reorganized government in accordance with the Chinese administrative structure. This paved the way for the dominance of Chinese Confucian philosophy in Japan until the 19th century. The Nara（奈良）Period of the 8th century marked the first strong Japanese state centered around an imperial court in the city of Heijo-kyo（姬路城）. The imperial court later moved to Nagaoka（长冈）and later Heian-kyo（平安京）, starting a golden age called the Heian Period（平安时代）.

Japan's medieval era was characterized by the emergence of a ruling class of warriors（武士）. In 1185, general Minamoto Yoritomo（源赖朝）was firstly broke the tradition of ruling alongside the Emperor in Kyoto（京都）, holding power in Kamakura（镰仓）. During the 16th century, traders and missionaries（传教士）from Europe reached Japan for the first time, initiating the Nanban period（兰番时代）of active commercial and cultural exchange between Japan and the West. The government barred（封锁）all relations with Europeans except for severely restricted contacts with Dutch merchants. This period of isolation lasted for two and a half centuries, a time of tenuous（脆弱）political unity known as the Edo period（江户时代）.

In 1854, US Commodore Matthew Perry（柏利）forced the opening of Japan to the West with the *Convention of Kanagawa*（《神奈川条约》）. Japan adopted numerous western institutions, including a modern government, legal system, and military. The Meiji Restoration transformed the Empire of Japan into a world power. By 1910, Japan controlled Korea.

The early 20th century saw a brief period of Taisho（大正）democracy. In 1936, Japan joined with Germany and Italy to form the axis alliance（轴心同盟）. In the next year, the Japanese army invaded China in an all-round way. The Chinese people fought bravely against Japan. In 1941, Japan attacked the United States naval base in Pearl Harbor（珍珠港）. After a long campaign in the Asian Continent and the Pacific Ocean, Japan lost its initial territorial gains. Japan eventually agreed to an unconditional surrender（投降）to the Allies on 15 August 1945. Official American occupation lasted until 1952. Japan adopted a new constitution, establishing the country as a pacifist democratic nation in 1947. China and Japan established diplomatic relations in 1972.

Japan later achieved rapid growth to become the second largest economy in the world, until surpassed by China in 2010. This ended in the mid 1990s when Japan suffered a major recession. In the beginning of the 21st century, positive growth has signaled(预兆) a gradual economic recovery.On March 11，2011, Japan suffered the strongest earthquake in its recorded history; this triggered the Fukushima(福岛) nuclear disaster.

2. Language

The Japanese language has a complex writing system, comprised of Kanji（汉字）and Kana（假名）. Kanji is derived from Chinese characters, with each character holding specific meaning, while Kana is phonetic, each character containing no inherent meaning in abstract. Hiragana（平假名）and Katakana（片假名）are used for locally derived Japanese words, and words initially imported from other languages, respectively.

Here are some basic Japanese expressions. こんにちは.（Konnichiwa. Hello.）お元気ですか.（O-genki desu ka? How are you?）元気です.（Genki desu. Fine, thank you.）お名前は何ですか.（O-namae wa nan desu ka? What is your name?）私の名前は __ です.（Watashi no namae wa __desu. My name is__.）始めまして.（Hajimemashite. Nice to meet you.）お願いします.（Onegai shimasu. Please.）どうぞ.（D ō zo. Please.）. どうもありがとう.（D ō mo arigat ō . Thank you.）どういたしまして.（D ō itashi mashite. You're welcome.）はい.（Hai. Yes.）いいえ.（EE-eh. No.）すみません（ Sumimasen. Excuse me.）御免なさい（Gomen-nasai. I'm sorry.）

3. Names

In Japan, the first name follows the family name. Most Japanese family names consist of two kanji（汉字）. The meanings of many of the kanji used in family names are related to nature, geographical features or locations such as mountain, tree, rice field, island, village, bridge, between, below etc. Some of the most common Japanese family names are Sato（斋滕）, Suzuki（铃木）, Takahashi（高桥）, Tanaka（田中）. Japanese first names also commonly consist of two kanji. The meanings of those kanji are often positive characteristics such as intelligence, beauty, love or light, names for flowers, the four seasons and other natural phenomena, or the order of birth. The names of foreigners are usually written in katakana.

The Japanese commonly address（称呼）each other by last name. Only close friends and children are usually addressed by first name. In addition, people rarely address each other just by name, but usually attach an appropriate title to the name. There is a large number of such titles by the gender and social position. Some of the most frequently used titles are san, sama and sensei（先生）.

4. Cuisine

The Japanese cuisine offers a great variety of dishes and regional specialties. For over 2000 years, rice has been the most important foodstuff（主食）and seafood is an important ingredient in Japanese cuisine. Many kinds of fish, shellfish and other seafood from the oceans, seas, lakes and rivers are prepared and eaten in many different recipes, for example, raw, dried, boiled, grilled, deep fried or steamed（蒸）. Sashimi（刺身）is raw seafood enjoyed with soya sauce. Meat has been eaten in Japan in larger amounts only since the second half of the 19th century. Nowadays there are a variety of Japanese meat dishes. Yakitori（烤鸡）, grilled chicken pieces on skewers（烤肉叉）, is very popular.

There are various traditional Japanese and introduced Japanized noodle dishes such as Soba（荞麦面）, ramen（拉面）and yakisoba（炒面）. Many of them enjoy a very high popularity. Japanese like soya bean dishes very mach. Tofu（豆腐）, natto（纳豆）, miso（味噌酱）and many more important ingredients of Japanese cooking are made of soya beans. Many Yoshoku（洋食）have been introduced to Japan over the centuries. Many of them have become completely Japanized. Tempura（天麸罗）, introduced to Japan by the Portuguese（葡萄牙人）in the 16th century, are seafood, vegetables, mushrooms and other pieces of food coated with tempura batter（面皮）and deep fried.

5. Drinks

A large variety of alcoholic beverages can be found in Japan. Beer, imported to Japan in the early Meiji Period, is the most popular alcoholic drink. Nihonshu or sake（清酒）is basically made of rice and water. Besides major brands, there are countless regional rice wines. The alcohol content of rice wine is about 10%~20%, and it can be drunken cold or hot. Japanese plum wine（乌梅酒）is a sweet alcoholic beverage made of Japanese plum. Shochu（烧酒）made from rice, sweet potatoes, wheat and sugar cane, is a distilled spirit（蒸馏酒）with a high alcohol content. Wine is very popular in Japan, especially among women. Most wines are imported from overseas. Whisky is very popular in Japan, where it is often enjoyed with water and rice. The minimum legal age for purchasing and consuming alcoholic beverages is 20 years old.

The Sado（茶道）is a ritual way of preparing and drinking tea. The custom has been strongly influenced by Zen Buddhism（禅宗）. Nowadays, the tea ceremony is a relatively popular kind of hobby. Tea ceremonies are held in traditional Japanese rooms in cultural community centers or private houses. The ceremony itself consists of many rituals that have to be learned by heart. Almost each hand movement is prescribed. Basically, the tea is first prepared by the host, and then drunken by the guests.

6. Dressing

Kimono（和服）and yukata（浴衣）are traditional Japanese clothing. Kimonos are made of silk and are usually very expensive. Nowadays they are worn at formal or traditional occasions such as funerals, weddings or tea ceremonies. Only rarely kimono can still be seen in everyday life. Kimono differ in style and color depending on the occasion on which it is worn and the age and marital（婚姻）status of the person wearing it. To put on a kimono needs some practice. Especially tying the belt（腰带）alone is difficult so that many people require assistance. Wearing a kimono properly includes proper hairstyle, traditional shoes, socks, underwear（内衣）, and a small handbag for women. The yukata is more of informal leisure clothing. It can even be worn without underwear and is very comfortable on hot summer days or after a hot bath. Yukata are relatively inexpensive and made of cotton.

7. Music

There are several types of traditional Japanese music（Hogaku, 和歌）. Some of the most important ones are gagaku(雅乐), biwagaku(琵琶乐), nogaku(能乐), hayashi flute(助兴笛), sokyoku（古筝乐）and minyo（民乐）. Geisha（艺伎）are professional female entertainers who perform traditional Japanese arts on banquets（宴会）. They are dressed in a kimono, and their faces are made up very pale. Girls, who wish to become a geisha, have to go through a rigid apprenticeship（学徒）during which they learn various traditional arts such as playing instruments, singing, dancing, but also conversation and other social skills.

8. Sports

Sumo（相扑）, a Japanese wrestling and national sport, originated in ancient times as religious performances to the Shinto（神道）gods. Nowadays many rituals are followed. The basic rules of sumo are simple：the wrestler（选手）, who either first touches the floor with something else than his sole（鞋底）or leaves the ring before his opponent, loses. The fights usually last only a few seconds and in rare cases up to one minute or more. Six tournaments（联赛）are held every year. Each one lasts 15 days. Three of the tournaments are held in Tokyo, and one each in Fukuoka（福冈）, Osaka（大阪）and Nagoya（名古屋）. At the top of the sumo wrestlers' hierarchy（等级）stands the yokozuna（横纲）.

Modern Judo（柔道）meaning the gentle way：softness exceeds hardness in Judo, and techniques are more important than stamina（耐力）, was developed in the end of the 19th century from the ancient martial art Jujutsu（柔术）. In Judo, the aim is not only winning fights but also the training of one's body and spirit.

Karate-do（空手道）means the way of the empty hand since one is defending him/herself with fists, elbows（肘）and feet by no weapons. Karate derived from the Chinese Kungfu（功夫）and the Korean Taekwondo（跆拳道）. Kata（套路）and kumite（对打）are its main performances styles.

Kendo（剑道）, meaning the way of the sword, is Japanese fencing. The participants in modern kendo are well protected and use bamboo swords. As in all the Japanese martial arts, the training of one's mind is essential also in kendo.

9. Amusement

The cherry blossom（樱花）has been celebrated for many centuries and takes a very prominent position in Japanese culture. There are many dozens of different cherry tree varieties in Japan, most of which bloom for just a couple of days in spring. The Japanese celebrate hanami（花见）parties under the blooming trees. The Japanese plum blossoms with strong fragrance（芬芳）, has played an important role in Japanese culture for many centuries. In autumn, the viewing of autumn colorful leaves（红叶）has been a popular activity among the Japanese for centuries and today still draws large numbers of viewers to famous spots. Each year, starting in late September, the front（红叶前线）is slowly moving southern wards from the northern island of Hokkaido（北海道）.

In past times, when many houses were not equipped with private bathtubs（浴缸）yet, public baths or sento（钱汤）provided people with a place to wash and meet neighbors. Nowadays, as most households have an own bath, traditional sento has been decreasing. Public baths are separated into a section for women and men, and no swimming suits are worn. In Japan, the main purpose of taking a bath besides cleaning body is relaxation at the end of the day. The typical Japanese bathroom consists of an entrance room and the actual bathroom. When bathing in Japanese style, first rinse（冲洗）body outside the bathtub. Afterwards, enter the tub. After soaking for a while, leave the tub and clean body with soap. Make sure that no soap gets into the bathing water. Once finished cleaning and rinsed all the soap off, enter the bathtub once more for some more soaking.

10. Religions

The Japanese people's concerns with religion are usually personal and related to mythology（神话）, traditions, and neighborhood activities. For one, Confucianism, or even Taoism, tends to serve as the basis for the moral code and social common idea. When asked to identify their religion, most would profess to believe in either Shintoism or Buddhism.

This results a variety of practices such as parents and children celebrating Shinto rituals, students praying before exams, couples holding a wedding at a Christian church and funerals being held at Buddhist temples. A minority profess to Christianity and other religions prefer shamanism.

There are countless local festivals in Japan because almost every shrine has its own. Most festivals are held on an annual basis to celebrate events like the coming of the farming season, the harvest, or they commemorate historical events.

11. Etiquettes（礼仪）

Japanese greet each other by bowing. Bowing techniques range from a small nod of the head to a long, 90-degree bow. If the greeting takes place on tatami floor, people kneel down in order to bow. Bowing has also the functions of thanking and apologizing. Shaking hands is uncommon among Japanese, but foreigners are sometimes greeted with a handshake. Double-sided business cards in Japanese and English are a must.

When entering a Japanese house, take off shoes at the entrance（玄关）and change into slippers provided by the host. However, when entering a room with tatami floor, take off slippers.

Part Three Tourism Attractions

1. Tokyo（ときょう，东京）

Tokyo is the capital and the largest city of Japan. The metropolis of Tokyo consists of 23 city wards（区）, 26 cities, 5 towns and 8 villages. The 23 city wards are the center of Tokyo and make up about one third of the metropolis' area, while housing roughly eight of Tokyo's approximately twelve million residents.

Prior to 1868, Tokyo was known as Edo（江户）. A small castle town in the 16th century, Edo became Japan's political center in 1603. A few decades later, Edo had grown into one of the world's most populous cities. With the Meiji Restoration of 1868, the emperor and capital moved from Kyoto to Edo, which was renamed Tokyo.

Ginza（银座）is one of Tokyo's largest and most famous shopping, dining and entertainment districts, featuring many department stores, shops, restaurants, night clubs and cafes. Ginza is expensive, and it is most attractive on Saturday and Sunday afternoons, when the central Chuo Street(中央街) gets closed to traffic to become a large pedestrian(步行) zone.

The Tokyo Tower, as one of few icons (地标) of Tokyo, weighs about 4,000 tons. It is 13 meters taller than the Eiffel Tower (埃菲尔铁塔) which is 320 meters high. Fourteen broadcasting signals for nine TV stations and five FM radio stations are transmitted (转播) from the Tower.

Chiyoda (千代田) Ward is the center of the city and in many ways the center of all Japan. A mere 12 square kilometers houses the Imperial Palace (皇居) , the Diet (国会) . The current Imperial Palace is located on the former site of Edo Castle, a large park area surrounded by moats (城濠) and massive stone walls. It is the residence of Japan's Imperial Family.

Akihabara (秋叶原) is Tokyo's Electric Town. The area houses thousands of shops selling every technological gadget (器具) , from computers to Playstations (游戏机) , and vacuums (吸尘器) to DVDs.

Ueno (上野) Park is a large public park opened in 1873, famous for its many museums, especially art museums, namely the Tokyo National Museum, the Orient Museum, the National Science Museum, the National Museum for Western Art and the Tokyo Metropolitan Fine Art Gallery. Since 1882, Ueno Park is home to Japan's first zoological garden. Its main attraction is giant panda bears. During the cherry blossom season, Ueno Park becomes one of the country's most popular and crowded spots for hanami parties.

2. Kyoto (きょうと , 京都)

Kyoto, located on the middle-western portion of the island of Honshu, was the ancient capital until 1867. In 794, Emperor Kammu (桓武天皇) established the capital Heian Kyo (平安京) on the model of the capitals of ancient China. As the centre of Japanese culture for more than 1000 years, Kyoto illustrates (阐释) the development of Japanese wooden architecture, particularly religious architecture, and the art of Japanese gardens. It can be said that Kyoto touches the heart of the Japanese people as no other places of Japan does. Ancient Japan's traditional customs and heritage have been continued through festivals and in people's everyday life. Almost all of the national treasures in culture are located in Kyoto and in nearby Nara (奈良) . In December 1994, a total of 17 buildings comprising temples, shrines and a castle in Kyoto region were recognized by UNESCO as World Cultural Heritages. These historic properties and their environs (周围) are now preserved as designated (指定) scenic areas.

3. Yokohama（よこはま，横滨）

Yokohama is situated on a peninsula facing the western coast of Tokyo Bay and lies 30 kilometers from Tokyo. As the capital of Kanagawa（神奈川）Prefecture and with a population of over three million people, Yokohama is Japan's second largest city. In 1859, Yokohama became one of the first ports to be opened, and Yokohama quickly grew from a small fishing village into one of Japan's major cities. Until today, the Yamate（山手）residential area retains a Western touch and houses many foreign residents.

Minato Mirai(未来港）literally means the Harbor of the Future. It is a futuristic（未来派）new city area in Central Yokohama consisting of office and residential space, hotels, shopping centers, restaurants, convention centers and public parks. The Landmark Tower（地标大厦）is one of Japan's tallest buildings and the symbol of Minato Mirai.

Yokohama Chinatown quickly developed after the port of Yokohama opened to foreign trade. Four colorful gates stand at the entrances to Chinatown, and five more gates can be found within. The Kanteibyo（关帝庙）is a gaudily colored temple in the center of Chinatown. Constructed in 1873 by Chinese residents, it is dedicated to the Chinese god of good business and prosperity. Various events and festivals are held in Yokohama Chinatown, such as Chinese New Year around the beginning of February. The Shinyokohama Raumen Museum（新横滨拉面博物馆）is a unique museum about ramen, a very popular Japanese noodle dish which was originally introduced from China.

4. Hiroshima（ひろしま，广岛）

Hiroshima is famous for what happened there in WWII. On August 4，1945, an atomic bomb was dropped on the city, subsequently killing over 70,000 people. But today Hiroshima is a modern city. There are lots of memorials related to the bombing which clustered in or near Peace Memorial Park（和平公园）. The A-Bomb Dome（原爆纪念馆）is Hiroshima's best known symbol. Formerly the Prefectural Industrial Promotional Hall, the building was only meters away from ground zero and its skeletal（骨架）remains were among the very few buildings left standing. The heart wrenching Peace Memorial Museum documents the bomb and its aftermath（后果）. After numerous complaints, the museum now even describes the events leading up to the bomb in some detail.

5. Nara（なら，奈良）

Nara was a capital long before Kyoto, and today preserves its main sights attractively within the large Nara Park. Horyuji (法隆寺) , the world oldest surviving wooden structures, was founded more than 1,300 years ago. Horyuji contains over 2,300 important cultural and historical structures and articles, including nearly 190 that have been designated as National Treasures or important Cultural Properties. In 1993 Horyuji was selected by UNESCO as part of the World Heritage as a unique storehouse of world Buddhist culture.

Todaiji (东大寺) is one of the most famous historical temples in Japan and a landmark of Nara. It was constructed in 752 as the head temple of all provincial Buddhist temples of Japan. Not only is Todaiji housing Japan's largest Buddha statue, but it is also the world's largest wooden building. Buddhism gained a foothold (立足点) in Japan after monks from the Korean kingdom of Paekche (百济) introduced the faith to the Japanese court.

6. Mount Fuji (ふじさん , 富士山)

Mount Fuji is Japan's highest mountain, located to the west of Tokyo on the main island Honshu. A perfectly symmetrical (对称) volcanic cone, the mountain is a near-mythical national symbol immortalized in countless works of art. For merely seeing Mt. Fuji, it's better to maintain some distance. The official climbing season lasts for only two months, from July to August. Even during these months, when Tokyo often swelters in 40-degree heat, temperatures at the top can be below freezing at night and climbers must dress adequately. Climbing off the official season is not only technically illegal without police permission but also extremely dangerous without alpine climbing experience and equipment. Nearly all facilities are closed in the off-season. The weather is downright vicious (恶劣) in the winter and there are cases of people being literally blown off the mountain by high winds.

Part Four MICE Industry

1. Tokyo International Exhibition Center (东京国际展览中心)

Tokyo International Exhibition Center, or Tokyo Big Sight, located in Odaiba (お台場) Tokyo Bay, is one of the largest convention venues within the city, and its most iconic (形象) representation is the visually distinctive Conference Tower.

The Big Sight's most distinctive feature is the unique architecture of its 58 meters high eight-story Conference Tower. The site utilizes steel frame with reinforced concrete construction, boasting a total floor area of 230,873 square meters of which 35% is indoors.

The convention center is divided into three main areas : the East Exhibition Hall, the West Exhibition Hall and the Conference Tower, each with their own supporting facilities such as restaurants.

2. Makuhari Messe（幕张国际会议中心）

Makuhari Messe is a Japanese convention center outside Tokyo, located in the Mihama-ku（美浜区）Ward of Chiba City. The convention center opened on October 9, 1989.

Makuhari Messe is easily accessible by Tokyo's commuter rail system. It is conveniently close to Tokyo Disney Resort in Urayasu（浦安市）, and to Chiba prefecture's black sand beaches.

Makuhari Messe hosts many high-technology events, such as the annual Tokyo Auto Salon in January, the bi-annual Tokyo Motor Show in October, the annual Tokyo Game Show in September, and the annual Jump Festa（manga, anime and video game exposition）in December.

3. Tokyo International Forum（东京国际会议中心）

Tokyo International Forum is a multi-purpose center. Completed in 1996, it features swooping curves of steel truss（桁架）and glass. One of its halls seats 5,000. In addition to seven other halls, it includes exhibition space, a lobby, restaurants, shops and other facilities.

Standing between Tokyo Station（东京站）and Yurakucho Station（有乐町站）, its address is in Marunouchi（丸内）, Chiyoda（千代田区）.

4. Pacifico Yokohama（横滨太平洋会议中心）

Pacifico Yokohama is a convention center located in the western region of Minato Mirai 21, Kanagawa（神奈川）Prefecture. The meeting center and Yokohama Grand InterContinental Hotel were completed first on July 29, 1991, with an exhibition hall subsequently completed on October 12. On April 25, 1994, the national coliseum（竞技场）was completed. In 2001 it was designated the main press centre for the 2002 FIFA World Cup and more exhibition halls were built. Pacifico Yokohama is also used as a music venue（赛场）.

5. Toki Messe（朱鹭会展中心）

Toki Messe is a multi-purpose international convention center located in Niigata（新潟）. The complex is named after the toki, the official bird of Niigata Prefecture. The center was opened on May 1, 2003, and contains a hotel, restaurants, an art museum, conference rooms, and the offices of several international organizations. Since 2004, Toki Messe has been the site of home games for the Niigata Albirex Basketball Team.

Toki Messe is the tallest building on the Sea of Japan, and has an observation deck on the 34th floor where one can view the areas in and around Niigata. Depending on the weather, one can also see Sado（佐渡市）and Awashimaura（粟岛浦村）Islands.

6. Expo 1970（1970 大阪世博会）

Expo 1970 was a World's Fair held in Suita（吹田）, Osaka, from March 15 to September 13, 1970. The theme of the Expo was "Progress and Harmony for Mankind" . In Japanese Expo 1970 is often referred to as saka Banpaku（大阪万博）. This was the first World's Fair held in Japan. A popular highlight of the fair was a large moon rock on display in the United States' pavilion. It had been brought back from the moon by Apollo 12 astronauts in 1969.

The site of Expo 1970 is now Expo Commemoration Park（万博纪念园）. Almost all pavilions were demolished. Among a few still-intact pieces, the most famous one is the Tower of the Sun. The former international art museum pavilion was used as the building for the National Museum of Art, until March 2004.

Additionally, there is a time capsule that is to be left for 5,000 years and opened in the year 6970. The capsule has been donated by the Matsushita（松下）Electric Industrial Co. This World's Fair concept first originated and started with the two Westinghouse（西屋）Time Capsules which are to be opened in 6939.

7. Expo 1975（1975 冲绳世博会）

The theme of the Expo 1975 was the oceans, and focused on oceanographic technologies, marine life and oceanic cultures. The motto was "The sea we would like to see" .

The event was located on the western end of the Motobu（本部）Peninsula, with a site area of 1,000,000 square meters. 37 nations participated, along with 8 domestic and 3 international organizations. The site was divided into four clusters : Fish Cluster, Ethnic and History Cluster, Science and Technology Cluster, Ships Cluster.

There was also EXPO Port, EXPO Beach and an amusement park named EXPO Land. The centerpiece of Expo 1975 was the Aquapolis（水上城市）, a floating city designed by a Japanese architect and constructed at a shipyard in Hiroshima. It was envisioned（想象）as a concept of how humans could live harmoniously on the ocean, and a prototype（模型）for marine communities.

After the Expo was over, the site became Okinawa Commemorative National Government Park. Most of the exhibits were removed, although the Aquapolis was retained as an attraction and eventually hosted four million visitors. As years passed, the number of visitors to the Aquapolis declined and it was closed in 1993. In October 2000, the Aquapolis was towed away to Shanghai to be scrapped.

8. Expo 1985（1985 筑波世博会）

Expo 1985 was a world's fair held in Tsukuba（筑波）Science City, a planned city focused on technology in Ibaraki（茨城）Prefecture, between March 17 and September 16, 1985. The theme of the fair was "Dwellings and Surroundings-Science and Technology for Man at Home". Attendance was over 20 million and 111 countries participated.

9. Expo 1990（1990 大阪花博会）

Expo 1990, or the international Garden and Greenery Exposition, organized as a part of the International Expositions Convention, was the first large-scale international gardening exposition in Asia. It was a Special Exposition recognized by the Bureau of International Expositions（BIE）and the International Association of Horticultural（园艺）Producers.

The exposition was held in Osaka for 183 days from April 1 to September 30, 1990. It attracted over 23,126, 934 visitors.

10. Expo 2005（2005 爱知世博会）

Expo 2005 was the World's Fair held for 185 days between March 25 and September 25, 2005, in Aichi Prefecture, east of the city of Nagoya（名古屋）. The theme of the Expo was "Nature's Wisdom", with national and corporate pavilions expressing themes of ecological co-existence, renewable technology and the wonders of nature.

The main site of the Expo was a forested area in Nagakute（长久手）, east of Nagoya, covering an area of about 1.85 square kilometers. The nearby City of Toyota（丰田）also held some related events.

Great care was taken to build the pavilions out of recycled or recyclable materials, to minimize environmental impact on the site, and to provide environmentally friendly transportation to and within the Expo area. The cost of the Expo has been estimated at $3.3 billion. However, the recorded 22,049,544 visitors greatly exceeded the target of 15,000,000 and the Expo made a profit of over 10 billion yen.

11. 1964 Summer Olympics（1964 夏奥会）

The 1964 Summer Olympics was held in Tokyo. Tokyo had been awarded with the organization of the 1940 Summer Olympics, but this honor was subsequently passed to Helsinki（赫尔辛基）because of Japanese invasion of China. The 1964 Summer Games were the first Olympics held in Asia, and the first time South Africa was barred from taking part due to its apartheid（种族隔离）system in sports. These games were also the first to be telecast（电视转播）internationally. The games were telecast to the United States using Syncom 3, the first geostationary communication satellite, and from there to Europe using Relay 1.

12. Tokyo Motor Show（东京汽车展）

The Tokyo Motor Show is a biennial auto show held between october and November at the Makuhari Messe in Chiba（千叶）for cars, motorcycles and commercial vehicles. Hosted by the Japan Automobile Manufacturers Association（JAMA）, it is a recognized international show by the Organization Internatonale des Constructeurs d' Automobiles, and normally sees more concept cars than actual production car introductions which is the reason why the auto press see the show as one of the motorshow's big five along with Detroit, Geneva, Frankfurt and Paris. The show, then called All Japan Motor Show, was first held in an outdoor venue called Hibiya（日比谷）Park.

13. Tokyo Game Show（东京游戏展）

The Tokyo Game Show, commonly known as TGS, is a video game expo/convention held annually in the Makuhari Messe. It is presented by the Computer Entertainment Supplier's Association（CESA）and the Nikkei Business Publications, Inc. It is used by many international video game developers to show off their upcoming games and game-related hardware. The Tokyo Game Show allows the general public to attend during the final two days.

The first Tokyo Game Show was held in 1996. Until 2002, the show was held twice a year, once in the spring and once in the autumn in the Tokyo Big Sight. The show is now held once a year in the autumn.

14. Japanese Cultural Festival（日本文化节）

The Japanese Cultural Festival（文化节）is an annual event held by most schools, from nursery schools to universities. People who want to enter the school themselves or who are interested in the school may come to see what the schoolwork and atmosphere are like. Parents may also want to see what kind of work their children have been doing.

According to curriculum guideline by the Ministry of Education, the Cultural Festivals of the Japanese schools are part of special activities and are defined as a sort of events of arts and sciences which aim to do activity for using the results of everyday learning synthetically and to heighten the will of motivation of improvement more. The Cultural Festivals are parts of regular lessons in elementary schools, junior high schools and high schools, so the students are obligated to attend for graduation. In universities, the cultural festivals are placed as extracurricular（课外） activity, so attendance is not required. Traditionally, most schools hold Bunkasai（文化祭） in autumn. Normally it is held on a Saturday or Sunday, sometimes even both.

The Cultural Festival are originally held to display the students' daily learning, but many people who visit the cultural festivals come to the festivals just for fun. Food is served, and often classrooms or gymnasiums（健身房）are transformed into temporary restaurants or Cafés（咖啡厅）. Dances, concerts and plays may be performed by individual volunteers or by various school club. The Cultural Festivals are also the only opportunity each year for students to see what life is like in other schools. It is also intended to enrich people's lives by increasing social interaction.

15. Saga International Balloon Fiesta（佐贺国际热气球节）

The Saga International Balloon Fiesta is held at the beginning of November every year in Saga（佐贺）Prefecture. It has grown from a gathering of 5 hot air balloons to one of the top ballooning competitions in the world.

The fiesta started in 1978 in Amagi（甘木）, Fukuoka（福冈）Prefecture. In 1980 the Fiesta was moved to the outskirts of Saga City. In 1984 it became an international competition and was given its present name. Since 1984 there have been approximately 640 balloons from overseas participants. In 1990, the first Pacific Championship was held in Saga. Between 1990 and 1996 women from around the world gathered to participate in the Ladies World Cup. Saga was the first place to have a competition of this kind.

Beginning in 1992, a category for special shaped balloons, called Balloon Fantasia was created. In November 1997, the 13th Hot Air Balloon World Championships were again held in Saga, attended by over 38 countries and territories. In 1997, special days during the Fiesta were established for people to experience the balloons. These include Heartful Day, a day geared（适合）toward handicapped（残障）members of the community；and Kids Day, a hot air balloon classroom for children.

拓展阅读 搜索

日本政府职能转变与旅游业健康发展

第二次世界大战后，日本旅游业经历了"入境旅游→国内旅游→出境旅游→出入境旅游并举→入境旅游"的发展轨迹，这也是日本旅游业从恢复、起步、发展到成熟的历程。在旅游产业的不同发展阶段，日本政府的职能和政策侧重点有所不同。

在战后恢复起步阶段，为发展入境旅游赚取外汇、支持经济建设，日本政府的首要任务是加强旅游立法和入境旅游基本设施建设。在战后十年间，日本构筑了基本完整的旅游法律框架，主要有《旅馆业法》《温泉法》《翻译导游法》《旅游饭店建设法》《国际旅游事业资助法》《文化遗产保护法》《国际旅游温泉文化城市建设法》《国际文化旅游城市建设法》《护照法》《出入境管理令》《检疫法》《旅游斡旋法》《航空法》等。在 1955 年以后又颁布《自然公园法》《国际旅游振兴会法》和《旅游基本法》。这些法律为规范和促进日本旅游业的健康发展起到了积极作用。

第二次世界大战后，日本经过十年的恢复，进入经济高速增长期。为满足国内日益高涨的旅游需求以及 1964 年东京奥运会和 1970 年大阪世博会带动的入境旅游需求，日本加强了旅游硬件建设，中央各省厅积极参与，协力行动。运输省负责建设汽车旅游据点（家庭野营地）、家庭旅行村、青少年旅行村，环境厅建设自然体验生态村、国民度假村和国民保养温泉地，建设省建设都市公园和汽车野营地，农水省建设自然休养村，厚生省建设大规模年金保养基地，国土厅建设"轻松的家乡"推进示范区、山村都市交流环境建设示范区、过疏地区住宿设施建设示范区。

20 世纪 80 ~ 90 年代，日本旅游产业已较为成熟，政府又将工作重点转移到对旅游资源的保护和旅游环境的改善，先后加入《华盛顿条约》《世界遗产条约》，建立北海道钏路湿地保护区，并出台系列扶持政策。1991 年，日本出台《旅游交流扩大计划》，将鼓励重点从出境旅游转向入境旅游。1992 年，日本财政预算增设"观光事业振兴助成交付金"，对旅游企业提供融资支持。2002 年，日本制定《全球观光战略》，2003 年实施《观光立国战略》，在削减财政开支、压缩政府机构的背景下逆势而动，在国土交通省综合政策局观光部增设"国际观光推进科"，增设"观光立国担当大臣"，由国土交通大臣兼任。2008 年 10 月 1 日，日本增设旅游行政管理部"观光厅"。

此外，日本政府还通过建设生态旅游示范区、国际旅游主题地区以及申报世界遗产，以提高旅游资源的知名度，整治旅游环境，通过"举国兴旅"体制，积极塑造国家品牌，提升日本旅游的国际竞争力。

——资料来源：陈友华，《日本旅游政策研究》，江西人民出版社；
郭颂宏，《论政府在旅游发展中的作用》，《南昌航空大学学报》。

复习与思考

一、名词解释

富士山　明治维新　神道教　天皇　日本料理　和服　相扑　东京展览中心　大阪世博会　爱知博览会　日本文化节　茶道　花道

二、问答题

1. 为什么说京都是日本的文化中心？
2. 日本的温泉旅游有何特点？
3. 大阪世博会对日本关西地区的发展有何拉动效应？

三、实践与训练

1. 调查本地区的日资企业情况。
2. 调研日本的文化创意产业。

Section 5 Thailand

【导读】泰国地处印度支那半岛中央，国土形状酷似大象头，南部地峡如同象鼻。北部金三角地区曾以罂粟著名，生活着戴铜项圈的长颈族，清迈为避暑胜地。中部湄南河谷盛产香米，大城的断垣残壁诉说着曾经的辉煌。南部濒临暹罗湾，岛屿众多，普吉岛沙白细软，为旅游天堂。全国盛行小乘佛教，寺庙众多，男孩必须出家修行，否则不能娶妻生子。君主立宪政体，国王至高无上，总理经常更换。资源丰富，物产丰饶，以水果、香米、硬木、对虾著称。古称暹罗，与中国友好。华裔郑达信因击退缅军，被拥戴为吞武里国王，在位十五年，现有郑王庙，每年有郑王祭。曼谷的华侨多且富，大多祖籍潮汕。旅游产业发达，曼谷曾举办四届亚运会，王宫寺庙为必游之景；北碧府桂河大桥为盟军战俘修建，这些战俘饱受日军奴役，因此该铁路得名“死亡铁路”。

Part One Basic Information

1. Overview

The kingdom of Thailand lies in the heart of Southeast Asia, making it a natural gateway to Indochina, Myanmar（缅甸）and southern China. Thailand borders with Malaysia, Myanmar, Laos（老挝）and Cambodia（柬埔寨）. The country's east coast borders the Gulf of Thailand and the west coast abuts（毗邻）the Andaman（安达曼）Sea. The area of Thailand is 513,000 square kilometers and population 66 million. Thailand draws more visitors than any other country in Southeast Asia with its irresistible（无法抗拒）combination of breathtaking natural beauty, inspiring temples, renowned hospitality（好客）, robust cuisine and ruins of fabulous ancient kingdoms. Although, like other Asian countries, influenced by contact with foreign cultures, the never-changing character of Thai culture has remained dominant, even in modern city life.

2. Geography

The country is divided into four main natural zones. The mountainous North has profusion of multi-colored orchids（兰花）, fascinating native handicrafts and winter temperatures are sufficiently cool to permit cultivation of temperate fruits ; the high Northeast Plateau still guards its many archaeological and anthropological（人类学）mysteries. The Central Plain, one of the world's most fertile rice and fruit growing areas along the Chao Phraya River（昭披耶河）, has colorful traditional culture. The peninsular South, the unspoiled beaches and idyllic（田园）islands, complement economically vital tin mining, rubber cultivation and fishing.

One-fifth of Thailand is covered by rainforest, and the country has an incredible array of fruit trees, bamboo and tropical hardwoods. There are freshwater swamp（湿地）forests in the delta regions, forested crags（峭壁）amid the karst（喀斯特）topography of both the north and south, mangroves（红木）in the south, and pine forests at higher altitudes in the north.

Thailand is particularly rich in bird life, with over 1,000 recorded resident and migrating species, approximately 10% of the world bird species. Insect species number over 6,000, and the country's rich marine environment counts tens of thousands of species. Indigenous mammals include tigers, leopards, elephants and Asiatic black bears.

3. Climate

Thailand's climate is ruled by monsoons that produce three seasons in northern, northeastern and central Thailand and two in southern Thailand. Generally the dry and wet monsoon climate arrives sometime between May and July and lasts into November. It is followed by a dry, cool season from November to May in which temperatures are relatively lower until February and then begin to soar（升高）from March to May. Much lower temperatures are experienced in the North and Northeast during nighttime.

The South has a tropical rainforest climate with temperatures averaging 28 ℃ almost all year round. The best time to visit is from February to March when the weather is mild and the beaches are at their finest. The peak seasons are August, November, December, February and March, with secondary peak months in January and July.

4. Politics

Thailand is a constitutional monarchy country since 1932 with the King recognized as Head of State, Head of the Armed Forces, Upholder（支持者）of the Buddhist religion and all other religions. The King Rama IX（拉玛九世）, the ninth king of the Chakri（却克里）Dynasty, has reigned for more than half a century, making him the longest reigning Thai monarch. Thai people have a deep, traditional reverence for the Royal Family, and a visitor should be careful to show respect for the King, the Queen and the Royal Children.

Parliament is composed of 2 houses, the House of Representatives and the Senate（参议院）. Representatives and senators are elected by the people. A prime minister elected from among the representatives leads the government.

The country is divided into 76 provinces. The Bangkok Metropolitan Administration comes under an elected governor. Appointed provincial governors administer the other 75 provinces, which are divided into districts, sub-districts and villages. The red, white and blue stripes of the National Flag symbolize the nation, Buddhism and the monarchy respectively.

5. Economy

The economy of Thailand is export dependent. Thailand's recovery from the 1997 to 1998 Asian financial crisis relied largely on external demand from the United States and other foreign markets. The economy is essentially a free-enterprise system. Certain services, such as power generation, transportation and communications, are state owned and operated, but the government is considering privatizing them in the wake of the financial crisis.

Forty-nine percent of Thailand's labor force is employed in agriculture, however this is less than the 70% employed in 1980. Agriculture has been experiencing a transition from labour intensive and transitional methods into a more industrialised and competitive sector. Rice is the country's most important crop. Thailand is a major exporter in the world rice market. Other agricultural commodities produced in significant amounts include fish and fishery products, tapioca（木薯粉）, rubber, grain and sugar. Industries registering rapid increases in production included computers and electronics, garments（服装）and footwear, furniture, wood products, canned food, toys, plastic products, gems and jewelry. High-technology products are now leading Thailand's strong growth in exports. Thailand's growing shortage of engineers and skilled technical personnel may limit its future technological creativity and productivity.

Part Two Culture and Customs

1. History

The earliest civilization in Thailand is a Buddhist culture brought by the Mons（孟族）from the Indian subcontinent. In the 12th century, this met a Khmer（高棉）culture moving from the east, the Sumatran based Srivijaya（室利佛逝）culture moving north, and citizens of the Thai state of Nan Chao（南诏）migrating south. Thai princes created the first Siamese（暹罗）capital in Sukhothai（素可泰）and later centers in Chiang Mai（清迈）and notably Ayuthaya（大城）. The Burmese（缅甸族）invaded Siam（暹罗）in the 16th and 18th centuries, capturing Chiang Mai and destroying Ayuthaya. The Thais expelled the Burmese and moved their capital to Thonburi（吞武里）. In 1782, the current Chakri dynasty was founded by King Rama I and the capital was moved across the river to Bangkok. In the 19th century, Siam remained independent by deftly playing off one European power against another. In 1932, a peaceful coup（政变）converted the country into a constitutional monarchy and in 1939 Siam became Thailand. During WWII, the Thai government sided with the Japanese. After the war, Thailand was dominated by the military and experienced more than twenty coups and countercoups（反政变）. Democratic elections in 1979 were followed by a long period of stability and prosperity as power shifted from the military to the business elite（精英）.

2. Religion

Religion and monarchy are the cornerstones（基石）of Thai culture, and they permeate（渗入）everyday life, from the custom of standing for the royal anthem（赞歌）before films are shown and for the national anthem（国歌）played across towns and villages twice daily, to the predominance of Buddhist temples all around the country.

Thailand is one of the most strongly Buddhist countries in the world, and orange-robed monks and gold, marble and stone Buddhas（佛像）are common sights. The prevalent form of Buddhism practiced is the Theravada（小乘）school, which emphasizes the potential of the individual to attain nirvana（涅槃）without the aid of saints. Senior monks are highly revered. Thus, in towns and villages, the temple is the heart of social and religious life. The remainder of the population adheres to Islam, Christianity, Hinduism and other faiths, all of which are allowed full freedom of expression.

Meditation（冥想）, one of the most popular aspects of Buddhism, is practiced regularly by numerous Thai as a means of promoting inner peace and happiness.

3. Cuisine

Thais have traditionally lived close to the land and the waters, and original Thai cooking reflected that. Main ingredients include rice, fish, vegetable and herbs. Very little meat was used, and traditionally beef or buffalo meat was eschewed since the animals were the mainstays（支柱）of farm life.

Thai cuisine is essentially a marriage of centuries-old Eastern and Western influences harmoniously combined into something uniquely Thai. Thais grilled, baked and stewed their food, until the Chinese introduced the techniques of cooking with hot oil. European merchants, diplomats and missionaries also contributed a lot to the cuisine, starting right after their arrivals in the 16th Century. And the Portuguese missionaries introduced chilies（辣椒）to Thai kitchens.

The Indians, on the other hand, brought curries and spices, here. Over the years Thai cooks have added their own ingenuity（独创）, substituting（取代）hard-to-find ingredients with what's available locally and adapting the recipes to suit Thai palates（品味）. Whether chilli-hot or comparatively bland（温和）, harmony is the guiding principle behind each dish.

4. Arts

Thai art, principally sculpture and architecture, is divided into a number of historical styles. Classical Thai music has similarities to Chinese, Japanese, Indian and Indonesian music. The traditional Thai orchestra is composed of woodwind, string and percussion instruments. The most significant is a double-handed drum ; before a performance, the players make offerings of flowers and incense（熏香）to the drum.

There are several forms of classical dance in Thailand. Most are intimately connected to drama, particularly the epic journey tale of Prince Rama's（拉玛王子）search for his beloved Princess Sita（媳妲公主）, who has been abducted by the evil demon Ravana（拉瓦那）. These dance performances feature elaborate costumes and masks.

5. Crafts

Thai silk, cotton, silverware, bronze ware, pottery and celadon（青瓷）, pewter, precious stones, finished jewellery and a dazzling range of folk handicrafts make memorable gifts and souvenirs. Probably the most famous of all Thai's handicrafts, silk is available in a range of colors, patterns and plys（厚度）. Thai cottons have become increasingly popular and are a good deal. Particularly notable are the hilltribe cottons woven by the tribal people of the North. Equally distinctive are original batiks crafted at several studios in Bangkok.

Pewter is fashioned with great skill by Thai craftsmen, and the smooth, silky finish of this attractive alloy is enhanced by delicate decoration. Pewterware（锡合金）items include plates, boxes, vases and pocket flasks（瓶）.

Both traditional and contemporary styles of pottery are available throughout the country. Best known are the distinctive sea-green celadons（青瓷）from the Sukothai area. A specialty of Chiang-Mai and the north, lacquerware（漆器）involves coating split bamboo or wood with lacquer. Rattan（藤条）and rosewood（红木）furniture items are available in many designs and styles and can also be made to order.

Bangkok is the colored gemstone capital of the world. Rubies（红宝石）and sapphires（蓝宝石）are indigenous stones, but virtually all colored gems, as well as diamonds, are available. International standard ready-made sportswear and leisurewear is inexpensive and quality tailors and dressmakers offer reliable 24-hour service in Bangkok and major tourist destination.

6. Thai style Natural Healing（泰式疗法）

Thai traditional medicine holds that the body has four elements：wind, water, earth and fire, and ill health results from an imbalance between them. To remedy an ailment（疾病）, the village doctor would make a herbal pack（药包）for the patient to ingest（口服）, rub onto the skin, or add to a steam compress（热敷）.

Another major component of traditional medicine is energy. When the energy lines are blocked, the individual will become ill, physically or emotionally. A massage（按摩）or sauna（桑拿）would be prescribed. A massage can restore balance among the elements. A herbal sauna can cleanse and rejuvenate the body. A herbal pack can calm nerves and redirect the energy. Traditional Thai massage is a proven physical therapy that dates back to ancient India. It reached the peak of popularity in the early 18th century. King Rama Ⅲ（拉玛三世）had all available knowledge on the subject gathered and inscribed on stone slabs（碑）in the Temple of the Reclining Buddha（卧佛寺）.

7. Thai Boxing（泰拳）

Thai Boxing is the most passionately followed sport in Thailand. As gentle, peace-loving people, Thais had to defend themselves and their land from aggressive powers for centuries. They developed a form of close, hand-to-hand combat best suited for the kind of rough terrain（崎岖）battle they were fighting.

In the old days, Thai Boxing was a dangerous sport, with no safety gear（装备）of any kind for the fighters, and only lengths of cords（细绳）to wrap around the fists. Over the years rules have been written along the line of international boxing regulations. Thai Boxing is fought in five three-minute rounds with two-minute breaks in between. A match is decided by a knockout（击倒）or by points. Three judges decide who carries the round and the one who wins the most rounds, win the fight. The referee plays a very important role, since boxers' safety depends on his decision.

Thai Boxing, with its emphasis on both offense and defense as well as on stamina(耐力), is a martial art anyone can learn : men, women, young or old. With the interest in Thai Boxing growing fast, martial-art schools in Europe, America and Asia have added it to their curricula.

8. Language

Thai is a tonal language belonging to the group of Ka-Tai languages (加泰语) , the five tones are monotone(单音), low(低音), falling(降音), high(高音)and rising(升音). Spoken and written Thai is largely incomprehensible to the casual visitor. However, English is widely understood, particularly in Bangkok where it is almost the major commercial language. English and some European languages are spoken in most hotels, shops and restaurants in major tourist destinations, and Thai-English road and street signs are found nationwide.

9. Etiquettes

Normally thais don't shake hands when they greet one another, instead they press the palms together in a prayer-like gesture called a wai (合十礼) . Generally a younger person wais an elder, who returns it. Thais regard the head as the highest part of the body. Therefore, avoid touching people on the head and try not to point one's feet at people or an object. It is considered very rude. Shoes should be removed when entering a private Thai home.

Part Three Tourism Attractions

1. Central Plains

The fertile flatlands and important water tributaries (水道) makes the Central Plains the agricultural food basket of the Kingdom. Also located within this area are beautiful mountains, small and big, pristine forests, spectacular waterfalls, and mighty rivers. Many interesting attractions lie in this region.

Bangkok (曼谷) has dominated Thailand's urban hierarchy as well as its political, commercial and cultural life since the late 18th century. Bangkok's history of haphazard (随意) planning means you'll have the best experiences in the most unlikely of places.

Pattaya (芭堤雅) , located on the east coast of the Gulf of Thailand about 165 kilometers southeast of Bangkok, is one of the biggest centers of tourism in Thailand. Originally, Pattaya was a small fishing village until the rich of Bangkok discovered it as a beach resort in the 1960s. Soon thereafter, American soldiers from the air force base Utapao（乌塔堡）began to use the area for rest and recreation. The city grew quickly, mostly due to go-go bars（歌舞吧）and other nightlife places. When the Americans left after the end of the Vietnam War the city fell into crisis, but with the rise of mass tourism from Europe, the tourism business began to grow again. Despite its reputation as being a destination for sex tourism, Pattaya has seen a large increase in family tourism in recent years due to efforts to present a more family friendly image. Pattaya's main attractions are its beaches. The 56-storey Pattaya Park tower is a Pattaya landmark that can be seen virtually from anywhere in the city. Pattaya is world famous for its nightlife. Hundreds of bars, restaurants and clubs line the busy streets bustling with activity 365 days a year. Thai boxing matches can be seen from many of the open-air beer bars along the Beach Road and the highly popular Walking Street.

Ayuthaya（大城）Historical Park, a UNESCO World Heritage Site, has its historic temples scattered throughout this once magnificent city and along the encircling rivers（护城河）. Several of the more central ruins can be visited on foot. An ideal transport combination for visitors who want to see everything would be to hire a bicycle for the central temples and charter（包租）a long-tail boat to take a tour of the outlying ruins along the river.

2. Northern Mountains（北部山地）

The North is characterized by densely forested mountainous regions, inhabited by Thailand's many colorful hilltribe people. From these hands come many fine, superior handicraft products.

Excavated（发掘）remains and ancient manuscripts indicate that the Northern region was the heart of two main kingdoms that flourished prosperously in those days. The first of these was the Yonok（如诺）Kingdom with Chiang Saen（清盛）as its administrative center and the kingdom prospered under the rule of many successive monarchs until its fall in the mid-11th century AD. In 1262, King Mengrai（明来王）founded Chiang Rai（清莱）as the first town under his rule at the age of 23. He gathered up all neighboring towns, and established Chiang Mai（清迈）town in 1296 as the center of the renowned Lanna（兰纳）Kingdom.

Chiang Mai, Thailand's second largest city and the gateway to the north, has a striking mountain backdrop, over 300 temples and a quaint historical aura（氛围）. It's also a modern, friendly, internationally flavored city with much to offer the visitor；food, accommodation and shopping are all top quality and inexpensive, and nights are relatively cool. The old Chiang Mai is a neat square bounded by moats and partial walls.

3. Northeastern Plateau（东北高原）

The areas of the Northeastern regions is situated on the elevated Khorat Plateau（呵叻高原）with clear demarcations（区别）from the other regions. Though the area is comprised of many diverse minority groups, locals exist in peaceful harmony with each other. Often characterized as hard working, they are also artistically creative, as demonstrated in the exquisite（精美）designs on silk cloths and other handicraft products.

Though it is considered the nation's poorest region because of its arid, infertile soils, this region is rich in culture and historical heritage sites influenced heavily by the old Khmer（高棉）Empire. Beautiful natural scenery and wonderful people, plus a tantalizingly（迷人）spicy cuisine and exquisite silk productions entice visitors.

4. Southern Peninsula（南部半岛）

Southern Thailand has forests, mountains, waterfalls, beaches, caves, lakes and islands. The long and wide stretch of eastern coastline gradually slopes into the shallow Gulf of Thailand, while the more rugged terrain of the western side drops into the deep Andaman Sea. Historical records showed that the Malay Peninsula was formerly a central commerce center with many prosperous towns. With its strategic location, it benefited from trade with China, India and other foreigners at an earlier age than the rest of the country. Along with trade came exposure to new religion. During the 9th to 12th century, trade with Persia（波斯）and Arab nations prospered, and so did the Islamic religion. Aside from Buddhists and Islamic people, the South is comprised of sea village people.

Phuket（普吉岛）is Thailand's largest, most populous and most visited island. Most flock（聚集）to the beaches on the southwestern side, which are loaded with entertainment options. The northern half of the island and the interior have not been swept up in the same development and offer quiet beach retreats and the chance to explore rural inland areas.

Part Four MICE Industry

1. Bangkok International Trade and Exhibition Centre（曼谷国贸展览中心）

The Bangkok International Trade and Exhibition Centre（BITEC）is a convention and exhibition hall in Bang Na（邦纳）District. It opened in 1997 and has a total floor area of 50,400 square meters. Among the event it hosts is the annual Bangkok International Motor Show. BITEC was the winner of the Global UFI Operations award 2007 and one of the Top Five Exhibition and Convention Centres by CEI magazine, Asia Pacific.

2. Queen Sirikit National Convention Center（诗丽吉皇后会议中心）

The Queen Sirikit National Convention Center is located in Khlong Toei（孔提）District. The Bangkok Metro transportation has a stop here.

Originally constructed for the 46th World Bank Group/International Monetary Fund annual meeting, the project was laid out by the Thai government in 1989 and construction took more than two years to complete. It was named in honour of Queen Sirikit, and opened by King Bhumibol Adulyadej（普密蓬·阿杜德）on August 29, 1991.

The main hall and the compound（场地）are around 35,000 square meters, and the plenary（多功能）hall can hold up to 5,000 people. The architecture is in a modernistic Thai style.

3. IMPACT Muang Thong Thani（蒙通他尼会展中心）

IMPACT Muang Thong Thani is a complex consisting of an arena（运动场）, convention center and exhibition hall in suburban Bangkok of Nonthaburi（暖武里）Province. Each year, the venue hosts over 490 events and welcomes a visitorship of over 15 million.

The IMPACT Convention Center was built in 2000, while expansion of IMPACT Exhibition Center was completed in 2003. The column-free IMPACT Challenger exhibition halls were completed in early 2006. Spanning（跨越）60,000 square meters, the IMPACT Challenger Halls are presently the world's biggest column-free exhibition halls.

The IMPACT complex is currently the 2nd largest exhibition and convention venue in Asia with an indoor floorspace of over 140,000 square meters. The IMPACT Arena is a 12,000-seat arena-style concert hall. It is the primary large scale entertainment venue for the Bangkok metropolitan area. The Aktiv Square is an open-air amphitheater of 37,940 square meters for outdoor concerts that can host up to 40,000 people. The IMPACT Convention Center is 30,000 square meters facility with the 2,000 square meters Grand Diamond Ballroom and meeting rooms. The IMPACT Exhibition Center is a 47,000 square meters exhibition hall.

4. Pattaya Exhibition and Convention Hall（芭堤雅展览馆）

Pattaya Exhibition and Convention Hall（PEACH）is a multipurpose event venue of the award winning Royal Cliff Hotels Group. Royal Cliff Hotels Group has always been the setting to some of the most important meetings in the region ranging from the Cambodian (柬埔寨) Peace Talks in 1991 to the drafting of the new Thai constitution in 1997. With the rapid growth of the MICE industry in Thailand and strong interest in Pattaya as a conference destination, the resort seized the opportunity to construct a modern stand alone event centre benefiting the excellent views of the sea. Thus in 1999 the sophisticated PEACH was born and to be officially inaugurated one year later.

PEACH is a low-rise complex set in tropical surroundings with a view of the Gulf of Thailand. The centre offers complete versatility and flexibility for any event. The main hall is highly flexible and can be divided into 4 large zones or even into 9 smaller sections. In addition there are 18 meeting rooms with various capacities ranging from 90 square meters to 286 square meters. As one of the largest and most up-to-date convention centres in Thailand, PEACH has hosted numerous events ranging from prestigious political conferences to spectacular advertising festivals.

5. Bangkok Asian Games (曼谷亚运会)

The 1966 Asian Games, also known as the V Asiad, is a multi-sport event which held from December 9 to 20, 1966, in Bangkok. A total number of 2,500 athletes and officials from 18 countries were involved and women's volleyball made its debut (首赛). The 6th Asian Games were held from December 9 to 20, 1970, in Bangkok. Originally Seoul declined due to both financial reasons and security threats from North Korea. Tailand stepped in to save the Asiad and staged the Games using the funds of South Korea. A total number of 2,400 athletes coming from 18 countries competed, where yachting (帆船) made its debut (首次). The 8th Asian Games were held from December 9 to December 20 1978 in Bangkok. A total number of 3,842 athletes, coming from 25 countries, competed. Debuting sports were archery (射箭) and bowling (保龄球). The 13th Asian Games were held from December 6 to 20, 1998, in Bangkok.

6. Songkran (宋干节)

Songkran, New Year of Thailand, is celebrated in mid-April by bathing Buddha images (浴佛), paying respects to monks and elders by sprinkling (泼) water over their hands, and generally tossing (洒) a lot of water in the air for fun. The sowing and harvesting of rice has given rise to a cycle of festivals. In the Wisutkasat (威苏卡撒) area of Bangkok, a Miss Songkran beauty contest is held and accompanied by merit making and entertainment.

7. Royal Ploughing Ceremony（皇家开耕节）

To kick off the official rice-planting season in early May, the king participates in an ancient Brahman（婆罗门）ritual in a large field in central Bangkok to forecast the abundance of the next rice crop. The event is a result of a series of ceremonies that are portrayed by a high-ranking official from the Ministry of Agriculture and Cooperatives who wears colourful traditional costumes. This ceremony was reintroduced in 1960 by King and is considered the official commencement of the rice growing season.

A Rocket Festival（火箭节）is held in May in the northeast, using a volatile mixture of bamboo and gunpowder to convince the sky to send rain for the new rice season, and the rice harvest from September through to May leads to joyous local celebrations throughout Thailand.

8. The Queen's Birthday Celebration（皇诞节）

To display their loyalty and to honour Queen Sirikit on the occasion of her royal birthday on August 12, the Thai people decorate their houses and public buildings. Around Bangkok, Ratchadamnoen（拉差当能）Avenue, the Grand Palace and other well-known locations are bedecked with coloured lights and magnificent adornments.

拓展阅读 搜索

多面的泰国

泰国可谓"黄袍佛国"，95%的居民信仰小乘佛教，城乡遍布佛寺。在人们心目中，佛教高于国家，国王见到和尚必须行礼，和尚却不必向国王行礼。每个泰国男孩都要出家当和尚，第一次和第二次当和尚可以还俗，第三次当和尚就不能还俗了。曼谷的大皇宫里有一座玉佛寺，外面镶金，在阳光照耀下金碧辉煌。大雄宝殿中供奉着玉佛，每年由国王为其更换三次锦衣。

泰国国王威望很高。国王给予老百姓不少恩惠，如向游人开放皇宫，以门票收入为国民提供免费的教育和医疗。老百姓对国王既感恩又崇敬，大街上到处悬挂着国王和王后的画像。泰国的总理和内阁经常更换，国王却在复杂多变的政治斗争中稳坐最高权力宝座，协调各种矛盾。

泰国华族与其他各族地位一致。国王对各族人一视同仁，泰国华族因此不受歧视和排挤，得以充分施展自己的才能。目前，泰国富人阶层华族占85%，他们大都经济和社会地位高。华族竭力与国王、佛教界和军界保持密切关系。泰国华族的祖先来自中国南方各省，他们在泰国已繁衍生息数百年了。

泰国土地私有，全民经商。除王室领地外，泰国的土地及岛屿都是私人所有，政府不能随意征用私人土地进行城市规划，因此曼谷的建筑非常凌乱，许多街道没有红绿灯和人行横道。泰国政府对个体商贩不征税费，大街小巷都有小摊贩、小吃部和小商店，可谓“全民经商”。由于佛教的影响，泰国人不杀生，野狗在田野和马路上到处走。老百姓不在家里宰杀家禽和牲畜，有专门的屠夫。

泰国禁赌不禁色。泰国没有赌博产业，警察一旦发现外国游客玩纸牌、打麻将赌博，便予以重罚。泰国政府对色情业则很宽容，城市的红灯区和色情表演都是合法的。芭堤雅的红灯区每到夜晚总是热闹非常，来自世界各地的游客到此观光。

泰国一夫多妻妾。在泰国，女孩出生率高于男孩，有些男孩或出家当和尚或做变性手术为人妖，以致女多男少。泰国实行一夫多妻制，一个男人可以娶一个正妻三个小妾，丈夫只跟正妻领取结婚证，小妾不领证。泰国的男人不太有家庭责任心，女人则非常能干，承担养家糊口、操持家务的重担。

——资料来源：张利华，《禁赌不禁色——多面泰国充满着矛盾性和复杂性》，人民网国际频道。

复习与思考

一、名词解释

君主立宪制　小乘佛教　泰拳　曼谷亚运会　宋干节　皇家开耕节　金三角

二、问答题

1. 泰国华人有何特点？
2. 芭堤雅的会展旅游有何特点？
3. 曼谷亚运会对泰国会展旅游的发展有何影响？

三、实践与训练

1. 讨论在泰国南部修筑运河的可行性与影响。
2. 讨论中泰两国加强湄公河经贸合作的意义。

Section 6 Malaysia

【导读】马来西亚地处赤道，被中国南海分成东、西两部。全国13个省，其中9个省由世袭苏丹治理，并从中推选出总统，五年为期，轮流执政。人种多样，文化多元，马来人为主，华人次之。伊斯兰教为国教，清真寺遍布全国，哈拉食品展名气很大。佛教、印度教亦和谐共处。盛产胡椒、橡胶、石油和锡器。旅游产业发达，吉隆坡双子塔，槟榔屿关圣庙，云顶高原赌城，马六甲三保庙，沙巴的猎头族与长屋，沙捞越的溶洞与原始森林，都引人入胜。

Part One Basic Information

1. Overview

Malaysia, located in Southeast Asia, is divided into two distinct parts : Peninsular Malaysia and the East Malaysian. The two regions are 650 kilometers apart, separated by the South China Sea. The total area is 330,803 square kilometers. Peninsular Malaysia, accounts for 40% of the country's land mass, shares borders with Thailand and Singapore. The Andaman Sea（安达曼海）is on the west coast of the peninsula. Sabah（沙巴）and Sarawak（沙捞越）border Kalimantan（加里曼丹）, and Sarawak surrounds the tiny country of Brunei（文莱）.

2. Geography

Several mountain ranges run north-south along the spine（隆起）of the Peninsular Malaysia. There is a wide, fertile plain on the west coast, and a narrow coastal plain on the east. Sabah and Sarawak are covered by dense jungles with large river systems. Mt Kinabalu（基纳巴卢山）, 4,101 meters in altitude in Sabah is one of the highest peaks in southeast Asia. Putrajaya（布特拉贾亚）is the newly created administrative capital for the federal government of Malaysia. Kuala Lumpur（吉隆坡）remains the seat of parliament as well as the commercial and financial capital of the country. Other major cities include George Town（乔治城）, Ipoh（怡保）and Johor Bahru（新山）.

3. Climate

With a temperature that fluctuates（变动）little throughout the year, travel in Malaysia is a pleasure, and light clothing is ideal. Average temperature is between 21℃ and 32℃ . Humidity（湿度）is high. Rain tends to occur between November to February on the east coast of Peninsular Malaysia. On the west coast of Peninsular Malaysia the rainy season is April to May and October to November. More than 60 percent of the territory is still rainforest. There are 8,000 species of flowering plants in Peninsular Malaysia alone, including 2,000 tree species, 800 different orchids and 200 types of palm（棕榈）. Fauna includes elephants, rhinos（犀牛）, tigers, leopards（豹）, sun bears, orangutans（猩猩）and gibbons（长臂猿）. East Malaysia has one of the most abundant and varied bird populations in the world.

4. Politics

Malaysiah government is constitutional monarchy（君主立宪）: nominally headed by paramount（最高）ruler and a bicameral parliament consisting of a nonelected upper house and an elected lower house ; all Peninsular Malaysian states have hereditary（世袭）rulers except Melaka and Penang（槟榔屿）; Sabah and Sarawak have governors appointed by government ; powers of state governments are limited by federal constitution ; under terms of federation, Sabah and Sarawak retain certain constitutional prerogatives（特权）.

Its administrative divisions are 13 states : Johor（柔佛）, Kedah（吉打）, Kelantan（吉兰丹）, Melaka（马六甲）, Negeri Sembilan（森美兰）, Pahang（彭亨）, Perak（霹雳）, Perlis（玻璃市）, Penang（槟城）, Sabah（沙巴）, Sarawak（沙捞越）, Selangor（雪兰莪）and Terengganu（丁加奴）; and one federal territory, the capital city of Kuala Lumpur.

Malaysia's flag that looks similiar to that of the United States is known as Jular Gemilang（malay for "Stripes of Glory"）. The 14 stripes（条纹）represent Malaysia's states, while the square in the upper left contains the moon and sun of Islam.

5. Economy

Malaysia transformed itself from 1971 through the late 1990's from a producer of raw materials into an emerging multi-sector economy. Growth was almost exclusively driven by exports - particularly of electronics. As a result, Malaysia was hard hit by the global economic downturn and the slump in the information technology（IT）sector in 2001 and 2002. But healthy foreign exchange reserves, low inflation and a small external debt are all strengths that make it a financial growth.

Malaysia is well endowed with natural resources in industries such as agriculture, forestry as well as mining. In terms of agriculture, Malaysia is the world's primary exporter of natural rubber and palm oil, together with sawlogs（原木）, sawn timber, cocoa, pepper, pineapple and tobacco.

Tin（锡）and petroleum are the two main mineral resources in the Malaysian economy. Malaysia was once the world's largest producer of tin until the collapse of the tin market in early 1980s. Petroleum and natural gas which were discovered in oilfields offshore from Sabah, Sarawak and Trengganu have contributed much to the Malaysian economy. Other important minerals include copper, gold, iron-ore and coal. Small quantities of gold are produced.

Malaysia is a relatively open state-oriented and newly industrialized market economy. The state plays a significant but declining role in guiding economic activity through macroeconomic plans. Malaysia has had one of the best economic records in Asia, with GDP growing an average 6.5 percent annually from 1957 to 2005. In 2020, the GDP was about $336 billion, the third largest economy in ASEAN and the 29th largest in the world.

Part Two Culture and Customs

1. History

Aboriginal（土著）Malays began moving down the Malay Peninsula from southwestern China about 10,000 years ago. The peninsula came under the rule of the Cambodian based Funan（扶南）, the Sumatran based Srivijaya（室利佛逝）and the Java based Majapahit（麻加八歇）Empires, before the Chinese arrived in Melaka（马六甲）in 1405. Islam arrived in Melaka at about the same time and spread rapidly. Melaka's wealth soon attracted European powers, and the Portuguese took control in 1511, followed by the Dutch in 1641.

The British established a thriving port in Penang（槟榔屿）in 1786 and took over Melaka in 1795. The British traded for spices and colonized the interior of the peninsula when tin was discovered. East Malaysia came into British hands via the adventurer（探险家）Sir James Brooke（布洛克）who was made Rajah（酋长）of Sarawak in 1841 after suppressing a revolt against the Sultan of Brunei（文莱）, and the North Borneo Company which administered Sabah from 1882. Gradually, the Federated Malay States were created over the 19th century. The final pieces of the Malaysian mosaic（组合）fell into place when Britain took formal control of both Sabah and Sarawak after WWII. The indigenous labor supply was insufficient for the needs of the developing rubber and tin industries, so the British brought large numbers of Indians into the country, altering the peninsula's racial mix.

The Japanese overran Malaya in WWII. Communist guerrillas（游击队）, who fought the Japanese throughout the occupation, began an armed struggle against British rule in 1948 and Malaya achieved independence in 1957. Sabah, Sarawak and Singapore combined with Malaya to establish Malaysia in 1963, but two years later Singapore withdrew（退出）from the confederation. The formation of Malaysia was opposed by both Philippines and Indonesia, as each had territorial claims on East Malaysia. Tension rose in 1963 during the confrontation with Indonesia. Indonesian troops crossed Malaysia's borders but were repelled by Malaysian and Commonwealth（英联邦）forces. In 1969, violent riots broke out between Malays and Chinese, though the country's racial groups have since lived in relative peace together. The United Malays National Organization has been in power since 1974.

2. Culture

Cultures have been meeting and mixing in Malaysia since the very beginning of its history. More than fifteen hundred years ago, a Malay kingdom in Bujang Valley（布秧谷）welcomed traders from China and India. With the arrival of gold and silks, Buddhism and Hinduism also came to Malaysia. A thousand years later, Arabian traders arrived in Malacca bringing with them the principles and practices of Islam. By the time the Portuguese arrived in Malaysia, the empire that they encountered was more cosmopolitan（世界性）than their own.

Malaysia's cultural mosaic is marked by many different cultures, but several have had especially lasting influence on the country. Chief among these is the ancient Malay culture, and the cultures of Malaysia's two most prominent trading partners throughout history, the Chinese and the Indians. These three groups are joined by a dizzying array of indigenous tribes, many of which live in the forests and coastal areas of Borneo. Although each of these cultures has vigorously maintained its traditions and community structures, they have blended to create contemporary Malaysia's uniquely diverse heritage.

3. People

The official languages are Malay, English and Tamil（泰米尔语）. The Malay is Malaysia's largest ethnic group, accounting for over half the population. With the oldest indigenous peoples they form a group called bumiputera（马来西亚土著）. Almost all Malays are

Muslims, though Islam here is less extreme（狂热）than in the Middle East.

The Chinese traded with Malaysia for centuries, then settled in number during the 19th century. Though perhaps a stereotype（成见）, the Chinese are regarded as Malaysia's businessmen, having succeeded in many industries. When Chinese first arrived, they often worked the most grueling jobs like tin mining and railway construction. Most Chinese are Taoist or Buddhist retaining strong ties to their ancestral homeland. They form about 35 percent of the population.

Indians had been visiting Malaysia for over 2,000 years, but did not settle until the 19th century. Most came from South India, fleeing a poor economy. Arriving in Malaysia, many worked as rubber tapers（割胶人）, while others built the infrastructure or worked as administrators and small businessmen. Today ten percent of Malaysians is Indian. Their culture with its exquisite Hindu temples, cuisine and colorful garments is visible throughout the land.

The oldest inhabitants of Malaysia are its tribal peoples. They account for about 5 percent of the total population, and represent a majority in Sarawak and Sabah. In Sarawak, the dominant tribal groups are the Dayak（达雅克族）, who typically live in longhouses and are either Iban（伊班族）or Bidayuh（毕达友人）. In Sabah, most tribes fall under the term Kadazan（卡达山族）. All of Malaysia's tribal people generally share a strong spiritual tie to the rainforest.

4. Etiquettes

Malaysians enjoy meeting people from other lands. So, do go right ahead and strike up a conversation. After all, the whole point of traveling is to know other cultures. When greeting a Muslim, offer your right hand then bring it towards you, fingertips lightly touching your heart. This is the traditional Salam（散拉姆）or greeting of acceptance. Hindus greet with a Namaste（合十礼）with palms bringing together as in prayer at mid-chest level. With a Chinese, you may shake hands. If you are really unsure about the different forms of greetings, just smile and nod your head slightly when introduced.

It is advisable for ladies, when entering mosques（清真寺）and temples, to wear long sleeves and loose pants or long skirts which cover arms and legs. To avoid cultural offenses, remove shoes when entering homes and places of worship. Handle food with right hand. Do not point foot at someone. When giving or receiving money gifts to/from a Malaysian, do so with right hand.

5. Cuisine

Malaysia's gastronomic (美食) heritage has drawn from each of the constituent cultures of Malaysia as well as from neighboring states. The internationally renowned cuisine of China's Canton and that of southern India are significant sources of Malaysia's culinary heritage. Individual recipes (食谱) vary widely from state to state. Basic ingredients may be the same, but the method of cooking and accompanying dishes changes with each state's own tastes and special produce. Breakfast is a major meal of the day, not a neglectable snack (点心) . Fresh tropical fruits and Malaysian seafood are featured ingredients, and the chilies and curries of India and Thailand form the basis of spicy preparations. Coconut milk is ubiquitous (普遍) in Malaysia, imparting (提供) a delicious smoothness to curries and other dishes.

The mainstay (主食) of every Malaysian meal is rice. At each meal, a generous helping accompanies a selection of dishes, including fish, seafood, vegetables and poultry (家禽) . Beef is conspicuously (明显) absent, as it is across much of Asia. Dine on fragrant nasi kandar (扁担饭) , fish curry served with meat in chili sauce and boiled eggs. Excellent and inexpensive food can be obtained virtually anywhere in Malaysia largely because of the strength and ubiquity of food stalls (摊位) .

Part Three Tourism Attractions

1. Kuala Lumpur (吉隆坡)

Kuala Lumpur is an Asian tiger that roars: in 130 years, it has grown from nothing to a modern bustling (繁华) city of almost two million people. The city's urban sprawl extends well beyond the boundaries of the territory into surrounding Selangor state, particularly along the Klang Valley (巴生谷) , the powerhouse of the Malaysian economy.

Merdeka Square (独立广场) is the center of National Day celebrations. Surrounding the square are many buildings of historical interest, including the Royal Selangor Club, the National History Museum and Library. These 92-hectare manicured (修剪) Lake Gardens lie west of Merdeka Square and were once home to the ranking British official. There's plenty to keep visitors amused, including a butterfly park, planetarium (天文馆) , insect museum, walk-in aviary (鸟舍) , orchid garden and hibiscus (芙蓉) garden. Chinatown is a crowded colorful mélange (大杂烩) of signs, shops, activity and noise.

Golden Triangle is a small city in itself, dominated by the tallest building in the city, the Petronas Towers（石油塔）. This area contains all the expensive hotels and restaurants, with nightlife not for the budget-conscious. Visitors will enjoy the Kuala Lumpur Tower, the fourth-highest telecommunications tower in the world, with superb panoramic（全景）views from the observation deck.

2. Penang Island（槟榔屿）

The 285 square kilometers island of Penang, off Peninsula Malaysia's northwestern coast, is the oldest British settlement in Malaysia. Penang is the third largest economy amongst the states of Malaysia, after Selangor and Johore（柔佛）. Manufacturing is the most important component of the Penang economy. The southern part of the island is highly industrialised with high-tech electronics plants such as Intel, AMD, Motorola（摩托罗拉）, Hitachi（日立）, Bosch（博施）and Seagate（希捷）.

Penang island, also known as the Pearl of the Orient（东方明珠）, is a paradise for food lovers. Penang's cuisine reflects the Chinese, Malay and Indian ethnic mix of Malaysia, but is strongly influenced by the cuisine of Thailand to the north. The Fort Cornwall（康沃尔要塞）is in the center of Georgetown, where the first Briton, Captain Light（莱特）, set foot in 1786. The area within the fort is now a park liberally sprinkled（点缀）with cannons, many of them retrieved（收取）from local pirates.

This city has more Chinese flavor than Singapore. Set off in any direction and you're certain to see beautiful old Chinese houses, vegetable markets, temple ceremonies, trishaws（三轮车）, mahjong（麻将）games. Penang has many kongsis（宗祠）, but the Kek Lok Si Temple（金龙寺）is reputed to be the most beautiful and largest temple complex in southeast Asia. It is a dazzling mix of dragons, statues, paintings, lamps, colored tiles（瓷砖）and carvings. Its seven-storey pagoda, over 90 feet high, is a harmonious blend of Chinese, Thai and Burmese（缅甸）architecture and craftsmanship. Kuan Yin Teng（观音亭）Temple is one of the most popular temples in the city and there are often worshippers（礼拜者）burning paper money at the furnaces（炉）.

For the best view of the city and the island, catch the funicular（缆索）railway up Penang Hill, which rises 830 meters above Georgetown and provides cool relief from the sticky heat below. There are pleasant gardens, a hotel, a Hindu temple and a mosque（清真寺）at the top. The Snake Temple, dedicated（供奉）to a Buddhist healer-priest（巫医）, was inhabited by snakes that crawled out of the jungle on the night of the temple's completion.

3. Melaka (马六甲)

Melaka is an interesting blend of Chinese, Portuguese, Dutch and British influences and is considered Malaysia's most historic city. It was once the most important trading port in the region, but is now little more than a sleepy backwater (回水湾). Ancient-looking junks (帆船) still sail up the river, imbuing the waterfront with a timeless charm, and the city remains full of intriguing (错综) Chinese streets, antique shops, temples and nostalgic (怀旧) reminders of the now departed European colonial powers.

The most imposing relic of the Dutch period in Melaka is the massive pink town hall, Stadthuys (史达德斯红屋) built between 1641 and 1660. It's believed to be the oldest Dutch building in Asia and displays all the characteristic features of Dutch colonial architecture. The building houses government offices and an excellent Ethnographic Museum (人种博物馆), which highlights aspects of local history and culture.

The imposing ruins of St. Paul's Church (圣保罗教堂), built by the Portuguese over 400 years ago, stand in a beautiful setting atop St. Paul's Hill. The church fell into disuse when the Dutch arrived, but is still surrounded by old Dutch tombstones. The Brits, with great sensitivity, used the church as a gunpowder store.

For those who prefer their religious architecture to be a little more colorful, the Cheng Hoon Teng Temple (青云亭) in the old part of the city is the oldest Chinese temple in Malaysia. It was founded in 1646 with all of the building materials and artisans (工匠) were imported from China.

Part Four MICE Industry

1. Kuala Lumpur Convention Centre (吉隆坡会议中心)

The purpose-built Kuala Lumpur Convention & Exhibition Centre is a component of the Kuala Lumpur City Centre precinct (专区), fondly known as KLCC. Designed to be a "city within a city", this 100 acre site includes the 200,000 square meters KLCC Park and Petronas Twin Towers. Aquaria KLCC, a 5, 600 square meters underwater park, is located beneath the convention center. Placed alongside public transportation and hotels, the Centre is convenient for hosting conferences, exhibitions, seminars, meetings and entertainment.

2. MATRADE Exhibition and Convention Centre（大马外贸会展中心）

MATRADE Exhibition and Convention Centre（MECC）is a trade centre, exhibition hall and convention centre in the City of Kuala Lumpur. MECC, established by Malaysian External Trade Development Corporation（MATRADE）, provides convention facilities, exhibition halls and meeting rooms. Its total exhibition area is 32,888 square meters. Outdoor exhibition area includes an amphitheatre（圆形剧场）and a 20,000 square meters car park.

In operation since January 2, 2007, MECC has hosted many trade related events. MATRADE has also allocated a permanent exhibition space for 400 local companies at the exhibition hall on the second floor. With its breathtaking landscape and its unique arch through the building, the MATRADE building is an architecturally acclaimed icon（地标）in Kuala Lumpur which can be seen from miles away.

3. Borneo Convention Centre Kuching（婆罗洲古晋会议中心）

The Borneo Convention Centre Kuching（BCCK）is the first dedicated convention and exhibition centre in Sarawak. BCCK is managed by a Sarawak state-owned company. Located 8 kilometers from the city centre, it aims to organise and attract local and international concerts, events, exhibitions and conventions to Sarawak.

The building has a gross floor area of 36,500 square meters and the internal design offers complete flexibility with functional spaces capable to be subdivided into a variety of sizes and configurations（结构）for plenary sessions, exhibitions and banquets（宴会）. The capacities in BCCK include 1,500 delegates in plenary, a 2,000 capacity banquet hall and 14 breakout meetings rooms. The largest pillar（支柱）free exhibition space is 2,500 square meters. Car parking for 800 vehicles is provided in a combination of underground and open parking.

4. Langkawi International Maritime and Air Show（兰卡威国际海洋航空展）

Langkawi International Maritime and Aerospace Exhibition（LIMA）brings together the latest technology and products from the aerospace industries. LIMA is now established as one of the major airshow in the world. It is biennially（双年）held at the Mahsuri（玛苏丽）International Exhibition Centre, only a stone's throw away from Langkawi International Airport.

A brainchild（创意）of Malaysia's former Prime Minister, LIMA series of exhibition has proven to be an excellent platform for aerospace manufacturers and related industries to display and promote the latest aerospace technology to senior government officials, both civil and military and leaders of industries from Malaysia as well as the Asia-Pacific region. It represents a unique showcase for both the aerospace and maritime industries in the fast expanding Asian commercial aviation, airport and defence markets.

Began in 1991 with the aim of making Langkawi as the venue for light and experimental aircraft, LIMA is now on the world's airshow calendar where major players cannot afford to miss. Unlike anywhere in the world, a four-hour flying display is held daily throughout the show and is a definite crowd puller（吸引物）.

5. Rainforest World Music Festival（沙捞越雨林音乐节）

The Rainforest World Music Festival is an annual 3-day music festival celebrating the diversity of world music, held on the grounds of the Sarawak Cultural Village nestled against the base of Mount Santubong（桑图邦山）, about 35 kilometer north of Kuching（吉晋）. The festival runs workshops in the afternoon followed by evening performances held on the two main stages in the village. It is now one of the largest musical events in Malaysia with a total weekend audience approaching 30,000.

The festival features a wide range of performances from traditional music, to world fusion and contemporary world music. The festival emphasizes the use of traditional acoustic（音响）world instruments, although electric accompaniment instruments are common. Invited performers are prominent artists from Sarawak, other provinces of Malaysia, surrounding countries, and from around the world.

The atmosphere is very relaxed. Although there are timetables for the workshops and evening performances, visitors are free to enter and leave any event at will. The daytime workshops are held inside various traditional houses in the village. There are also no restrictions in communicating with the performers, and the musicians themselves sometimes encourage conversation. Artists are also not hidden behind barriers at the festival and can be seen walking through the site throughout the duration, allowing the audience access to them at any time.

6. Folk Festivals（民俗节）

The major Islamic events are connected with Ramadan（斋月）, the ninth month of the Muslim calendar（历法）. The major Malaysian festival is Hari Raya Puasa（哈芝节）, which marks the end of a Muslim month of fasting（斋戒）and abstinence（节制）, with three days of joyful celebrations. Hari Raya Haji（哈吉节）marks the successful completion of the pilgrimage to Mecca（麦加）with a two-day feast（盛宴）of cakes and sweets.

Wesak Day（卫塞节）is the most important day of the Buddhist Calendar as it marks the birth, enlightenment（成道）and death of Gautama（乔达摩）Buddha. Buddhist devotees（信

徒）will gather in temples throughout the country to release doves（鸽）and to offer prayers. Wesak is also an occasion to offer alms（施舍）to monks and give free meals to the needy.

To the Chinese, the most important festival is Chinese New Year. On the even of the New Year, family relationships are remembered with a special reunion dinner（团年饭）to usher（迎接）in the New Year. Penang is the place to celebrate the Chinese New Year. The Chinese Mooncake Festival（中秋节）celebrates with colorful lantern（提灯）processions on the night. The Mooncakes are rich, round pastries（糕饼）filled with a mixture of sweet red bean paste（糕）, lotus nut paste, or salted egg yolk（蛋黄）.

The Thaipusam（大宝森节）in late January is one of the most dramatic Hindu festivals. A feature of the festival is the carrying of a kavadi（赎罪架）, a frame decorated with colored papers, tinsels（金箔）, fresh flowers, and fruits as a form of penance（苦修）. In Kuala Lumpur, Hindus carrying the kavadi make the annual pilgrimage（朝觐）to the Batu Caves（黑风洞）in Selangor（雪兰莪）, where the kavadi is carried up the 272 steps to the entrance of the great cave and deposited at the feet of the deity（神）. Deepavali（排灯节）is celebrated during the 7th month of the Hindu calendar by Hindus with adorning their homes with dozens of lights or oil lamps to signify the triumph of good over evil, and thus light over darkness. It is a day of festive joy and Malaysians visit their friends of Hindu faith to extend good wishes and to partake in the feasting.

拓展阅读 搜索

马来西亚会展旅游前景广阔

近年来，马来西亚会展旅游产业迅猛发展，令世人瞩目，马来西亚具有发展会展旅游产业的优势。

一是国际环境宽松。马来西亚实行君主立宪联邦制，多党派联合执政，政局稳定，经济发展迅速。马来西亚信奉伊斯兰教，奉行中立、不结盟和大国平衡政策，为伊斯兰会议组织主席国和不结盟运动主席国；与邻国关系友好，以东盟为外交基石，积极推进东亚合作；作为英联邦成员，与其他英联邦成员国交往频繁；重视与发展中国家和伊斯兰世界的合作，又不排斥英、美发达国家。在处理国际热点和敏感问题上，马来西亚表现出伊斯兰国家少有的理智和豁达，其温和的伊斯兰国家形象已声名远扬。无论是西方还是东方，无论是发达国家还是发展中国家，都以友好态度对待马来西亚。

二是区位优势明显。马来西亚是东盟第二贸易大国，在全球贸易大国名单中排在第 20 位，是印度最大的东盟贸易伙伴，是中国第二大东盟贸易伙伴。马来西亚作为东盟的门户，处于东盟国家的战略中心地位。东盟自由贸易区（AFTA）、“10+1”“10+3”、东盟东部增长区等经贸合作机制，为马来西亚整合区域资源，促进区域贸易和投资，主办各类国际性展会提供了契机。

三是语言文化多元。马来西亚是一个多种族、多元文化和语言的国家。在文化和价值观念上能兼容并包，东西合璧。英语是工、商、教育界的通用语言，也是各民族交流的媒介，欧美客商前来参展观光毫无语言障碍。马来语是官方语言，使用广泛，亦方便周边国家参会参展。华人讲普通话，广东话、福建话、潮州话、闽南话等方言流行，中国人前往旅游亦很方便。

四是基础设施完善。马来西亚拥有发达的交通网络，公路、铁路、机场、港口、码头分布合理，配套设施完善，交通优势明显。2003 年，吉隆坡国际机场被评为全球三大最佳机场之一。作为半岛国家，马来西亚港口众多，巴生港口地处马六甲海峡，为世界商船航运的要津。

五是旅游产业发达。马来西亚是典型的热带风光国家，拥有众多岛屿、沙滩、洞穴、古老建筑和优美花园，旅游业是其第三大经济支柱。旅游部推出的“马来西亚——亚洲魅力所在”活动，成为商务旅游的新动力，该国已成为重要的国际旅游目的地。

六是政府积极扶持。马来西亚贸工部下设外贸发展局（MATRADE），主要负责会展产业的培育与管理。目前，马来西亚会展设施粗具规模，五大会展中心总面积达 19 万平方米，吉隆坡太子世界贸易中心（PWTC）得到了国际展览联盟（UFI）认证。马来西亚主办的浮罗交怡海空展、亚洲防务展、国际家具展、国际印刷包装机械展、国际食品饮品展等非常有名，主办的国际旅游展、食品与酒店展、国际美容展、金属科技展、石油与天然气展、亚洲通信与多媒体展也很成功。

——资料来源：中国驻马来西亚经济商务参赞处。

复习与思考

一、名词解释

马六甲　伊班族　合十礼　伊斯兰教　卫塞节　长屋

二、问答题

1. 马来西亚华人有何特点？
2. 马来西亚的产业与资源有何特点？
3. 云顶高原赌城的经营有何特点？
4. 为什么说马来西亚具有多元文化特色？

三、实践与训练

1. 讨论马来西亚与新加坡的关系。
2. 讨论中国企业前往吉隆坡参加展览的可行性。

Section 7 Indonesia

【导读】印度尼西亚号称千岛之国，火山众多，地震频繁。人种多样，文化多元。明朝郑和下西洋，曾在爪哇岛建三宝垄，清初华裔罗兰芳曾于婆罗洲建共和国，亡于荷兰殖民者。现华人比例不高，但非常富有。民众曾信仰佛教，日惹的婆罗浮屠神庙为古代建筑奇迹，现大多信仰伊斯兰教。盛产水果、硬木、橡胶与胡椒。气候宜人，景色秀丽，旅游产业发达。婆罗洲的大猩猩，巴厘岛的舞蹈，爪哇岛的神庙，苏门答腊的咖啡，巴布几内亚的树居族，摩鹿加的香料，雅加达的香水，万隆的亚非会议旧址，都值得游览和体验。

Part One Basic Information

1. Overview

The Republic of Indonesia is the largest archipelago in the world with thousands of islands, 17,508 to be precise, spread in an area between the Asian continent and Australia, and between the Pacific and the Indian oceans. Its administrative divisions include 27 provinces, 2 special regions and 1 special capital city district. There are 365 ethnic and tribal groups, such as Acehnese（亚齐人）, Sumatra（苏门答腊人）, Javanese（爪哇人）, Sundanese（巽他人）, Balinese（巴厘人）and so on. According to the 2021 national census, the population of Indonesia is 270.2 million. 88% of them are Muslim, 5% Protestant, 3% Roman Catholic, 2% Hindu, 1% Buddhist, 1% other. Bahasa Indonesia, modified form of Malay, is a national and official language spoken throughout the country. English, Dutch and local dialects（方言）especially Javanese（爪哇语）are used widely.

2. Geography

Dotted with volcanoes, covered with thick tropical rainforest and green rice fields, and surrounded by coral reefs（珊瑚礁）, Indonesia turns out one of the world's most beautiful places. Four-fifths of the area is occupied by the sea, with the major islands of Sumatra（苏门答腊）, Java（爪哇）, Bali（巴厘）, Lombok（龙目）, Sumba（松巴）, Borneo（婆罗洲）, Sulawesi（苏拉威西）and Irian Jaya（伊里安查亚）. Many rivers flow throughout the country which serve as useful transportation routes on certain islands. On Java, rivers are important for irrigation purposes. A number of islands are dotted with scenic lakes.

Indonesia's rich natural environment conceives a diversity of flora (植物群) and fauna (动物群). Indonesia is a birdwatcher's paradise! The archipelago is home for elephants, tigers, leopards (豹) and orangutans (猩猩). The rich flora of Indonesia includes many unique varieties of tropical plant life in various forms. About 6,000 species of plants are known to be used directly or indirectly by the people.

3. Climate

Draped over the equator, Indonesia tends to have a fairly uniform climate. Temperatures climb to about 31 ℃ in coastal regions, dropping further inland. The climate is characterized by two tropical seasons, which vary with the equatorial (赤道) air circulation and the meridian (经线) air circulation. The dry season (from June to September) is influenced by the Australian continental air masses while the rainy season (from December to March) is the result of the Asian and Pacific Ocean air masses. The best time to visit Indonesia is from April to October.

4. Politics

Indonesia is a republic based on the 1945 constitution providing for a limited separation of executive, legislative and judicial power. The governmental system has been described as "presidential with parliamentary characteristics".

The highest state institution is the People's Consultative Assembly (MPR) whose functions include electing the President and Vice President, establishing broad guidelines of state policy and amending the constitution.

The national flag of Indonesia is a simple two colour flag with two equal horizontal bands, red and white. The red stands for courage and the white for purity.

5. Economy

Indonesia has a mixed economy in which both the private sector and government play significant roles. The country is the largest economy in Southeast Asia and a member of the G-20 major economies. The services sector is the economy's largest part and accounts for 43.4% of GDP (2018), followed by industry (39.7%) and agriculture (14.4%). However, since 2012, the service sector has employed more people than other sectors, accounting for 48.9% of the total labor force followed by agriculture (38.6%) and industry (22.2%). Agriculture, however, had been the country's largest employer for centuries. The tourism sector contributes to around US$19.7 billion of foreign exchange in 2018, and ranked as the 4th largest among goods and services export sectors. Singapore, Malaysia, Australia, China and Japan are the top five sources of visitors to Indonesia.The Indonesian economy performed strongly during the Global Financial Crisis and in 2012 its GDP grew over 6%.

According to World Trade Organization, Indonesia was the 27th biggest exporting country in the world in 2010. Indonesia's major trading partners are Japan, the United States and the surrounding nations of Singapore, Malaysia and Australia. The country has extensive natural resources including crude oil, natural gas, tin, copper, and gold. Indonesia's major imports include machinery and equipment, chemicals, fuels, and foodstuff. And the country's major export commodities include oil and gas, electrical appliances, plywood, rubber and textiles.

Part Two Culture and Customs

1. History

In 1890, fossils of Java Man, some 500,000 years old, were found in east Java. Later migrants from southern China and Indochina（印度支那）began populating the archipelago around 3000 BC. Powerful groups such as the Buddhist Srivijaya（室利佛逝）Empire and the Hindu Mataram（马打兰）Kingdom appeared in Java and Sumatra towards the end of the 7th century. The last important kingdom to remain Hindu was the Majapahit（麻加八歇）which was founded in the 13th century. The subsequent spread of Islam into the archipelago in the 14th century forced the Majapahits to retreat to Bali in the 15th century.

By this time, a strong Muslim empire had developed with its center at Malacca（马六甲）on the Malay Peninsula. Its influence was short-lived falling to the Portuguese in 1511. The Dutch displaced the Portuguese and began making inroads into Indonesia. The Dutch East India Company（荷属东印度公司）based in Batavia（巴达维亚）dominated the spice trade and took control of Java by the mid 18th century. By the early 20th century, the entire archipelago was under their control.

Burgeoning（勃兴）nationalism combined with Japanese occupation of the archipelago during WWII served to weaken Dutch resolve, and it finally transferred sovereignty（主权）to the new Indonesian republic in 1949. In 1957, President Soekarno（苏加诺）overthrew（废除）the parliament, declared martial law and initiated a more authoritarian style government. Rebellions broke out in Sumatra and Sulewesi；Malaysia and Indonesia came perilously（危机）close to an all-out confrontation and instability was the general order of the day. In 1966, Soeharto（苏哈托）started off with a nice line in political reconstruction.

2. Festivals

Indonesia is rich of culture with many ethnic groups. The scattered islands with hundreds of ethnic groups, offer collection of traditional textiles, exciting primitive art, antiques, woodcarving, stone carving, metal crafts and traditional festivals. Explore the unique culture of Dayak（达雅克人）in the heart of Borneo, Asmat（阿斯迈特人）in Irian Jaya, Mentawai（明打威人）in Sumatra, Toraja（托拿加人）in South Sulawesi（南苏拉维西）. With such a multiplicity of ethnic groups, Indonesia has a surfeit（丰富）of cultural events throughout the year.

3. Batik（蜡染）

Java produces the world's finest batik. Java's principal batik centers are Yogyakarta（日惹）and Solo（梭罗）. Batik are usually drawn on fine cotton, linen（亚麻）or silk. Finely detailed designs are sometimes first drawn free hand with a pencil on the textile. The wax is removed with hot water, scraped from the portions of the dried material still to be dyed. Next, other areas are waxed over. This is repeated during each phase of the coloring process up to four or more times until the overall pattern and effect are achieved. A batik could require up to 40 days to complete. Historically, batik has employed natural organic dyes. Indigo（靛蓝）is the oldest dye.

4. Cuisine

Many Indonesian dishes are Chinese influenced, but some are distinctly home grown. Rice is the basis of each meal, eaten as a soup or with an assortment of hot and spicy side dishes, salad and pickles（泡菜）. The variety of tropical fruits grown would make a greengrocer（菜贩）swoon（狂喜）. They include custard apples（番荔枝）, durians（榴莲）, guavas（石榴）, jackfruits（木菠萝）, mangoes（芒果）, papayas（木瓜）and star fruits.

5. Music

The most famous music of Indonesia must be the gamelan orchestra（加麦兰管弦乐）, whether of Java and Bali. The majority of gamelan instruments is made of metal - usually bronze but occasionally irons. In addition there are hand drums, an end-blown（管端吹奏）bamboo flute and a two-stringed rebab（雷贝琴）. The gongs（铜锣）are all-circular and are struck on their central protruding boss. The gongs provide the structural framework of the music and the embellishment（修饰）and infilling. The flute and the rebab have considerable rhythmic elasticity（弹性）and are used with female human voice for ornamentation.

6. Wayang（哇扬戏）

Wayang performance is also interesting to watch. In central Java, the puppet（木偶）is made from leather called Wayang Kulit. The story is usually from the epic（史诗）of *Ramayana* or *Mahabrata*. West Java has its own puppet performance called Wayang Golek. This wayang puppet made from wood with colorful clothes. Through a stick attached in the puppet's hands, the puppet master will play the puppet attractively and humorous. The puppet can do martial arts, smoking cigarette and other tricks.

Part Three Tourism Attractions

1. Jakarta（雅加达）

Jakarta, the capital and the largest city of Indonesia, is located on the northwest coast of the island of Java near the mouth of the Ciliwung River（吉翁河）. Its origin can be traced to a Hindu settlement as early as the 5th century. By the 12th century, it was a major port for the Hindu kingdom of Sunda（巽他）. A Hindu king granted Portuguese traders permission to build a fort at Kalapa（卡拉巴）in the early 16th century. In 1527, the city was conquered by Fatahillah（法塔西拉）who changed the name Kalapa into Jakarta（meaning victorious and prosperous）on June 22，1527. This particular date is regarded as the official birth date of Jakarta. The Dutch came to Jakarta at the end of the 16th century. In 1619 the forces of the Dutch East India Company conquered the city and renamed Jakarta to Batavia（巴达维亚）. Jakarta has a special provincial status and is divided into five districts. Jakarta is headed by a governor, not by a mayor.

Being the center of governance, politics and economy, Jakarta attracts many immigrants, foreign and domestic. As a result, Jakarta has a decidedly cosmopolitan（国际性）flavor and a diverse culture. Many of the immigrants are from other parts of Java, bringing along a mixture of dialects of Javanese and Sundanese and their traditional foods and customs. Jakarta has several performance centers, such as the Senayan（史纳延）Center.

The National Monument Tower is a 137 meters tall tower in Central Jakarta, symbolizing the fight for Indonesia's independence. It's topped by a 14.5 tonnes of flame-shaped bronze plated in 35 kilograms of gold. Visitors can take a lift up to a platform with a good view on

Medan Merdeka Park（棉兰独立公园）and the city. In the base of the monument is an exhibition of the declaration of independence and several dioramas（透视画馆）showing the history of Indonesia. The Thousand Islands are a chain of islands located on Jakarta Bay.

2. Sumatra（苏门答腊）

Sumatra is interesting because each of its nine provinces has its own distinctive culture and ethnic groups. The administrative, cultural and educational center for the Minangkabau(米南加保）people, Bukittinggi（武吉丁宜）is one of the loveliest, friendliest, most relaxed town in all Sumatra. Cool and sunny, nestled in mountains just south of the equator, the town is very compact with many tourist services.

North Sumatra is a land of volcanoes, high plateaus, waterfalls, lakes and plantations. The centerpiece of Lake Toba（多巴湖）, the gigantic crater（火山口）lake（1,707 square kilometers）and one of the deepest（450 meters）in the world, is located in the center of the province. These upland plateaus of the Bukit Barisan（武吉巴里杉）Range are homeland to the Batak（巴达克）people, divided into six tribes.

3. Java（爪哇）

As the most developed island in the Indonesian archipelago, Java exhibits all the characteristics of an Asian society experiencing rapid transition. Java is divided into four provinces：West Java, Banten（万丹）, Central Java and East Java. This island is the political, geographic and economic center of Indonesia.

The virgin tropical rainforest is the home of the one-horned rhinoceros（犀）. The Badui（班达）community in West Java is a reclusive（隐遁）group of some 3,000 people, living in the remote Kendeng Mountain（肯登山）. This is a unique society that refuses modernization.

Yogyakarta（日惹）is located in the southern part of Central Java and is a center of dance, music, painting and batik. It is the undisputed cultural capital of Java. Borobudur（婆罗浮图）the most famous of Indonesia's temples, is a huge Buddhist pyramid built in the 9th century. Borobudur was unknown and neglected for almost a thousand years, covered under thick layers of volcanic ash. From afar Borobudur looks like a huge but ordinary stone construction. But it consists of hundreds of wonderfully detailed statues and sculptures, representing Buddhist teachings mixed with images of Javanese life of a thousand years ago. Solo（梭罗）is the second largest city of the Javanese cultural heartland and home to two royal palaces.

Bandung（万隆）is the provincial capital of West Java, situated on a plateau in the beautiful Parahyangan（巴拉嘉昂安）Mountains. Bandung's pleasant climate and lush surroundings have offered an escape from the heat of the lowlands since the mid 19th century when it was the heart of the region's most prosperous plantation area. Host to the historic Asia Africa Conference（亚非会议）in 1955, Bandung is now a center for higher education, commerce and aircraft industry, which still retains much of its colonial era charm. The city has a reputation for inexpensive clothes and shoes, and is particularly famous for the dozens of jeans shops.

4. Kalimantan Dayak(加里曼丹达雅)

Dayak（达雅人）is a collective name for over 200 different tribes living throughout Borneo's interior. They are the true people of the jungle. The Dayak people lives in longhouses in the hinterland（腹地）along the banks of major river. It is customary for them to live with a whole extended family or with one clan(宗族). Each family has their own compartment(隔室) and the chief of the clan will occupy the central chamber. The Dayak house offers protection from enemies, wild animal and flooding. The space beneath the house two or more meters off the ground is used as stable for keeping their domestic animals. Painted and carved decorations cover stairs, doors, outside walls and roofs of longhouses.

The Dayak tribes were some of the fierce headhunters（猎头族）. Their body is usually decorated with intricate（复杂）tattoo（文身）, and they have stretched ear lobes（耳垂）because of the weight of heavy gold rings. They love colorful beads（串珠）, which applied on their apparels（衣服）, basket, or other jewelries. To make medicines or poison, a Dayak healer（医生）has to walk or travel by boat for miles away to find leafs, roots or other distinctive herbs. Ritual dances mark the transitional stages of life and important village events：marriage, death, banishing illness, planting and harvesting rice.

5. Bali（巴厘）

Bali is part of the Lesser Sunda Islands（小巽他群岛）, 153 kilometers long and 112 kilometers wide, and 3.2 kilometers east of Java. It lies about 8 degrees south of the equator. The highest Mount Agung（阿贡山）, 3,148 meters high, is an active volcano that last erupted in March 1963. Most of the Balinese people engage in agriculture, primarily that of rice cultivation. Other crops such as fruits, vegetables are also grown. A significant number of Balinese are fishermen. Bali is famous for its artisans who produce batik and ikat（蜡染）cloth and clothing, wooden carvings, stone carvings and silverware.

Bali is picturesque with a painted backdrop：rice paddies（梯田）trip down hillsides like giant steps, volcanoes soar（高耸）through the clouds, the forests are lush and tropical, and the beaches are lapped（轻拍）by the warm waters of the Indian Ocean. The island is a popular tourist destination known for its highly developed arts including dance, sculpture, painting, leather and metalworking, and music, especially that played on the gamelan.

6. Maluku（摩鹿加）

The thousand islands of Maluku were the fabled spice islands of history, which attracted Indian, Chinese, Arabian and later European traders who came in search of the cloves（丁香）, nutmeg（豆蔻）that grew locally and nowhere else. Today these islands, sprawled across a vast area of ocean, offer tropical scenery with a Polynesian（波利尼西亚）feel, exotic bird life, old forts, lovely villages and beaches, good snorkeling（潜游）and diving, and no touts（兜售）or pollution.

7. Sulawesi（苏拉威西）

Sulawesi is Indonesia's third largest island, with an area of 172,000 square kilometers. It contains some of Indonesia's most remote jungle areas, with rare flora and fauna and nearly unknown tribes, amazing diversity of societies in four major ethnic groups. The fiercely Islamic Buginese（布吉人）and Makassarese（望加锡人）inhabiting the southwestern peninsula are well known traders and seafarers（航海家）.

This variety along with some spectacular mountains, coastline, lakes and plains, makes Sulawesi a popular island with travelers. The rice-farming, pig-breeding, water-buffalo-loving Toraja who inhabit this region have become the focus of tourist attention thanks to their elaborate ceremonies, burial sites and traditional houses.

Part Four MICE Industry

1. Jakarta Convention Center（雅加达会议中心）

The Jakarta Convention Center（JCC）is located in Gelora Bung Karno Stadium（格罗拉邦卡诺球场）, Tanah Abang（达纳阿旺）, Central Jakarta. JCC has a plenary hall that has 5,000 seats. It also has an assembly hall with an area of 3,921 square meters, and 13 various sized meeting rooms. JCC is connected to the Sultan Jakarta Hotel by an underground tunnel. The tunnel has moving walkways air conditioned.

2. Jakarta Fair（雅加达博览会）

Jakarta Fair is held annually in Jakarta International Expo（JIE）of Kemayoran（凯马约

兰）around June to July. The fair that incorporated trade exhibition and entertainment existed in Jakarta during Dutch East Indies era. After Indonesian independence, the modern Jakarta Fair was held since 1968.

The Jakarta fair is meant to celebrate the anniversary of Jakarta city. It features exhibitions, trade promotions, shoppings, music performances, various shows, amusement rides and food festival. The Fair sees exhibitors from across the country and displays a whole range of goods and products ranging from speciality food items to traditional handmade arts and crafts. In addition to the many exhibitors, there is also live entertainment including music, dance and cultural performances.

3. IFFINA Indonesia（印度尼西亚国际家具手工展）

International Furniture and Craft Fair Indonesia（IFFINA）is the gateway for international buyers to search and find the best sourcing quality furniture, craft and rattan（藤茎）products. The exhibition also opens up opportunities for producers, especially those incorporates in the Indonesian Association of Furniture and Handicraft Industry to offer the potential for productivity and product quality.

IFFINA presents domestic companies, producers of furniture and handicrafts from all over Indonesia and abroad. The exhibition displays outdoor and indoor furniture, handicrafts, lamps and a variety of home equipment made from wood, rattan and other material. IFFINA is held every year in March for 4 days at JIE, not too far away from the international Airport of Soekarno Hatta（苏加诺 - 哈达机场）and Jakarta Port Tanjung Priok（丹戎不碌）.

4. Balispirit Festival（巴厘艺术节）

The Balispirit Festival is held at the Bali Purnati Center for the Arts in Batuan（巴都安）. It was held after Nyepi（涅琵）in 2008, which is an important part of the Balinese calendar. As with many festivals in Bali, the promotion is linked with governmental sponsorship. The promotion of a range of festivals in Bali can be seen as a means of responding to the trauma（创伤）from terrorist bombings on the island.

The success of the first festival saw promotion of the 2009 event at the beginning of April, however now at the end of the month. The Indonesian national motto "Unity in Diversity" is the focus for the 2009 Festival.

5. Jakarta International Java Jazz Festival（雅加达国际爪哇爵士音乐节）

Jakarta International Java Jazz Festival（JJF）is held every early March, and it was designed to be one of the global largest jazz festivals. It was held for the first time in 2005 when approximately 125 groups and 1,405 artists performed in 146 shows. The festival was attended by 57,800 visitors during its threeday stretch. Up until the fourth festival in 2008, there were 180 Indonesian and international groups, and 1,600 artists that performed in 300 shows on 18 stages to 69, 000 attendees.

JJF's motto "Bringing the World to Indonesia" is implemented（实施）through the act of inviting numerous international artists to the festival. This is not only intended to treat the public with a feast of international talents, but also as an opportunity for international artists to see the talent of Indonesia's jazz musicians.

6. Nyepi（安宁日）

Nyepi is a Balinese "Day of Silence" that commemorated every Isakawarsa（新年）according to Bali's calendar. It is a day of silence, fasting（斋戒）and meditation（禅坐）.

Observed from 6 am to 6 am the next morning, Nyepi is a day reserved for self-reflection for which anything that might interfere is restricted. The main restrictions are no lighting fires, no working, no entertainment or pleasure, no traveling, and for some, no talking or eating at all. The effect of these prohibitions is that Bali's usually bustling streets and roads become empty with little or no noise from TVs and radios, and few signs of activity seen even inside homes. The only people visible outdoors are the Pecalang（村警）, traditional security men who patrol the streets to ensure the prohibitions are properly followed.

拓展阅读 搜索

印度尼西亚旅游业曲折发展

印度尼西亚拥有丰富的旅游资源，得天独厚的地理位置，优美的海洋、火山与湖泊等自然景观，遍布各地的名山古刹以及多姿多彩的民俗文化，发展旅游业具有独特优势。印度尼西亚旅游业起步较晚，但在20世纪最后30年发展迅速，外国游客和旅游外汇收入年年递增，带动相关产业，创造了大量就业机会。1991年，印度尼西亚接待入境游客250万人次，旅游业首次超过橡胶业，成为仅次于石油天然气、纺织成衣和胶合板业的第四大创汇行业。1999年，印度尼西亚接待外国游客500万人次，旅游业成为仅次于纺织成衣的第二大创汇行业，成为印度尼西亚国民经济的支柱产业。

在21世纪初，一系列灾难性事件使印度尼西亚的旅游业一再遭受重创，停滞不前。2002年，巴厘岛爆炸事件使旅游业遭受重创，加上美伊战争的负面影响，印度尼西亚经济复兴困难重重。2003年SARS暴发，印度尼西亚政府实施新的签证限制，2004年印度洋大海啸，2005年巴厘岛再次发生爆炸袭击，随后又暴发禽流感。这些灾难性事件给当地政府和民众造成巨大心理压力，导致印度尼西亚入境游客急剧减少。2003 年，印度尼西亚的入境游客只有 400 万人次，2004 年为 532 万人次，2005 年为 488 万人次，2006 年为 487 万人次。

为推进旅游业快速发展，印度尼西亚政府也采取了一系列举措：加强宣传活动，提高民众的旅游意识；增建旅游设施，提高服务质量；开发新的旅游景点，增设新的旅游项目，发展会议旅游和海洋旅游；加强对外宣传，在海外设立更多的办事机构，在广州、新加坡、东京、法兰克福、悉尼、洛杉矶等地设立旅游促销中心；推出各种形式的旅游观光活动，继 1991 年举办“印度尼西亚观光年”之后，先后在雅加达举办“印度尼西亚旅游展览会”“贸易与旅游展览会”和“亚太旅游协会论坛”，在万隆举办“亚洲旅游业讨论会”，在巴利举办“亚太旅游协会年会”以及“世界旅行社代表大会”等，并承办世界旅游组织第 10 届大会和不结盟国家首脑会议。这些会议不仅为印度尼西亚带来大量外汇收入，而且大大提高了印度尼西亚的国际知名度。印度尼西亚还计划派出更多的艺术代表团出国巡演，在国外举办文化艺术展，宣传印度尼西亚旅游的魅力。印度尼西亚政府意识到会议旅游的重要性，并将此作为推动旅游业发展的重点。2012 年，印度尼西亚的入境游客将近 800 万人次，主要来自中国、俄罗斯、韩国和日本。

——资料来源：顾时宏，《印度尼西亚旅游业增长迅速 中国游客增逾二成》，中国新闻网；吴崇伯，《印度尼西亚经济的新支柱——旅游业》，《外国经济与管理》。

复习与思考

一、名词解释

摩鹿加香料　达雅族　兰芳共和国　燕窝　狸猫咖啡　婆罗浮屠　雅加达博览会

二、问答题

1. 简述印度尼西亚的产业与资源特色。
2. 简述巴厘岛会展旅游产业的特点。
3. 简述印度尼西亚的地理特点。

三、实践与训练

1. 调研华人在马来西亚的生存状况。
2. 调研“二战”中郁达夫在苏门答腊的抗日事迹。

Section 8 India

【导读】印度地处南亚次大陆，三面环海，北临喜马拉雅山麓，南部有高原，中部恒河流域物产丰饶，古迹众多。为四大文明古国之一，历史悠久，人口众多，宗教多样，文化多元。最早流行婆罗门教，人分四等，门阀森严。公元前6世纪，乔达摩创立佛教，提倡众生平等、人生四谛，后衍化为大乘、小乘、密乘三宗，唐僧玄奘曾西游取经。中世纪，阿拉伯人带来伊斯兰教，莫卧儿苏丹沙迦汗为爱妃修建泰姬陵，为古代东方建筑奇迹。奇风异俗多，人死或火葬或水葬或树葬，尊猴、牛、蛇、鼠为神物。民众喜穿金戴银，食酸嗜辣。经济发展迅猛，为金砖国家，但贫富悬殊。孟买宝莱坞的电影，班加罗尔的软件，瓦拉纳西的淋浴节，旧德里的红堡，西姆拉的避暑山庄，都令人叹为观止。

Part One Basic Information

1. Overview

India, or Republic of India, is a large triangular-shaped country in southern Asia, buttressed（耸立）by the long sweep of the Himalaya（喜马拉雅山）in the north and protruding into the Indian Ocean in the south. It's bordered by Pakistan（巴基斯坦）to the northwest, China, Nepal（尼泊尔）and Bhutan（不丹）to the north, and Bangladesh（孟加拉国）and Myanmar（缅甸）to the east. Sri Lanka（斯里兰卡）is the teardrop shaped island hanging off its southern tip.

Covering a land area of 2,980,000 square kilometers, India is the seventh largest country in the world. It holds as many variations（变种）in religion, languages, customs, art and cuisine as it does in topography（地貌）. For the traveler, this cultural feast is India's great strength. It has population of 1.428 billion, and 72% are Indo-Aryan（印度雅利安人）, 25% are Dravidian（达罗毗荼人）, 3% other. New Delhi（新德里）is the capital city.

2. Geography

Northern India contains the snow bound peaks and deep valleys of the Himalaya, and the vast Gangetic（恒河）Plain which separates the Himalayan region from the southern peninsula and stretches from the Arabian Sea to the Bay of Bengal. In the south of the plains, the land rises up into the triangular-shaped Deccan Plateau（德干高原）, which ranges in altitude（海拔）from 300 meters to 900 meters. The plateau is bordered by the Eastern and Western Ghats（高止山）, ranges of hills which run in parallel（平行）to India's eastern and western coasts to separate the fertile coastal strips from the interior. India is home to several major rivers such as the Ganga（恒河）, the Yamuna（耶木拿河）and the Krishna（克利须那河）. The rivers are conducive to the fertile plains farming in northern India.

Wildlife in India is often purported（声称）to have enjoyed a privileged（优待）and protected position thanks to the religious ideals and sentiments of Hindus, Jains（耆那教）and Buddhists, but much of this tradition has been lost. Only around 10 percent of the territory has forest cover and 4 percent is protected within national parks and reserves. The highlights of India's fauna are its lions, tigers, leopards, panthers（豹）, elephants and rhinoceroses（犀牛）. The reptilian（爬行类）world boasts magnificent king cobras（眼镜蛇）, pythons（蟒）, crocodiles, large freshwater tortoises and monitor lizards while the diverse birdlife includes large hornbills（犀鸟）, eagles and fishing owls as well as the elegant national bird, the peacock（孔雀）.

3. Climate

India has such a wide range of climatic factors that it's impossible to pin down the best time to visit. Broadly speaking, October to March tends to be the most pleasant months over much of the country. In the far south, the monsoon weather pattern tends to make January to September more pleasant while Sikkim（锡金）and the areas of northeastern India tend to be more palatable（合意）between March and August, and Kashmir（克什米尔）and the mountainous regions of Himachal Pradesh（喜马恰尔—布拉代什）are at their most accessible between May and September. The deserts of Rajasthan（拉贾斯坦）and the northwestern Indian Himalayan region are at their best during the monsoon. The trekking（登山）season in the Indian Himalayan runs roughly from April to November. The ski season is between January and March.

4. Politics

The Constitution of India states that India is a sovereign(主权), socialist, secular(世俗), democratic republic. India is a federal republic. It has a three branch system of governance consisting of the legislature, executive and judiciary.

The legislature of India is the bicameral Parliament which consists of the upper house known as Council of States, the lower house known as House of the People, and the President. Any Indian citizen above the age of eighteen is allowed to vote.

In India's parliamentary system, the executive is subordinate（从属）to the legislature. The President, who is the head of state, has a largely ceremonial role. His roles include interpreting the constitution, signing laws into action and issuing pardons（特赦）. He is also the Commander-in-Chief of the armed forces. The President and Vice-President are elected indirectly by an electoral college for five-year terms. The Prime Minister is the head of government and has most of the executive powers. He (or she) is designated by legislators of the political party or coalition commanding a parliamentary majority.

India is divided into twenty-eight states, six Union Territories and the National Capital Territory of Delhi. States have their own elected government whereas Union Territories are governed by an administrator（官员）appointed by the union government.

For most of its independent history, India's national government has been controlled by the India National Congress Party（国大党）. Following its position as the largest political organization in pre-independence India, Congress, usually led by a member of the Nehru-Gandhi（尼赫鲁—甘地）family, enjoyed nearly unchallenged dominance over national politics for over forty years.

5. Economy

As of 2013, Indian is the eleventh largest economy by market exchange rates, and is the third-largest by purchasing power parity. With its average annual GDP growth rate of 5.8% over the past two decades, India is one of the word's fastest-growing economies. However, the country ranks 140th in the world in nominal GDP per capita and 129th in GDP per capita. India's recent economic model is largely capitalist. India has been a member of WTO since January 1, 1995.

The service sector makes up 55.6% of GDP, the industrial sector 26.3% and the agricultural sector 18.1%. Major agricultural products include rice, wheat, oilseed, cotton, jute, tea, sugarcane, and potatoes. Major industries include textiles, telecommunications, chemicals, pharmaceuticals, biotechnology, food processing, steel, transport equipment, cement, mining, petroleum, machinery and software. In 2011, India was the world's tenth largest importer and the nineteenth largest exporter. Major exports include petroleum products, textile goods, jewelry, software, engineering goods, chemicals, and leather manufactures. Major imports include crude oil, machinery, gems, fertilizer, and chemicals.

India has an economy ranked as the tenth largest in the world in terms of currency conversion（换算）and fourth largest in terms of purchasing power parity. Mumbai（孟买）serves as the nation's financial capital and is also home to both the headquarters of the Reserve Bank of India（印度储备银行）and the Mumbai Stock Exchange（证券交易所）. While a quarter of Indians still live below the poverty line, a large middle class has now emerged along with the growth of a promising IT industry.

Part Two Culture and Customs

1. History

India's first major civilization flourished for a thousand years from around 2500 BC along the Indus River（印度河）valley. Its great cities were Mohenjodaro（摩亨佐达罗）and Harappa（哈拉帕）, ruled by priests（祭司）who held the rudiments of Hinduism. Aryan（雅利安人）invaders swept south from Central Asia between 1500 BC and 200 BC and controlled northern India pushing the original Dravidian（达罗毗荼人）inhabitants south.

The invaders brought their own gods and cattle-raising and meat-eating traditions, but were absorbed to such a degree that by the 8th century BC the priestly caste（种姓）had reasserted its supremacy. Buddhism arose around 500 BC. A number of empires including the Guptas（笈多王朝）, rose and fell in the north after the collapse of the Mauryas（孔雀王朝）. Hinduism underwent a revival from 40 AD to 600 AD, and Buddhism began to decline. The north of India broke into a number of separate Hindu kingdoms after the Huns'（匈奴）invasion ; it was not really unified again until the coming of the Muslims in the 10th and 11th centuries. The far south whose prosperity was based on trading links with the Egyptians, Romans and Southeast Asia, was unaffected by the turmoil（骚乱）in the north, and Hinduism's hold on the region was never threatened.

In 1192 the Muslim Ghurs（廓尔族）arrived from Afghanistan（阿富汗）. Within 20 years the entire Ganges（恒河）basin was under Muslim control. Mughal（莫卧儿）emperors marched into the Punjab（旁遮普）from Afghanistan, defeated the Sultan（苏丹）of Delhi in 1525, and ushered in another artistic golden age. The Maratha Empire（马拉提帝国）grew during the 17th century and gradually took over more of the Mughals' domain. The Marathas consolidated（巩固）control of central India until they fell to the last great imperial power, the British. The British were not the only European power in India：the Portuguese had controlled Goa（果阿）since 1510 and the French, Danes（丹麦人）and Dutch also had trading posts（据点）.

By 1803 the British overwhelmed（征服）the Marathas to put most of the country under the control of the British East India Company（英属东印度公司）. The company treated India as a place to make money, and its culture, beliefs and religions were left strictly alone. Britain expanded iron and coal mining, developed tea, coffee and cotton plantations, and began construction of India's vast rail network. The Uprising in northern India in 1857 led the administration of the country from the East India Company over to the British government.

Opposition to British rule began in earnest at the turn of the 20th century. The Congress which had been established to give India a degree of self-rule, now began to push for the real thing. In 1915, Gandhi（甘地）returned from South Africa and turned his abilities to independence, adopting a policy of passive resistance. WWII dealt a deathblow to colonialism and Indian independence became inevitable. Viceroy Mountbatten（蒙巴顿总督）reluctantly decided to divide the country and set a rapid timetable for independence. On 30 January 1948, Gandhi was assassinated by a Hindu fanatic.

2. Arts

Indian art is basically religious in themes and developments, and its appreciation（鉴赏）requires at least some background knowledge of the national faiths. The highlights include classical Indian dance, Hindu temple architecture and sculpture, the military and urban architecture of the Mughals, miniature painting, and mesmeric（催眠）Indian music. The latter is difficult for Western ears to immediately appreciate, but it doesn't take long to get a feel for it. Of course, India's creativity continues to thrive and its most lively contemporary expression exists in film culture. Indians love the cinema and the Indian film industry, centered on Mumbai, is one of the largest and most glamorous in the world. The vast proportion of films produced are gaudy（俗艳）melodramas（音乐剧）based on three vital ingredients：romance, violence and music.

3. Cuisine

There are considerable regional variations from north to south, partly because of climatic conditions and partly the historical influences. In the north, much more meat is eaten and the cuisine is often Mughlai（木格莱菜）which bears a closer relationship to food of the Middle East and Central Asia. The emphasis is more on spices and less on chilli（辣椒）；grains and breads are more popular than rice. In the south, more rice is eaten, there is more vegetarian food, and the curries tend to be hotter.

Contrary to popular belief, not all Hindus are officially vegetarians. Strict vegetarianism is most prevalent in the south, where there has not been influenceless from the meat eating Aryans and Muslims. Another feature of southern vegetarian food is to eat by no eating utensils（器具）, just to scoop the food up with fingers of right hand.

4. Religions

Religion seeps into every facet of Indian life. Despite being a secular democracy, India is one of the few countries on earth in which the social and religious structures that define the nation's identity remain intact, and has continued to do so for at least 4,000 years despite invasions, persecution（迫害）, European colonialism and political upheaval. Change is inevitably taking place as modern technology reaches further and further into the fabric（组织）of society but essentially rural India remains much the same as it has been for thousands of years.

Hinduism（印度教）is practiced by approximately 80% of the population. In terms of the number of adherents（信徒）, it's the largest religion in Asia and one of the world's oldest extant faiths. Hinduism has a vast pantheon（万神殿）of gods, a number of holy books and postulates（信仰）that everyone goes through a series of births or reincarnations（转世）that eventually lead to spiritual salvation（救助）. With each birth, one can move closer to or further from eventual enlightenment（成道）and the deciding factor is one's karma（业力）. The Hindu religion has three basic practices：worship, the cremation（火葬）of the dead, and the rules and regulations of the caste system.

Buddhism founded in northern India in about 500 BC spread rapidly in emperor Ashoka's reign（阿育王）but was gradually reabsorbed into Hinduism. Today Hindus regard the Buddha as another incarnation（化身）of the Hindu god Vishnu（毗湿奴）. There are now only 6.6 million Buddhists in India, but important Buddhist sites in northern India remain important sites of pilgrimage.

The Jain（耆那教）religion began as an attempt to reform Brahminical（婆罗门教）Hinduism. It emerged at the same time as Buddhism for many of the same reasons. The Jains has now number only about 4.5 million followers found predominantly in the west and southwest of India. The religion has never found adherents outside India. Jains believe that the universe is infinite and was not created by a deity. They also believe in reincarnation（转世）and eventual spiritual salvation by following the path of the Jain prophets（先知）.

There are more than 100 million Muslims in India, making it one of the largest Muslim nations on earth. Islam is the dominant religion in the neighboring countries of Pakistan and Bangladesh, and there is a Muslim majority in Jammu（查谟）& Kashmir. Muslim influence in India is particularly strong in the fields of architecture, art and food.

The Sikhs（锡克教）in India number 18 million followers mostly in Punjab（旁遮普）. The religion was originally intended to bring together the best of Hinduism and Islam. Its basic tenets（教义）are similar to those of Hinduism with the important modification that the Sikhs are opposed to caste distinctions. The holiest shrine of the Sikh religion is the Golden Temple in Amritsar（阿姆利则）.

5. Languages

There are around 22 languages recognized by the Indian Constitution such as Hindi（印地语）, Gujarati（古吉拉提语）, Urdu（乌尔都语）, Telugu（泰卢固语）, Marathi（马拉提语）, Malayalam（马拉雅拉姆语）, Kashmiri（克什米尔语）, Bengali（孟加拉语）, Tamil（泰米尔语）, English. English enjoys associate status but is the most important language for national, political and commercial communication.

Hindi is the national language and primary tongue of 30% of the people. Its homeland is mainly in the north of India, but it is spoken and widely understood in all urban centers of India. Hindi is a direct descendant（衍生）of Sanskrit（梵语）. It has been influenced and enriched by Dravidian（达罗毗荼语）, Turkish（土耳其语）, Arabic, Portuguese and English. It is a very expressive language. In poetry and songs, it can convey emotions using simple and gentle words.

6. National Symbols

The national flag is a horizontal tricolor of deep saffron（藏红）at the top, white in the middle, and dark green at the bottom in equal proportion. The ratio of width of the flag to its length is two to three. In the center of the white band is a navy blue wheel with 24 spokes（轮辐）which represent the chakra（法轮）. The national anthem composed originally in Bengali（孟加拉语）by Tagore（泰戈尔）was adopted as of India on January 24, 1950.

Lotus is the national flower of India. It is a sacred flower and occupies a unique position in the art and mythology of ancient India and has been an auspicious（吉祥）symbol of Indian culture since immemorial（远古）era.

The Indian peacock, the national bird of India, is a colorful, swan-sized with a fan-shaped crest（羽冠）of feathers, a white patch（斑）under the eye and a long slender neck. The Bengal tiger is a striped cat that has a thick yellow coat of fur with dark stripes. The combination of grace, strength, agility and enormous power has earned the tiger its pride of place as the national animal.

Part Three Tourism Attractions

1. Delhi（德里）

Delhi stands at the western end of the Gangetic Plain. Travellers to Delhi get two cities for the price of one. Old Delhi, the capital of Muslim India between the middle of the 17th and late of the 19th centuries, is full of formidable mosques（清真寺）, monuments and forts. It's a lively area of colorful bazaars（市集）, narrow streets and barely controlled chaos. In contrast, New Delhi, the imperial city created by the British Raj（英印政府）is composed of spacious, tree-lined avenues and imposing government buildings, and has a sense of order absent from other parts of the city. The city is expansive but easy to navigate. The hub of New Delhi is Connaught Place（康诺特广场）with most of the airline offices, travel agents, banks, cinemas and performing arts centers.

The red sandstone walls of the massive Red Fort（红堡）rise 33 meters above the clamor（喧闹）of Old Delhi as a reminder of the magnificent power and pomp（强盛）of the Moghul emperors. The fort main gate is one of the emotional and symbolic focal points of the modern Indian nation and attracts a major crowd each Independence Day. The walls built in 1638 may have been designed to keep out invaders, but today mainly keep out the noise and confusion of the city, making the fort a peaceful haven from the surrounding chaos. Jama Masjid（贾玛清真寺）is the largest mosque in India, with a courtyard capable of holding 25,000 devotees. It was built in 1644 and was the last in the series of architectural indulgences of Shah Jahan（沙贾汗）.

2. Calcutta（加尔各答）

Calcutta is largely a British creation established in 1686. Calcutta is the current capital of the state of West Bengal（西孟加拉邦）and was the first capital of the British in India. Having been the center of power of the British for so long has enabled Calcutta a unique culture heritage from any other city in India. It amalgamates the traditional and the modern, and brings the intense and the frivolous（琐碎）together. At one level Calcutta is always in transition, and at another, it is firmly anchored（锚）to a tradition and culture quite uniquely its own.

The Victoria Memorial built in memory of Queen Victoria is a fine huge white-marbled structure. It is now a museum that houses the most impressive collection of memorabilia（纪念品）from the days of the Raj.

The Howrah（豪拉）Bridge is 450 meters long without any pylon（桥塔）in the river and of the busiest bridges in the world catering to around 100,000 vehicles and innumerable pedestrians every day. It is an excellent example of engineering techniques of the early 20th century.

Eden Garden（伊甸园）is a small and pleasantly laid out garden that was once the gathering place of the social elite. It today houses the renowned cricket（板球）ground by the same name. Fort William（威廉要塞）constructed in 1781 is still in use. The large patch of green around the fort known as the lung of Calcutta. stretches 3 kilometers and 1 kilometers wide.

The Marble Palace（大理石宫殿）exhibits art forms of Italy, the Netherlands（荷兰）, England and other European nations.

The Indian Museum built in 1874 is the oldest museum in India. The entrance to the museum has an original Lion Capitol ; the national symbol of India and the museum itself is home to a rare collection of artifacts.

Dalhousie（达尔豪西）Square is the hub of West Bengal's administration and commerce. All important government institutions of the state are located here.

3. Mumbai（孟买）

Mumbai, located on India's central western coast along the Arabian Sea, is connected by bridges to the mainland. The principal part of the city is concentrated at the southern claw shaped end of the island.

The southernmost peninsula is known as Colaba（寇拉巴）where most travelers gravitate（聚集）for a decent range of hotels and restaurants and two of the city's best landmarks（地标）, the Gateway of India（印度门）and the Taj Mahal Hotel（泰姬玛哈陵饭店）. Directly north ward of Colaba is the Fort where the old British fort once stood. Further west is Marine Drive（海滨大道）. To the north are the suburbs of Greater Mumbai, with the glamour of Bollywood（宝莱坞）cinema, cricket on the maidans on weekends, and red double-decker buses. It is also the infamous cages of the red-light district, Asia's largest slums, communalist politics and powerful mafia dons（黑手党基地）.

The Chhatrapati Shivaji Terminus（贾特拉帕蒂·希瓦吉火车站）is an outstanding example of Victorian Gothic Revival（哥特复兴式）architecture in India. The terminal was built over ten years starting in 1878. Its remarkable stone dome, turrets（塔楼）, pointed arches and eccentric ground plan are close to traditional Indian palace architecture. It is an outstanding example of the meeting of two cultures as British architects worked with Indian craftsmen. This magnificent terminus has 17 platforms, and serves as the headquarters of the Central Railways of India.

4. Bangalore（班加罗尔）

Bangalore is the capital of the Indian state of Karnataka（卡纳塔卡邦）. It is nicknamed the Garden City and was once called a pensioner's（退职者）paradise. Located on the Deccan Plateau（德干高原）, Bangalore is India's third most populous city and fifth most populous urban agglomeration（聚合）, and also a major economic and cultural hub and the fastest growing metropolis in India.

Though historical references to the city predate AD 900, a modern written history of continuous settlement existed only from 1537. During the British Raj, it became a centre of colonial rule in South India. The establishment of the Bangalore Cantonment（宿营）brought in large numbers of migrants from other parts of the country. Today Bangalore is home to many of the most well-recognized colleges and research institutions in India. Numerous public sector, heavy industries, software companies, aerospace, telecommunications, and defence organisations are located in the city.

Bangalore is known as the Silicon Valley（硅谷）of India because of its position as the nation's leading IT exporter. As of 2009, Bangalore was inducted（列入）in the list of global cities and ranked as a Beta World City（世界软件测试城）. Bangalore's IT industry is divided into three main clusters : Software Technology Parks of India, Bangalore International Tech Park and Electronics City. UB City, the headquarters of the United Breweries Group, is a high-end commercial zone. Infosys（印孚瑟斯）and Wipro（威普洛）, India's second and third largest software companies are headquartered in Bangalore. The growth of IT has presented the city with unique challenges.

5. Agra（阿格拉）

The Taj Mahal（泰吉·玛哈尔）, described as the most extravagant monument ever built for love, has become the de facto（实际）tourist emblem of India. This poignant（伤感）

Mughal mausoleum（陵墓）was constructed by Emperor Shah Jahan（沙加汗）in memory of his second wife Mumtaz Mahal（蒙泰姬·玛哈尔）whose death in childbirth in 1631 left the emperor so heartbroken that his hair is said to have turned grey overnight. Construction of the Taj began in the same year and was not completed until 1653. Semiprecious stones were laid into the marble in elaborate designs. The Taj Mahal has three great gateways, four towers and two 40m high minarets（尖塔）constructed of strips of red sandstone and white marble.

The city's other major attraction is the massive red sandstone Agra Fort, also on the bank of the Yamuna River（耶木拿河）. The auricular（耳状）fort's colossal double walls rise over 20 meters in height and measure 2.5 kilometers in circumference. They are encircled by a moat and contain a maze of superb halls, mosques, chambers and gardens. The white marble Pearl Mosque is regarded as the most beautiful mosque in India. Other worthwhile Mughal gems（珍品）include the Akbar's Mausoleum（阿克巴皇陵）which blends Islamic, Hindu, Buddhist, Jain and Christian motifs（图案）, much like the syncretic（融合）religious philosophy developed by Akbar.

6. Shimla（西姆拉）

Shimla, the summer capital of British India, sprawls along a crescent（新月）shaped ridge at an altitude over 2,100 meters in southern Himachal（喜马偕尔邦）. This was the most important hill station in India before independence, and the social life here in the summer months when the Brits came to escape the torrid（酷热）heat of the plains was legendary. Today the officers, administrators have been replaced by throngs（群集）of holidaymakers, but echoes of Shimla's British past remain strong. The famous main street, the Mall（林荫路）, still runs along the crest of the ridge and is lined with stately English-looking houses. Christ Church, Gorton Castle（戈登堡）and the fortress-like former Viceroyal Lodge（洛奇总督）reinforce the English flavor.

It's worth exploring the narrow streets which fall steeply away from the ridge to colorful local bazaars. There's also an interesting walk to Jakhu Temple（贾库神庙）, dedicated（供奉）to the monkey god Hanuman（哈奴曼）. Other scenic spots nearby include the 70m high Chadwick Falls（查德威克瀑布）, the picnic spot of Prospect Hill（希望山）, and Wildflower Hall. The ski resort of Kufri（库夫里）is just 15km east.

Shimla is not as well connected by air as other destinations in the Himalayas. The lack of air power is more than compensated by the number of trains and buses.

7. Varanasi（瓦拉纳西）

For over 2,000 years, Varanasi has been one of the holiest places in India. Built on the banks of the sacred Ganges. It is said to combine the virtues of all other places of pilgrimage and anyone who ends their days here, regardless of creed（教义）and however great their misdeeds（罪行）, is transported straight to heaven. Varanasi is an important seat of learning, and the home of novelists, philosophers and grammarians（语法家）.

Varanasi has over 100 bathing and burning ghats（火葬场）. Huge piles of firewood（木柴）were stacked along the top of the ghat（石梯）, each log carefully weighed on giant scales so that the price of cremation can be calculated. The best ghat to hang out at and absorb the riverside activity is Dasaswamedh Ghat（达萨斯瓦麦德伽特）.

Varanasi is on the major tourist loop, about 580 kilometers east of Agra, and 780 kilometers southeast of Delhi, and can be reached by plane, bus or train.

8. Khajuraho（卡朱拉霍）

Khajuraho, a quiet dusty village in northern Madhya（中央邦）, is awash（充斥）with temples for everything : sun gods, sacred bulls and sex. The erotic（情色）possibilities suggested by the stone figures in the numerous temples have contributed to Khajuraho's international fame. Another prime feature of the temple craftsmanship is that they are liberally embellished（装饰）with some of the finest handiwork of the Chandela Period（昌德拉王朝）, a dynasty which survived for five centuries before falling to the onslaught（袭击）of Islam.

The largest and most important temples are in the attractively landscaped Western Group. Externally, the temples consist of curvilinear towers with clusters of lesser turrets（角楼）. Round the exterior walls are two, sometimes three, superimposed（叠加）rows of gods, goddesses, kings and heroes, courtesans（妓女）, couples in carnal embrace and friezes（檐壁）depicting various forms of bestiality. In fact, the sculpture and architecture blend so perfectly that each building appears to have been conceived by a single and mastermind highly sexed.

Part Four MICE Industry

1. India Trade Promotion Organization（印度贸促会）

India Trade Promotion Organisation（ITPO）is the nodal agency of the Government of

India for promoting the country's external trade. ITPO, during its existence of nearly three decades in the form of Trade Fair Authority of India and Trade Development Authority, has played a proactive（积极）role in catalysing（催化）trade, investment and technology transfer processes. Its promotional tools include organizing of fairs and exhibitions in India and abroad, buyer-seller meets, contact promotion programmes, product promotion programmes, promotion through overseas department stores, market surveys and information dissemination.

2. Pragati Maidan（马丹会展中心）

Pragati Maidan is a venue for large exhibitions and conventions in New Delhi, and with 72,000 square meters of exhibition space, it is presently Delhi's largest exhibition centre. It is owned and managed by ITPO.

Built in 1982, over 150 acres（0.61 square kilometers）overlooking the historic Purana Qila（旧堡）, Pragati Maidan is flanked（侧面）by Mathura（马图拉）Road and Bhairon（拜龙）Road on either sides. The best way to reach there is by Delhi Metro.

In 2006, ahead of the 2010 Commonwealth Games（英联邦运动会）, a redevelopment plan was initiated by the government. The complex（会展中心）houses 18 exhibition halls, several buildings, eateries, performance spaces and compounds, including headquarters of the ITPO, and hosts over 70 national and international exhibitions annually. This complex houses five permanent exhibitions which include the Nehru Pavalion（尼赫鲁馆）, Atomic Energy and Defense Pavilion. Some of the events held in Pragati Maidan are the India International Trade Fair, World Book Fair and the Auto Expo.

3. Chennai Trade Centre（钦奈贸易中心）

Chennai Trade Centre is a permanent exhibition complex, located in the northern fringe of the Chennai Airport. Set up over an area of 25 acres, the centre comprises two air-conditioned halls without pillars or columns encompassing areas of 5,000 square meters and 1850 square meters constructed in the first phase. The halls feature a height of 6 meters to display all merchandise including machinery. These have been supplemented recently with a modern, fully air-conditioned convention centre. The convention centre can accommodate 1,500 participants with a provision for dividing the hall into two equal parts, and has an audiovisual facility suitable for multi-purpose use such as conferences, conventions, cultural shows, etc.

The special facilities available in the convention centre are sliding partition, infra-red digital interpretation systems, theatrical lighing system, fire protections with sprinklers and smoke detectors, modern audio and video system, meeting rooms, banquet hall, protocol（洽

谈）and VIP lounge, business centre, information booth, parking facilities, multiple screen backdrops with cyclorama（环幕）screen and multiple interpretation facility for "1+5" languages, video projector facility, integrated remote control for stage lightings, video and audio.

4. India International Trade Fair（印度国际贸易展）

The India International Trade Fair, ever since its inception in 1980 has evolved as a major event for the Business community. It is a premier event organized by the ITPO. The event is held between 14 and 27 November every year at Pragati Maidan in New Delhi.

India International Trade Fair is a major tourist attraction. This annual event provides a common platform for the manufacturers, traders, exporters and importers. The fair displays comprises a wide range of products and services including Automobiles, Coir（椰子）Products, Jute（黄麻）, Textiles, Garments, Household Appliance, Kitchen Appliances, Processed food, Beverages, Confectionery（糕点）, Drugs, Pharmaceuticals（药品）, Chemicals, Cosmetics, Bodycare & Health care products, Telecommunication, Power sector, Electronic Sector, Furniture, Sports Goods, Toys, Engineering Goods and so on.

5. World Book Fair（新德里图书展）

The World Book Fair, held in Pragati Maidan in New Delhi, is India's oldest book fair. Started in 1972, this biennial（双年）event takes place in early February, and is organized by the Indian National Book Trust. It is the largest book fair in India and has a more economic feature, supporting also the growing markets of neighboring countries. India is third in the range markets of English publications, believed to have 12,000 publishers and around 90,000 titles a year in more than 18 languages. India's main publishing is in Indian languages.

6. Calcutta Book Fair（加尔各答图书展）

The Calcutta Book Fair is a winter fair. It is the world's largest non-trade book fair, and is the world's third largest annual conglomeration（聚集）of books after the Frankfurt Book Fair and the London Book Fair.

The book fair was started on a small scale in 1976 by the Calcutta Publisher's and Bookseller' Guild to meet the growing public demand for books. The fair traditionally starts on the last Wednesday of January, and ends on the first or second Sunday of February（always 12 days）. The fair also has a typical fairground experience with a book flavour with the presence of picnickers, singer-songwriters, and candyfloss（棉花糖）vendors on the fair premises.

Starting from the 1990s, the book fair has been themed annually, typically on a country on the lines of the Guest of Honour at the Frankfurt Book Fair. The theme country embassy is typically given a stall at the fairground centre, and many book shops theme their collections based on the fair theme. The temporary gates of the fair are designed according to the theme, on the basis of a design competition among Calcutta students.

7. Madras Music Season（马得拉斯音乐节）

Madras Music Season is an event hosted every December-January in the south Indian metropol of Chennai（钦奈）. Spanning some six weeks, a number of large and small Carnatic（卡纳蒂克）music concerts are performed by highly competent musicians. The traditional role of the Music Season is to allow aficionados（爱好者）of Carnatic music to appreciate performances by renowned artists, and to allow promising young artists to display their talent and skill. Audiences and artists come from across India and from the international Indian diaspora（侨民）to be part of the event.

The Music Season started in 1927 to mark the opening of the Madras Music Academy. It used to be a traditional month-long Carnatic music festival consisting of Carnatic music concerts, lecture demonstrations and award/title ceremonies. However, over the years it has also diversified into dance and drama, as well as non-Carnatic art forms.

8. India Fashion Week（印度时装周）

The India Fashion Week, is an event organized and promoted by the Fashion Design Council of India（FDCI）and sponsored by Wills Lifestyle（威尔士样式）. It is a fashion week held in New Delhi annually. Since it is a national body for fashion industry, FDCI has built credibility over years by associating with the Indian government and various ministries. Recently FDCI was commissioned（委任）by the Ministry of External Affairs and the Indian Council for Cultural Relations to organize a fashion show by the South Asian Association for Regional Cooperation.

9. Delhi Fashion Week（德里时装周）

Delhi Fashion Week is a biannual（半年）fashion event held in fashion capital of New Delhi that showcases the collections of the most creative talent in a luxurious format. The participation to Delhi Fashion Week is "by invitation only" and each participating designer has to undergo a stringent jury which selects the designer on the basis of the ingenuity（独创）of his design.

Delhi Fashion Week is organized by Prodigy Fashion（天才时装）, an event management agency that is found with a purpose of conceptualizing and executing fashion related events and activities.

10. Auto Expo（德里汽车展）

The Auto Expo is a biennial（双年）trade fair of automobile and auto component manufacturers organized at Pragati Maidan（新德里展馆）. Organized jointly by the Automotive Component Manufacturers Association, Confederation of Indian Industry and Society of Indian Automobile Manufacturers, it is the Asia's only and the largest Complete Automotive Show. The 2008 edition of the Auto Expo was the first auto trade fair in India to be accredited（认可）by the Organisation Internationale des Constructeurs d'Automobiles（国际汽车制造商协会）.

11. Aero India（印度航空展）

Aero India is a biennial air show and aviation exhibition held in Bangalore（班加罗尔）at the Yelahanka（叶拉汗卡）Air Force Station. It is organized by Defence Exhibition Organisation, the Ministry of Defence and held in association with the Defence Research and Development Organisation, the Indian Air Force, the Department of Space and the Union Ministry for Civil Aviation.

The first edition of the air show was held in 1996. The 7th edition was held from February 11 to 15, 2009, and included 592 exhibitors from over 25 countries, making it the largest air show in Asia. In recent years, the Aero India has emerged as one of the world's most important and largest military aviation exhibitions.

12. Jaipur Literature Festival（斋浦尔文学节）

The Jaipur Literature Festival is an annual literary festival taking place in the pink city of Jaipur since 2006. The Diggi（迪吉）Palace Hotel serves as the main venue of the festival, and celebrates excellence in Rajasthani（拉贾斯坦语）, Indian and International writing. All events at the festival are free and not ticketed.

13. Rock Ethos（班加罗尔摇滚节）

Rock Ethos is an annual rock music festival launched in 2008 at Bangalore（班加罗尔）, where top Indian rock acts converge on a common platform to present their original compositions. The festival aims to promote original music in India, to promote anti-piracy（反盗版）, to let rock bands decide on their requirements, to build a platform for rock bands to be recognized and to create an international rock festival experience.

14. Diwali（排灯节）

Diwali popularly known as the festival of lights, is an important five-day festival in Hinduism, Jainism（耆那教）and Sikhism（锡克教）, occurring between mid-October and mid-November. For Hindus, Diwali is one of the most important festivals of the year and is celebrated in families by performing traditional activities together in their homes.

The name Diwali is a contraction of Deepavali（屠妖节）. Diwali involves the lighting of small clay lamps filled with oil to signify the triumph of god over evil. During Diwali, all the celebrants wear new clothes and share sweets and snacks with family members and friends. Most Indian business communities begin the financial year on the first day of Diwali. The festival starts with Dhanteras（财富日）on which most Indian business communities begin their financial year.

15. Holi（霍利节）

Holi is a spring religious festival celebrated by Hindus and Sikhs. The most celebrated Holi is that of the Braj（布拉杰）region, in locations connected to the god Krishna（克利须那）, Mathura（马图拉）, Vrindavan（维伦达文）and Barsana（巴尔萨那）. These places have become tourist destinations during the festive season of Holi, which lasts here to up to sixteen days.

Holi is celebrated at the end of the winter season on the last full moon day of the lunar month Phalguna（春祭节）. The main day, Holi, is celebrated by people throwing coloured powder and coloured water at each other. Bonfires（篝火）are lit the day before, also known as burning of Holika（霍利嘉）, in memory of the miraculous escape that young Prahlad（普拉拉德）accomplished when Demoness Holika, carried him into the fire.

拓展阅读 搜索

印度旅游业快速发展

印度政府曾一度优先发展农业、交通、教育等，对旅游业不重视。1982 年，印度政府承认旅游业是一项正式事业。1991 年，印度推行经济自由化，旅游业亦不例外，如开放天空给私人航空公司，允许私人投资机场及基础设施等。据 2007 年世界经济论坛（World Economic Forum）旅游业竞争力排行榜显示，印度旅游业在发展中国家中颇具竞争力，在交通基础设施、安全性和旅游产品定价方面具有优势。

近年来，印度的入境旅游快速发展，主要客源市场是亚洲，占 42%；其次是西欧，占 34%；

再次是北美，占 12%；东欧仅占 4%。前往印度的外国游客，87%是观光客，商务客人占 11%，探亲访友者仅占 1.7%。游客入境的高峰季节为 12 月、1 月和 3 月，12 月人数最多。外国游客 98%乘坐飞机到达印度。为适应旅游业发展的需要，印度大力推动机场建设。印度旅游开发公司是印度的旅游龙头企业，此外还有奥别莱伊斯集团、泰姬集团和惠康集团等大型旅游企业。

旅游业是印度具有高增长比率的产业，带动多个相关产业。旅游业是印度除建筑业以外最大的服务业分支，每年为印度创造了 8% 的就业岗位。旅游业的增长具有高度包容性，比其他行业更让女性受益。印度旅游业"十二五"（2012 ~ 2017）计划对印度旅游的国际推广进行了重点部署，其措施主要包括：加强印度海外旅游办事处工作，增设代表处，在主要客源市场举办各类印度文化节，每两年组织一次国际佛教大会；在国内举办全球旅游交易会，以伙伴国、主宾国等身份参与重大国际活动；联合相关利益者共同在海外开展"不可思议的印度"推广活动。注意细分旅游市场，强调在线宣传，启动"了解印度"在线电子学习项目。借助专业代理商规划媒体，创造性地制作宣传资料，利用电影院和电视媒介宣传推介印度的旅游目的地。重视会奖旅游，在海德拉、新德里、孟买、钦奈、加尔各答、班加罗尔等地建设世界一流的会议中心，举办国际会展活动。

——资料来源 ：《印度旅游业的发展》。

? 复习与思考

一、名词解释

宝莱坞　泰姬陵　莫卧儿王朝　东印度公司　泰戈尔　甘地　霍利节

印度教　婆罗门教　恒河沐浴节

二、问答题

1. 印度的多元文化有何特点?
2. 简述印度旅游产业的特色。
3. 简述印度的地理、气候特点。
4. 简述印度展览产业发展概况。

三、实践与训练

1. 调研现代"玄奘"谭云山在中印文化交流中的贡献。
2. 讨论中印两国加强全面合作的战略意义。

Section 9 Australia

【导读】澳大利亚孤悬海中，几乎独占大洋洲，地广人稀，2000 万人口祖籍世界各地，文化多元，信仰多样，被誉为“民族拼盘”。地形东西高，中部低。东部有大分水岭，中部盆地为天然牧场，西部高原矿藏丰富。东南沿海城市绵亘，气候宜人。悉尼为南半球经济之都，墨尔本为世界宜居城市，堪培拉为政治首都，阿德莱得以葡萄酒闻名。盛产羊毛和矿石，民众喜爱运动，文化创意与休闲产业发达，曾举办奥运会、世博会，悉尼歌剧院、艾尔斯奇石、珀斯博物馆、卡卡杜土著文化较为有名。

Part One Basic Information

1. Overview

Australia, or Commonwealth of Australia, lies in the Oceania Continent between the South Pacific and Indian Oceans. The shortest border distance is between Papua New Guinea and Australia at about five kilometres. As the world sixth-largest country with 7.69 million square kilometers, Australia measures 4,000 kilometers east to west and 3,200 kilometers north to south. Its population is 26 million in 2020, 92% Caucasian (白种人), 7% Asian and 2.5% Aboriginal. Its population density is the lowest in the world, only 3.4 people per square kilometer. The bulk of the population lives on the narrow, fertile eastern coastal plain and on the southeastern coast. Australia has 8 administrative divisions : 6 states and 2 territories. Canberra (堪培拉) is the capital city. Other important cities include Sydney(悉尼), Melbourne(墨尔本), Brisbane (布里斯班), Perth (珀斯), Adelaide (阿得莱德), Hobart (霍巴特), Darwin (达尔文) and Cairns (凯恩斯).

2. Geography

Australia is situated in the middle of the Indo-Australian Plate, and therefore has no volcanism (火山作用). The terrain (地表) is mostly heavily weathered, low plateau with deserts, rangelands (牧地) and a fertile plain in southeast. The continent-long Great Dividing Range (大分水岭) runs north-to-south down the eastern seaboard, separating the coastal plain from the drier inland areas. Australia is home to the Great Artesian Basin（自流井盆地）, an important source of water for people and cattle. The Great Barrier Reef（大堡礁）, the world's largest coral reef（珊瑚礁）, lies 50~300 kilometers offshore and extends 2,000 kilometers. Australia boasts over 7,000 beaches.

Because of the great age and geographic isolation, much of Australia's biota（生物）is unique and diverse. About 85% of flowering plants, 84% of mammals, more than 45% of birds, and 89% of fish are endemic（地方特有的）. Australia supports at least 25,000 species of plants while Europe supports only 17,500. Distinctive plants include the ubiquitous（遍布）eucalypt（桉树）in some 700 species. Endemic mammals include the kangaroo（袋鼠）, koala（考拉熊）, platypus（鸭嘴兽）, echidna（针鼹鼠）, possum（负鼠）, wombat（袋熊）and dingo（野狗）. The kangaroo is unique to Australia and one of the most easily recognized mammals. There are also a number of interesting native birds, such as emus（鸸鹋）, parrots and kookaburras（笑翠鸟）, and countless indigenous reptile and insect species. Fauna（动物）to be wary（谨防）of include Australian spiders（蜘蛛）, snakes and both salt and freshwater crocodiles.

3. Climate

By far the largest part of Australia is desert or semi-arid, 40% of the landmass is covered by sand dunes（沙丘）. Summer starts in December, autumn in March, winter in June and spring in September. Seasonal variations in temperature are not extreme except in the deserts where scorching（灼热）daytime temperatures can approach freezing by night. Otherwise, it's rare for temperatures to drop below zero on the mainland except in the mountains. The northern part of the country has a tropical climate：part is tropical rainforests, part grasslands, and part desert. Tropical and subtropical location and cold current along the western coast have made western Australia a hot desert with aridity, a marked feature of greater part of the continent. Rainfall is highly variable, with frequent droughts lasting several seasons. Occasionally a duststorm will blanket a region or even several states, and there are reports of the occasional large tornado.

4. Politics

Australia's government practices a liberal democratic, federal-state system with three separate chapters for legislature, executive and judiciary. Bicameral Federal Parliament consists of the Senate and the House of Representatives. Ministers appointed from these chambers conduct executive government. Policy decisions are made in Cabinet meetings.

The flag is blue with the flag of the UK in the upper hoist-side quadrant and a large seven-pointed star in the lower hoist-side quadrant known as the Commonwealth Star, representing the federation of the colonies of Australia in 1901.

5. Economy

Australia is a wealthy country with a market economy, a relatively high GDP per capita, and a relatively low rate of poverty. In terms of average wealth, Australia ranked second in the world after Switzerland in 2013. Ranked third in the Index of Economic Freedom (2010) , Australia is the world's twelfth largest economy and has the fifth highest per capital GDP at $66,984. The country was ranked second in the United Nations 2011 Human Development Index.

Australia has a prosperous western-style capitalist economy, with a per capita GDP on par with the four dominant west European economies. The Australian economy has not suffered a recession since the early 1990s. Australia was the only advanced economy not to experience a recession due to the global financial downturn in 2008~2009. From 2012 to early 2013, Australia's national economy grew, but some non-mining states and Australia's non-mining economy experienced a recession. The main industries in Australia are minerals, oil, coal, gold, wool, cereals, meat and tourism. Australia produces 95% of the world's precious opals (猫眼石) and 99% of black opals. Coober Pedy (库伯佩迪) in South Australia is known as the opal capital of the world.

Agriculture and natural-resources only contribute 3% and 5% of GDP respectively. Its main agriculture products are wheat, barley, sugarcane, fruits, cattle, sheep and poultry.

Australia's largest export markets include Japan, China, the United States, South Korea, New Zealand, Germany and UK. Coal, gold, meat, wool, aluminum, iron ore, wheat, machinery and transport equipment are the main exports. And machinery and transport equipment, computers and office machines, telecommunication equipment and parts, crude oil and petroleum products are the mainly imports.

Part Two Culture and Customs

1. History

Australia's original inhabitants have the longest continuous cultural history in the world dating back to the last Ice Age（冰川时期）. The first humans traveled across the sea from Indonesia about 70,000 years ago. Various evidences show that Chinese explorers arrived in Australia as early as the Yuan and Ming dynasties. Europeans began to encroach on Australia in the 16th century. Portuguese navigators were followed by Dutch explorers and the enterprising English pirate William Dampier（丹皮尔）. Captain James Cook（库克）sailed the entire length of the eastern coast in 1770. After rounding Cape York, he claimed the continent for the British and named it New South Wales. In 1779, Joseph Banks（班克斯）suggested that Britain could solve overcrowding problems in its prisons by transporting convicts（罪犯）to New South Wales. In 1787, the First Fleet（舰队）set sail for Botany Bay under the command of Captain Arthur Philip（菲利普）, who was to become the colony's first governor. The fleet comprised 11 ships, 750 male and female convicts. Philip arrived in Botany Bay on 26 January 1788, but soon moved north to Sydney Cove（悉尼湾）, where there was better land and water. For the new arrivals, New South Wales was a harsh and horrible place, and the threat of starvation hung over the colony for at least 16 years.

Early exploration and expansion took place for one of three reasons : to find suitable places of secondary punishment, to occupy land before anyone else arrived, or to seek gold. Free settlers began to be attracted to Australia over the next decades, but it was the discovery of gold in the 1850s that changed the face of the colony. The huge influx（迁入）of migrants and several large finds boosted the economy and irrevocably（不可逆转）changed the colonial social structures. Aborigines were ruthlessly pushed off their tribal lands as new settlers took up land for farming or mining. The Industrial Revolution in England required plenty of raw materials, and Australia's agricultural and mineral resources expanded to meet the demand.

Australia became a nation when federation of the separate colonies took place on January 1, 1901. Australian troops fought alongside the British in the Boer War（英布战争）and WWI. Australia was hard hit by the Great Depression（经济萧条）for which prices for wool and wheat the two mainstays（支柱）of the economy plunged（暴跌）. In WWII, the northern Australian towns of Darwin（达尔文）and Broome（布鲁姆）were bombed by the Japanese. Australian soldiers confronted and defeated the Japanese with the help of the USA. This was the beginning of a profound shift in Australia's allegiance（效忠）away from Britain and towards the USA.

Post WWII immigration brought a flood of European immigrants, many of them non-British. The immigrants have made an enormous contribution to the country. The issue of republicanism（共和主义）, replacing Britain's queen with an Australian president as head of state, dominated Australian politics in the late 1990s. An increasing number of people felt that constitutional ties with Britain were no longer relevant（中肯的）and the only way forward was to declare Australia a republic. A referendum（全民公决）to change Australia's status, was defeated in 1999.

2. Culture

For more than 50,000 years, aboriginal people have watched winds, rains, grasses, trees and flowers, and know where to go for food, shelter and comfort. All the while developing a unique affinity with the land, knowledge of their environment, plants and animals rarely seen in the world's history. This oneness is seen throughout their culture, in the dreaming, the storytelling and art, the oldest art form in the world.

Emu（鸸鹋）eggs are carved and painted in traditional aboriginal designs that date back thousands of years. It is a beautiful and unusual art form. X-ray paintings（透视图）, forceful images of aboriginal spirit ancestors, are found in ancient but extraordinarily beautiful rock paintings in the northern part of Australia. Bark paintings（树皮画）generally depict native plants, animals or natural phenomena significant to aboriginal culture. The particular arrangement of colors is the trademark of each individual artist.

Aboriginal weaving has been practiced for thousands of years and continues to use traditional designs and materials. Traditional woven items include dugout canoe sails, fishing nets, rope, fishing traps, string sculptures, ceremonial basketry（花篮）and feather work. Sculpture includes both woven-figure objects and woodcarvings.

Multiculturalism is Australia's main social policy. The people in Australia come from a wide variety of cultural, linguistic and religious backgrounds. Australia is slowly getting over its cultural cringe（落后）. Experimental groups are pushing the boundaries of ideas in all aspects of the arts and taking their efforts to the global stage. Australians are taking the leads in Hollywood ; galleries of Australian art line the streets of London and New York, and its musicians export new sounds across the oceans. Modern aboriginal art has undergone a revival（复兴）in the last decade or two as aboriginal artists have explored ways to both preserve their ancient values and share them with a wider community.

3. Education

Australia has a well-developed education system with very high rates of high school and secondary completion. Preschool and school education has a similar structure across Australia. School attendance is compulsory throughout Australia between the ages of 6~15 years and generally lasts for 13 years. So the adult literacy rate（识字率）is assumed to be 99%. Australia's school curriculum caters for a wide range of student skills and interests. Drama, music, art, debating and public speaking skills, along with team and individual sports activities, are all enhanced through interschool collaboration and competition. There is a national system of vocational training colleges, and many trades conduct apprenticeships（学徒）for training new tradespeople. The progressive developments in Australia's vocational education and training system are generating considerable international interest. Australia has 40 higher education institutions with an international reputation for excellence in teaching and research.

4. Language

Although English is the national language, many other languages are spoken in Australia. And the Australia English has its own characters. Spoken English will sound very rapid. *The Australian Macquarie Dictionary*（《麦考瑞辞典》）will be more helpful than the Oxford or Webster's dictionary in understanding Australian English. Australians use a lot of slang（俚语）. Australians like to shorten words, even down to initial letters. So food technology is usually shortened to food tech, and breakfast becomes brekkie. It has its own special grammar and words.

5. Cuisine

Chefs（厨师）from diverse cultures and the proximity to Asia create an exciting East meets West fusion（融合）. Australia's growing reputation as a haven for foods is founded on an eclectic（兼收并蓄）mix of indigenous and multicultural influences. Australia is blessed with abundant fresh, flavorsome meat, seafood, fruits and vegetables. From rock lobsters（龙虾）, oysters（牡蛎）, prawns（对虾）, abalone（鲍鱼）, scallops（扇贝）, tuna（金枪鱼）, salmon（鲑鱼）, cod（鳕）, perch（鲈）and the mighty barramundi（肺鱼）, the choice is endless. Prices for seafood vary dramatically depending on the type and presentation. Australia ranks as the world's tenth largest wine producer, and the finest Australian wines are among the best in the world.

6. Etiquettes

Men usually shake hands the first time they meet. Women may or may not shake hands. When talking with Australians, some questions are not asked, for example their age, how much money they earn and the cost of a person's house.

Australians usually have two or three names. The last name is their family name while the first one or two names are their given names. First names are used more frequently in Australia than in other countries. The use of nicknames is very common in Australia.

In Australia, people under 18 years old are not allowed to buy alcoholic drinks. There are also heavy penalties（惩罚）for people who drink and drive. Many Australians find cigarette smoking offensive, so smoking is forbidden in all university buildings, government buildings, public transport and many restaurants, shops and indoor venues.

Part Three Tourism Attractions

1. Canberra（堪培拉）

Canberra is Australia's capital city and largest inland city approximately 150 kilometers from Australia's east coast. The hottest days are generally in December and January. In wintertime, the days can get very chilly, and snow falls every few years.

Canberra is a picturesque spot laid out on two major perpendicular（垂直）axes, a water axis that stretches along Lake Griffin（格里芬湖）, and a ceremonial land axis stretching from Parliament House on Capital Hill northeastward to the Australian War Memorial at the foot of Mt. Ainslie（安斯利山）. The area known as the Parliamentary Triangle is formed by three of Burley Griffin's axes. Many significant national monuments and institutions, such as the National Library and the High Court are located within this triangle.

On the lower slopes of Black Mountain, behind the Australian National University, the beautiful Australian National Botanic Gardens are devoted to Australian flora. The massive Australian war memorial is actually a museum of Australia's war history. It houses an amazing collection of pictures, relics and exhibitions, including a fine collection of old aircraft. The National Gallery, on the south shore of the lake, has probably the best collection of Australian art in the country. The collection ranges from traditional aboriginal art through to the 20th-century works, such as paintings, sculptures, prints, drawings, photographs, furniture, ceramics（陶瓷）, fashion, textiles, silverware and so on.

2. Sydney（悉尼）

Sydney, the Australia's oldest city, is the economic powerhouse（引擎）of the nation and the country's capital in everything but name. Sydney is located in a coastal basin of the Parramatta River（帕尔玛塔河）between the Pacific Ocean to the east and the Blue Mountains（蓝山）to the west. Sydney features the largest natural harbour in the world, Port Jackson（杰克逊港）, and also enjoys more than 70 beaches.

The Sydney central business district（CBD）is an area of very densely concentrated skyscrapers and other buildings, interspersed（散布）by a chain of parkland that extends from Hyde Park（海德公园）through Royal Botanic Gardens（皇家植物园）to Farm Cove on Sydney Harbour（悉尼港）. The five most significant other business districts are Parramatta in the central-west, Blacktown（黑镇）in the west, Liverpool（利物浦）to the southwest, Chatswood（查茨伍德）to the north and Hurstville（好士围）to the south. Sydney is home to Australian Stock Exchange and Reserve Bank of Australia.

Circular Quay（环形码头）is considered to be the focal point of the city. For many years this was the shipping center of Sydney, but it's now both a commuting hub and a recreational space combining ferry quays, a railway station and the Overseas Passenger Terminal with harbor walkways, restaurants, parks, the Museum of Contemporary Art and the Sydney Opera House.

The Sydney Tower is the second tallest building in the southern hemisphere. Macquarie St（麦格理街）is Sydney's greatest concentration of early public buildings. The most impressive are the Parliament House, Sydney Hospital, Mint Building, Hyde Park Barracks（兵营）, St. James Church and State Library of New South Wales.

The huge Sydney Festival in January is the umbrella for a number of events from open-air concerts to street theatre and fireworks. The Sydney Cricket（板球）Ground hosts several international cricket matches and the Sydney Swans football team. The old adjacent showgrounds have been redeveloped as 20th Century Fox's large Sydney studios. Sydney Olympic Park now regularly hosts sporting and cultural events.

3. Melbourne（墨尔本）

Melbourne, located in the south-eastern corner of mainland Australia, is the capital and largest city of the state of Victoria, and the second largest city in Australia. The city center consists of a 7 square kilometers rectangular grid of streets bordered by the Yarra（亚拉河）to the south, the Spencer St（斯宾塞）railway station to the west and the Fitzroy（菲茨罗伊）Gardens to the east. The main north-south artery（干道）is Swanston St（史旺斯顿街）. It was the capital city of Australia from 1901 until 1927.

Melbourne has twice ranked first in a survey by Economist of the World's Most Livable Cities on the basis of its cultural attributes, climate, cost of living, and social conditions in 2002 and 2004. It has one of the highest numbers of international students studying in its universities after London, New York and Paris. Melbourne is a large commercial and industrial centre, with many of Australia's largest companies, and many multinational corporations headquartered there. It is home to Australia's largest seaport, seven universities, and much of Australia's automotive industry amongst many other manufacturing industries.

Melbourne is dubbed marvelous for healthy hedonism（快乐主义）masquerades（舞会）as high art. Melbournians are equally passionate about football and ballet, nuts（热衷）for fashion, munchy（精力旺盛）for restaurants, ravenous（贪婪）for music and hot for theatre. Spring sees Melbourne International Arts Festival, Royal Melbourne Show and Spring Racing Carnival. Summer sees outdoor evening performances of plays, the Australian Open tennis championship, Chinese New Year celebrations and the three-week-long gay and lesbian Midsumma Festival. Autumn features the Melbourne Food & Wine Festival, the International Flower and Garden Show and the International Comedy（喜剧）Festival. Winter brings football, the Melbourne International Film Festival and the Melbourne Writers' Festival.

Crown Casino（皇冠赌城）is a truly gargantuan（庞大）gambling palace, also containing restaurants, upmarket boutiques（精品店）, several nightclubs, two hotel towers, a cinema complex, and regular floorshows（夜总会）. As Las Vegas in miniature, it is either loved or hated by residents and tourists.

4. Perth（珀斯）

Set on the Swan River（天鹅河）, Perth（珀斯）is the state capital city of Western Australia（WA）and the fourth largest city in Australia. Many Perth residents consider their city to be egalitarian（平和）and relaxed, with a relatively large middle class and a suburban lifestyle. The Western Suburbs between Perth and the Indian Ocean, contain the highest income suburbs, notably the locations of homes of the wealthiest individuals becoming landmarks and tourist attractions.

A sun baked city that can go weeks or even months without substantial rainfall, one of Perth's main attractions lies in the pristine（原始）quality of its beaches. Unbroken stretches of white beaches run the entire length of the city's coastal suburbs. Perth is a very green city, with an abundance of parks and tree-lined boulevards. Kings Park sits upon Mt Eliza（艾丽沙山）

overlooking the CBD.

The Perth Convention Exhibition Centre, situated on the river foreshore only a short walk from the CBD, is WA's only purpose built convention, exhibition and meeting centre. It can cater for functions of up to 2,500 delegates. The Centre is expected to attract increased tourism for the state.

5. Adelaide（阿得莱德）

Adelaide, situated on the eastern shore of Gulf St Vincent（圣文森特湾）, is the capital city of the state of South Australia. It has a metropolitan population of more than 1,345,777, making it Australia's the fifth largest city. Adelaide has a Mediterranean climate which generally means mild, wet winters and hot, dry summers. Adelaide has large manufacturing, defence and research zones.

From its earliest, Adelaide attracted immigrants from many countries, particularly German migrants escaping religious persecution（迫害）. After the WWII, Italians, Greeks, Dutch, Polish and possibly every other European nationality came to make a new start. An influx of Asian immigrants following the Vietnam War added to the mix. These cultures have blended to form a rich and diverse cuisine and vibrant restaurant culture. Adelaide's cultural life flourished in the 1970s under the leadership of premier Don Dunstan（顿 · 邓斯坦）. Now the city is home to events such as Barossa Music Festival, Adelaide Festival of Arts, Adelaide Film Festival and Fringe Festival.

The early colonists wanted to build Adelaide a solid, dignified city, a civilized and calm place with a manner no other state capital in the country could match. The streets of its central business district follow a grid pattern. Victoria Square sits in the center of the grid, and the main street, King William, runs through it. Rundle Mall（梯级大厦）is the shopping center of the city. North Terrace is the city's cultural center, a grand boulevard（林荫大道）lined with a gallery, museum, state library and university. Art Gallery of South Australia contains one of the nation's most comprehensive collections of Australian, Asian and European art.

The Barossa Valley（巴罗萨谷）is arguably the best-known wine-producing region in Australia. It's a beautiful, well-tended area with over 50 wineries, most of which encourage casual visits for tasting and cellar（酒窖）sales. The gently sloping valley was settled in 1842 by German settlers, and its distinct Germanic flavor remains.

6. Brisbane（布里斯班）

Brisbane, the capital city of the state of Queensland, lies on the coastal plain east of the

Great Dividing Range. Brisbane has a subtropical climate with hot, moist summers and mild, dry winters. Brisbane has a lower population density compared to other Australian cities.

Brisbane has a diverse and vibrant economy with many sectors and industries. Tourism is an important part of the Brisbane economy. Popular areas for tourists in the city include the Southbank Parklands (the site of Expo 1988) and the recently developed Roma Street Parklands. Brisbane is also home to a colonial era botanic gardens, rockclimbing cliffs at Kangaroo Point, an extensive riverside bikeway, contemporary botanical gardens, and Thomas Brisbane Planetarium (天文馆) .

Brisbane is home to many traditional and modern landmarks. The Brisbane City Hall, with its imposing clock tower, was the most expensive building in Australia until the completion of the Sydney Opera House in 1971. Still the working headquarters of municipal government, the City Hall houses a museum of Brisbane history and opens its main towers to tourists during the day.

Brisbane's major festival of the arts, the outdoor Brisbane Festival, is held over two weeks in mid-September. There's also a 12-day international film festival in August, an international comedy festival in April and a biennial music festival every second June.

The magnificent Great Barrier Reef (大堡礁) that runs along the entire coast of Queensland is one of Australia's greatest assets. Considered one of the world's natural wonders, it is the most extensive reef system and the biggest structure made by living organisms on earth.

Part Four MICE Industry

1. Sydney Convention and Exhibition Centre (悉尼会展中心)

The Sydney Convention and Exhibition Centre, officially opened in 1988, is located in Sydney's Darling Harbour. The building is owned by the State Government of New South Wales, and the centre administration and business is run by the Accor (雅高) Hotel Group.

The Centre is used as a conference and convention venue and to hold exhibitions, as well as hosting various smaller events such as weddings and meetings. It was a key meeting venue of APEC Australia 2007 in September. During the 2000 Summer Olympics Games, the venue played host to the boxing, fencing, judo (柔道) , weightlifting and wrestling (摔跤) competitions.

The Convention Centre has around 30 rooms, ranging from small meeting rooms to a 3,500 capacity auditonum, as well as foyer（休息）areas and other spaces which can be adapted for use as an exhibition space or pre-dinner function venue. The Exhibition Centre consists of 6 halls, which are used primarily for exhibitions, but also for gala（节庆）dinners and other large-scale events. Both centers are serviced by the Metro Light Rail.

2. Sydney Opera House（悉尼歌剧院）

The Sydney Opera House, close to the Sydney Harbour Bridge, is one of the 20th century's most distinctive buildings and one of the most famous performing arts centres in the world. It was conceived and largely built by Danish architect John Utzon（约翰·乌特松）, and was made a UNESCO World Heritage Site on June 28，2007. Now it is administered by the Sydney Opera House Trust, under the New South Wales Ministry of the Arts.

The Opera House was formally completed in 1973, having cost $102 million. The original cost estimate in 1957 was $7 million. The original completion date set by the government was January 26，1963. Thus, the project was completed ten years late and over-budget（超支）by more than fourteen times. The Opera House was formally opened by Elizabeth II on October 20，1973. A large crowd attended. The architect, Jørn Utzon, was not invited to the ceremony, nor was his name mentioned.

The Sydney Opera House is a modern expressionist（表现主义）design, with a series of large precast（预制）concrete shells, each composed of sections of a sphere of 75.2 meter radius, forming the roofs of the structure. The building covers 1.8 hectares of land and is 183 meters long and 120 meters wide at its widest point. It is supported on 588 concrete piers sunk as much as 25 meters below sea level. The Opera House houses many performance venues such as the Concert Hall, the Opera Theatre, the Drama Theatre, the Playhouse, the Studio, the Utzon Room. The building also houses a recording studio, cafes, restaurants and bars and retail outlets.

As one of the busiest performing arts centres, the Sydney Opera House provides a venue for many performing arts companies, and presents a wide range of productions on its own account. It is also one of the most popular visitor attractions in Australia, with more than seven million people visiting the site each year.

3. Adelaide Festival Centre（阿得莱德节庆中心）

The Adelaide Festival Centre is a multi-purpose art centre. It is located approximately 50 meters north of the corner of North Terrace（北大街）and King William Street, lying near the banks of the River Torrens（多伦斯河）and adjacent to Elder Park. It is distinguished by its three silvery-white geometric（几何体）dome roofs. It is the home of South Australia's performing arts.

The Adelaide Festival Centre was built in three parts from April 1970 to 1980. The Festival Centre Plaza also serves as host to an outdoor collection of sculpture, including the prominent stainless steel Environmental Sculpture.

4. Royal Exhibition Building（墨尔本皇家会展中心）

The Royal Exhibition Building is a World Heritage Site-listed building in Melbourne, completed in 1880. It is located at 9 Nicholson Street（尼科尔森街）in the Carlton Gardens（卡顿花园）. It was built to host the Melbourne International Exihibition in 1880~1881 and later hosted the opening of the first Parliament of Australia in 1901. Throughout the 20th century smaller sections and wings of the building were subject to demolition（拆毁）and fire, however the main building, known as the Great Hall, survived.

It underwent restoration（整修）throughout the 1990s to become in 2004 the first building in Australia to be awarded UNESCO World Heritage status. Today, the building hosts various exhibitions and other events, and is closely tied with events at the Melbourne Museum.

5. Melbourne International Exhibition（墨尔本世博会）

The Melbourne International Exhibition was held from October 1，1880 until April 30，1881. It was the second international exhibition to be held in Australia, the first being held the previous year in Sydney. 1.5 million people visited the exhibition. The population of Melbourne at the time was 280,000. The exhibition was modelled on the great exhibitions of Europe, with an aim to promote commerce and industry, along with art, science and education. They also served as a form of entertainment and tourism.

6. World Expo 1988（1988 世博会）

World Expo 1988 was a World's Fair held in Brisbane from April 30 to October 30，1988. The theme of the Expo was Leisure in the Age of Technology, and the mascot（吉祥物）was an Australian platypus（鸭嘴兽）named Expo Oz（奥兹）.

The fair was the largest event of the 1988 bicentennial（两百年）celebrations of the European settlement of Australia. The event achieved both its economic aims and very good attendances, was successfully used to promote Queensland as a tourist destination. Many of the exposition's sculptures and buildings were retained by various entities around the state, and are still in use or on display decades later.

7. 2000 Summer Olympics（2000 夏奥会）

The Sydney 2000 Summer Olympic Games, celebrated between September 16 and October 1，2000, was the second Summer Olympics held in the Southern Hemisphere, and as a result of this location and the dates, it took place in early spring.

Sydney won the right to host the Games on September 24，1993, after being selected over Beijing, Berlin, Istanbul and Manchester（曼彻斯特）in four rounds of voting, at the 101st IOC Session in Monte Carlo（蒙特卡洛）. 199 National Olympic Committees participated in the Sydney Games. In 2002, the Auditor General（总审计师）of New South Wales reported that the Sydney Games cost $AUD 6.6 billion, with a net cost to the public between $AUD 1.7 and 2.4 billion.

8. Royal Canberra Show（堪培拉皇家农博会）

The Royal Canberra Show is an agricultural show that has been staged annually since 1927. The show has agriculture at its core, however it is moving into new fields every year, with the addition of rides, competitions and educational facilities. It is the place where city meets country, and country meets city.

Each year, more and more people are entering their livestock and other agricultural goods into the various competitions. This reflects the important role that the Show plays in attracting people from all over the surrounding area into Canberra for the event.

9. AgQuip（澳洲农具展）

AgQuip, sponsored by the Commonwealth Bank since the early 1970s, is Australia's largest annual exhibition of agricultural equipment and one of the largest agricultural events in the world. It runs over three days, Tuesday to Thursday in August, eight kilometres west of Gunnedah（冈尼达）in New South Wales. The agricultural event showcases over 3,000 individual companies and attracts over 100,000 visitors from across the nation and overseas.

10. Caxton Street Seafood and Wine Festival（凯克斯顿海鲜美酒节）

The Caxton Street Seafood and Wine Festival began as a small community event in 1994. Held traditionally on the Sunday of the Labour Day long weekend, the Festival features three stages on the street and entertainment in most of the 12 Caxton Street venues in the Brisbane suburb of Paddington（柏丁顿）.

Since 2004, the Festival has been recognised as the largest independently produced street festival in Brisbane and a significant event for Queensland by Tourism Queensland By 2009, the Festival attracted close to 15,000 patrons.

11. Melbourne Food and Wine Festival（墨尔本美食美酒节）

Launched in 1993, the annual Melbourne Food and Wine Festival is one of Victoria's hallmark events. Each March the festival celebrates Melbourne and Victoria's vibrant food and wine culture in a fortnight-long program of over 250 events.

Operating on a not-for-profit basis, the festival's charter is to promote the quality produce, talent and lifestyle of Melbourne and Victoria, and to reinforce Melbourne as the food and winc capital of Australia.

Since its beginnings with a small program of events, the festival has grown to become known for iconic. For several years, the festival has recorded 300,000 visitors annually.

The festival is managed by a board of management and is supported by a small team who are responsible for the coordination in close collaboration with Victoria's food and wine industry.

12. Australian Fashion Week（澳大利亚时装周）

Australian Fashion Week is a twice yearly fashion industry event showcasing the latest seasonal collections from Australian and Asia Pacific designers. The spring-summer season collections take place at the International Passenger Terminal Sydney's Circular Quay（环形码头）in April or May of each year, while the Trans-Seasonal collections are shown in September.

Started in 1995 by CEO and Founder Simon Lock（西蒙·洛克）, the event now known as Rosemount Australian Fashion Week has become a high profile media moment on the fashion calendar. The event is also important in showcasing the talent of young up-and-coming Australian designers and their labels. The week has also spawned（衍生）valuable spin of events such as Mercedes（梅赛德斯）Start Up and a number of high profile charity fund raisers.

13. National Folk Festival（澳大利亚民俗节）

The National Folk Festival is a five-day festival celebrating Australian folk culture, held each year on the Easter long weekend at Exhibition Park in Canberra. International and Australian performers are featured, with the organisers firmly committed to representing all kinds of indigenous music.

The festival was conceived and first held in Melbourne in 1967. From 1969 until 1991 the festival traveled to different cities each year. The increasing size of the festival made it harder for the hosting states to organise the festival every year, so since 1992 the festival has been held in Canberra. However each year a state is featured which entitles it to a proportionally（相称）larger number of entertainers, and discounted tickets for entry.

The Festival takes place in an exhibition centre which resembles a small village of music and dance venues, cafes and stalls. Camping is provided adjacent to the Festival grounds. In 2009, there were about 50,000 visitors. Upwards of three hundred volunteers make the festival possible.

14. Adelaide Festival of Arts（阿得莱德艺术节）

The Adelaide Festival of Arts is held biennially. As one of the world's greatest celebrations of the arts, it is internationally renowned and the pre-eminent cultural event in Australia.

Begun in 1960, the Adelaide Festival is held in the Autumnal month of March of every even-numbered（偶数）year. It is actually made up of several events, but overall features include opera, theatre, dance, classical and contemporary music, cabaret（歌舞）and new media.

The festival is based in the city centre but also elsewhere in the city and its parklands. The Adelaide Festival Centre and River Torrens usually form the nucleus of the event, and in recent years Elder Park has played host to opening ceremonies. The success of the event is sometimes attributed to the city's unique design which provides many pleasant settings within short distance of each other.

Adelaide Writers' Week is a traditional part of the Adelaide Festival of Arts. It is held in Adelaide's Pioneer Women's Memorial Garden and is free to the public.

15. Melbourne International Comedy Festival（墨尔本国际喜剧节）

The Melbourne International Comedy Festival（MICF）is the third-largest international comedy festival in the world and the largest cultural event in Australia. Established in 1987, it takes place annually over four weeks typically opening on or around April Fool's Day. The Melbourne Town Hall has served as the festival hub since the early 1990s, but performances are held in venues throughout the city.

The MICF plays host to hundreds of local and international artists, for example, in 2010 its program listed over 360 shows. Although it is mainly a vehicle for stand-up and cabaret acts, the festival has also included sketch shows, plays, improvisational（即兴表演）theatre, debates, musical shows and art exhibitions. The televised Gala is one of the festival's flagship events, showcasing short performances from many headline and award-winning comics. Other popular events include The Great Debate, a televised comedy debate, the Opening Night Super Show. The Festival also produces three flagship development programs : Raw Comedy, Australia's biggest open mic competition ; Class Clowns, a national comedy competition for high school students ; and Deadly Funny, an indigenous comedy competition that celebrates the unique humour of indigenous Australians. The Festival also undertakes an annual national roadshow（路演）showcasing festival highlights in regional towns across Australia.

16. WOMADelaidc（阿得莱德音乐节）

WOMADelaide is an annual world music and dance festival, which was first held in 1992 in Botanic Park Adelaide. WOMADelaide events are a showcase of different sorts of music, arts and dance. They encourage people to experience the music of cultures as a way of developing global understanding. The WOMADelaide festival aims to entertain all age groups and people from all backgrounds. WOMADelaide draws its performing artists from all over the world. A specific emphasis is placed on traditional music and performances of various cultures. More than 300 groups from 80 countries have appeared at the festival since 1992.

17. Canberra Balloon Festival（堪培拉热气球节）

The Canberra Balloon Festival takes place at the plush（舒适）lawns of the old Parliament House of Canberra. Began in 1986, it is one of Australia's best autumn events. The main theme of this event is balloon of numerous kinds and sizes. Novotel（诺富特饭店）has been sponsored the Fiesta for some years.

Over 50 hot air balloons from all over the world launch daily at dawn from the forecourt of Old Parliament House and float over Canberra's iconic national attractions. The balloons gradually inflate and transform into a myriad of shapes, sizes and colours before drifting gently into the dawn skies. Some of the unusual balloons that have participated in the festival in the past include a pair of dancing honey bees, Van Gogh's（梵 · 高）head, a windmill, a tropical tree and a Scottish bagpiper（风笛手）. The event is complete with on site entertainment, activities and food and drink, attracting up to almost 20,000 visitors.

拓展阅读 搜索

澳大利亚旅游产业的特点与经验

20世纪70年代以来，澳大利亚经济结构发生重大变化，旅游业迅速发展，超过传统农牧业，成为该国重要的支柱产业。2008年，旅游业为该国贡献了40%的GDP以及6%的就业。澳大利亚旅游具有四大鲜明特色。

第一，旅游资源丰富。澳大利亚自然风光秀丽，民族风情独特，景点遍布全国。辽阔的海岸线，丰富多彩的海洋世界，绵延不尽的金色海滩，原始的森林公园，如诗如画的牧场以及特色鲜明的主题公园造就了迷人的自然风光；庄严的教堂，厚重的博物馆及现代的歌剧院、影视城、美术馆，透射出深厚的文化魅力。城市建筑如凝固的音乐，记载着各历史时期的印记，现代摩天大楼与古典建筑交相辉映。著名的悉尼歌剧院、墨尔本艺术馆、大堡礁奇观、霍巴特原始森林国家公园每年都吸引大批游客。

第二，旅游要素齐备。在澳大利亚，景点大都不收门票，但食、住、行、游、购、娱旅游要素健全协调，各种风格和档次的酒店配套合理，旅馆入住率一般保持在80%以上。各城区通往旅游区的交通体系发达，高速公路、快速铁路、航空四通八达，出行方便。澳大利亚是移民国家，多元文化特色的美食应有尽有，游客也可购买到品类众多的特色纪念品和免税商品。

第三，人性化服务。优质服务是澳大利亚吸引游客的重要因素。在城市和旅游区，人性化旅游设施随处可见，公共信息图形符号、无障碍设施一应俱全，旅游咨询点随处可见，非常方便。旅游厕所布局合理，标识醒目，无论是繁华闹市还是偏僻乡村，厕所洁净如新，没有异味，并备有手纸和洁手设备。

第四，生态旅游品牌。无论是从第一大城市悉尼到首都堪培拉，还是从工业城市墨尔本到度假胜地黄金海岸，高速公路两旁的绿色景观令人赏心悦目。各地政府让绿于民，在市中心黄金地带留出大量空间用于绿化，每座城市如同大花园，都建有大量公园和绿地，并配套精致的雕塑，令人流连忘返。房屋建筑大都掩映在丛林中，构成人与自然和谐共处的田园景观。堪培拉绿化率达85%，人均占有绿地70多平方米，有“一城山色半城湖”的美誉。墨尔本有400多处大型公园，十次被评选为“世界上最适合人类居住的城市”。布里斯班有160多处公园，环境优美，有“阳光之都”美誉。

澳大利亚旅游业之所以快速发展，得益于多种因素。

第一，政府主导。澳联邦政府将旅游业定为国家重要支柱产业，全面支持。一是旅游立法。法律明文规定在旅游城市和旅游度假地只能发展旅游业，排除或转移可能冲击旅游业的其他产业。二是政策支持。澳联邦政府经常召开由旅游、贸易、资源和工业等部门以及业界代表参加的会议，共商旅游产业发展大计。三是全社会参与。各职能部门和各州政府形成旅游发展合力，全社会积极参与旅游开发。

第二，生态优先。20世纪90年代中叶，澳大利亚即开始推行国家生态旅游战略，制定相应计划，始终将生态环境保护放在高于一切的位置，严格遵守“在保护中开发，在开发中保护”的原则，力求效益与环境的最佳平衡。在建设霍巴特热带雨林公园时，所有原材料都是用直升机运到施工地点。黄金海岸开放50年来，严格控制居民楼和非旅游项目，仅有少量建筑用于旅游业。

第三，多元投入。政府、社会、企业、私人等多个主体参与旅游投资。澳联邦、州政府、旅游企业和协会每年投入数十亿澳元用于旅游宣传。政府出台税收、信贷等优惠政策，鼓励私人资本参与旅游开发。目前，澳大利亚旅游投入的70%为私人投资，且呈增长趋势。

第四，营销推动。澳大利亚采取强劲的促销手段开拓国际旅游市场，一方面充分利用电视、网络、广告等媒介进行宣传促销，在欧洲、亚洲和北美设立办事处，有效地将旅游资源优势转化为旅游市场优势；另一方面通过举办澳网公开赛、F1汽车大奖赛、高尔夫公开赛、赛马节等大型活动，成功地吸引大量境外游客。此外，澳大利亚的旅游营销方式灵活而创新，如昆士兰州旅游局策划的招聘"世界上最好的工作"——大堡礁护岛人，吸引全球目光，引起巨大反响。该策划投入170万美元，达到了价值1.1亿美元的广告效果。为打开中国旅游市场，他们成功策划了一个中国人免费游澳大利亚的活动，使中国游客自2007年以来保持10%的年增长率。

——资料来源：张晓明，《澳大利亚旅游业发展的主要经验与启示》。

复习与思考

一、名词解释

悉尼歌剧院　卡卡杜土著文化　自流井　大堡礁　艾尔斯奇石

悉尼奥运会　淘金热

二、问答题

1. 为何说澳大利亚是"民族的拼盘"？
2. 为何说澳大利亚是美食天堂？
3. 简述澳大利亚的低碳旅游特色。
4. 简述澳大利亚会展产业的特点。

三、实践与训练

1. 调研中澳经贸文化交流的情况。
2. 讨论澳大利亚的留学生教育产业。

Chapter Three

Europe Region

学习意义 欧洲是现代旅游产业和会展产业的发源地，在全球经贸格局中具有重要地位。中国与欧盟成员国关系密切。通过系统地学习俄、意、法、德、英等欧洲旅游、会展强国的基本国情、社会文化、旅游产业与会展产业的基本情况，提高学生与欧盟国家进行旅游与会展产业交流与合作的素质与能力。

内容概述 本章主要阐述俄罗斯、意大利、法国、德国和英国的基本国情、社会文化、旅游产业与会展产业等方面的内容。

学习目标

知识目标

1. 了解俄、意、法、德、英等欧盟国家的地理、政治、经济等基本国情。
2. 了解俄、意、法、德、英等欧盟国家的历史、文化、教育、社会风俗、美食等。
3. 了解俄、意、法、德、英等欧盟国家的旅游产业发展概况以及主要旅游城市。
4. 了解俄、意、法、德、英等欧盟国家的会展产业发展概况以及主要的会展项目。

能力目标

1. 能通过网络、文献调研等手段搜集相关资讯，掌握俄、意、法、德、英等欧盟国家的旅游产业与会展产业发展现状与趋势。
2. 能运用所学欧盟国家的相关知识，对所在地的旅游活动与会展项目进行创新开发。

Section 10　Russia

【导读】俄罗斯地跨欧亚两洲，疆域辽阔，资源丰富，石油、森林、黄金储量名列前茅。气候寒冷，冬长夏短。民族众多，文化多元，深受鞑靼文化影响，主要信奉东正教。人口老龄化严重，人口不断减少。科教发达，制造业先进，军事力量强大，工程师多，为金砖国家。莫斯科富豪峰会，奢侈展品令人惊叹。莫斯科红场、彼得堡宫殿、贝加尔冰湖、雅尔塔风光都很迷人。

Part One　Basic Information

1. Overview

Despite the disintegration（解体）of Union of Soviet Socialist Republics（苏维埃社会主义共和国联盟）, the Russia Federation is still the world's largest country, covering one eighth of the earth's surface（17million square kilometers）from Europe to Asia. It borders with Estonia（爱沙尼亚）, Latvia（拉脱维亚）, Belarus（白俄罗斯）and Ukraine（乌克兰）in the west, passing Kazakstan（哈萨克斯坦）, Mongolia（蒙古）and China to reach the Pacific Ocean. Russia has the world's fifth largest population after China, India, the United States and Indonesia. Moscow（莫斯科）is the capital city.

2. Geography

The Russian Federation stretches across much of the north of the supercontinent of Eurasia（欧亚大陆）. Most of the land consists of vast plains, both in the European part and the Asian part that is largely known as Siberia（西伯利亚）. These plains are predominantly steppe（草原）to the south and heavily forested to the north, with tundra（苔原）along the northern coast. Mountain ranges are found along the southern borders, such as the Caucasus（高加索山）and the Altai（阿尔泰）. Mount Elbrus（厄尔布鲁士山）is Russia's and Europe's highest point. The more central Ural Mountains（乌拉尔山）, a north-south range that form the primary divide between Europe and Asia, are also notable.

Russia has an extensive coastline of over 37,000 kilometers along the Arctic and Pacific

Oceans, as well as inland seas such as the Baltic（波罗的海）, Black and Caspian seas（里海）. Major lakes include Lake Baikal（贝加尔湖）. Notable rivers of Russia in Europe are the Volga（伏尔加河）, Don（顿河）, Kama（卡马河）, while several other rivers originate in Russia but flow into other countries, such as the Dniepr（第聂伯河）. In Asia, important rivers are the Ob（鄂毕河）, Yenisei（叶尼塞河）, Angara（安加拉河）, Amur（阿穆尔河）and Yana（勒拿河）.

3. Climate

Russia has a largely continental climate because of its sheer（垂直）size and compact configuration（地形）. Most of its land is more than 400 kilometers from the sea, and the center is 3, 840 kilometers from the sea. In addition, Russia's mountain ranges, predominantly to the south and the east, block moderating temperatures from the Indian and Pacific oceans, but European Russia and northern Siberia lack such topographic protection from the Arctic and North Atlantic oceans.

Because only small parts of Russia are south of 50° north latitude and more than half of the country is north of 60° north latitude, extensive regions experience six months of snow cover over subsoil（底土）that is permanently frozen to depths as far as several hundred meters. The average yearly temperature of Russia is freezing or below. Most of Russia has only two seasons, summer and winter, with very short intervals of moderation between them. But the Russian Far East, under the influence of the Pacific Ocean, has a monsoonal（季风）climate; a narrow, subtropical band of territory provides Russia's most popular summer resort area on the Black Sea.

4. Politics

Russia is a democratic state with a republican form of government. The head of state is the President, who holds considerable executive power. The president, who resides in the Kremlin（克里姆林宫）, nominates the highest state officials, including the prime minister, who must be approved by Parliament. The president can pass decrees without consent from Parliament and is also head of the armed forces and of the National Security Council（国家安全委员会）. He determines the main direction of domestic and foreign policy and represents the country in its foreign relations. The president is elected for a five-year term by national direct suffrage（选票）and cannot be elected for more than two consecutive（连续）terms. But Putin（普京）was an exception.He was elected president of Russia 4 times.

Russia's bicameral parliament consists of an upper house known as the Federation Council (联邦委员会) , composed of 178 delegates serving a four-year term, and a lower house known as the State Duma (国家杜马) , comprising 450 deputies also serving a four-year term.

The Russian Federation consists of a great number of different federal subjects (辖区) , making a total of 89 constituent components. There are 22 republics within the federation that enjoy a high degree of autonomy (自治权) on most issues and these correspond (符合) to some of Russia's ethnic minorities. The remaining territory consists of 46 oblasts (州) and 9 territories, in which are found 4 autonomous districts and 1 autonomous oblast. Beyond these there are 3 federal cities : Moscow, St Petersburg and Sevastopol. All of the federal subjects of Russia are grouped into seven federal districts, each administered by a governor appointed by the president of the federation.

5. Economy

The country has a tremendous wealth of natural resources, producing 17% of the world's crude oil, 25%~30% of its natural gas, and 10%~20% of all non-ferrous (非金属) , rare and noble metals mined across the globe. More than two decades after the collapse of the Soviet Union in 1991, Russia is trying its best to establish a modern market economy and achieve strong economic growth.

The economy mildly recovered in 1999. It entered a phase of rapid expansion on the back of higher Petroleum prices, a weaker ruble (卢布) , and increasing service production and industrial output. Since the turn of the 21st century, higher domestic consumption and greater political stability have bolstered economic growth in Russia. The country ended 2008 with its ninth straight year of growth, averaging 7% annually between 2000 and 2008. Real GDP per capita was 19,840 in 2010. Oil, natural gas, metals, and timber account for more than 80% of Russian exports abroad. Oil export earnings allowed Russia to increase its foreign reserves from $12 billion in 1999 to $597.3 billion on 1 August 2008, the third largest foreign exchange reserves in the world. The Stabilization Fund helped Russia to come out of the global financial crisis.In December 2011, Russia finally joined World Trade Organization, allowing it a greater access to overseas markets.Russia has the 8th largest economy in the world by nominal GDP and the 6th largest by purchasing power parity. The economic development of the country has been uneven geographically with the Moscow region contributing a very large share of the national GDP.

EU, Belarus, Ukraine, USA, China are its major trading partners.

Part Two Culture and Customs

1. History

The founding of Novgorod（诺夫哥罗德）in 862 is traditionally taken as the birth of the Russian state. Oleg（奥列格）make Kiev（基辅）the dominant regional power in the 10th and 11th centuries. Centuries of prosperity were quashed（破坏）in the 13th century by the Mongolian Tatars（鞑靼人）who held sway（统治）until 1480. The 16th century witnessed the ugly expansionist reign of Ivan the Terrible（伊凡大帝）. Peter the Great（彼得大帝）celebrated vanquishing（击败）the Swedes by building a new capital in St. Petersburg.

The long suffering serfs（农奴）were freed in 1861 with growing opposition to the repressive and autocratic（专制）tsarist（沙皇）rule. Under the young weak Nicholas Ⅱ（尼古拉二世）, ignominious（可耻）defeat in the war with Japan（1904~1905）led to further unrest. Russia's disastrous（悲惨）performance in WWI fomented（引发）further unrest. On October 25，1917 a group of Social Democrats seized control and empowered the soviets（苏维埃）as the ruling councils. Headed by Lenin and supported by Georgian Stalin（斯大林）, the soviet government redistributed（重新分配）land to those who worked on it. In March 1918 the Bolshevik Party（布尔什维克党）was renamed the Communist Party and the nation's capital was moved from Petrograd（彼得格勒）to Moscow.

The Union of Soviet Socialist Republics was established in 1922. Stalin（斯大林）introduced farm collectivization（集体农庄）. In 1941 Hitler's Operation Barbarossa（巴巴罗萨计划）issued in a bloody period of warfare that would eventually kill one sixth of the population. At the end of the war, Russia's extended control over much of Eastern Europe was the key to its emergence as one of the world's superpowers. Gorbachov（戈尔巴乔夫）introduced political and economic reforms and called for greater openness. In 1988 he held elections to transfer power from the Party to a new parliament. A reactionary coup in August 1991 opened the way for his even more radical successor, Boris Yeltsin（叶利钦）.

The Yeltsin era was marked by the globalization（全球化）of the Russian economy. In August 1998 the ruble was floated and immediately went into freefall. In March 2000, Putin（普京）became president of Russia. High oil prices and the initially weak currency followed by increasing domestic demand, consumption, and investments have helped the economy grow for nine straight years, improving the standard of living and increasing Russia's influence on the world stage. Putin's leadership over the return of order, stability and progress has won him widespread popularity in Russia. On March 2，2008, Dmitry Medvedev(梅德韦杰夫) was elected President of Russia, whilst Putin became Prime Minister. Putin returned to the presidency following the 2012 presidential elections, and Medvedev was appointed Prime Minister.

2. Festivals

The Russian New Year is celebrated on January 1 and 2 with presents, champagne（香槟）and vodka（伏特加）. This event usually coincides with the celebration of Christmas. The Russian Othodox Church has January 7 as Christmas. Easter（复活节）and Christmas are celebrated with midnight services, candle light processions and flourishing of folk art. In April, St Petersburg celebrates Music Spring, an international classical music festival, and the last 10 days of June feature the White Nights, a time for general merrymaking and staying up late. A film festival is held in Moscow in autumn in odd-numbered years. The Russian Winter Festival is celebrated in St Petersburg, Moscow and Novgorod（诺夫哥罗德）from late December to early January, and includes folklore shows and vodka.

On February 23, Russia honors those who are serving in the Armed Forces and those who have served in the past. Every May 9, Russia pauses to celebrate the victory over Nazi Germany while remembering those who fell in order to achieve it. A military parade is usually held in Moscow to celebrate the day. On June 12, Russia formally left the Soviet Union. The Independence Day was established by Boris Yeltsin, however, it was his successor Putin who made it into a big celebration. Military parades could take place on this day in Moscow and other large cities. Started on November 7，1917, the Day of the October Revolution（十月革命）is used by Russia to remember their past and for Communists to march in cities to support their causes.

3. Cuisine

Russian cuisine has a rich history and offers a wide variety of soups, dishes made from fish, cereal based products and drinks. Vegetables, fruit, mushrooms, berries, herbs also play a major part while meat does not. Primordial（原产）Russian products such as caviar（鱼子酱）, buckwheat（荞麦粉）, rye flour（黑麦粉）have had a great influence on world cuisine. A main meal in Russia will usually consist of soup, perhaps some salad and a main meat/vegetable dish followed by tea. Russians drink a lot of tea, usually often with no milk but with sugar, sometimes lemon. It is customary to have something sweet with tea, such as biscuits, cake or sweets.

Soups have always played a main role on a Russian table. Not a single country in the world can present such an assortment of soups. They can be divided at least into 7 large groups. Cold soups based on kvas（克瓦斯啤酒）. Light soups or stews, based on water and vegetables. Noodle soup with meat, mushroom and milk gamma. The world famous borsch（罗宋汤）is originally Ukrainian.

Shchi（白菜汤）had been the main Russian first course over a thousand years. Although tastes changed, it steadily made its way through several epochs. And it never knew social class boundaries ; it was a soup for everyone. Many Russian proverbs are connected to this soup, such as "Shchi is head to everything" . It can be eaten regularly at any time of the year.

4. Religion

The Russian Orthodox Church（东正教）is the dominant Christian religion in the Federation ; other religions include Islam, various Protestant（新教）faiths, Judaism（犹太教）, Roman Catholicism and Buddhism. The Russian society is generally tolerant towards various religions. Everyone can practice his religion freely and very often live just across the street.

5. People

Russia has extremely low average population density due to its enormous size ; population is densest in the European part of Russia, the Ural Mountains area and the southeastern part of Siberia. The Russian Federation is home to as many as 193 different ethnic groups and indigenous peoples. As of the 2010 census（人口普查）, 80.9% of the population is ethnically Russian.

The Russian language is the only official state language, but the individual republics have often made their native language co-official next to Russian. Cyrillic alphabet（斯拉夫字母）is the only official script which means that these languages must be written in Cyrillic in official texts.

6. Education

Russia's educational system has produced nearly 100% literacy. About 3 million students attend Russia's 519 institutions of higher education and 48 universities. As a result of great emphasis on science and technology in education, Russian medical, mathematical, scientific, and space and aviation research are generally of a high order.

Moscow State University is the largest and oldest university in Russia, founded in 1755 by a decree of Empress Elizabeth（伊丽莎白）. In 1905 a social democratic organization was created at the university, calling for the Tsar（沙皇）to be overthrown. The Tsarist government repeatedly began closing the university. In 1911, in a protest（抗议）of the introduction of troops onto the campus and mistreatment of certain professors, 130 scientists and professors, thousands of students were expelled. After the Great October Socialist Revolution in 1917, the school opened up to allow the children of the workers and peasants. As of 2004, the university has some 4,000 staff teaching 31,000 students and 7,000 postgraduates.

Part Three Tourism Attractions

1. Moscow（莫斯科）

Moscow, located in the center of European Russia, is the barometer（晴雨表）and nucleus of the changes sweeping through Russia. In the city, ancient monasteries（修道院）and ultra-modern monoliths（巨石雕）stand side by side, and New Russian millionaires and poverty stricken pensioners walk the samc streets. From the Kremlin（克里姆林宫）, Moscow spreads out in four distinctive rings of development, each area having its own collection of monasteries, museums and elegant buildings. Most of the city's sights are within the first circle, an area that can easily be covered on foot.

The Kremlin, a stronghold（堡垒）of Russian political power, occupies a roughly triangular plot of land covering little Borovitsky（博诺维特斯基）Hill, probably first settled in the 11th century. In the Kremlin, both Ivan the Terrible and Stalin orchestrated their terrors, Napoleon watched Moscow burn, Lenin fashioned the dictatorship（专政）of the proletariat（无产阶级）, Kruschev（赫鲁晓夫）directed the Cold War, and Gorbachev unleashed（启动）reformation. The Kremlin is at the heart of Moscow in every way, symbolically, historically and geographically. Red Square（红场）lies along its east side, the Moscow River flows past its south side. The Kutafya Tower（库塔菲亚塔楼）which forms the main visitors' entrance stands away from the Kremlin's west wall.

Bordering Red Square, the magnificent State Department Store was built in the 19th century to house 1,000 shops. The hefty（巨大）building north of Red Square housed the KGB（克格勃）and the notorious Lubyanka（卢比扬卡）Prison. The Arbat（阿巴特街）, once the quarter of court artisans（匠人）is also a good place for a stroll.

There are also numerous literary museums, usually situated in the houses of famous writers, such as Tolstoy（托尔斯泰）, Pushkin（普希金）, Dostoevsky（陀思妥耶夫斯基）, Gogol（果戈理）and Lermontov（莱蒙托夫）. The Chekhov（契诃夫）Moscow Art Theatre gave the world Chekhov, revolutionized Russian drama and heavily influenced Western theatre.

2. St. Petersburg（圣彼得堡）

St Petersburg has been dubbed（号称）the Venice of the North for its palace-lined

in implementation of national priority projects and development of innovation programmes. All events held by Expocentre enjoy support from Russian federal ministries and the Government of Moscow. The event programme is compiled with participation of the Russian Chamber of Commerce and Industry, the Moscow Chamber of Commerce and Industry, and various professional associations.

3. 1980 Summer Olympics（1980 夏奥会）

The 1980 Summer Olympics were celebrated in Moscow. In addition, the yachting（游艇比赛）events were held in Tallinn（塔林）, and some of the preliminary matches and the quarter-finals of the football tournament were held in Leningrad（列宁格勒）, Kiev（基辅）and Minsk（明斯克）. The 1980 Games were the first to be staged in Eastern Europe.

The United States and a number of other countries boycotted（联合抵制）the games because of the Soviet invasion of Afghanistan（阿富汗）, though athletes from some boycotting countries participated in the games, under the Olympic Flag. This prompted the Sovietled boycott of the 1984 Summer Olympics.

4. Moscow Millionaire Fair（莫斯科富豪展）

The Moscow Millionaire Fair is an annual fair for Russian millionaires. It was organized in 2002 in Amsterdam（阿姆斯特丹）by Gijrath Media Group BV, the publishing house which issues magazines for the rich and famous such as Millionaire. Since then, the Millionaire Fair became a landmark in the luxury event calendars. In September 2005 Independent Media Sanoma Magazines and GMG Events BV organized this event for the first time in Moscow.

The Fair is open for everyone to enjoy, but obviously it is the millionaires who will be making the grand purchases and filling the event. The event is usually strict-dress coded and entrance is invitation only. Tickets can be purchased prior to the event. The attractions of 2011 included a $1 million phone encrusted in diamonds, the choice to buy a house on an island, or the island itself and 25,000 perfumes. In 2010 more than 38,500 guests visited the fair, and more than 200 companies specializing in luxury products from all over the world participated.

5. MAKS Airshow（莫斯科航空展）

MAKS, or International Aviation and Space Salon, is an international airshow held near Moscow on Zhukovsky's（茹柯夫斯基）Gromov Flight Research Institute（格罗莫夫飞机研究院）air field. The first Mosaeroshow was held in 1992. Since 1993, it was renamed to its current name and is held on odd years.

MAKS is an important event in Russian business. Although it started mainly as an entertainment event, the show soon became a marketplace where Russian airplane manufacturers could find export contracts and Russian air carriers could find foreign contacts. The whole event became important through the Commonwealth of Independent States（独联体）and neighboring countries, due to similarities of the market.

6. KROK International Animated Films（KROK 国际动漫电影节）

The KROK International Animated Films Festival is held in Russia on even years and in Ukraine（乌克兰）on odd years. The festival takes place over the course of 12 days between September and October on the cruise ship Taras Shevchenko（塔拉斯—谢甫琴科巡洋舰）. When in Russia, it cruises along the Volga, and when in Ukraine it cruises along the Dnieper（第聂伯河）and the Black Sea.

The festival's history began at the 1987 perestroika-era（新思维时代）Moscow International Film Festival, where it was decided to create separate contests for documentary, children's and animated films. In 1989, the festival was first held as a separate event. In 1991, with the dissolution（解体）of the Soviet Union, it was decided to make the festival international and it was held on a cruise ship for the first time.

7. InProg（莫斯科摇滚音乐节）

InProg is an international progressive rock festival held almost yearly since 2001 in Moscow. The festival was organised by the Russian Rock-magazine InRock. The organizers called it a festival of intellectual music, because except giving to progressive Rock artists to perform they also give to Jazz and other genre artists to perform. The official slogan of the festival is "Music for the brains". The idea is to put well-known artists and unknown artists in the same concerts so more bands will gain recognition. Most of the performers are progressive rock artists from Russia.

拓展阅读 搜索

俄罗斯梅什金的老鼠主题游

梅什金，俄罗斯伏尔加河畔的一个区级小城。在俄语中，梅什金的意思是老鼠，这座只有1万多人的小城亦被称为“老鼠城”，但梅什金是俄罗斯最成功的两个旅游城市之一。

梅什金是个农业区，经济落后，15年前开始以“老鼠”为主题发展旅游业。相传很久以前，有个大公在伏尔加河畔的橡树上休息，梦见了美丽的姑娘。这时一只老鼠从他脸上爬过，将他惊醒。他很恼火，正想发怒，突然看到有条蛇在他身后。他拔出剑将蛇头砍下，然后将剑插在地上发誓，“老鼠救了我一命，我要在这儿建座老鼠城”。就是这只小老鼠的故事盘活了一座小城。

老鼠城现有22处旅游景点，有世界上唯一的老鼠博物馆。这里能看到各种各样的传统手工艺，人们吃的肉、蛋、鱼以及出售的旅游工艺品等都是家庭生产制作的，整座城市就像一座露天博物馆。在陶器作坊和铁艺作坊，可以体验农耕时代的质朴。在茶社，几位打扮得“鼠模鼠样”的女演员的说唱节目诙谐逗趣，令人捧腹。在老鼠宫，占据整面墙的鼠王国地图就是鼠城地图，“鼠国王”和“鼠王后”故作姿态的表演引人发笑。梅什金卫国战争胜利纪念地是由市政府投资1200万卢布兴建的纪念设施，有雕像、纪念墙、长明火等。在一座书形雕塑前有两组数字：7623人参战，4654人牺牲，这是一座英雄之城。后面的书信墙上镌刻着20封前方将士写给亲人的信，读来令人动容。其中有5封是一位军人分别写给5个儿子的，他后来在斯大林格勒战役中牺牲了。老鼠城只有一条主街，人们不坐车，都步行，连总统来这里访问也步行了3个小时。

老鼠城每年停靠的游船约有300多艘，旅游客车1300多辆。游客夏天可乘船到达，冬天则主要靠汽车。2010年，老鼠城共接待游客15万人次，15%是外国人。全市有“峰会”和“猫宫”两个宾馆，还有3家私人旅馆。如今，码头、停车场和宾馆已不能满足接待需求，老鼠城正计划在伏尔加河畔修建新的宾馆。

——资料来源：施晓慧等，《俄罗斯小城梅什金：以“老鼠”为主题发展旅游业》，《人民日报》。

复习与思考

一、名词解释

东正教　克里姆林宫　爱尔米塔什博物馆　莫斯科展览中心　莫斯科富豪展　莫斯科航空展　金砖国家　芭蕾舞

二、简答题

1. 简述俄罗斯的民族文化特色。
2. 简述俄罗斯的资源优势。
3. 简述俄罗斯的会展产业概况。

三、实践与训练

1. 调研中俄经贸交流与合作情况。
2. 讨论建立东北亚经济合作圈的战略意义与可能性。

Section 11　Italy

【导读】意大利凸入地中海中央，三面环水，北靠阿尔卑斯山，中部波河平原物产丰饶，南部山地盛产葡萄，葡萄酒享有盛誉。历史悠久，文化灿烂，民众热情奔放，主要信奉天主教。旅游、会展产业发达，罗马的斗兽场与教皇国，米兰的时装与足球，威尼斯的水城与电影节，佛罗伦萨的文艺复兴大师，比萨的斜塔，热那亚的船展，都灵的汽车城，维苏威的火山，各有千秋。

Part One　Basic Information

1. Overview

Italy, or the Republic of Italy, occupies a peninsula running southeast into the Mediterranean from the mainland of Europe. Its land borders in the North with France, Switzerland, Austria（奥地利）and Slovenia（斯洛文尼亚）. The peninsula is surrounded by the Ligurian Sea（利古里亚海）, the Sardinian Sea（撒丁海）and the Tyrrhenian Sea（第勒尼安海）in the west, the Sicilian Sea（西西里海）and the Ionian Sea（爱奥尼亚海）in the south and the Adriatic Sea（亚得里亚海）in the east. Italy has many islands, and the largest of them is Sicily（西西里岛）. Sardinia（撒丁岛）, Elba（厄尔巴岛）and Capri（卡普里岛）are also important. Italy also includes two separate principalities（公国）: Vatican（梵蒂冈）City in Rome and San Marino（圣马力诺）. Rome is the capital city. Other important cities include Florence（佛罗伦萨）, Genoa（热那亚）, Milan（米兰）, Naples（那不勒斯）, Turin（都灵）and Venice（威尼斯）.

Italy occupies an area of 301,340 square kilometers with a population of 60 million. There are small numbers of German, French and Slovene（斯洛文尼亚）Italians in the north and some Albanian（阿尔巴尼亚）and Greek Italians in the south. Italy also has a small number of Jews. Italian is the main language. The majority of Italians are Roman Catholics.

2. Geography

Around 100 million years ago a tropical sea called the Tethys（特提斯海）covered the area now occupied by the peninsula. The collision of African and European continental plates around 40 million years ago forced the bed of the Tethys to fold and rise up, forming the Alpine（阿尔卑斯山）and Apennine chains（亚平宁山脉）. By around two million years ago, after the landscape had been shaped and reshaped by the combined forces of continental plate movement and erosion, the Italian peninsula had almost arrived at its present-day form.

Mountains feature prominently in Italy's topography. The Alps extends over 600 miles with great massifs（山丘）in the western sector and lower hills in the eastern sector. The Alpine foothills are characterized by large lakes of Como(科摩湖）and Garda(加尔达湖）. Italy's backbone is formed by the Apennines（亚平宁山脉）, extending from Genoa（热那亚）right down to Sicily. Vesuvius（维苏威火山）, close to Naples, is the only active volcano on the European mainland；Etna（埃特纳火山）on Sicily is one of the world's largest volcanoes. The largest river in Italy is the Po（波河）. The Po River Valley is heavily populated and industrialized. The Tiber（台伯河）and the Arno（亚诺河）are the other major rivers.

The country's flora is predominantly Mediterranean. Mountain flora and fauna are found in the north and along the Apennines. The fertile plains of the River Po are the most productive agricultural land. Oak（橡）, cork（软木）and pine dominate the peninsular. Herbs such as lavender（薰衣草）, rosemary（迷迭香）and thyme（百里香）are typical plants.

3. Climate

The moderating（温和）influence of the sea and the protection given by the Alpine barrier（屏障）from the cold north winds join to bless Italy with a temperate climate. Nevertheless, the weather varies considerably according to how far one is from the sea or the mountains. The winter is very cold in the Alps, cold and foggy in the Po Plain and the central Apennines（亚平宁）；mild and even warm on the Ligurian（利古里亚）coast and in Sicilia.

The summer is hot and dry, but the temperature is mitigated（降低）on the coast by sea breezes and in the Apennines and Alps it is pleasantly cool. In mountain areas, winter is ideal for skiing, and summer for excursions and hiking, etc.. Seaside and lake resorts, with their excellent hotel facilities, have an intense tourist season in the summer, while the cities that are rich in art treasures are ideal in spring and autumn.

4. Politics

Italy has been a democratic republic since June 2, 1946, when the monarchy was abolished by popular referendum（公投）. The 1948 Constitution established a bicameral（两院制）parliament with a lower and an upper chamber, a separate judiciary（司法）branch and an executive branch composed of a Council of Ministers（内阁）.

The president of the Republic is elected by an electoral college（团体）consisting of both houses of Parliament and 58 regional representatives for a seven-year term. The prime minister is appointed by the president, and along with his government must be confirmed by parliament. The Italian Chamber of Deputies（众议院）has 630 members. The Senate（参议院）includes 315 elected members. National elections are held every five years, but the president can call for earlier elections. The Italian judicial system is based on Roman law modified by *the Napoleonic Code*（《拿破仑法典》）and later statutes（法令）. It is based on a civil law system.

For administrative purposes, Italy is divided into 20 regions. The regions are divided into provinces, themselves further divided into town councils. Five regions are semi-autonomous or autonomous, with a wide range of economic and administrative powers. The prefect（长官）of each of the provinces is appointed by and responds to the central government.

5. Economy

Since WWII the Italian economy has changed from one based on agriculture into a diversified（多元化）industrial economy with roughly the same total output as France and the UK. This capitalistic economy remains divided into a developed industrial north, and a less developed agricultural south. In comparison to its western European neighbors, it has a high number of small to medium sized enterprises. Most raw materials needed by industry and more than 75% of energy requirements are imported.

Italian economic performance has at times lagged behind that of its EU partners, and the current government has enacted numerous short-term reforms aimed at improving competitiveness and long-term growth. It has moved slowly on implementing certain structural reforms favored by economists, such as lightening the high tax burden and overhauling（整顿）the rigid labor market and expensive pension system.

The country is well known for its influential and innovative business economic sector, an industrious and competitive agricultural sector, and for its creative and high quality automobile, industrial, appliance and fashion design. The country was the 7th largest exporter in the world in 2016. The closest trade ties are with the other countries of the European Union, about 59%

of its total trade. Tourism is one of the fastest growing and profitable sectors of the national economy. With 52.3 million international tourist arrivals in 2016, Italy is both the fifth most visited country and highest tourism earner in the world. In 2012, it was the 9th largest economy in the world and the fifth largest in Europe in terms of nominal GDP.

Part Two Culture and Customs

1. History

The Etruscans（伊特鲁里亚人）were the first people to rule the Italy Peninsula, arriving somewhere between the 12th and 8th century BC. The ancient Greeks set up a few colonies along the southern coast and developed into independent city states. They were eventually subsumed（征服）within the mighty Roman Empire（罗马帝国）. Thus the greater glory that was Rome was itself the offspring（产物）of Etruscan and Greek cultures. The first Roman Republic was founded in 509 BC. The Republic's defeat of Carthage（迦太基）and Hellenic（希腊）Macedonia（马其顿）cleared the way for ultimate（最终）expansion into Spain, Britain, North Africa and present-day Iraq. The empire grew so large ; it was eventually divided into eastern and western sectors. The western arm of the empire was undone by plague（瘟疫）, famine and tribal incursions from the north, and was officially declared null（终结）in 476.

Successive waves of Lombards（伦巴底人）, Franks（弗兰克斯人）, Saracens（撒拉逊人）, Germans and Normans（诺曼底人）invaded the peninsula and claimed in various degrees the lost title of empire and emperor, culminating in Frankish Charlemagne's（查理曼大帝）crowning as emperor in 800. Many small principalities（公国）flourished in the late Middle Ages.

First Spain and then Austria controlled the peninsula for centuries, followed briefly by Napoleon's imperial flourish. The post-Napoleon shake-up led directly to the drive for unification of the 19th century, led by Garibaldi（加里波第）, Cavour（加富尔）and Mazzini（玛志尼）. The Kingdom of Italy was declared in 1861. The annexation（兼并）of Venetia（威尼西亚）in 1866 and of papal Rome（罗马教皇国）in 1870 marked the complete unification of peninsular Italy into one nation under a constitutional monarchy（君主立宪）.

2. Arts

Dubbed（号称）the world's "living art gallery", Italy has more culture than you can shake a paintbrush（画笔）at. In fact it's fair to say that if something can be painted, played, eaten, sang, sculpted or written about, the Italian's had a hand in elevating（提升）its appreciation to the highest art form. The world has much to thank the Italians for. Writers from Virgil（维吉尔）, Ovid（奥维德）, Horace（贺瑞斯）, Livy（李维）and Cicero（西塞罗）to Dante（但丁）, Petrarch（彼特拉克）, Boccaccio（薄伽丘）all sprang from Italian icons. Modern literary Italian appeared in the 13th and 14th centuries, developing out of its Latin heritage. The Italians invented both the piano and the system of musical notation.

3. Education

Italy has a well developed education system with very high rates of high school and secondary completion. Preschool and school education has a similar structure across Italy. School education generally lasts for 13 years. Italy's school curriculum caters（满足）for a wide range of student skills and interests. Drama, music, art, debating and public speaking skills, along with team and individual sports activities, are all enhanced through interschool collaboration and competition. The progressive developments in Italy's vocational education and training system are generating considerable international interest. Italy has many higher education institutions with an international reputation for excellence in teaching and research.

4. Festivals

Multiculturalism（多元文化）is Italy's main social policy. with the population from different cultural, linguistic（语言）and religious backgrounds, festival events pepper（布满）the Italian calendar. Christmas Day is generally a sacred holiday, celebrated with religious services in the churches and quiet family gatherings in the homes. The pre-Easter Carnival（狂欢节）is closely associated with Venice；Holy Week Easter processions are especially flamboyant（华丽）at Taranto（塔兰托）and Sicily. Italian's arts festivals attract culture vultures（爱好者）from all over Italy to see mainstream and fringe drama, dance, music and visual arts.

5. Cuisine

Italian food is very popular throughout the world. Pasta（面食）comes in a wide variety of shapes and sizes, and is served with many different types of sauce. Pizza（比萨饼）also comes in different varieties. With both pasta sauces and pizza, the basic ingredients are tomatoes, herbs and cheese. Rice, vegetables and a wide range of meats are also part of the Italian cuisine；seafood is popular. Italian desserts and Italian-style cappuccino（意式泡沫咖啡）are also popular in many countries. Italy is well-known for its ice cream which is available in many different flavors. Italy is not only the largest producer of wines, but above all a producer of great wines. Its climate, soil and very old traditions of viticulture（葡萄栽培）make Italy a natural wine growing nation. Italy also has excellent beers and a great variety of effervescent（冒泡）mineral waters. It seems that the Italians were the first in Europe to use a fork and the first to consider both the order of courses and the relationship of the dishes served.

The main characteristic of Italian cooking is its healthy balance, the excellent basic ingredients being simply cooked and retaining their original goodness and freshness. Italian breakfast is usually quite light：cappuccino and a brioche（奶油蛋糕）. Lunch is the big meal except in the industrialized cities. It consists of antipasto（开胃食品）, a prime plate, a second plate with vegetable or salad, then fresh fruit. Dinner is similar to lunch. Nowadays there is a tendency of having a light lunch, then dinner becomes the major meal.

6. Etiquettes

The social structure is heavily influenced by the Roman Catholic Church and family ties are stronger than in most other countries in Western Europe. Normal social courtesies（礼仪）should be observed. Smoking is prohibited in some public buildings, transport and cinemas.

Most travelers will feel seriously under dressed in Italy. Italian women seem to go to the hairdressers every two weeks and wear the skinniest（紧身）pants and high heeled（高跟鞋）, knee-high boots and short skirts. The impracticalities of this kind of dress for travelers are obvious. The best thing to do is bring one set of formal clothes to wear out for more dressy occasions. Conservative clothes are expected when visiting religious buildings and smaller, traditional communities. Some churches will refuse entry to people in shorts or short skirts and with bare shoulders. In the south it is a little more conservative so women should not wear skimpy or see through clothing.

Part Three Tourism Attractions

1. Rome（罗马）

Rome is an eternal city which exerts（散发）the most fascination. Few cities have such a long and turbulent history as Rome. No other city has been the focal point of the world for such a long period. Rome's history is tightly connected to the history of Europe. Not just the Roman emperors, but also medieval（中世纪）emperors and kings like Charlemagne（查理曼大帝）

or Otto I（奥托一世）saw Rome as the true seat of power. They challenged the new rulers, the popes（罗马教皇）, for the supreme power. Both emperor and pope claimed to be true inheritors of the Roman Empire and the true representative of God.

The Vatican（梵蒂冈）Museums boast one of the world's greatest art collections. They're a gigantic repository（宝库）of treasures from antiquity and the Renaissance（文艺复兴）; all housed in a labyrinthine（迷宫）series of lavishly（豪华）adorned palaces, apartments and galleries. It occupies a part of the papal palaces built from the 1200s onward. From the former papal private apartments, the museums were created over a period of time to display the vast treasure trove（收藏）of art acquired by the Vatican. The Villa Giulia（朱利亚庄园）National Museum was founded in 1889 with the aim of collecting together all the pre-Roman antiquities of southern Etruria（埃特鲁里亚）and Umbria（翁布里亚）.

The Colosseo（斗兽场）was started in 72 AD by Nero（尼禄）and it was inaugurated by his son Titus（提图斯）in 80 AD. The massive structure could seat more than 50,000, and the bloody gladiator（角斗士）combat and wild beast shows held there. The splendid games held at the inauguration of the Colosseo lasted for 100 days and nights, during which some 5,000 animals were slaughtered（搏杀）. Trajan（图拉真）once held games which lasted for 117 days, during which some 9,000 gladiators（角斗士）fought to the death. With the fall of the Empire, the Colosseo was abandoned and gradually became overgrown. Exotic plants grew there for centuries; seeds had been transported from Africa and Asia with the wild beasts that appeared in the arena. In the middle Ages the Colosseo became a fortress occupied by two of the city's warrior families. Its reputation as a symbol of Rome also dates to the Middle Ages, with Bede（比德）writing, "While the Colosseo stands, Rome shall stand; but when the Colosseo falls, Rome shall fall and when Rome falls, the world will end".

2. Milan（米兰）

The hard-working Milanese run their busy metropolis with efficiency and aplomb（沉稳）. Milan is the country's economic engine room, home to Italy's stock market and business centers. This stylish city is also the world's design capital and rivals Paris as a leading fashion centre.

Milan is a sprawling（伸展）metropolis, but most of its attractions are concentrated in its centre. Its hub is the Duomo（杜奥莫教堂）, a fantastic Gothic confection（作品）topped by the Madonna（圣母像）, Milan's protectress（保护女神）. Not far away is La Scala（斯卡

拉剧院）, one of the world's great opera houses.

Moreover, Milan is a lively city, with several pubs, discos and nightclubs. Being a fashion capital, you might run into a top model or designer. Look for many famous designer labels and items such as shoes, camelhair（驼毛）blankets and leather goods in the boutiques（时装店）.

3. Turin（都灵）

Turin owns a huge heritage represented by cultural institutions that operate in the most diverse fields of knowledge. Home of a renowned university, especially famous for its studies in history, economics and sciences, Turin also houses a number of cultural institutions of international repute thanks to their splendid libraries, collections of rare and ancient books and priceless documents, as well as the organization of numerous prestigious activities.

Turin today is a dynamic reality engaged in a modernization process unrivalled in Italy. Although it is internationally renowned as an industrial city, Turin is oriented towards the new high-tech of advanced research. Turin is also the capital of the motor car industry. In the rooms of the National Motor Car Museum, it is possible to follow the evolution of the motor car, from the earliest steam-powered vehicles to the modern mass production models, from successful racing cars to the latest products of ecological research. The former Lingotto（林戈托）car factory has been converted to a complex with modern services, cultural venues and a hotel. The old steel and iron industrial area is being transformed into Europe's first environmental technological park. The Turin Polytechnic（都灵理工大学）is being doubled in size to cover 13 hectares, and has benefited from a major injection of funds into its research and training activities.

4. Venice（威尼斯）

Venice, Queen of the Adriatic（亚得里亚海女王）, is a captivating city of canals and palaces. Founded in the 5th century, Venice attained a peak of power and prosperity in the 15th and 16th century. For 400 years the powerful maritime city was the unrivaled mistress（主角）of trade between Europe and the Orient and the bulwark（防波堤）of Christendom（基督教国家）against the tides of Turkish（突厥人）expansion. But after the 16th century the tide changed. The Ottoman Empire（奥斯曼帝国）blocked Venice's Mediterranean trade routes, and newly emerging sea powers such as Britain and the Netherlands（荷兰）broke Venice's monopoly by opening oceanic trading routes. Like its steadily dwindling fortunes, Venice's art and culture began a prolonged decline, leaving only the splendid monuments to recall a fabled past.

Entirely built on water by men who dared defy（挑战）the sea, Venice is unlike any other town. No matter how many times people have seen it in movies or TV commercials, the real thing is more surreal and dreamlike than people ever imagined. Its landmarks, the Basilica di San Marco（圣马可教堂）and the Palazzo Ducale（道奇宫）, are exotic melanges（融合）of Byzantine（拜占庭）, Gothic（哥特）and Renaissance styles, rising like mirages from the lagoon（礁湖）. People must walk by water everywhere in Venice. Occasionally, from fall to spring, people have to walk in water, when extraordinarily high tides invade the lower parts of the city, flooding Piazza San Marco（圣马可广场）for a few hours.

5. Florence（佛罗伦萨）

Florence, the capital of the region of Tuscany（托斯坎那）on Italy's northwest coast, is one of the most beautiful cities in the world. It is the Renaissance capital of the world, with famous sons like Dante（但丁）, Machiavelli（马基雅维利）and Michelangelo（米开朗基罗）. The cultural and historical impact of Florence is overwhelming（深远）. Florence is a city of incomparable pleasure concerning striking buildings, formidable（巨大）galleries and treasure crammed（塞满）churches.

The Bargello Museum（巴杰罗美术馆）contains the most comprehensive range of medieval and Renaissance sculpture in Italy. The Bargello's heavily fortified exterior is a reminder（痕迹）of the building's former life as police headquarters and prison where many people were tortured（拷打）in medieval times. The Pitti Palace（皮蒂宫）was a huge and imposing building, and a treasure house of the Medici（梅第斯）family's massive art collection including works by Raphael（拉斐尔）and Rubens（鲁宾斯）, all hung in lavishly decorated rooms. The palace also houses a gallery of modern art and a costume（服装）collection. Surrounding the rear of the Pitti Palace are some of Florence's most precious and breathtaking parks. The Boboli（波波里）Gardens is a perfect example of formal Renaissance landscaping, including pools, fountains（喷泉）, geometric borders, tree-lined vistas（景观）, a grotto（洞穴）and the star-shaped Fort Belvedere（望景楼）. The Uffizi Galleries（乌菲齐艺术馆）is one of the best art museums in the world. The world famous Duomo（杜奥莫教堂）with skyscraping dome and the marble clad（覆盖）baptistery（洗礼池）are simply stupendous（宏伟）.

6. Naples（那布勒斯）

The Naples's commercial and cultural history has always been strictly connected with the importance of its port. Strategically located, Naples has been coveted（觊觎）ever since it was established as a Greek colony around 600 BC. Conquered by the Romans in 327 BC, it became a favorite residence of emperors and literary personages（名人）, including Virgil（维吉尔）and Nero（尼禄）. A Byzantine dukedom（公爵领地）in the 7th century and later subject（臣属）to Norman Sicily, Naples reached the zenith（顶峰）of its medieval prosperity when Charles Ⅰ（查理一世）made it his capital in 1266. Charles enlarged the city and embellished（美化）it with palaces and churches. The city was controlled by the Spanish Habsburgs（哈布斯堡王朝）, followed by the Bourbons（波旁王朝）and Bonapartes（波拿巴王朝）. Finally it became part of the unified Italian nation in 1860. Naples now has a large traffic of passengers and merchandise, such as petroleum, carbon and cereals（谷物）. Naples' historic centre features a church-encrusted plazza and some seriously elaborate（精巧）architecture.

Vesuvius（维苏威）is probably the most famous volcano on the Earth, and certainly one of the most dangerous. It is easy to reach the volcano by car for a visit at the crater（火山坑）. Vesuvius is also notable for having produced the first eruption in AD 79, which destroyed Pompeii（庞贝城）. About 10 feet of tephra（火山灰）fell on Pompeii, burying everything except the roofs of some buildings. The city was abandoned and its location forgotten. In 1595, excavations（发掘）discovered artifacts at Pompeii and centuries of pillaging（破坏）followed. Archaeological（考古）excavations began in the mid-nineteenth century.

Part Four MICE Industry

1. FieraMilano（米兰会展中心）

The FieraMilano is a large trade fair and conference located in the town of Rho（罗镇）. Founded in 1906, as host for a World's fair, and in time for the opening of the Simplon Tunnel（辛普龙隧道）, FieraMilano currently operates two separate grounds in the city：the Current Fair Area and the Parco Sempione（帕科 · 圣匹沃内公园）.

The old Trade Fair has been the pole Fieramilano city（博览城）, located in the northwest of the town of Milan. Fieramilano the pole is located in an area on the border between the towns of Rho and Pero, and is served by two metro line. The historic area was demolished in 2007 for giving way to urban regeneration project.

The new FieraMilano exhibition centre is one of the leading centres in the world for the quality of the spaces, technology, logistics and size. With 345,000 square meters covered area and 60,000 square meters of outdoor space, plus 85,000 square meters for the conference center, it is among the largest trade fair grounds in Europe, second only to the Hanover fairgroud. The vicinity（附近）and the interior of the complex was the site of Expo 2015.

2. Turin Exhibition Centre（都灵展览中心）

The Turin Exhibition Centre is an exhibition hall and convention centre in Turin, which was completed in 1949.

The facility was converted into a temporary ice rink（溜冰场）to host a number of ice hockey（冰上曲棍球）at the 2006 Winter Olympics, by laying a sand base and refrigeration（制冷）pipes into the base. The temporary arena holds 4, 320 people. After the Olympics were complete, the arena returned to hosting fairs and exhibitions.

3. Genoa Expo 1992（1992 热那亚世博会）

The International Exhibition Genoa 1992 took place from 15 May to 15 August, 1992. The theme was "Christopher Columbus, the Ship and the Sea" , and the Expo has been released for the 500 years of the sailing to America by the Genoese（热那亚人）sailor Columbus（哥伦布）. It was a specialized Exhibition with 54 countries represented. Total visitors were 1,694,800.

4. 1960 Summer Olympics（1960 夏奥会）

The 1960 Summer Olympics was held from 25 August to 11 September, 1960 in Rome. Rome had been awarded the organization of the 1908 Summer Olympics, but after the 1906 eruption（喷发）of Mount Vesuvius, was forced to decline（取消）and pass the honors to London.

On 15 June, 1955, at the 50th IOC Session in Paris, Rome beat out Lausanne（洛桑）, Detroit（底特律）, Budapest（布达佩斯）, Brussels（布鲁塞尔）, Mexico City and Tokyo for the rights to the Games.

5. Milan Fashion Week（米兰时装周）

Milan Fashion Week is held semi-annually（半年）in Milan. Spring/Summer event held in February-March of each year, and Autumn/Winter event held in September-October of each year. Established in 1958, it is part of the Big 4 fashion weeks internationally.

The Milan Fashion Week is owned by the National Chamber for Italian Fashion, a non profit association which disciplines（规范）, co-ordinates and promotes the development of Italian Fashion and is responsible for hosting the fashion events and shows of Milan.

The events dedicated（专门）to women's fashion are the most important. The events dedicated to men include Menswear and Milano Moda Uomo（米兰男装周）.

6. International Furniture Fair of Milan（米兰国际家具展）

The International Furniture Fair of Milan is the largest decoration trade fair in the world. The annual show showcases the latest in furniture and design from international sources. It is considered by interior designers（室内设计师）as a leading exposition for the display of new products by furniture manufacturers, designers, lighting concepts and other design items.

The Fair was launched in 1961, with the original focus being Italian furniture. The original sponsors were furniture manufacturers. The trade show grew in size over the years, allowing many of the 13,000 companies which comprised the global furniture industry to showcase their wares in a single event.

The current show occupies an area of nearly 230,000 square meters, and includes 2,500 companies, along with 700 young designers at the Salone Satellite（卫星沙龙）, a secondary exhibit. The show is held every year, usually in April, in the FieraMilano complex. Its annual visitation numbers 270,000 with attendees from over 150 countries worldwide.

7. Machine Tool World Exposition（国际机械工具展）

Machine Tool World Exposition, or EMO, is a biannual（双年）European trade show for the metal working industry. It occurs every odd-numbered year, with a cycle that first at the Hanover（汉诺威）fairground for 2 shows, then the FieraMilano（米兰）exhibition center for 1 show.

The show covers the spectrum of metalworking technologies, such as cutting, splitting, milling, forming machine tools, manufacturing systems, precision tools, automated material flow, computer technology, industrial electronics and accessories.

An agreement with the Association of Manufacturing Technology, which organizes the US-based International Manufacturing Technology Show（IMTS）, coordinates the IMTS and the EMO such that every even-numbered year the IMTS is held in Chicago, and every odd-numbered year the EMO is held in Europe.

8. Milan Motorcycle Show（米兰汽车展）

Milan Motorcycle Show is an annual trade show in Milan featuring motorcycles(摩托车). The 2008 show drew over half a million visitors. The show is frequently used by manufacturers to debut（首发）new models.

9. Turin International Book Fair（都灵国际图书展）

The Turin International Book Fair is Italy's largest trade fair for books, held annually in mid-May. Founded in 1988 as book showroom, it is claimed to be one of the largest book fairs in the world, along with Frankfurt Book Fair, involving more than 1,400 exhibitors and 300,000 visitors by year.

10. Genoa International Boat Show（热那亚国际船展）

The Genoa International Boat Show is one of the world's premier（最早）boat shows, held annually during the month of October. Since its inception（创始）, the shows were officially opened by Italian government ministers of Econnomy and Finance, Infrastructures and Transports respectively. Next to the BOOT Dusseldorf（杜塞尔多夫）trade fair, the Genoa International Boat Show is regarded as one of the world's largest boat shows.

Owing the popularity of nautical（航海）tourism along the Riviera（里维埃拉）, as well as Genoa's history as a city for the ship and yacht building industry, the first International Boat Show was opened on January 27，1962. Over the years, the Boat show grew mainly by an increasing number of exhibitors and professional organisations attending the show, and with the 46th International Boat Show in 2006, the marina（船坞）underwent one of its most substantial（大量）extensions. In 2009 the new 20,000 square meters Pavilion B was opened. The exhibition area comprises both on land and in water shows, with 100,000 square meters of water basin surface and more than 200,000 square meters of pavilions and outdoor areas. In 2009, 1450 exhibitors, 37% of which from abroad, with many of the world's major marine manufacturer and boat builder, exhibited a total of over 2,400 sailing boats, luxury yachts（豪华游艇）, motor yachts（摩托艇）, catamarans（高速双体船）, sailboats and maxi yachts（超级帆船）. The spectrum（范围）of industries includes all types of vessels, ship components, accessories, motors and electronics as well as water sports equipment, yacht leasing（租赁）and financing（融资）.

The exhibition is accompanied by various seminars, lectures and discussion sessions with leading industry experts, government representatives and opinion leaders. Topics discussed include yacht brokerage（经纪）, yacht charter（包租）, yacht transport and yacht delivery（转让）within the Mediterranean and worldwide.

11. Venice Biennale（威尼斯双年展）

The Venice Biennale is a major contemporary art exhibition that takes place once every odd years, currently held in the Biennale Gardens. The Venice Film Festival is part of it, as is the Vinice Biennale of Architecture. A dance section named the International Festival of Contemporary Dance was established in 1999.

The first Biennale was held in 1895 ; during the first editions, decorative arts played an important role. The event became more and more international in the first decades of the 20th century. From 1907, several countries started installing national pavilions at the exhibition. After WWI, the Biennale showed increasing interest in innovative traditions in modern art. Between the two World Wars, many important modern artists had their work exhibited there.

The Venice Film Festival is the oldest film festival in the world. Founded by Giuseppe Volpi（朱塞佩·沃尔皮）in 1932, the festival has since taken place every year in late August or early September on the island of the Lido（丽都）of Venice. Screenings take place in the historic Palazzo del Cinema（电影宫）. It is one of the world's most prestigious film festivals. The festival's principal awards are the Golden Lion（金狮）, which is awarded to the best film screened at the festival, and the Volpi Cup（沃尔皮杯）, which is awarded to the best actor and actress. The Golden Osellas（金奥撒拉奖）are awarded to directors, cinematographers（摄影师）, screenwriters（剧作家）, composers and for outstanding technical contributions.

12. Ravello Festival（拉维罗音乐节）

The Ravello Festival is an annual summer festival of music and the arts, held in the town of Ravello on the Amalfi（阿马尔菲）coast in the Campania（坎帕尼亚）region.

Although the original emphasis during the festival was on Wagner's（瓦格纳）music, the event has since grown into an almost two-month-long presentation of a wide variety of music, featuring large orchestras, chamber groups, jazz, art shows, dance, photographic exhibits, discussion groups and a chance to meet and talk with the featured artists, many of whom are of world renown.

拓展阅读 搜索

意大利对导游监管严格

旅游业被意大利官方视为“唯一有较强优势和可持续性”的产业，每年创造了9%的国内生产总值以及10%的就业机会。为促进旅游产业，意大利官方采取一系列措施，其中包括对导游进行严格监管。

在意大利，对导游的监管由地方省政府负责。各省根据所属大区的相关法规制定监管方案，各自组织导游资格考试。考生通常要具备高中以上学历、已完成导游专业培训并通晓一门以上外语。导游资格考试一般分为笔试和口试两部分。笔试采取多选题形式，内容涉及历史、艺术和建筑等，口试涉及内容更广，涵盖政策法规、地理环境和外语能力等方面。导游资格考试几乎没有可即兴发挥的主观题，这就要求考生事先进行全面、系统的考前准备。考生中往往有许多相关专业的大学毕业生，这有利于选拔优秀的导游，以提高讲解的专业性。许多意大利导游知识储备的广度和深度令人惊讶。

意大利导游大多为个体经营者，一个导游通常挂靠多家旅行社，带团时每天有固定津贴，也可以通过赚取小费和商店提成增加收入。为了杜绝“黑导游”，各省官方网页上都公布了省内所有具有导游资质的从业者名单及联系方式，方便选择游客与正规导游直接联系，避免被黑导游蒙骗。原则上讲，小费金额和是否到商店购物等完全由游客自行决定。旅行社对游客的反馈意见极其重视。如果导游遭到游客投诉，以后将失去与旅行社合作的机会。如果导游想对游客动什么歪脑筋，那就意味着自毁前途。导游想要与旅行社长久合作，必须保证游客满意。同时，赢得游客的认可和信任，导游也可赚取更多的小费，从商店获得的购物提成也可能因此倍增。

——资料来源：史克栋等，《意大利提振旅游业从导游抓起》，《人民日报》。

复习与思考

一、名词解释

斗兽场　米兰时装　AC米兰　威尼斯电影节　文艺复兴　比萨斜塔　热那亚船展　法拉利汽车　维苏威火山　米兰会展中心　米兰家具展

二、简答题

1. 简述意大利的文艺复兴运动。
2. 为何说罗马是“永恒之城”？
3. 简述意大利的旅游资源。
4. 简述意大利的会展产业概况。

三、实践与训练

1. 调研马可·波罗是否来过中国，他到过哪些地方。
2. 讨论中意两国加强会展旅游合作的意义与可行性。

Section 12 France

【导读】法国地处西欧，北部低平，中部高原，东南部山地，罗纳河、塞纳河、卢瓦尔河纵横其间。法国人优雅浪漫，名人辈出，如思想之王伏尔泰，军事家拿破仑，剧作家莫里哀，哲学家卢梭，大文豪雨果，科幻之父儒勒·凡尔纳，现代奥林匹克之父顾拜旦，建筑设计师埃菲尔。美食、咖啡、香槟、时装、香水饮誉全球，空客、核电、高铁、家乐福为知名品牌，工农业发达，吸引国外游客最多，巴黎为时尚之都，曾举办多届世博会，埃菲尔铁塔、凯旋门、卢浮宫、圣母院、凡尔赛宫为地标建筑，戛纳电影节，尼斯度假天堂，洛林热气球节，普罗旺斯薰衣草，波尔多葡萄酒，为经典体验项目。

Part One Basic Information

1. Overview

France, or the Republic of France, is the third largest European nation after Russia and Ukraine（乌克兰）. Metropolitan France extends from the Mediterranean Sea to the North Sea, and from the Rhine River（莱茵河）to the Atlantic Ocean. It has a surface area of 643,801 square kilometers and shares borders with United Kingdom, Belgium（比利时）, Luxembourg（卢森堡）, Germany, Switzerland（瑞士）, Italy, Monaco（摩纳哥）, Andorra（安道尔）and Spain. Due to its numerous overseas islands and territories scattered on all oceans of the planet, France possesses the second-largest exclusive economic zone in the world just behind the United States. The French Republic shares land borders overseas with Brazil, Suriname（苏里南）. Its population is more than 67 million.

2. Geography

France possesses a large variety of landscapes, ranging from coastal plains in the north and west to the Pyrenees（比利牛斯）Mountain ranges in the south and the Alps（阿尔卑斯山）in the south-east. The French Alps include Mont Blanc（勃朗峰）which is 4,800 meters. The most spectacular of France's ancient ranges is the Massif Central（中央高原）, a huge region in the middle of France that covers one-sixth of the country. Over 3,200 kilometers of coastline ranges from the chalk（白垩）cliffs of Normandy（诺曼底）and the promontories（海岬）of Brittany（不列塔尼）to the fine-sand beaches along the Atlantic. The southeastern Mediterranean coast tends to have pebbly（卵石）, rocky beaches. The Loire（卢瓦尔河）, the country's longest river, runs 1020 kilometers from the Massif Central to the Atlantic. The Seine（塞纳河）, Rhône（罗讷河）, Garonne（加伦河）and Rhine are France's other major waterways, draining the plains and funneling huge mountain run-offs.

Forests, mostly beech（榉）, oak（橡）and pine, cover roughly one-fifth of the country. These wooded areas as well as vast wetlands, support the bulk of the country's mammals and birds. Unfortunately, due to agricultural overkill, pollution and urbanization, many fragile species now face extinction（灭绝）.

3. Climate

The best time to visit France is from April to October, though August can be a bit hot and cities tend to empty out and close down as everyone heads to the coast. Day temperatures range from the mid 23℃ ~37 ℃ , with nights in the 10 ℃ ~27 ℃ . Temperatures generally increase as go south ; the extreme south is 6℃ warmer on average. The winters are cold, wet and sometimes snowy, especially in the mountains, and there is excellent skiing in the Alpine region. The Riviera（里维埃拉）is moderate during the winter, but it's really too cold for swimming.

4. Politics

Since the French Revolution, France became a representative democracy. The constitution of the Fifth Republic was approved by public referendum（公投）on 28 September, 1958. The national government of France is divided into an executive branch, a legislative branch and a judiciary branch.

The National Assembly（国民大会）is the principal legislative body. Its deputies（代表）are directly elected to 5-year terms, and all seats are voted on in each election. The Assembly has the power to dismiss（解散）the cabinet, and the majority in the Assembly determines the choice of government. Senators（参议员）are chosen by an electoral college for 6-year terms, and one half of them are renewed every 3 years. The Senate's legislative powers are limited ; the National Assembly has the last word in the event of a disagreement between the two houses.

The government has a strong influence in shaping the agenda（议程）of Parliament. The president is elected directly for a 5-year term. The president names the prime minister, presides over the cabinet, commands the armed forces and concludes treaties（条约）. But most of the formal power resides（属于）in the Prime Minister.

The independent judiciary is divided into the judicial branch dealing with civil and criminal law and the administrative branch dealing with recourses against executive decisions, each with their own independent supreme court.

France has 18 regions：13 of these are in the continental part of metropolitan France（法国本土）, one is on the Corsica（科西嘉）Island and 5 are overseas. The regions are further subdivided into 101 departments. The departments are numbered and this number is used in postal codes and vehicle number plates. The departments are further subdivided into 335 arrondissements（郡）.

5. Economy

A member of the G7 group of leading industrialized countries, France is ranked as the world's tenth largest and the EU's second largest economy by purchasing power parity. With 39 of the 500 biggest companies in the world in 2010, France ranks fourth in the Fortune Global 500, ahead of Germany and the UK.France has a mixed economy which combines extensive private enterprise with substantial state enterprise and government intervention. The government retains considerable influence over key segments of infrastructure sectors, with majority ownership of railway, electricity, aircraft, nuclear power and telecommunications. It has been relaxing its control over these sectors since the early 1990s. The government is slowly corporatising the state sector and selling off holdings in France Telecom, Air France, as well as in the insurance, banking, and defense industries.

It has substantial agricultural resources, a large industrial base, and a highly skilled workforces. France has been very successful in developing dynamic telecommunications, aerospace（航天）and weapons sectors. Paris, Lyons（里昂）, Marseilles（马赛）and Nice（尼斯）are the mainly important industrial cities. France has an important aerospace industry led by Airbus（空客）and is the only European power to have its own national spaceport（太空站）. France is also the most energy independent Western country due to heavy investment in nuclear energy.

Large tracts（地域）of fertile land, the application of modern technology, and EU subsidies（津贴）have combined to make France the leading agricultural producer in Europe, accounting for about one-third of all agricultural land within the EU. France is the second-largest agricultural exporter, after the United States. Northern France is characterized by large wheat farms. Dairy（牛乳）products, pork, poultry（家禽）and apple production are concentrated in the western region. Beef production is located in central France, while the production of fruits, vegetables and wine ranges from central to southern France. France is among the foremost（一流）producers of wine in the world. The best known vineyards（葡萄园）are in Burgundy（勃艮第）, Champagne（香槟）, Loire valleys（卢瓦河谷）and the Bordeaux（波尔多）region.

According to the World Trade Organization, in 2009 France was the sixth largest exporter and the fourth largest importer of manufactured goods. In the world Financial services, banking and the insurance sector are an important part of the economy. French companies have maintained key positions in the insurance and banking industries: AXA is the world's largest insurance company.

France is ranked as the first tourist destination in the world. It features cities of high cultural interest, beaches and seaside resorts, ski resorts, and rural regions that many enjoy for their beauty and tranquility（宁静）. Tourism is a significant contributor to the French economy.

Part Two Culture and Customs

1. History

Humans have inhabited France for about 90,000 years. The Celtic Gauls（凯尔特高卢人）arrived between 1500 BC and 500 BC. Gauls lost the territory to Julius Caesar（尤利乌斯恺撒大帝）in 52 BC. By the 2nd century AD the region had been partly Christianized（基督教化）. In the 5th century the Franks（法兰克人）and other Germanic（日耳曼人）groups overran（征服）the country. The foundation of France is traditionally dated 496 AD. In reality, the legal founding of France is 843 AD, date of the *Treaty of Verdun*（《凡尔登条约》）.

The Middle Ages were marked by a succession of power struggles between warring Frankish dynasties. The Capetian Dynasty（卡佩王朝）was a time of prosperity and scholarly revivalism（复兴）despite continued battles with England over feudal（领地）rights. During this period, France was also embroiled（卷入）in the Crusades（十字军）. The Capetian Dynasty waned（衰落）by the early 15th century as France continued to fight England in the Hundred Years' War（百年战争）from 1337 to 1453. Religious and political persecution（迫害）, continued to threaten France's stability during the 16th century. In 1572, some 3,000 Protestant Huguenots（胡格诺新教徒）were slaughtered（屠杀）in Paris.

Louis XIV（路易十四）, or the Sun King, ascended the throne in 1643 at the age of five and ruled until 1715. Throughout his reign, he hounded（捕杀）the Protestant minority, quashed the feuding aristocracy（世袭贵族）and created the first centralized French state.

But as the 18th century progressed, the old order was weakened by the Enlightenment Movement（启蒙运动）. On July 14，1789, a Parisian mob（暴动）seized weapons and stormed the Bastille prison（巴士底狱）. The radical Jacobins（雅各宾派）established the First Republic in 1792. Napoleon Bonaparte（拿破仑·波拿巴）seized control of the republic in 1799. His armies engaged in several wars across Europe, conquered（征服）many countries and established new kingdoms with Napoleon's family members at the helm（执政）. Following his defeat in 1815, the French monarchy was re-established, which was then abolished and followed by a Second Republic（第二共和国）in 1848. After the Second Republic ended, Louis Bonaparte（路易·波拿巴）was elected President and proclaimed（宣称）a Second Empire in 1852. Less ambitious than his uncle, the second Napoleon was also unseated（下台）, and republican rule returned for a third time in 1870.

France's involvement in WWI came at high cost：over a million troops were killed, large parts of the country were devastated（毁坏）, industrial production dropped and the Franc（法郎）was seriously devalued（贬值）. The country fared（进展）little better during WWII, when it capitulated（投降）to Germany and the Vichy（维希） government was installed. General Charles de Gaulle（查尔斯·戴高乐）set up a government-in-exile（流亡政府）and underground resistance in London. France was liberated by Allied forces in mid 1944. De Gaulle returned to Paris and set up a provisional（临时）government known as the Fourth Republic, but resigned（辞职）as president in 1946. In 1958, De Gaulle returned to power and devised（设计）a semi-presidential democracy known as the Fifth Republic.

2. Culture

France has long been considered a center for European art and music. French Baroque（巴洛克）music was influential throughout the Continent in the 17th and 18th centuries. The country boasts a wide variety of indigenous folk musics, as well styles played by immigrant from Africa, Latin America and Asia. In the field of classical music, France has produced a number of legendary composers, while modern pop music has seen the rise of popular French rock, hip hop and pop performers.

By the middle of 19th century, Romanticism（浪漫主义）was evolving into new movements, both in fiction and poetry. Victor Hugo（雨果）is the key figure of French Romanticism. Marcel Proust（普鲁斯特）dominated the early 20th century literature. After WWII, Existentialism（存在主义）developed around Paul Sartre（萨特）and Albert Camus（加缪）, who stressed（强调）the importance of the writer's political engagement. By the late 1950s, younger writers began to look for new ways of organizing narrative（叙述）. The most successful directors of the 1980s and 1990s have produced original and visually striking films featuring unusual locations, bizarre stories and unique characters.

3. Languages

The official language is French. Several regional languages including Basque（巴斯克语）, Breton（不列塔尼语）, Caribbean Creole（克利奥尔语）, Catalan（加泰兰语）, Corsican（科西嘉语）, Dutch, Franco-Provencal dialects（普罗旺斯方言）, Gascon（加斯科涅方言）, Lorraine German dialect（洛林德语）are also occasionally understood and spoken, mostly by elderly people. But the French government and public school system discouraged the use of any of them until recently. The regional languages are now taught at some schools. English is unpopular in France because of the French's character. They think French is the most beautiful language in the world. Some languages spoken by immigrants are also frequently heard, especially in large cities : Portuguese, Arabic, several Berber（柏柏尔）languages, several languages of Sub-Saharan Africa（次撒哈拉非洲）, Turkish, several spoken variants of Chinese, Vietnamese（越南语）and Khmer（高棉语）are the most frequently heard.

4. Religions

Following from the 1789 Declaration of the *Rights of Man and of the Citizen*（《人权宣言》）, France guarantees freedom of religion as a constitutional right and the government generally respects this right in practice. A long history of violent conflict between religious groups led the state to break its ties to the Catholic Church early in the last century and adopt a strong commitment to maintaining a totally secular public sector. A 1905 law instituted the separation of Church and State（政教分离）and prohibited the government from recognizing or subsidizing（津贴）any religion. Religion is considered as private as possible, and it is considered offensively（冒犯）inquisitive（好奇）to enter religious discussions. Islam, mostly practiced by immigrants from former French colonies in Northern Africa and their descendants（后裔）, is now the second religion in France.

An ongoing problem is the lack of adequate prayer facilities for Muslim inhabitants.

5. Festivals

Most of France's population used to be Catholic, and this is reflected in the calendar of holidays. On All Saints Day（万圣节）or the following day All Souls Day（万灵节）, families lay flowers on the tombs of their deceased（已故）relatives.

On the eve of Christmas, most families with a Christian background have a long family dinner, where special or luxury dishes are often consumed. Gifts are then deposed under the Christmas tree, to be recovered on Christmas morning by children. Christians may attend the midnight mass. Cities, towns, villages and schools generally put out Christmas tree and other decorations in advanced. On the night before New Year's Day, many people have another dinner with friends in a festive atmosphere. The two dinners are generally collectively referred to as the "end-of-year festivities".

14 July is the National Day（国庆节）when cities hold fireworks during the night. It is also customary（惯例）that firefighters（消防员）organize dancing parties. Military parades are held in the moring of 14 July, the largest of which takes place on the Champs-Elysees（香榭丽舍大街）. On May 8 and November 11, the dead and wounded of the Second and First World War are respectively honored. Delegations lay wreaths（花圈）on the monuments to the dead of both wars.

Regional events include the glittering Cannes Film Festival（戛纳电影节）in mid May, the International Music Festival in Strasbourg（斯特拉斯堡）in first three weeks of June and the Jazz Festival in Nancy（南希）in middle of october. Rural villages hold fairs and fetes（节日）celebrating everything from local saints to agricultural progress.

6. Cuisine

For French people, cooking is part of culture ; and cooking and good foods are well appreciated. The French generally take a high pride in the cuisine of their country. Not only do basic cooking techniques require great skill, but they also demand a deep understanding of the ingredients themselves.

The French are predominantly（主要）Catholic and thus have no eating prohibitions（禁忌）. Moreover, the Gauls（高卢人）are not afraid to eat anything. Kidney（肾）, brain, sweetbreads（杂碎）, tripe（内脏）, blood sauces and sausages, sheep's foot, tongue and intestines（肠）are all common in French cooking and hold equal standing with the meat of lamb（羔羊）, beef, pork, poultry and game（野味）.

French cuisine is characterized by its extreme diversity as the Chinese and Indian cuisine. Each region of France have their own distinctive cuisine. France is known for its large ranges of wines and cheeses. Wine and cheese are an integral（必需）part of French cuisine. Traditionally, France has been a culture of wine consumption. Many French people drink wine daily. Beer is especially popular with the youth. Other popular alcoholic drinks include pastis（茴香酒）in the southeast or cider（苹果酒）in the northwest. The legal drinking age for most spirits is 16.

A normal complete meal consists of appetizers（开胃食品）, perhaps raw vegetables or salad, a main dish generally meat or fish with a side of vegetables, pasta（面食）, rice or fries, and some cheese and/or dessert.

7. Sports

The most played sport in France is Patanque（保龄球）. The leisured form of the sport is played by about 17 millions of persons in France. The most watched sports in France are football, basketball, rugby（橄榄球）, cycling and tennis. France is notable for holding the Football World Cup in 1998, for holding the annual cycling race Tour de France（环法自行车赛）and the tennis Grand Slam（大满贯网球赛）tournament or the French Open. Sport is encouraged in school, and local sports clubs receive financial support from the local governments. While football is definitely the most popular, rugby takes dominance in the southwest, especially around the city of Toulouse（图卢兹）. Table football is a very popular pastime（消遣）in bars and in homes, and the French are the predominant winners of worldwide table football competitions.

8. Lifestyle

At the beginning of the 20th century, France was a largely rural country with somewhat conservative Catholic mores（道德观）. However, in the course of the century, major changes have occurred : the countryside has become largely depopulated（无人区）, and the population has largely become de-Christianized（非基督教化）. This has led to important changes in social mores.

In the past, unmarried heterosexual（异性）couples in cohabitation（同居）were socially shunned（避免）. However, the social outlook（观点）on unmarried couples changed considerably since the 1960s, whereby cohabitation is now considered an accepted way of life, especially for young couples without children. Except in the minority of the population with strong religious feelings, marriage is usually postponed until children are born, or there is a clear advantage to marriage (for tax or work purposes) .

Marriage was performed as a two-stage process : first, a civil marriage performed at city hall, then a religious marriage at church. With the loss of the religion feeling, religious marriage is now often omitted, or is sometimes performed just out of tradition and social convention, especially with respect to families.

Part Three Tourism Attractions

1. Paris (巴黎)

Located in the north central part of France, Paris is the capital and most populous city. It is considered one of the most famous, magnificent and beautiful cities in the world. Paris, the art capital of Europe along with Rome, is home to numerous historical buildings and monuments. Paris may be the fashion capital of the world, but the Champs-Elysees Boulevard (香榭丽舍大道) is the fashion center of Paris by virtue (优点) of its exclusive and chic (别致) stores and hotels. It caters to the world's elite with its restaurants, art galleries, antique shops, night clubs, perfume stores and more.

Before the Place Charles de Gaulle (戴高乐广场) , lies the Arc de Triomphe (凯旋门) . Construction on the Arch began in 1806, restarted in 1825, and was not finished until 1836. It is built on the model of ancient Triumphal Arches with a monumental size : 50 meters tall and 45 meters wide. The four magnificent high reliefs (浮雕) are crowned by Rude's masterpiece (杰作) , "The Departure (出征) of the Volunteers in 1792" .

The Louvre Palace (卢浮宫) is the largest and most famous museum in the world. The building itself is 800 years old, and the rooms that house paintings and sculpture are amazing works of art in and of themselves, with ornate (绚丽) ceilings and rich decoration. The highlight is the *Mona Lisa* (《蒙娜丽莎》) painting by Leonardo da Vinci (达 · 芬奇) on the first floor. Divided into 7 departments, the Louvre collections incorporate (聚集) works dating from the birth of the great antique civilizations right up to the first half of the 19th century, thereby confirming its encyclopedic (百科全书式) vocation.

The Château de Versailles (凡尔赛宫) , built for Louis XIV (路易十四) in the middle of 17th century, is a large and elaborately decorated palace near Paris. Versailles was the political and administrative capital of the kingdom for 100 years starting from 6 May, 1682. *The Treaty of Versailles* (《凡尔赛条约》), which ending WWI, was signed there in 1919. Before the Revolution the royal estate of Versailles covered more than 8,000 hectares. Surrounded by a 43 kilometers long wall with twenty-two gates, it consists of three distinct areas : the gardens, the Small Park and the Great Park. The gardens and the Royal Avenue are adorned with over three hundred statues and busts in marble, bronze or lead, making them the most important outdoor Museum of sculptures in the world.

The Centre National Pompidou Centre (蓬皮杜中心) is dedicated to the diffusion (传播) of today's creation, in all its forms. Conveniently located in the heart of the capital, it is housed in a building designed by Piano and Rogers (罗杰斯) . The Centre Pompidou boasts one of the largest museums in the world, a large public library, theatres, cinemas and a musical research institute all in the same complex. Its multi-disciplinary (多学科) vocation is clearly reflected in the prestigious exhibits and events it houses.

2. Marseille (马赛)

Occupying twice the amount of land space as Paris on the shores of the Mediterranean (地中海) coast and with more than a million inhabitants, Marseille is the second largest city in France and France's premier port. As a crossroads of world traffic, it's been called France's New Orleans (新奥尔良) and Dumas (大仲马) called it "the meeting place of the entire world" . Marseille is an ancient city that never ceases to arouse passions. This colorful Mediterranean port has seen the arrival of Greek settlers, Roman conquerors, swashbuckling(强悍) sailors, religious crusaders (十字军) , tourists looking for sunny skies, soccer fans cheering on the local team and immigrants looking for a home in France's melting pot. Perhaps its most common association is with the national anthem (国歌) of France, *La Marseillaise* (《马赛进行曲》) .

Since the 1970s, thousands of North and sub-Saharan Africans have poured into Marseille, creating a lively medley (混杂) of races and creeds (信仰) . One quarter of the present population of Marseille is of North African descent (血统) . Its age-old problems remain, including a declining drug industry, smuggling (走私) , corruption, the Mafia (黑手党) and racial tension. Unemployment is on the rise. However, the city is experiencing somewhat of a renaissance, and because it is so easily reached by train from Paris, there is much hope for its future economy. The image of the city is changing profoundly (深刻) and Marseille now finds itself fashionable in fields such as cinema, theatre, music, sports, fashion, cruises (邮轮) and congresses. Without abandoning anything of its rich history, Marseille is now presenting a new face to the world as a new tourist venue in the Mediterranean. Sights include the Cathedral Museum of the Roman Docks. The old harbor is especially colorful.

3. Lyon（里昂）

Located at the confluence（汇合）of two graceful rivers of the Rhone-Alps region, Lyon is the third largest city in France. Founded more than 2,000 years ago, Lyon was an important crossroads between Northern Europe and the Mediterranean, the Atlantic and the Alps. The city's history is represented in a phenomenal display of Renaissance（文艺复兴）architecture. In addition to its visual treats, Lyon offers a thriving arts scene, a fine opera house, museums, monuments, fashion boutiques（精品店）and some of France's finest cuisine. Lyon was classed as a World Heritage City by UNESCO in December 1998.

One of the most charming districts in town is the Vieux Lyon（里昂老城）area which is home to the largest collection of Renaissance buildings in Europe. Its narrow winding streets are filled with street performers, cafes, pubs and the workshops of local artists, craftsmen and sculptors. The fascinating Museum of Gallo-Roman Civilization（高卢—罗马文化博物馆）which features Roman artifacts found in the Rhone Valley（罗纳河谷）. The larger of the two Roman amphitheatres（圆形剧场）next door to the museum is used for various cultural events including music concerts, both classical and modern.

The origins of Lyon's Municipal Library（里昂图书馆）go back to 1527. Acquisitions（收购）and donations have enhanced the collection over the centuries. The Library's written and graphic（绘画）collection ranks second behind that of the French national library. The 17-story stacks of the Municipal Library hold 2,148,000 documents dating from the 6th century to the present and covering a wide variety of subjects. Books claim the lion's share with more than 1,500,000 works. All other media are also available：CDs, videotapes, recorded texts, musical scores（乐谱）, CD-ROMs.

The beautiful St-Jean Cathedral（圣让教堂）was built between the late of 12th and 15th centuries on the remains of a fifth-century church. The crypt（地下室）provides the opportunity for visitors to see the foundations of the cathedral. The stone medallions（图案）and glass mosaics（嵌花）are worth a closer look. The cathedral has maintained a 12th century astronomical clock（天文钟）equipped with a surprisingly sophisticated（精确）system of automatons（自控）.

4. Nice（尼斯）

Nice is the capital of the Riviera（里维埃拉）, the largest city between Genoa and Marseille.

It's also one of the most ancient cities, having been founded by the Greeks, who called it Nike (胜利女神). The city has 300 days of sunshine a year. Because of its brilliant sunshine and relaxed living, it has attracted many artists and writers. Among them were Dumas (大仲马), Nietzsche (尼采), Flaubert (福楼拜) and Victor Hugo (雨果).

The Matisse (马蒂斯) Museum honors the great artist Matisse who spent the last years of his life in Nice ; he died here in 1954. The museum has several permanent collections, most painted in Nice and many donated by Matisse and his heirs(后嗣). These include Nude(裸体) in an Armchair with a Green Plant, Nymph (仙女) in the Forest, and a chronologically (时序) arranged series of paintings from 1890 to 1919. The most famous of these is Portrait(肖像) of Madame Matisse.

Part Four MICE Industry

1. Center of New Industries and Technologies (新工业技术中心)

The Center of New Industries and Technologies is a convention center, located in Puteaux (皮托区). Originally conceived as an exhibition center for the French machine tools industry, the building was inaugurated (揭幕) by General Charles de Gaulle on 12 September 1958.

Situated on the northern side of the La Defense Plaza, this is one of the most eye catching buildings in modern architecture, being constructed of reinforced concrete in an innovative double shelled design with internal ribs (肋柱). This building is notable for being the largest unsupported concrete span enclosed space in the world. Its triangular structure is supported on three points that are 218 meters apart. The centre of the roof is more than 46 meters above the ground.

2. Expo 1855 (1855 世博会)

The Expo 1855 was an international Exhibition held on the Champs-Elysees from 15 May to 15 November, 1855, under the reign (执政) of Emperor Napoleon Ⅲ (拿破仑三世). It followed London's Great Exhibition of 1851 and attempted to surpass (超越) that fair's the Crystal Palace (水晶宫) with its own Palais de l'Industrie (产业馆). The industrial and art exhibits shown on this occasion were considered superior to those of all previous exhibitions. For the exposition, Napoleon III requested a classification system for France's best Bordeaux wines which were to be on display for visitors from around the world.

According to its official report, 5,162,330 visitors attended the exposition, of which about 4.2 million entered the industrial exposition, and 0.9 million entered the Beaux Arts exposition. Expenses amounted to upward of $5,000,000, while receipts（收入）were scarcely one-tenth of that amount. The exposition covered 16 hectares with 34 countries participating.

3. Expo 1889（1889 年世博会）

The Expo 1889 was a World's Fair held in Paris from May 6 to October 31，1889. It was held during the year of the 100th anniversary of the storming of the Bastille（巴士底狱）, an event traditionally considered as the symbol for the beginning of the French Revolution. The fair included a reconstruction of the Bastille and its surrounding neighborhood. The 1889 Exposition covered a total area of 0.96 square kilometers. Transport around the Exposition was partly provided by a 3 kilometers and 600 millimetre gauge（轨距）railway. It was claimed that the railway carried 6,342,446 visitors in just six months of operation.

The main symbol of the Fair was the Eiffel Town（埃菲尔铁塔）, which was completed in 1889, and served as the entrance arch to the Fair. The tower was constructed of puddled iron（熟铁）, and was designed by Gustave Eiffel（居斯塔夫·埃菲尔）. The fair marked the first time that visitors were allowed to go onto the yet unfinished Eiffel Tower.

4. Expo 1900（1900 年世博会）

The Expo 1900 was a world's fair held in Paris to celebrate the achievements of the past century and to accelerate（加速）development into the next. The exhibition lasted from April 15 until November 12, 1900. More than 50 million people attended the exhibition；it turned a profit for the French government of 7,000,000 Francs. The fair included more than 76,000 exhibitors and covered 1.12 square kilometers. A number of Paris' most noted structures were built for the Exposition. The first line of the Paris Metro（巴黎地铁）also began operation to coincide（配合）with the Exposition.

Part of the Exposition was the Second Olympic Games, which were spread over five months from May 14 to October 28. No opening or closing ceremonies were held；over a thousand competitors took part in 19 different sports. The games also marked the first participation by female athletes and, in such sports as tennis, football, polo（水球）, rowing（赛艇）and tug-of-war（拔河）, teams were multinational.

5. 1924 Summer Olympics（1924 年夏奥会）

The 1924 Summer Olympics was celebrated in Paris. As the home city of Pierre de

Coubertin（顾拜旦）, founder of the modern games, Paris was selected over bids of Amsterdam（阿姆斯特丹）, Los Angeles, Rio Janeiro（里约热内卢）and Rome.

The cost of the Games of this Olympiad was estimated to be 10,000,000. With total receipts（进款）at 5,496,610₣, the Olympics resulted in a hefty（巨额）loss despite crowds that reached 60,000 people at a time.

6. Paris Fashion Week（巴黎时装周）

Paris Fashion Week is held semi-annually with Spring/Summer and Autumn/Winter event each year. Dates are determined by the French Fashion Federation. Currently, the Fashion Week is held in the Louvre Museum（卢浮宫）.

Paris Fashion Week is part of the Big 4 fashion weeks internationally. The schedule begins with New York, followed by London, and then Milan, and ending the events in Paris.

7. Paris International Agricultural Show（巴黎国际农博会）

Paris International Agricultural Show is one of the world's largest and most important agricultural show, drawing larger crowds than any other exposition in Paris except the Foire de Paris（巴黎世博会）. This annual fair takes place by the end of February or beginning of March at the Porte de Versailles. This event was first held in 1870.

8. Paris Air Show（巴黎航空展）

The Paris Air Show is an international trade fair for the aerospace business, held at Le Bourget（布尔歇）Airport, organised by the French aerospace industry's body GIFAS（法国航空航天工业集团）. It is one of the most prestigious（著名）in the world；traditionally, some major sales contracts are announced during the show as part of the corporate communication of the manufacturers. All major international manufacturers, as well as the military forces of several countries, attend the Paris Air Show. In addition to industrial visitors, during the closing days of the salon, the show welcomes a large number of public visitors from France and many other European countries.

The Paris Air Show traces its history back to the first decade of the 20th century. In 1908 there was a section of the Paris Automobile Show dedicated to aircraft, and from 1909 there was an Air Show, held at the Grand Palais. There were four further shows before WWI. The show re-started in 1919, and from 1924 they were held every two years. The shows were interrupted again by WWII, and they re-started again in 1946. Since 1949, they have been held in every odd-numbered year.

9. Cannes Film Festival（戛纳电影节）

The Cannes Film Festival, founded in 1946, is one of the world's oldest and most prestigious film festivals. The private festival is held annually in May in the resort town of Cannes.

Prior to the beginning of each event, the Festival's board of directors appoints the juries（评委）who hold sole responsibility for choosing which films will receive a Cannes award. Jurors are chosen from a wide range of international artists, based on their body of work and respect from their peers（同行）. The most prestigious award given out at Cannes is the Golden Palm（金棕榈奖）for the best film.

The festival has become an important showcase for European films. Along with other festivals such as Venice and Berlin, Cannes offers an opportunity to determine a particular country's image of its cinema and generally foster the notion that European cinema is art cinema.

拓展阅读 搜索

法国旅游业重视对外宣传推广

旅游业是法国支柱产业，法国政府对旅游的国际宣传推广不遗余力。

第一，重视国内旅游窗口的宣传服务。在法国，旅游者每到一地都会先找当地的旅游办公室。在那里，游客可以获取地图和信息手册，询问当地景点、食宿和交通等，工作人员微笑服务，有问必答，且分文不收。法国各地共有旅游办公室 3,600 多家，按所在市镇级别、开放时间、接待人数分为四个星级。法国旅游办公室每年免费向游客发放旅游信息手册 1.2 亿多本，其活动经费 56% 来自各级政府补贴，其余来自旅游企业赞助以及旅游纪念品销售收入等。近年来，法国政府致力于提升旅游办公室服务与管理的专业化，制定了全行业统一标准，以塑造整体形象。法国旅游办公室准确、周到的服务也得到世界旅游组织的高度赞誉。

第二，在全球设立旅游推介机构。文化是法国旅游业的王牌。为在激烈的国际旅游竞争中抢占先机，法国政府千方百计地挖掘文化旅游的潜力，在全球各地设立"法国文化中心"，广泛地宣传推广法国文化。法国旅游局非常看好蓬勃发展的中国旅游市场，1998 年在北京设立"法国之家"办事处，常年在中国宣传法国旅游业，并在中国多次举办"法国旅游产品推介会"，每次均有 50 家旅游企业组团来华，与北京、上海、广州等地旅游部门和旅游企业直接会面，他们通过多种途径与手段向中国媒体和旅行社推介多姿多彩的法兰西。

第三，通过国际旅游展览会进行宣传推广。2006 年 9 月，在法国西海岸多尔市举行第 28 届旅游博览会，法国政府旅游部与法国旅游局、法国旅游发展监督局、团结协助度假局以及全国度假支票局在展会上联合设立展台，开展宣传活动。2008 年 3 月，法国在凡尔赛门展览馆举办首届巴黎国际旅游展，将法国的旅游办事处、旅行社、航空公司、铁路公司、旅馆、豪华游轮公司等一并推向国际旅游市场。

第四，举行旅游高峰论坛。法国旅游部每年组织专业人士召开旅游政策研讨会，每年围绕一个重点主题展开研讨。2008 年的主题是“旅游业如何带动国民经济增长”。

第五，设立法国旅游门户网站。“法国之家”不断采用新的信息技术手段，大幅度提高工作效率。“法国之家”橱窗网站自从开设以来多次升级改版，目前采用全新的分散管理界面，有包括度假村、疗养、文化遗产、海外省等在内的分类主题栏目、在线订阅宣传手册、新闻工作者园地以及电子刊物发送等，逐步增加了法国俱乐部、乡村旅游的宣传运动、名为“你好”的宣传运动等项目，并增加了法国旅游景点虚幻游览功能。此外，该网站在世界各地搜索引擎进行广泛注册。目前，该网站可用 40 多种语言浏览，其中包括简体中文和繁体中文。

——资料来源：王爱平，《旅游发达国家高度重视大力发展入境旅游》。

复习与思考

一、名词解释

巴黎时装　空客　巴黎世博会　埃菲尔铁塔　卢浮宫　凡尔赛宫

戛纳电影节　波尔多葡萄酒　巴黎航空展

二、问答题

1. 简述法国的旅游产业特色。
2. 为何称顾拜旦为现代奥林匹克运动之父？
3. 简述法国的会展产业特色。
4. 简述法国的香槟文化。

三、实践与训练

1. 调研“一战”后中国留法学生的勤工俭学情况。
2. 讨论中法两国如何加强会展旅游产业合作。

Section 13 Germany

【导读】德国地处中欧，地势北低南高，冬季漫长而寒冷，夏季短暂而温暖。日耳曼人严谨守时，嗜啤酒与香肠，信奉基督教；富于创意，名人辈出，贝多芬的交响乐，格林兄弟的童话，海涅的诗歌，歌德的文学，马克思的哲学，爱因斯坦的发明，不胜枚举。德国制造业发达，为欧洲经济火车头，品牌众多，如克虏伯军火，西门子电器，宝马汽车，彪马服饰，贝克啤酒，拜耳医药，巴斯夫化工，麦德龙超市。展览业居世界第一，柏林电影节，慕尼黑啤酒节，科隆香水博物馆，法兰克福图书展，汉诺威世博会，汉堡音乐节，纽伦堡玩具展，杜塞尔多夫医药展，都享有国际声誉。

Part One Basic Information

1. Overview

Germany officialy the Federal Repubic of Germany strategically located on North European Plain and along the entrance to the Baltic Sea（波罗的海）, is one of the world's leading industrialised countries. It is a member state of the United Nations, NATO（北大西洋公约组织）, the G7（七国集团）nations and a founding member of the European Union. Its area is 357,022 square kilometers and has a population of 83 million. Thanks to its central location Germany has more neighbours than any other European country：Denmark（丹麦）in the north, Poland（波兰）and the Czech Republic（捷克）in the east, Austria（奥地利）and Switzerland in the south, France and Luxembourg（卢森堡）in the southwest, and Belgium and the Netherlands（荷兰）in the northwest. The capital city is Berlin.

2. Geography

The territory of Germany stretches from the high mountains of the Alps（阿尔卑斯山脉）in the south to the shores of the North Sea in the northwest and the Baltic Sea in the northeast. In between are found the forested uplands of central Germany and the low-lying lands of northern Germany. The Rhine（莱茵河）and Main Rivers（美因河）, are long crucial for inland shipping power through the gorges（峡谷）which cut through the Central Uplands.

To the south, the Danube River（多瑙河）drains the Bavarian（巴伐利亚）highlands from the Black Forest to Munich（慕尼黑）. The southern reaches（流域）of the Bavarian Alps give way to Austria. Coal, lignite（褐煤）, natural gas, iron ore, copper, nickel（镍）, uranium（铀）, potash（钾）salt, construction materials, timber and arable land are the main natural resources.

German forests, studded with beech(榉), oak(橡), birch(桦), chestnut, lime, maple(枫) and ash trees（白蜡树）, are beautiful places to escape the madding crowds and relax. Berries（浆果）and mushrooms are particularly colorful. Alpine regions burst with wildflowers such as orchids（兰花）, alpine roses.

3. Climate

The greater part of Germany lies in the cool/temperate climatic zone in which humid westerly winds predominate（主导）. In the northwest and the north the climate is extremely oceanic and rain falls all the year round. Winters there are relatively mild and summers comparatively cool. In the east the climate shows clear continental features ; winters can be very cold for long periods, and summers can become very warm. Here long dry periods are often recorded. In the centre and the south there is a transitional（过渡性）climate which may be predominantly oceanic or continental.

Germany is a fine destination year-round, but most people visit between May and September when sunny skies are most likely and much of life moves outdoors. The shoulder seasons（平季）from March to May and from October to early November bring fewer tourists and often surprisingly pleasant weather. In December the sun sets around 3:30pm.

4. Politics

Germany is a federal representative democracy. Its political system is laid out in the 1949 constitution. The constitution emphasizes the protection of individual liberty in an extensive catalogue（名目）of human rights, and also divides powers between the federal and state levels， between the legislative, executive and judicial branches as well.

Germany can be classified as a parliamentary system. The Federal Diet（联邦大会）is elected for a 4-year term, consists of at least twice the number of electoral districts in the country. A party must have 5% of the vote or at least three direct elected deputies to be represented in the Bundestag(联邦众议院). This rule is part of the constitution to prevent political fragmentation(分裂) and strong minor parties.

The President is elected every 5 years on 23 May by the Federal Assembly（联邦议会）.

The duties of the Federal President are largely representative and ceremonial（礼仪）; power is exercised by the Chancellor（首相）. The Federal Chancellor heads the Federal Cabinet（联邦政务院）and thus the executive branch of the federal government. He is elected by and responsible to the Bundestag. The Chancellor cannot be removed from office during a 4-year term unless the Bundestag has agreed on a successor（继任者）. The Chancellor has always been the candidate（候选人）of the party with the most seats in parliament.

The Federal Republic consists of 16 states. The Federal Council is the representation of the state governments at the federal level. It consists of 69 members who are delegates of the 16 states.

Germany has an independent judiciary branch. The organization of courts is traditionally strong, and almost all state actions are subject to judicial review. In addition, Germany has a powerful Constitutional Court.

5. Economy

Germany has a social market economy with a highly skilled labour force, a large capital stock, a low level of corruption, and a high level of innovation. It has the largest and most powerful national economy in Europe, the fourth largest by GDP in the world, the fifth largest by purchasing power parity, and was the biggest net contributor to the EU budget in 2011. The service sector contributes approximately 68% of the total GDP, industry 31%, and agriculture 1% in 2017.

Germany is an advocate of closer European economic and political integration. Its commercial policies are increasingly determined by agreements among European Union members and by EU legislation.

Germans often describe their economic system as "a social market economy". The German Government provides an extensive array of social services. But competition and free enterprise are promoted as a matter of government policy. The government has restructured the railroad system on a corporate basis and is privatizing the national airline, telecommunications and postal service. Twenty years after the unification of the two German states, great progress has been made in raising the standard of living in eastern Germany, introducing a market economy and improving infrastructure there.

For many years until now agriculture in Germany has been in a state of decline. The main crops grown are potatoes, wheat, barley（大麦）, sugar beet and cabbage. Germany ranks among the world largest producers of milk, milk products and meat. Germany is among the world largest and most technologically advanced producers of iron, steel, cement, chemicals, machinery, motor vehicles, machine tools and electronics, as well as a world leader in the shipbuilding industry. Of the world 500 largest stock-market-listed companies measured by revenue in 2020, 27 are headquartered in Germany. Well-known global brands are Mercedes-Benz（奔驰）, BMW（宝马）, Siemens (西门子), Volkswagen(大众), Adidas（阿迪达斯）, Audi（奥迪）, Porsche（保时捷）, Bayer（拜耳）and Bosch（博世）. Germany is recognized for its specialized small and medium enterprises.The service sector has grown steadily in recent years and now contributes the largest share of GDP.

Part Two Culture and Customs

1. History

After the Neanderthals（尼安德特列人）left their jaw remains（下颌骨）in the Neander Valley near Dusseldorf, all of Europe's great empires got their paws into Germany, but none was ever able to count all its inhabitants as faithful subjects. Different pockets of fierce resistance met the Roman legions（古罗马军团）, the Frankish conqueror（法兰克征服者）, Charlemagne（查理曼大帝）and Otto the Great's Holy Roman Empire（神圣罗马帝国奥托大帝）. By the time the house of Habsburg（哈布斯堡王朝）ruling from Vienna（维也纳）, it was little more than a conglomerate（聚集）of German-speaking states run by parochial（地方）princes.

The Habsburgs muddled on until the devastating(毁灭性）Thirty Years War（1618~1648）, sparked（发动）by ongoing religious and nationalist conflicts. It took a bloody stoush（骚乱）to settle everyone down and secure the rights of both Protestants and Catholics. Germany lost a third of its population in the process. Local princes assumed complete sovereignty（主权）over a patchwork（拼凑）of some 300 states, which made it all too easy for Napoleon（拿破仑）to come along in the early 19th century. The French never quite managed to subdue（征服）Prussia（普鲁士）, which became the center of German resistance. In 1866 Otto von Bismarck(俾斯麦）, chancellor（首相）of Prussia, annexed most of Germany. The Prussian king, Wilhelm I（威廉一世）, was instated（任命）as Kaiser（德皇）and a united Germany hit the world stage for the first time.

Wilhelm II dismissed（解职）Bismarck in 1890, lingered（徘徊）long enough to lead Germany into WWI, then was defeat in 1918. Germany struggled with civil unrest and a disastrous（悲惨）peace. Then came Adolf Hitler（希特勒）who was able to turn general disaffection into a focused lunacy（精神病）. In 1933 his Nazi Party（纳粹党）assumed（僭

取) ultimate authority over Germany. Extravagant (大 肆) military spending gave way to outright (公开) aggression, and the unrivalled horror of the Holocaust (大屠杀) . Even the Germans were surprised by the success of their initial invasions, but by 1943 a litany (系列) of heavy losses set the tone for the 1945's unconditional surrender (投降) .

Postwar Germany was divided into four sectors, controlled by the French, British, US and Soviet (苏联) forces. With the beginning of the Cold War, Germany was divided into an eastern part under Soviet control, and a western part which was controlled by the Western Allies. The western part was transformed into the Federal Republic of Germany, with Bonn (波恩) as the capital. The Soviet-controlled zone became the communist German Democratic Republic (GDR) . On August 13, 1961, the Berlin Wall (柏林墙) was erected. Over the next 25 years West Germany became one of the world's most prosperous nations. As a result of the reunification of Germany, the Helmut Kohl (科尔) era was recorded as one of the most dramatic periods in the country's history. Germany's reunification was the beginning of another chapter in its complex history. The cultural, social and economic divide formed over 40 years of separation will take some time to bridge ; nevertheless, the integration of the two Germanys is proceeding apace.

2. Culture

Germany contributions to the world cultural heritage are numerous for which the country is often known as "the land of poets and thinkers" . German literature can be traced back to the Middle Ages. *The Nibelungenlied* (《尼白龙根之歌》) is a major contribution to German literature. Theologian (神学家) Luther (路德) who translated the *Bible* (《圣经》) into German, is widely credited for having set the basis for modern High German language (标准德语) . The mostly admired German poets and authors are Goethe (歌德) and Schiller (席勒) , as well as Heine (海涅) . Goethe was a poet, dramatist (剧作家) , painter, scientist and philosopher (哲学家) . His greatest work, the *drama Faust* (《浮士德》) , is a masterful epic (史诗) of all that went before him. The ghost (魂) of Goethe inhabits the soul of Germany. Germany's influence on world philosophy was major, as exemplified (例证) by Leibniz (莱布尼茨) , Kant (康德) , Hegel (黑格尔) , Marx (马克思) , Engels (恩格斯) , Schopenhauer (叔本华) , Nietzsche (尼采) and so on.

Germany has been endowed with many exceptional (杰出) visual artists. There are several fine German painters such as the Renaissance (文艺复兴) artist Durer (丢勒) , the romanticist (浪漫主义) Friedrich (弗里德利希) , the surrealist (超现实主义) Ernst (恩

斯特）, the expressionist（表现主义艺术家）Marc（马克）, the conceptual（概念主义）artist Beuys（波依斯）or the neo expressionist（新表现主义）Baselitz（巴塞利兹）.

Architecture also flourished in Germany. Several UNESCO World Heritage Sites are scattered throughout Germany. Germany's museums and galleries are second to none.

Germany was also the homeland of scientists like Kepler(开普勒), Einstein(爱因斯坦), Born（博恩）, Planck（普朗克）, Hertz（赫兹）, and inventors and engineers such as Otto（奥托）, Siemens（西门子）, Braun（布劳恩）, Daimler（戴姆勒）, Benz（本茨）and Diesel（笛塞尔）. Important mathematicians（数学家）were born in Germany such as Bessel（贝塞尔）, Euler（欧拉）, Gauss（高斯）, Riemann（黎曼）. Many historical figures were important and influential figures in German culture.

3. Dressing

Despite their penchant（倾向）for continual improvement and modernization, upholding（维持）cultural traditions is dear to the German heart. Many hunters still wear green, master chimney（罩）sweeps with pitch-black（漆黑）suits and top hats. Some Bavarian（巴伐利亚）women address the skirt and blouse（紧身衫）, while their menfolk（男人）occasionally find suitable occasions to wear typical Bavarian leather shorts（短裤）, a short jacket and felt hat（毡帽）. In everyday life, Germans are fairly formal（正式）, although more so in the Protestant-dominated north than the beer-swilling south.

4. Music

In the field of music, Germany's influence is noted through the works of Bach（巴赫）, Beethoven（贝多芬）, Brahms（勃拉姆斯）, Schumann（舒曼）and Wagner（瓦格纳）. Germany's classical music tradition is one of its greatest sources of pride. Germany's rich musical heritage is showcased in a plethora（大量）of festivals. Some towns concentrate on a particular composer（作曲家）, such as the Thuringian（图林根）Bach Festival（巴赫音乐节）in March or the Richard Wagner（理查德·瓦格纳）Festival in Bayreuth（拜罗伊特）each July, whereas others focus on a particular style. The jazz festivals in Stuttgart（斯图加特）in April and Berlin in November are lively and popular. The German band Kraftwerk（电站乐队）practically invented electronic music, and Berlin is known for its flourishing techno scene. Germany is also well known for its many opera houses.

5. Festivals

Germans love to party, and kick up their heels（足跟）at everything from harvest romps

（蹦跳）to black tie opera galas（节日）. The Winter Carnival（狂欢节）season occurs throughout Germany, with big cities such as Cologne（科隆）, Munich（慕尼黑）and Mainz（美因茨）erupting into commotion（狂乱）just before Ash Wednesday（圣灰星期三）. Autumn is a great time for harvest-inspired mayhem, especially in the Rhineland（莱茵区）. Christmas fairs are embraced wholeheartedly by German families ; they occur in Munich, Nuremberg（纽伦堡）, Berlin and Heidelberg（海德尔堡）, amongst other places.

6. Cuisine

With the rising influx（涌入）of foreign workers after WWII, many foreign dishes have been adopted into German cuisine. Italian dishes like Spaghetti（细面）and pizza（比萨）have become a staple（主食）of German cuisine. Turkish immigrants have also had a considerable influence on German eating habits. Chinese and Greek foods are widely available and popular. Indian, Thai and other oriental cuisines are rapidly gaining in popularity. Many of the more expensive restaurants used to serve mostly French dishes for many decades, but they are increasingly turning to a more refined form of German cuisine since the 1990s. German cuisine varies greatly from region to region.

Traditionally, the main meal of the day is lunch, eaten around noon. Supper is a smaller meal, sometimes only consisting of a couple of sandwiches. However, changing working habits have forced this to be changed in recent decades. Today, it is common for many Germans to eat their main meal in the evening. Breakfast commonly consists of bread rolls with jam or honey, eggs and coffee. German boasts at least 300 different types of bread, ranging from white wheat bread to gray bread and dark brown rye（黑麦）bread. Bread is usually eaten for breakfast and as sandwiches in the evening, not as a side dish for the main meal.

Pork, beef, and poultry are the main varieties of meat consumed in Germany, with pork being the most popular. Among poultry, chicken is most common. Game meats（野味）are also widely available around the year. Lamb and goat are also available. Horse meat is regarded as a speciality（特色菜）in some regions. Meat is usually pot roasted or pan fried although these are usually imports from France. Throughout Germany, meat is very often eaten in sausage（香肠）form. There are more than 1,500 different types of sausage in Germany. Seafood was traditionally restricted to the northern coastal areas. Nowadays many seafish have become well established throughout the country. Freshwater fish are often served grilled（烤炙）.

7. Drinks

Beer is common throughout all over Germany. Many people think of Germany as a beer producing country, and the beers of Bavaria in particular are known very well internationally. A number of regions have some special kind of local beer.

However many parts of Germany are wine producing areas, and many of outstanding quality. Traditionally, spirits was more popular than red or rosé, and sweet wine more popular than dry. Wines are all produced around rivers, mainly the Rhine and its tributaries（支流）sheltered（庇护）by mountains. The great sites are often extremely steep（陡峭）so they catch the most sunlight and so are difficult to harvest mechanically. Many are extremely small, and several wines may be produced from grapes of different ripenesses（成熟度）, and different grape varieties. This makes the lists of wines produced long and complex, and many wines hard to obtain as production is so limited. Perhaps the most distinctive characteristic of German wines is the high level of acidity（酸）in them caused by the lesser ripeness in a northerly climate.

8. Education

Germany has one of the world highest levels of education. The most important foreign languages taught at school are English, Latin and French. Russian, Greek and Spainish not taught everywhere. Since the end of WWII, the number of youths entering universities has more than tripled, but university attendance still lags（落后）behind many other European nations. In the annual league of top ranking universities, Germany came the 4th overall with only 7 universities in the top 100. The highest ranking university, at No.45, was the TU Munich（慕尼黑理工大学）. In addition to academic（学术）education, Germany has a elaborate（完善）system of vocational education, called the dual system, which combines apprenticeship（学徒）in enterprises with theoretical（理论）teaching in vocational（职业）schools. Germany prohibits home schooling, however, this is still practised by a number of people.

9. Religion

Germany is the home of the reformation launched by Martin Luther（马丁·路德）in the early 16th century. Today, Protestants particularly in the north and east comprise about 33% of the population and Catholics particularly in the south and west also 33%. In total more than 55 million people officially belong to a Christian denomination（教派）. Besides this there are several hundred thousand Orthodox Christians（东正教）mostly Greeks and Serbs（塞尔维亚人）, and numerous other small groups. Approximately 3.7 million Muslims mostly of Turkish descent（后裔）live in Germany.

Germany now has European third largest Jewish population. Some German cities have seen a revival of Jewish culture, particularly in Berlin. About 30% of the total population are officially religiously unaffiliated. In the East this number is considerably higher.

Church and state are separate, but there is cooperation in many fields. Churches and religious communities, if they are large, stable and loyal to the constitution, can get special status from the state as a "corporation under public law", which allows the churches to levy（征收）taxes on their members.

10. People

With a population of 83.1 million according to the May 2019 census, Germany is the most populous country in the European Union, the second most populous country in Europe after Russia, and ranks as the 19th most populous country in the world.

Germans by nationality make up 92.3% of the population of Germany. As of 2011 about six million foreign citizens（7.7% of the population）were registered in Germany. Regarding ethnic background, 22.5% of the country's residents were of foreign or partially foreign descent.The United Nations Population Fund lists Germany as host to the third highest number of international migrants worldwide, about 5% or 10 million of all 191 million migrants.

Germany has many large cities but only three with a population of one million or more：Berlin with 3.4 million, Hamburg（汉堡）with 1.8 million, and Munich with 1.4 million. Thus, the population is much less centralised（集中）and oriented towards a single large city than in most other European countries. By far the largest urban conurbation（城市群）is the Rhine-Ruhr（莱茵鲁尔）region, including the Düsseldorf-Cologne district.

11. Language

The German language was once the lingua franca（通用语言）of central, eastern and northern Europe, and in Europe it is the second most popular language after English. Within the European Union, German is the most spoken language before English, French, Spanish and Italian. As a foreign language, German is the third most taught worldwide. It is also the second most used language on the Internet. Germany have two languages：High German（高地德语）and Low German（低地德语）. Today's standard language is based on High German.

An ethnic Danish（丹麦语）minority of about 50,000 people lives in Schleswig（石勒苏益格）, mostly close to the Danish border in the north；a small number of Slavic（斯拉夫语）people known as the Sorbs（索布人）lives in the states of Saxony（萨克森）and Brandenburg（勃伦登堡）. In rural areas of Northern Germany, Low Saxon（低地萨克森语）is widely spoken.

Part Three Tourism Attrations

1. Berlin（柏林）

Of strategic importance since it first straddled（横跨）the Spree River（施普雷河）in the 13th century, Berlin went on to center stage in the turbulent（动荡）twentieth. Today the city, restored as the nation's capital, is the focus of a mammoth（浩大）project of reunification and the barometer（晴雨表）of Germany's moods. Berlin is a veritable（真正）motherlode（宝藏）for lovers of art, architecture and artifacts. Its great clusters of museums will keep the most dedicated（专注）culture addict（痴迷者）happy.

The Brandenburg Gate（勃兰登堡门）is the unquestionable symbol of Berlin and is now regarded as one of the greatest symbols of German unity. It is the last remaining gate of the Berlin Wall and marks the western end of the famous Linden Boulevard（菩提树大道）. The statue on top of the arch represents Nike（胜利女神）driving her chariot（战车）to victory towards the West.

The Berlin Museum Island is a unique ensemble（整体）of museum buildings that illustrate（阐释）the evolution of modern museum design over more than a century. The National Galerie（画馆）, an ultra-modern（超现代）building built in the 1960s, specializes in works from the 19th and 20th centuries as well as international contemporary（当代）art. It is famous for its collection of French impressionists（印象主义）. The Old Museum houses an amazing collection of 18th, 19th and early 20th century paintings and statues. The Pergamon Museum（佩加蒙博物馆）is immense with five sections：the Antiquities Collection, the Middle East Museum, the Islamic Museum, the Far East Collection and the Museum of Popular Art. The Bode Museum's（波德博物馆）original collection of Egyptian artifacts（史前器物）was very badly affected by WWII. However, there are outstanding exhibits of Byzantine（拜占庭）and early Christian relics（遗物）on show.

The Charlottenburg（夏洛滕堡）Palace is the oldest surviving Prussian palace in Germany. Building began in 1695 and was completed in 1790. There are 70 rooms and corridors（回廊）crammed full of ornate furnishings and paintings. The east wing houses an incredible collection of romanticist paintings while the west wing houses a collection of ancient and prehistoric（史前）art and artifacts.

The Reichstag（国会大厦）built between 1884~1894, has witnessed many of the key moments in 20th century German history. It has seen the Proclamation（宣布）of the German Republic in 1918, endured a burning in 1933, a storming in 1945 by Russian troops and German Reunification in 1990.

The Tiergarten（蒂尔加腾公园）, Berlin's green heart, originally a hunting reserve（狩猎场）for royalty, landscape architect Joseph Lenne（约瑟夫 · 林内）turned it into a beautiful city park in 1742. During WWII many of the trees were cut for firewood and the pristine lawns were turned into vegetable gardens to feed the populace（平民）of Berlin. Heavy bombing then damaged much of the rest of the park. The present-day plantings took place just after the war and today the beautifully lush Tiergarten is a popular place with Berliners and nude sunbathing（天体日光浴）is permitted throughout the park. The park is over 412 acres and it stretches for 1.75 miles west from the Brandenburg Gate.

The Berlin Zoo was founded in 1841. It is the largest zoo in the world with over 74-acres and some 13,000 species of animal. Today, the zoo participates in many successful programs for the breeding and preservation of endangered（濒危）species. Its history is reflected in the buildings, which echo the folklore（民俗）and exotic（外来）reproductions of past eras. The Elephant Gate, a magnificent oriental gate with elephant sculptures, was constructed in 1899. The Berlin Aquarium（水族馆）has the largest and most comprehensive collection of aquatic animals in the world. There are more than 250 tanks（ 池 ）displaying an amazing variety of fish. The reptiles（爬行动物）, amphibians（两栖动物）and the insectarium（昆虫馆）are definitely worth a peek.

Soviet War Memorial Park（苏联战争纪念园）is for the Soviet soldiers who died fighting Hitler. The park also contains a mass grave（公墓）for the 5,000 soldiers killed in action. There are huge white stone reliefs set up in a manner not unlike the Stations of the Cross. They bear quotations（语录）from Stalin（斯大林）and depict（描述）how the Soviets won out against Fascism（法西斯）. At the far end of the park there is a massive statue of a heroic Soviet soldier clutching（紧抱着）a child in one arm and smashing（粉碎）a swastika（纳粹旗）with the other.

The Jewish Quarter is both Berlin's newest hot spot and one of its oldest areas. It was originally founded in the 17th century outside the medieval city walls. It survived Allied bombing raids（袭击）and the Red Army's assault on the city. Recently, the quarter's old buildings are being reincarnated（改造）as trendy bars, cafes, restaurants and galleries. It is lively, trendy and bohemian（怀旧）and well worth a visit.

The Berlin Radio Tower was built in 1924 for the Third German Broadcasting Exhibition. Standing at 138 meters high, this steel-latticed tower is a fantastic viewing point with panoramic（全景）bird's-eye views of the city. An elevator takes vistors to the observation deck at 125 meters to admire the vista（景观）. There is a restaurant at the 55 meters level.

2. Hamburg（汉堡）

Germany's second largest city, Hamburg is a city influenced by water. The rivers Elbe（易北）, Alster（阿尔斯特）and Bille（比勒）flow through it and an attractive series of canals bisect it. Hamburg is the second largest port in Europe and despite being an important industrial center, two-thirds of the city is made up of parks, lakes and tree-lined canals. Hamburg has an unusual rural feel. Strolling（漫步）around the stunning（漂亮）Inner and Outer Alster lakes in the city center is an intrinsic（真正）part of the Hamburg experience.

Just east of the harbor lies the Speicherstadt（货栈城）, the world's largest continuous warehouse（仓库）complex（建筑群）. The ornate（华丽）, statuesque（轮廓优美）buildings look like they belong to a bygone（已往）era but are still very much in use today. Stroll across the many bridges or take a harbor cruise（巡游）to get a panoramic（全景）view of the port. St Pauli（圣保利街）is home to numerous bars and restaurants. The Reeperbahn（雷佩尔街）here is Hamburg's legendary red-light district. An institution since 1703, the weekly Fishmarkt（渔市）on Sunday morning sell everything from fish to flowers and doubles as an early morning party with bars and restaurants in full swing until 11am. The neo-Renaissance Rathaus（市议会厅）is the seat of Hamburg's government.

3. Frankfurt（法兰克福）

Frankfurt is often seen only as a transit hub or a business center, but it's so much more. It is the financial and commercial capital of Germany. Home to the European Central Bank and the most important stock exchange in the country, it also boasts（号称）the best collection of museums next to Berlin. The city's parks, gardens, original old taverns（酒栈）, elegant shops and vibrant cultural life provide a perfect foil（烘托）to the ultra-modern architectural style of its high-rise buildings. It boasts Germany's most spectacular skyline, mirrored in the Main River, and Europe's tallest office building. It's also the country's most international town；more than a quarter of its citizens are foreign.

The Main River divides the city into north and south. The business district lies north of the river with the quaint（古怪）houses, and pubs, bars and restaurants lying to the south. For a panoramic view over Frankfurt, head for the Zeilgalerie（采尔走廊）, a shopping center at An der Hauptwache（豪普特瓦）. Here you can take a glass lift to the roof and look out over the city. Frankfurt's restored cathedral lies behind the Historischer Garten（历史公园）and is dominated by an elegant 15th century Gothic-style tower. The Romerberg（罗马堡）is Frankfurt's oldest square and boasts beautifully restored the 14th and 15th century buildings.

The Deutsches Filmmuseum（德意志电影博物馆）has interesting exhibitions, comprehensive archives（档案）and special film events. A visit to the Goethe Haus（歌德故居）at Grosser Hirschgraben（格罗撒·希尔施格拉本）is a must for anyone interested in German literature. The house where the poet, playwright and philosopher was born in 1749 is now a museum and library.

4. Munich（慕尼黑）

Romantic and mysterious（神秘）, Bavaria provides the perfect location for the holiday of a lifetime. Enchanting（迷人）castles, snow-capped mountains, traditional beer festivals, opera and high-tech industry all go to make Bavaria one of Germany's richest regions, providing an abundance of experiences from the historical to the ultra modern.

The beautiful city of Munich（慕尼黑）, known as the Paris of Germany, is Bavaria's capital and largest city. In a glorious setting among mountains and Alpine lakes, Munich boasts some of Germany's finest castles and museums including the Deutsches Museum（德意志博物馆）, the world's largest museum of science and technology, taking up eight floors. A compact（紧凑）and manageable city, Munich is dotted with elegant parks and gardens, ideal for recuperation（恢复）after a hard day's sightseeing. The lively, attractive Marienplatz Square（玛丽亚广场）houses the Mary Column which was built in 1638 to celebrate the departure（撤退）of Swedish forces. The late Gothic new town hall with its famous Glockenspiel（钟乐器）is also here. The Alte Pinakothek（老绘画陈列馆）houses works by the major European masters of the 14th to 18th centuries. The Neue Pinakothek（新绘画陈列馆）just opposite it features a large collection of 18th and 19th century paintings and sculpture.

5. Cologne（科隆）

Founded in 33 BC, Cologne（科隆）is one of Germany's oldest cities and its fourth largest. Located right on the Rhine, it is a stylish（雅致）, attractive city boasting magnificent architecture, internationally renowned museums, attractive shops and excellent beer and a truly awe-inspiring Gothic cathedral. The city's skyline is dominated by its most famous tourist attraction, its huge Gothic cathedral（哥特式教堂）. Dating from 1,248 when building began in the French Gothic style, work on the cathedral was halted（暂停）in 1560 due to lack of funds. The cathedral was not to be finished until 1880. The Romisch-Germanisches（罗马—日耳曼）Museum features a huge collection of Roman artifacts found along the Rhine. The Wallraf-Richartz-Museum（瓦尔拉夫—里夏茨博物馆）houses one of the world's finest collections of between 13th and 19th century art. The Schokoladen（巧克力）Museum is dedicated to the art of chocolate making.

Cologne is a shopper's paradise with a wide range of boutiques（精品店）, department stores and second-hand stores. The main shopping area is the pedestrians Hohe Strasse（霍赫步行街）. Take home some eau de Cologne（科隆香水）, the world famous perfume first created here in the 18th century.

The administrative capital and old university town of Bonn（波恩）, is birthplace of Beethoven（贝多芬）and former seat of the Federal German government. Aachen（亚琛）, near the Belgian and Dutch（荷兰）borders, is a gorgeous（极好）cathedral town that dates from the 1st century AD. The Augustusburg Castle（奥古斯塔斯堡）, around 15 kilometers south of Cologne, is a highlight for lovers of history, culture and architecture.

Part Four MICE Industry

1. Hanover Fairground（汉诺威展馆）

The Hanover fairground is an exhibition area in the Mittelfeld（中央）district of Hanover. Featuring 496,000 square meters of covered indoor space, 58,000 square kilemeters of open-air space, 27 halls and pavilions and a convention centre with 35 function rooms, it is the largest exhibition ground in the world.

The area of the fairground originally was an aircraft（飞机）works. After WWII, the British military government of occupied Germany wanted to hold a trade fair and sought for a good place. The hangars（飞机库）in Laatzen（拉茨恩）were deemed suitable for this purpose, and so the Hanover Fair was first held in 1947. The concept proved to be successful, and so a permanent（永久）fairground was established, growing over the years.

2. Cologne Trade Fair（科隆贸易展）

Cologne Trade Fair（Koelnmesse）are an international trade fair and exhibition center. With over 70 trade fairs and over 2,000 conferences held annually, Koelnmesse is the country's largest trade fair organizer and with 284,000 square meters exhibition floor, the third largest by area.

The Cologne Trade Fair ground was founded in 1922, on initiative of former Cologne mayor Konrad Adenauer（康拉德·阿登纳）. Until 2005, the trade fair was based in the historic Rheinhallen（莱茵大厅）, and since then moved into new premises（场馆）next to them. The old Fair Tower is a landmark building from 1928 and features a tower restaurant on the top floor.

3. Frankfurt Trade Fair（法兰克福贸易展）

Frankfurt Trade Fair（Messe Frankfurt）, with 450 million Euros in sales（in 2010）and over 1,700 employees, is one of the world's largest trade fair companies. The group has a global network of 28 subsidiaries（子公司）, 5 branch offices, and 52 international sales partners. Thus, the Messe Frankfurt is present in over 150 countries to their customers. At more than 30 locations in the world events "made by Messe frankfurt" take place. In 2010, Messe Frankfurt organised a total of 88 trade fairs, of which more than half took place outside Germany. At 578,000 square meters, Messe Frankfurt currently has nine exhibition halls, a central logistics（物流）centre and an attached（附属）convention centre. The company is in the public sector, the shareholders（股东）are the City of Frankfurt with 60 percent and the State of Hesse（黑森州）with 40 percent.

The exhibition grounds is located in the west of Frankfurt. It has direct highway access and parking on the Vine Area. The oldest building in the Trade Fair grounds is the Festhalle（节日厅）, a self-supporting dome structure made of steel and glass that was first opened to visitors on May 19，1909. In the 1980s, the fairgrounds was enlarged into its present form. A tall Hammering Man（执铁锤者）sculpture stands on the pavement（人行道）near its main entrance.

4. Düsseldorf Messe（杜塞尔多夫会展公司）

Düsseldorf Messe is a trade fair ground and organizer. With a workforce of 1,459 employees worldwide（2006）and a total exhibition space of 285,000 square meters in Düsseldorf, the company is one of the largest in the industry. More than 40 annual fairs are staged at the premises（场馆）in Düsseldorf, including 23 leading events in their respective sectors.

Based on Düsseldorf's long history of trade fairs, the Trade Fair Organisation was founded in 1947, and is now Messe Düsseldorf GmbH（股份公司）, one of the largest fair organizers worldwide. In 1971, the company moved to the newly built exhibition centre, next to the Düsseldorf International Airport.

5. International Congress Centre Berlin（柏林国际会议中心）

The International Congress Centre Berlin（ICC Berlin）, located in the westend locality of the Berlin borough（区）of Charlottenburg-Wilmersdorf（夏洛腾堡—威尔默斯多夫）, is one of the largest conference centres in the world. It is used for conventions, theatrical（剧场）productions and concerts.

ICC Berlin opened in 1979. It is 320 meters long, 80 meters wide and 40 meters high. As perhaps Europe's biggest such centre, it is instrumental（有助于）to Berlin being one of the top congress cities in the world. It is serviced by S-Bahn（郊区铁路）station. By its own reckoning（评估）, ICC Berlin is a landmark of post-war German architecture and has served as an inspiration for similar facilities around the globe.

6. Expo 2000（2000 年世博会）

Expo 2000 was held in Hanover from June 1st to October 31, 2000. The Expo site was situated on the original 1,000,000 square meters of the Hannover fairground, an additional 600,000 square meters was also made available as a newly opened section to the grounds.

40 million visitors were expected at Expo 2000, but only 25.21 million people came to see the event. This led to a financial deficit（赤字）of about $600 million. With pre-ordered tickets priced at 69 DM, the fair seemed expensive compared to other days out. Part of the failure of the Expo was a lack of clear perception（理解）of what to expect at Expo 2,000, not helped by a cerebral（理性）advertising campaign that had failed to explain what the Expo was for.

7. 1936 Summer Olympics（1936 年柏林夏奥会）

The 1936 Summer Olympics was held in Berlin. Berlin won the bid to host the Games over Barcelona（巴塞罗那）in 1931. Filmmaker（制片人）Leni Riefenstahl（莱妮·里芬斯塔尔）, a favorite of Adolf Hitler, was commissioned（委托）by the German Olympic Committee to film the Games. Her film, entitled *Olympia*（《奥林匹亚》）, introduced many of the techniques now common to the filming of sports.

By allowing only members of the Aryan（雅利安人）race to compete for Germany, Hitler further promoted his ideological belief of racial supremacy（种族优越论）. In an attempt to "clean up" Berlin, the German Ministry of the Interior authorized the chief of police to arrest all Gypsies（吉

普赛人）and keep them in a special camp. Total ticket revenues were 7.5 million Reichsmark（帝国马克）, generating a profit of over one million marks.

8. 1972 Summer Olympics（1972 年慕尼黑夏奥会）

The 1972 Summer Olympics were held in Munich. It was the second Summer Olympics to be held in Germany. Mindful of the connection, the West German Government were anxious to take the opportunity of the Munich Olympics to present a new, democratic and optimistic Germany to the world, as shown by the Games' official motto（口号）"Happy Games". The emblem（会徽）of the Games was a blue solar logo. The Games also saw the introduction of the now-universal sports pictograms（图标）.

The Olympic Park became a Munich landmark. The competition sites included the Olympic swimming hall, the Olympics Hall and the Olympic Stadium, and an Olympic village very close to the park. The design of the stadium was considered revolutionary, with sweeping canopies（天棚）of acrylic（丙烯酸）glass stabilized by metal ropes, used on such a large scale for the first time.

9. Hanover Fair（汉诺威工业展）

The Hannover Fair, or Hanover Messe, is the world biggest industrial fair. Typically, there are about 6,000 exhibitors and 200,000 visitors.

The Hannover Messe started in 1947 in an undamaged factory. The first fair was colloquially（通俗）known as Fischbrötchenmesse（fish bun fair）due to the exemptions（免税）in food rationing（限额配给）for the fair at this time. It proved hugely successful and was hence repeated on a yearly basis, contributing largely to the success of the Hanover fairground in replacing the then-East German city of Leipzig as the new major fair city for West Germany.

10. CeBIT（汉诺威 IT 展）

CeBIT, or Centre of Office and Information technology, is the largest computer expo in the world. It is held each spring on the Hanover fairground and is a barometer（晴雨表）of the state of the art information technology. With an exhibition area of roughly 450,000 square meters and up to 700,000 visitors, it is larger than COMPUTEX（台湾电脑展）and the no-longer held COMDEX（美国计算机经销商博览会）. The CeBIT is organized by Deutsche Messe AG（德国展览公司）.

CeBIT was traditionally the computing part of the Hanover Fair, and was first established in 1970. However, in the 1980s the information technology and telecommunications part was straining (耗尽) the resources of the industry fair so much that it was given a separate trade show starting 1986, held four weeks earlier than the main Hanover Fair.

Running over a five-day period, the CeBIT Global Conferences are staged congruently (一致) with the CeBIT exhibition. The conferences are dedicated (专门) to providing a 360 overview of the digital industry's four core markets : IT, Telecommunications, Digital Media and Consumer Electronics. Noted industry figures and researchers from across the globe are invited to speak on the latest relevant trends and innovations as well as their impact (影响) on society and the working world. The conference is divided up into keynote speeches (主旨演讲), talks and panel discussions.

11. Drupa (德鲁巴印刷装备展)

Drupa is the largest printing equipment exhibition in the world, held every 4 years at Messe Düsseldorf GmbH (杜塞尔多夫展馆). 394,332 visitors attended Drupa in 2004, and 1,866 exhibitors from 52 countries covered a total of 16.1 hectares of space. The most recent Drupa exhibition was held from June 16 to June 26, 2020.

Thousands of industry experts are usually present, and corporate representation typically includes companies such as Heidelberg (海德尔堡) Printing Machines AG, Xerox (施乐), Kodak (柯达), Canon (佳能), Konica Minolta (柯尼卡美能达) and Ricoh (理光). Several new technologies are typically demonstrated during Drupa.

12. Düsseldorf International Boat Show (杜塞尔多夫国际船展)

The Düsseldorf International Boat Show is one of the world's premier boat shows held annually at Messe Düsseldorf for the duration (展期) of a week in the end of January. The first Düsseldorf Boat Show was opened on November 27, 1969.

With some 1,600 exhibitors from over 50 countries, boot Düsseldorf is considered a benchmark (基准) for the international boat and water sports industry. Unparalleled at other major boat shows, large vessels (船舰) up to 180 grt (吨位) can be looked on in their entirety (整体), as the exhibition is a complete indoor event. Boot Düsseldorf is tailored (定位) as a professional trade fair, showcasing state of the art developments in the yacht and entire water sports industry. Next to sailing and motor yachts, diving (潜水) is one of the most visited sections of the exhibition.

13. International Aerospace Exhibition (柏林国际航空展)

The International Aerospace Exhibition (ILA), held bi-annually on the southern section of Berlin-Schönefeld Airport（柏林舍内菲尔德机场）, ranks among the world's largest and most important aerospace exhibitions. It was first held in Frankfurt am Main（法兰克福机场）in 1909, and as such can lay claim to being the oldest aviation show in the world.

Before WWI, the ILA was held in Berlin in 1912 and later on in 1928. Known initially as the German Aviation Show, the fair was increasingly attracting participants from abroad. In 1992, the far-reaching political and economic changes which had taken place in Europe since the fall of the Berlin Wall opened the way for the ILA to return to its birthplace in Berlin. The ILA's main display sections include commercial aviation, aerospace, military aviation and military technology, equipment and engines, and general aviation and helicopters.

14. Imm Cologne（科隆国际家具展）

The Imm Cologne is an international, public open furniture trade show held at Koelnmesse exhibition centre every year in January. It is regarded as a leading market place for related industries, such as furniture designers, furniture companies, furniture retailers, architects and interior designers.

The Cologne Furniture Fair was first held in 1949. The exhibition's primary focus is contemporary furniture and interior design, but also showcases latest architectural lighting design technology and innovative materials and fabrics（纺织品）. Since the late 1990s, the City of Cologne stages several events in conjunction（同时发生）with Imm, namely the Cologne Design Week and Interior Design Week. Other groups include Design Champs and the international D3 Design Talents, with workshops for both young design professionals and design students. The 2010 show had some 1,500 exhibitors attracting over 100,000 visitors.

15. Frankfurt Motor Show（法兰克福车展）

Frankfurt Motor Show is the world largest motor show. It is held biennially and is organized by the Association of the German Automotive Industry. Since 1991 the show is split in two：Even-numbered years show commercial vehicles in Hanover（汉诺威）and odd-numbered years passenger vehicles including some motorcycles（摩托车）in Frankfurt. The show is scheduled（安排）by the organisation Internationale des Constructeurs d'Automobiles（世界汽车工业国际协会）.

16. Nuremberg International Toy Fair（纽伦堡国际玩具展）

Nuremberg International Toy Fair is the largest international trade fair for toys and games. Only trade visitors associated with the toy business, journalists and invited guests are admitted.

The six day long fair is opened every year in the beginning of February by the sitting Minister-President of Bavaria who also oversees the fair. About 2,700 exhibitors from about 60 countries are presenting their novelties（创新）on the fair.

Before WWII, the German toy industry met at the Leipzig Trade Fair. After the division of Germany, this site was no longer attractive. In 1950, the first German Toy Trade Fair was organized by an exhibition committee. The fair took place from March 12 to 18 with 351 exhibitors and 4,321 buyers coming to the exhibition area of 1,800 square meters. The fair takes place annually ever since. 2009 marked the 60th anniversary of the Fair. 44 exhibitors also presented themselves for the 60th time. In 2010, 76,637 trade visitors from 104 countries came to Nuremberg. Every year, about one million products are displayed on the fair, including approximately 70,000 new products. On the fair, they are presented in ten different product groups.

17. Frankfurt Book Fair（法兰克福图书展）

The Frankfurt Book Fair is held annually in middle October at the Frankfurt Trade Fair. It is organised by a subsidiary（附属）company of the German Publishers and Booksellers Association. The Book Fair is considered the most important book fair in the world for international deals and trading.

The Frankfurt Book Fair has a tradition that spans over more than 500 years. Soon after Johannes Gutenberg（约翰尼斯·古登堡）had invented printing in movable letters（活字）in Mainz（美因茨）near Frankfurt, the first book fair was held by local booksellers. Until the end of the 17th century, it was the most important book fair in Europe. As a consequence of political and cultural developments, it was eclipsed（暗淡）by the Leipzig Book Fair during the Enlightenment（启蒙运动）. After WWII, the first book fair was held again in 1949 at the St. Paul's（圣保罗）Church. Since then, it has regained its pre-eminent position.

The Frankfurt Book Fair is a critical marketing event for the launching（发行）of books, but it is also an important event to facilitate（便利）the negotiation（谈判）of the international sale of rights and licences. Visitors take the opportunity to obtain information about the publishing market. Publishers, agents, booksellers, librarians（图书馆馆长）, academics, illustrators（插画家）, service providers, film producers, translators, printers（印刷商）, professional and trade associations, institutions, artists, authors, antiquarians（古董商）, software and multimedia suppliers all take part in the events. In 2006, more than 11,000 journalists（记者）from 66 countries reported on the fair, which brought together 7,272 individual exhibitors from 113 countries, and more than 183,000 trade visitors.

During the fair the Peace Prize of the German Book Trade is given in a ceremony at the Paulskirche（保罗大教堂）. The prize has been awarded each year since 1950. The fair is also the birthplace of the Bookseller/Diagram（图表）Prize for Oddest Title of the Year（年度最怪书名奖）.

18. Oktoberfest（慕尼黑啤酒节）

Oktoberfest is a 16~18 day festival held each year in Munich, Bavaria, running from late September to the first weekend in October. It is one of the most famous events in Germany and the world's largest fair.

The original Oktoberfest occurred in Munich on October 12, 1810. For the public commemoration（庆祝）of the marriage of Crown Prince Ludwig（路德维希）and Princess Therese（黛蕾丝）of Bavaria. The event was so successful that it was decided to be renewed in 1811. In the year 1811, an agricultural show was added to boost（促进）Bavarian agriculture. In 1816, carnival booths appeared with the main prizes of silver, porcelain（瓷器）and jewelry. The founding citizens of Munich assumed responsibility for festival management in 1819, and it was agreed that the Oktoberfest would become an annual event. Later, it was lengthened and the date pushed forward. A parade took place for the first time in 1835.

The Oktoberfest is known as the Largest Volksfest（民俗节）in the World. In 1999 there were six and a half million visitors to the 42 hectare Theresienwiese（特蕾西草场）. 72% of the people are from Bavaria. 15% of visitors come from foreign countries. Nearly 1000 tons of garbage result annually from the Oktoberfest. After 2004 the queues for toilets became so long that the police had to regulate the entrance. Now approximately 1,800 toilets and urinals（小便处）are available.

19. Saxonia International Balloon Fiesta（萨克索尼亚国际热气球节）

The Saxonia International Balloon Fiesta is the third biggest hot-air balloon festival in Europe. Annually over 100,000 people visit the spectacle, which takes place in Leipzig（莱比锡）at the end of July.

The Fiesta is organised by a local marketing agency with the co-partner of the City of Leipzig. In 1995 the first Balloon Fiesta attracted 5,000 visitors as a local event. In 1996 the festival was relocated to a recreation area close to Leipzig to enlarge the space for over one hundred balloons. Competitions between the hot-air balloons are essential at the event. There are different kinds of competition with flights of Fox hunting, Key grab and flying as far as possible. Most of the balloons are sponsored by large companies.

拓展阅读 搜索

德国旅游业竞争激烈而有序

德国是一个富有魅力的旅游之国。德语地区拥有为数众多的历史名城、文物建筑、图书馆、博物馆与艺术品收藏、花园与剧场供人们游览。北海和波罗海沿岸的海洋性气候温和宜人；荷尔斯泰因的多湖平原使人流连忘返；中部山地和南部阿尔卑斯山区是徒步旅行者的乐园；星罗棋布的湖泊令水上运动爱好者激动不已；莱茵河、美因河、摩泽尔河、多瑙河、易北河的河谷充满浪漫色彩。诸如“童话之路”“歌德之路”“度假之路”“浪漫之路”“葡萄酒之路”“帝王之路”“古典之路”“文艺复兴之路”等100多条特色旅游线路展示了德国丰富多彩的文化和风光。德国对本国历史和传统文化的保护达到尽善尽美的程度。走在大街小巷里，仿佛进入了欧洲的中世纪，各时期不同风格的建筑都会不时地出现在人们眼前，各时代的风云人物仿佛就在眼前。高水平的文化艺术展演以及独有的主题活动，使德国已成为欧洲第二文化旅游目的地。

德国总理默克尔曾表示：“为了加强旅游业竞争能力，将全力以赴支持德国旅游业的工作。”目前，德国是欧洲旅游大国，旅游业是仅次于汽车和电子工业的第三大行业。德国的旅游业竞争也十分激烈。

在德国，开发和经营旅游线路是旅游公司的任务，能否开发出经济、合理的旅游项目是旅游公司占领并控制市场的关键。为激发旅游者的兴趣，各旅游公司不断推出新产品。从打响廉价航线之战后，多家德国旅游公司通过与“德国之翼”、英国“瑞安”等航空公司联手，力推包括超低机票在内的优惠出国游。德国的旅游公司垄断性强，全国虽有上千家旅游公司，但其中53家占据了77%的市场。这部分市场的80%又被“途易”“托马斯·库克”和“莱威”3家大型旅游公司控制。由于经济不景气，大旅游公司与众多中小旅游公司展开激烈竞争。大公司通过购买或包租旅游热点地区的旅馆、控制大批旅游热线、相互建立市场联盟等措施，排挤中小旅游公司，并利用价格优势吸引游客。中小旅游公司则另辟蹊径，通过开发森林游、乡村农场游、登山游以及青年之家等特色旅游项目以求得生存和发展。这些特色项目深受人们喜爱，现已成为德国旅游业中不可缺少的重要组成部分。

德国人的旅游大约有45%经过旅行社。德国的旅游营销体系如同“旅游超市”，遍布全国的旅行社如同一个个市场，将旅游公司制造的旅游产品集中起来，供消费者选择。德国有2.3万家旅行社，因竞争激烈，有50%的小型旅行社开业不到5年就被迫关闭，但整个行业内部基本保持着良性的竞争。德国的旅行社一般同时经营多家旅游公司的产品，也单独承揽订票和预订客房等业务。随着网络普及，各旅行社提供网上咨询及预订服务也成为主要的竞争手段。德国的旅行社大都开通网上查询和预订服务，并推出“网上最后时刻”旅游项目，为那些临时决定出行的旅游者提供多种选择。在德国，愿意通过网络与旅行社签约的旅游者越来越多。不管是旅游公司还是旅行社，他们的激烈竞争带给消费者的是更多样的选择和更便捷的服务。

——资料来源：刘海燕，《德国旅游业竞争激烈而有序》，新华网柏林电。

复习与思考

一、名词解释

格林童话　克虏伯军火　西门子电器　宝马汽车　柏林电影节　慕尼黑啤酒节　法兰克福图书展　汉诺威世博会　纽伦堡玩具展

二、问答题

1. 为何说德国是“欧洲经济的火车头”？
2. 为何称德国是世界会展产业强国？
3. 德国的制造业为何能驰名世界？

三、实践与训练

1. 调研 UFI 成员单位在全球的分布情况。
2. 讨论中德两国如何加强会展旅游产业合作。

Section 14 Britain

【导读】英伦三岛处于西欧大洋之中，四面环海。北部苏格兰高地，中部英格兰山地，南部平原。气候温和湿润，不利于农作物的后期成熟，但适合牧草的生长，因此园艺与畜牧业发达。16 世纪兴起文艺复兴，将人从宗教束缚中解放出来。17 世纪开辟新航路，经营美洲新大陆。18 世纪兴起工业革命，科技勃兴。19 世纪中叶，建伦敦水晶宫，开首届世博会，展示“日不落帝国”的辉煌。20 世纪历经两次世界大战，日渐衰落。民众信奉基督教，守时，诚信，嗜茶。男士优雅，奉行女士优先原则。名人辈出，牛顿创经典力学，达尔文创进化论，霍金出版《时间简史》，狄更斯撰小说，莎士比亚编戏剧，雪莱赋诗歌，贝克汉姆踢足球，不胜枚举。如今，旅游、会展、教育、艺术等创意产业发达，品牌众多，伦敦的金融业、奥运会与 BBC，利物浦的披头士乐队，爱丁堡的艺术节，格拉斯顿伯里的夏季音乐节，谢菲尔德的斯诺克台球，曼彻斯特的足球，贝尔法斯特的“泰坦尼克”号，还有牛津、剑桥大学出身的诺贝尔奖得主，都拥有世界级声誉。

Part One Basic Information

1. Overview

The United Kingdom of Great Britain and Northern Ireland, usually known as Britain or the United Kingdom, is situated off the northwestern coast of continental Europe, a land bordered with the Republic of Ireland but otherwise surrounded by the North Sea, the English Channel（英吉利海峡）, the Celtic Sea（凯尔特海）, the Irish Sea and the Atlantic Ocean. The UK has four constituent（组成）parts namely England（英格兰）, Wales（威尔士）, Scotland（苏格兰）and Northern Ireland（北爱尔兰）, plus overseas territories throughout the world. Its area is 244,820 square kilometers and population 63.18 million. The people are mainly Anglo-Saxons（盎格鲁—撒克逊人）, Scots（苏格兰人）, Welsh（威尔士人）, Irish（爱尔兰人）, West Indians, Pakistanis and Indians. The religions of England have Christianity（基督教）, Methodist（卫理公会）, Muslim, Jewish（犹太教）and Hindu（印度教）. London is the Capital City.

2. Geography

Most of England consists of rolling lowland（地形）, divided east from west by the Cumbrian Mountains（坎伯兰山）and the Pennines（奔宁山）. Main rivers are the Thames（泰晤士河）, the Trent（特伦特河）and the Tyne（泰恩河）; major cities include London, Birmingham（伯明翰）, Manchester（曼彻斯特）, Leeds（利兹）, Sheffield（谢菲尔德）, Liverpool（利物浦）, Bristol（布里斯托尔）, Nottingham（诺丁汉）, Leicester（莱斯特）and Newcastle（纽卡斯尔）. Near Dover（多佛）, the Channel Tunnel（海底隧道）links the United Kingdom with France. There is no peak in England that is 1,000 meters or greater.

Scotland's geography is varied, with lowlands in the south and east and highlands in the north and west. There are many long and deep firths（峡湾）and lochs（海湾）. A multitude of islands west and north of Scotland are also included. Wales is mostly mountainous, the highest peak being Snowdon（斯诺登峰）, at 1,085 meters above sea level. Northern Ireland is mostly hilly.

3. Climate

The Atlantic Ocean has a significant effect on Britain's climate, so mild（温和）throughout the year. The Gulf Stream（洋流）a current of warm water flows up from the Caribbean（加勒比海）to pass by Britain. Prevailing（盛行）southwesterly winds moving across this warmer water bring moisture（湿气）and moderating temperatures to the British Isles. The surrounding waters are moderate with temperatures all year-round, making the UK warmer in winter and cooler in summer than other areas at the same latitude.

Great Britain's western coast tends to be warmer than the eastern coast, and the southern regions tend to be warmer than the northern regions. The annual temperature in the far north of Scotland is 6℃, and warmer in the southwestern England about 11℃. In general, temperatures are ordinarily around 15℃ in the summer and around 5℃ in the winter. April to September is undoubtedly the best months.

4. Politics

United Kingdom is a constitutional monarchy（君主立宪）. The monarch, who is Head of State, has extensive theoretical powers, but his or her role is mainly ceremonial（仪式）and accountable to the House of Commons（平民院）. The monarch is an integral（不可缺）part of Parliament and theoretically gives Parliament the power to meet and create legislation. An act of Parliament does not become law until it has been signed by the Queen. Foreign policy and criminal（刑事）

justice are implemented（执行）in Her Majesty's name, but the monarch has no real control over either. The former monarch was Queen Elizabeth Ⅱ（伊丽莎白二世）who acceded（继承）to the throne in 1952 and was crowned（加冕）in 1953. The British monarch also reigns in 15 other sovereign（主权）countries that are known as the Commonwealth Realms（英联邦）.

Parliament is the national and ultimate（最终）legislature of the United Kingdom. It is bicameral, composed of the House of Commons（下院）and the House of Lords（上院）. The House of Commons has 646 members who are directly elected from single-member constituencies（选民）based on population. The House of Lords has 706 unelected members, who are all either hereditary（世袭）peers（贵族）, life peers（终身贵族）or bishops（主教）of the Church of England. The constitution of the United Kingdom is uncodified（不成文）and partially unwritten.

The Prime Minister（首相）, the head of government, is the leader of the party with the most seats in the House of Commons and is formally appointed by the monarch. The Prime Minister appoints other Ministers of State from Parliament who together form the Cabinet. The two largest political parties are the Labour Party（工党）and Conservative Party（保守党）. But in the last twenty years the Liberal Democrats（自由民主党）have re-emerged as a large third party.

5. Economy

Based on market exchange rates the UK is the sixth largest economy in the world and the third largest in Europe after Germany and France.A highly developed, diversified, market based economy with extensive social welfare services provides most residents with a high standard of living. Agriculture is intensive (精耕细作), highly mechanized (机械化) and efficient by European standards, producing about 60% of food needs with only 1.6% of the labor force. Services, particularly banking, insurance and business services,makes up around 79% of GDP.London ranks with New York as a leading international financial center. Tourism is also important ranking as the sixth major tourist destination in the world.

The UK is a country with highly developed industry, including armaments (军火), personal computers, televisions, mobile telephones, automation equipment, railroad equipment, shipbuilding, aircraft, motor vehicles and parts, metals, chemicals, paper products, food processing, textiles, clothing and other consumer goods.The pharmaceutical industry plays an important role in the UK economy and the country has the third highest share of global pharmaceutical R&D expenditures. The UK has large coal, natural gas and oil reserves(储

量); primary energy production accounts for 10% of GDP. Industry continues to decline in importance.

Part Two Culture and Customs

1. History

The Iberians (伊比利亚人), among Britain's earliest known inhabitants, mined tin (锡) in Cornwall (康沃尔), manufactured bronze tools, and enjoyed widespread trade with the European continent. They also left behind Europe's most spectacular example of megalithic(巨石) engineering, Stonehenge (巨石阵) built between 3,000 BC and 1,000 BC. Britons may have initially resented (怨恨) the Roman's occupation, but gradually accepted its civilization.

Scotland and England have existed as separate unified entities since the 10th century. Wales became part of the Kingdom of England by the Act of Union 1536. With the Act of Union 1707, the separate kingdoms of England and Scotland agreed to a permanent (永久) union as the Kingdom of Great Britain. The Act of Union 1800 united the Kingdom of Great Britain with the Kingdom of Ireland. After bitter fighting in 1922, the Anglo-Irish Treaty partitioned(划分) Ireland into the Irish Free State and Northern Ireland, with the latter remaining part of the United Kingdom.

The United Kingdom, the dominant industrial and maritime power of the 19th century, played a leading role in developing Western ideas of property (所有制), liberty, capitalism (资本主义), parliamentary democracy (议会民主), literature and science. At its zenith (顶点), the British Empire stretched over one quarter of the earth's surface. The first half of the 20th century saw the UK's strength seriously depleted in the twice World Wars. The second half the 20th century witnessed the dismantling of the Empire and the UK rebuilding itself into a modern and prosperous nation.

2. Languages

The United Kingdom has no official language. English is the main language and the de facto (实际) official language, spoken monolingually by an estimated 95% of the UK population.

Other indigenous languages include the Celtic (凯尔特) languages, Welsh (威尔士语), Lowland Scots (低地苏格兰语), Romany and British Sign Language. Celtic dialectal influences from Cumbric（坎布里亚语）persisted in Northern England for many centuries, famously in a unique set of numbers used for counting sheep. Some nations and regions of the UK have frameworks（机构）for the promotion of autochthonous（土著）languages.

Recent immigrants, especially from the Commonwealth, speak many other languages, including Cantonese（粤语）, Punjabi（旁遮普语）, Gujarati（古贾拉提语）, Hindi and Urdu（乌尔都语）.

3. Education

The education system in the United Kingdom varies in important respects between England, Wales, Scotland and Northern Ireland. Most schools came under state control in the Victorian era, a formal state school system was instituted（创立）after WWII. In England, schools were separated into infant schools（学前教育）normally up to age 4 or 5, primary schools and secondary schools, which were split into more academic grammar schools and more vocational secondary modern schools. Combined comprehensive（综合）schools became much more common in the 1960s and 1970s. Prominent（卓越）historical public schools include Eton（伊顿）, Harrow（哈罗）and Rugby（拉格比）.

The United Kingdom contains two of the world most famous universities, the University of Cambridge（剑桥）and the University of Oxford（牛津）with produced many great scientists and engineers including Newton（牛顿）, Darwin（达尔文）, Faraday（法拉第）and Dirac（迪拉克）amongst others. The nation is credited with the invention of the steam engine, locomotive（机车）, vaccination（疫苗）, television, radio, telephone, submarine（潜艇）, hovercraft（气垫船）, internal combustion（内燃机）and jet engines（喷气机）.

4. Literature（文学）

English literature emerged as a recognizable entity in the late 14th century, with the rise and spread of the London dialect of Middle English. Chaucer（乔叟）is the first great identifiable individual in English literature：his *Canterbury Tales*（《坎特伯雷故事》）remains a popular 14th century work which readers still enjoy today.

Following the introduction of the printing press into England by William Caxton（威廉·卡克斯顿）in 1476, the Elizabethan era saw a great flourishing of literature, especially in the fields of poetry and drama. From this period, poet and playwright Shakespeare（莎士比亚）stands out as the most famous writer in the world. He wrote around 40 plays that are still performed in theatres across the world. They include tragedies（悲剧）such as *Hamlet*（《哈

姆雷特》), *Othello*(《奥赛罗》) and *King Lear*(《李尔王》); comedies(喜剧)such as *A Midsummer Night's Dream*(《仲夏夜之梦》) and *Twelfth Night*(《第十二夜》); and history plays(历史剧)such as *Henry IV*(《亨利四世》).

The English novel became a popular form in the 18th century, with Daniel Defoe's(丹尼尔·笛福)*Robinson Crusoe*(《鲁滨逊漂流记》) and Henry Fielding's(亨利·菲尔丁)*Tom Jones*(《汤姆·琼斯》).

The following two centuries continued a huge outpouring of literary production. In the early 19th century, the Romantic(浪漫主义)period showed a flowering of poetry comparable with the Renaissance(文艺复兴)two hundred years earlier, with such poets as William Blake(布莱克), John Keats(济慈)and Lord Byron(拜伦). The Victorian period was the golden age of the realistic(现实主义)English novel, represented by Jane Austen(简·奥斯丁), Charles Dickens(狄更斯), George Eliot(艾略特), Thomas Hardy(哈代), and the Brontë sisters(勃朗特姐妹). The novel developed in the 20th century into much greater variety and was greatly enriched by immigrant writers.

5. Cuisine

During much of the 19th and 20th century Britain had a reputation for somewhat conservative(守旧)cuisine. Traditional British fare(食物)usually includes dishes such as fish and chips, roast dishes of beef, lamb, chicken and pork, as well as regional dishes such as the Cornish pasty(考什尼鸡饼)and Lancashire Hotpot(兰开夏土豆炖肉).

During the transitional period of the 1970s, the evolution of the British diet was accelerated with the increasing tendency of the British to travel to continental Europe for their annual holidays, experiencing new and unfamiliar dishes as they traveled to countries such as France, Italy and Spain. The post-war influx of immigrants to the UK had profound impact on the national cuisine. The new communities propelled(推出)new and exciting dishes and ingredients onto restaurant tables and into the national consciousness(意识). In many instances, British tastes fused with the new dishes to produce entirely new dishes. Many of these new dishes have since become deeply embedded(植入)in the native culture.

6. Family

Historically, most people in the United Kingdom lived either in conjugal(夫妇)extended families or nuclear families(核心家庭). This reflected an economic landscape where the general populace(平民)tended to have less spending power, meaning that it was more practical to stick together rather than go their individual ways. This pattern also reflected gender roles. Men were expected to go out to work and women at home looking after the families.

In the 20th century the emancipation（解放）of women, the greater freedoms enjoyed by both men and women, greater affluence（富裕）and easier divorce（离婚）have changed gender roles and living arrangements significantly. The general trend is a rise in single people living alone and the nuclear family reducing in prominence（显著）.

The United Kingdom has the third highest population density in Europe after the Netherlands（荷兰）and Belgium. Housing tends to be smaller and more closely packed than in other countries. The high cost of living, rising cost of accommodation, further education and higher education, means that many young people cannot afford to live independent lives from their families producing a return to the traditional extended family situation.

7. Festivals

Public holidays throughout the United Kingdom are New Year's Day, Good Friday（耶稣受难日）, Easter Monday（复活节）, May Day（五朔节）, Spring Bank Holiday（春季银行假日）on 4th Monday in May, Late Summer Bank Holiday（夏末银行假日）on 4th Monday in August, Christmas and Boxing Day（节礼日）.

Queen's Birthday, typically the second Saturday of June, celebrates the birthday of Queen Elizabeth. Oak Apple Day（橡树节，5 月 29 日）, also known as Royal Oak Day, celebrates the anniversary of the day in 1660 when King Charles II was restored to the throne after being saved in the Battle of Worcester（伍斯特）by hiding in an oak apple tree. Lord Mayor's Day on 9 November is the annual installation（就职）of the Lord Mayor of the City of London. The celebration includes a procession of the Lord Mayor and his retinue（随员）.

Mothering Sunday（母亲节）, is an old English custom of attending the mother church in which one was baptized（受洗）and offering gifts at the altar（神坛）to the Church, and also to one's mother as tokens（表示）of love and gratitude.

Pancake Tuesday（煎饼节）, is named for the custom of eating pancakes on this day in order to use up all the fat in the house before the beginning of Lent（四斋节）.

8. Sports

A great number of major sports originated in the United Kingdom, including soccer（足球）, squash（壁球）, golf, cricket（板球）, boxing, rugby（橄榄球）, snooker（斯诺克台球）, billiards（台球）, badminton（羽毛球）, curling（冰球）and the forerunner of baseball（棒球）.

The national sport of the UK is football, and the UK has the oldest football clubs in the world. The first ever international football match was between Scotland and England in 1872. The UK does not compete as a nation in any major football tournament（联赛）, instead the home nations compete individually as among England, Wales, Scotland and Northern Ireland. It is because of this unique 4 team arrangement that the UK does not compete in football events at the Olympic Games. A similar arrangement applies to Rugby Union as well. England won the 1966 FIFA World Cup and the 2003 Rugby World Cup.

The Wimbledon Championships（温布尔登锦标赛）is an international tennis event held every summer and are seen as the most prestigious of the tennis calendar. Other famous British sporting events include the London Marathon（伦敦马拉松）and the boat race between Oxford and Cambridge universities.

9. Music

Famous composers have made major contributions to British music, and are known internationally. Britain also supports a number of major orchestras（乐团）including the BBC Symphony Orchestra(交响乐团), the Royal Philharmonic Orchestra（皇家爱乐乐团）, the London Symphony Orchestra and the London Philharmonic Orchestra. Because of its location and other economic factors, London is one of the most important cities for music in the world：it has several important concert halls and is also home to the Royal Opera House（皇家歌剧院）, one of the world leading opera houses. British traditional music has also been very influential abroad.

The UK was one of the main countries in the development of rock and roll. It has provided bands including the Beatles（披头士）, the Rolling Stones（滚石）, Oasis（绿洲）and Radiohead（电台司令）. Since then it has also pioneered in various forms of electronic dance music, all of which were in whole or part developed in the United Kingdom.

10. Media

Britain has been at the forefront（先驱）of developments in film, radion and television. Many important films have been produced in Britain over the last century, and a large number of significant actors and film-makers have emerged. Britain has a large number of national and local radio stations which cover a great variety of programming.

The most listened to stations are the five main national BBC radio stations. BBC Radio 2, a varied popular music and chat station aimed at adults, is consistently the highest in the ratings. BBC Radio 4, a varied talk station, is noted for its news, current affairs, drama, and comedy output as well as the Archers, its long running soap opera and other unique programs. The BBC, as a public service broadcaster, also runs minority stations such as BBC Asian Network, BBC 6 Music and local stations throughout the country.

11. Etiquettes

In Britain when drinking tea, do not pour the tea from a teapot as soon as it has been made ; Leave it for a minute or two. If the teapot contains loose tea, place the tea strainer（滤网）onto the cup before pouring. Milk should be added to the cup before pouring the tea. Once the teapot is half-empty, or if the tea is too strong, pour the hot water into the teapot.

In general, if there are several pieces of cutlery（餐具）, use forks, knives or spoons on the outside first. If there is a side plate for eating bread rolls, use the plate on left-hand side and put some butter on the side of the plate. Tear bread from the roll, and then add butter just before eating it. Eat soup quietly, without lifting the bowl off the table.

British people like to have a lot of their own personal space. They want their privacy（隐私）. They may also worry about interfering with others' personal space. If there are several spare seats in a public place, most people will sit away from other people. People don't touch others very much, and will usually apologize if they touch someone accidentally. It is rare for people to go to someone's house without having arranged it in advance.

Part Three　Tourism Attractions

1. London（伦敦）

London is the most exciting capital city in the world with its outstanding reputation for first class culture, fascinating history, pageantry（盛大）meeting, incentive（刺激）program, exhibition and conference. Nowhere else in the world has such a fantastic（难以置信）combination of the new and the old. London offers excellence in its facilities（设施）, culture, attractions, hotels and venues. Summer is a great time to visit.

The Buckingham Palace（白金汉宫）was built as a house for the Duke（公爵）of Buckingham in 1703. It has served as the official London residence（官邸）of Britain's sovereigns（君主）since 1837. Today it was the Queen's official residence. Although in use for the many official events and receptions held by the Queen, areas of Buckingham Palace are opened to visitors for two months each summer since 1992. The State Room is extravagantly（奢侈）

decorated with some of the finest pictures, tapestries（织锦）and works of art from the Royal Collection.

The UK Parliament is one of the oldest representative assemblies（集会）in the world, having its origins in the middle of 13th Century. Members of the public, overseas and the UK residents are permitted to take a tour of the houses of parliament, taking in the grand halls and chambers.

The Tower of London（伦敦塔）was started building originally as a huge stone stronghold（要塞）in 1066 by William, who was a conqueror from Normandy（诺曼底）and crowned（加冕）King of England. He ordered this fort to be a "symbol of his power, a fortress for his defense and a prison for his enemies". The Tower was finished twenty years later, rising nearly one hundred feet high, with its walls fifteen feet thick in certain places. Inside were a chapel（礼拜堂）, apartments, guardrooms（卫兵室）and crypts（地窖）. The Tower was protected by a wide ditch（壕沟）, a new stone wall, the old Roman wall and the Thames River(泰晤士河). The Tower of London has been the sight of murders, marriages, uproars(骚动）, museums and zoos.

Tower Bridge（伦敦塔桥）, as an excellent piece of architecture, a busy highway across the river Thames, and a high-powered machine that can hoist（提升）up and allow tall ships through, is also a tourist attraction. The bridge was designed by architects Horace Jones（贺瑞斯·琼斯）and John Wolfe Barry（沃尔夫·巴里）. It took eight years and more than 11,000 tons of steel to build this bridge and it opened in 1894. Its massive engines can raise the bascule（活动）bridge arms in just over a minute to a level of 86 degrees. Initially the bridge was raised over 600 times a month but since usage of the Thames has greatly subsided（衰减）it is was only raised about 500 times per year mainly by cruise ships（巡洋舰）and naval vessels（军舰）. The towers and high-level walkway re-opened to the public in 1982 as part of the Tower Bridge Experience. There is no charge for crossing the bridge itself.

The British Library（大英图书馆）was established in 1973 on the amalgamation（合并）of the National Central Library, the National Lending Library for Science and Technology, the British National Bibliography（文献）and the collections of works from the British Museum. In 1753 the British Museum started its literary section with the acquisition(获得）of a collection of manuscripts and rare books. Continued growth through the years notably with the addition of the old Royal Library in 1757 and King George III's library in 1823. The Library's collection consists of over 16 million books and magazines, 660,000 newspaper titles and 295,000 manuscripts stored on more than 360 miles of shelving（书架）in London and

Yorkshire（约克郡）. It was only the national centre for reference, study and bibliographical and other information services, in relation both to scientific and technological matters and to the humanities（人文学科）.

2. Manchester（曼彻斯特）

Manchester is one of Britain's largest metropolitans（大都会）, set in the old county of Lancashire（兰开夏郡）, on the west side of the Pennine Hills（奔宁山）. It was here that the Industrial Revolution（工业革命）was born through the enterprise, industry and early development of its merchant skills, the coincidental（巧合）admixture of climate, suitable natural resources and geography, the inventiveness（创新）of its people, the early building of transport infrastructures, and a powerful industrial entrepreneurial spirit（企业精神）which has long typified the region.

Manchester has many fine listed buildings. The gorgeous Manchester Cathedral offers visitors a delightful glimpse at fine medieval carving and architecture as well as breathtaking the 20th century stained glass. The Manchester Art Gallery Museum is the cultural gem（珍品）of Manchester. Its exhibitions include thousands of paintings, sculptures and ceramics（陶瓷）from world-renown crafts people.

As a cosmopolitan city, it offers more than 30 styles of foreign cuisine, with distinctive Chinese and Asian areas of speciality（特色菜）. It has 80 golf courses（场地）, more theatres than any other city outside London, two Premier League football teams, two major television companies, three universities, two symphony orchestras（交响乐队）and many small chamber ensembles（合唱团）. It leads the field in music. Since the mid-1980s, Manchester popular music has dominated music charts. It is also an excellent base for tourism. Within 1 hour's drive are 3 major National Parks. Also within an hour's drive are the seaside towns, as well as the great cities of Lancaster（兰开斯特）, York（约克）, Chester（切斯特）and Liverpool.

3. Liverpool（利物浦）

Liverpool is a major tourist attraction with busy docks and enticing（迷人）shops. Originating as a fishing village in the thirteenth century, the city became an integral（完整）trade center between Europe and the Americas by the eighteenth century. The city's Albert Docks（阿尔伯特码头）was the departure point for the nineteenth century emigrants who ventured into the New World. The old warehouses（仓库）had fallen into despair after the shipping trade had declined. Now converted(改造) into shops, restaurants and museums, these once dilapidated(荒毁) buildings have been transformed into an activity center for travelers.

Liverpool presents a colorful array of interesting and informative amusements (娱乐) from the Merseyside Maritime Museum (默西塞德海事博物馆) to the Tate Gallery (塔特艺术馆) . In addition, visitors may trace (寻踪) the Beatles' (披头士乐队) lives from childhood to stardom (明星) and beyond through the Beatles Story.

Other sites in Liverpool include the Walker Art Gallery (沃克艺术走廊) , which displays collections of paintings dating from the fourteenth century. Sir Andrew Walker (安德鲁 · 沃克) , a former city mayor, had provided the funding to build the gallery in 1873. Unique to the city is the Roman Catholic Metropolitan Cathedral (罗马天主教堂) , a circular building boasting a lantern tower (灯塔) that contains 25,000 pieces of stained (彩色) glass.

4. Cambridge (剑桥)

Resting on the banks of the River Cam (康河) for over two thousand years, the city of Cambridge is home to the prestigious University of Cambridge. When Oxford University students felt discontent (不满) with their school, they established this university nearly eight hundred years ago. For some sightseeing enjoyment, Cambridge offers the Fitzwilliam Museum (菲茨威廉博物馆) , which is considered as having one of the finest collections of paintings and rare books. To see magnificent stained glass windows, the King's College Chapel (国王学院礼拜堂) boasts a quite impressive display including a vaulting fan (圆拱) built completely out of stone. Following a style imported from sixteenth century Venice, the Bridge of Sighs(叹息桥) is another site to visit.

A Beautiful college town, Cambridge allows visitors to truly experience life. Drink and socialize at the local pubs, or completely lose track of time while drifting (漂流) in and out of the weeping willows (垂柳) overhanging the River Cam. During the festive season, hear the carolers' (欢歌者) singing echo down the narrow lanes (小巷) where Darwin and Newton once walked. The Hooper House (桶匠铺) , originally constructed in the late of 1,600s, has endured many changes and additions throughout its 300-year history. It is believed to be the oldest house in Cambridge.

With the mission of promoting cross-cultural interchange and using the arts to bridge the gaps of difference and ignorance that fuel racism and other forms of bigotry (顽固) , the Cambridge Multicultural Arts Center(剑桥多元文化艺术中心) presents a high caliber(才华) of arts and humanities programs.

5. Edinburgh (爱丁堡)

The city of Edinburgh is renowned worldwide for its history, architecture, scenery and cultural attractions. There are signs of human activity in the area from at least 5000 BC with fortifications (要塞) evident from 1000 BC. Celtic (凯尔特人) and Roman occupants (居住者) were followed by Northumbrians (诺森伯兰人) and Scots. In the 15th Century it was made Scotland's capital, but its importance as the political centre of Scotland was later diminished by the Union of 1707 with England. Later cultural and architectural achievements in the 18th and 19th centuries earned it the title Athens of the North (北方雅典) .

Today, Edinburgh is known worldwide as a tourist Mecca (麦加) , as a major financial centre, and as the site of a largest international arts festivals, held annually since 1947. In addition, the city's importance as a political centre was re-established with the opening of the Scottish Parliament in 1999. The economy is oriented to services, particularly in the areas of finance, science and the professions.

Edinburgh Castle is a symbol landmark. Begun around 1000 AD at the highest point of a narrow ridge, it is a natural fortress, with only one easy approach (通道) . The castle has witnessed some of the bloodiest and most treacherous (叛乱) events in Scottish history. The National Gallery of Scotland is situated in the heart of Edinburgh and is home to Scotland's greatest collection of European paintings and sculpture from the Renaissance to Post-Impressionism (后印象主义) . The museum opened to the public in 1859 and includes works by Pisarro (皮萨罗) , Raphael (拉斐尔) , Rembrandt (伦布兰特) and Titian (提香) . The Gallery also boasts the most comprehensive (综合) collection of Scottish painting in the world. The Scottish Portrait Gallery can be found nearby and includes great paintings of Scots rather than by Scots.

Part Four MICE Industry

1. Exhibition Centre London (伦敦展览中心)

Exhibition Centre London (or ExCeL London) is an exhibitions and conference centre in the London Borough (区) of Newham (纽汉) , England. The centre was opened in November 2000, and in May 2008 was acquired by Abu Dhabi (阿布扎比) National Exhibitions Company. Phase II was completed on May 1，2010. This 164 meters expansion increased ExCeL's event space by 50% to nearly 100,000 square meters, and added further meeting space, banqueting facilities and event space. The extension also includes a flexible 5,000 seat International Conference Centre.

ExCeL London has hosted numerous consumer and trade, private and public events including exhibitions, conferences, concerts, weddings and religious events since its opening. Among these have been London Boat Show, British International Motor Show, Grand Designs Live, London International Music Show, Star Wars Celebration Europe（星球大战欧洲庆典）, London Marathon Registration, World Travel Market, London Wine & Spirits Fair.

2. National Exhibition Center（国家展览中心）

The National Exhibition Centre（NEC）is an exhibition centre in Solihull（索利赫尔）, England. It is near junction 6 of the M42 motorway, and is adjacent（临近）to Birmingham International Airport and Birmingham International railway station. It has 20 interconnected halls, set in grounds of 2.54 square kilometers making it the largest exhibition centre in the UK. It is the busiest and seventh-largest exhibition centre in Europe.

Opened by Elizabeth II in February 1976, the first event was International Spring Fair. Growing annually, the event now occupies all of the NEC's 20 halls. The NEC was home to the British International Motorshow from 1978 to 2004. In addition, it also hosted the Classic Motor Show.

Since 1991, the NEC has been the venue for the international dog show Crufts（克鲁弗兹名犬秀）. Held over four days and using five halls, Crufts attracts an estimated 160,000 visitors annually. The 1991 show was also Crufts centenary year, and as part of the celebrations to mark the occasion, the Guinness（吉尼斯）World Records gave official recognition of the events status as the worlds largest dog show, with 22,973 dogs being exhibited that year.

3. Edinburgh International Conference Centre（爱丁堡国际会议中心）

The Edinburgh International Conference Centre（EICC）, is the principal convention and conference centre in Edinburgh of Scotland. The centre is at the heart of the masterplanned Exchange District in the west end of the city, and was designed by the architect Sir Terry Farrell（特里·法瑞尔爵士）.

Construction on the EICC began in March 1993 and the centre opened in 1995. It caters（接待）to around 200,000 delegates every year and generates in excess of 60 million in revenue for the City of Edinburgh.

In 1999 the annual General Assembly of the Church of Scotland was held in the EICC. The Church's Assembly Hall was being used by the Scotish Parliament at the time. The Commonwealth Heads of Government Meeting 1997 was held in the EICC. To commemorate this occasion, the Clydesdale（克莱兹代尔）Bank issued a special commemorative（纪念币）20 note.

4. International Convention Centre, Birmingham（伯明翰国际会议中心）

The International Convention Centre（ICC）is a major conference venue in central Birmingham, England. The centre includes Symphony Hall（交响音乐厅）and it faces Centenary Square（世纪广场）. The site was opened on June 12, 1991 by Queen Elizabeth II.

The building was the focal point for the G8 summit meeting of world leaders in 1998. Inside the building, numerous connecting bridges and walkways line the atrium（中庭）overhead connecting the eleven halls. The ICC has a total capacity of 8,000 delegates. The largest hall, Hall Three, can hold up to 3,000 delegates when fully utilising its 3,000 square meters space.

5. Wales Millennium Centre（威尔斯千禧中心）

Wales Millennium Centre is an arts center located in the Cardiff Bay area of Wales. The site covers a total area of 4.7 acres. Phase 1 of the building was opened in 2004 and phase 2 opened in 2009. The centre has hosted performances of opera, ballet, dance, comedy and musicals.

The Centre comprises one large theatre and two smaller halls with shops, bars and restaurants. It houses the national orchestra and opera, dance, theatre and literature companies, a total of eight arts organisations in residence. The main theatre, the Donald Gordon Theatre, has 1,897 seats, the BBC Hoddinott（霍迪诺特）Hall 350 and the Weston Studio Theatre 250.

6. First Modern Public Exhibition（第一届现代公共展览会）

The first modern public exhibition took place in London during 1756, when the Royal Society of Arts（皇家艺术学会）inaugurated（首创）its series of Fine Art Exhibitions. Prizes were offered for improvements in the manufacture of tapestry（织锦）, carpets and porcelain（瓷器）, and winners were chosen from a competition of submitted articles. The show was open to society members and their friends.

7. The Great Exhibition（万国博览会）

The Great Exhibition of the Works of Industry of all Nations was an international exhibition that took place in Hyde Park（海德公园）, London, from May 1 to October 15, 1851. It was the first in a series of World's Fair exhibitions of culture and industry that were to become a popular 19th-century feature.

The Crystal Palace（水晶宫）was an enormous success, being considered not only an architectural marvel, but also an engineering triumph that emphasized the importance of the Exhibition. Six million people, equivalent（相等）to a third of the entire population of Britain at the time, visited the exhibition. The Great Exhibition made a surplus（盈余）of £186.000, which was used to found the Victoria and Albert Museum, the Science Museum and the Natural History Museum. The remaining surplus was used to set up an educational trust to provide grants（助学金）and scholarships for industrial research and continues to do so today.

Exhibits came, not only from throughout Britain, but also its expanding imperial colonies, such as Australia, India and New Zealand, and foreign countries, such as Denmark, France and Switzerland. Numbering 13,000 in total, they included an envelope machine（信封机）, kitchen appliances（厨具）, steel-making displays and a reaping machine（收割机）.

8. Manchester Art Treasures Exhibition（曼彻斯特艺术展）

The Art Treasures of Great Britain was an exhibition of fine art held in Manchester from May 5 to October 17, 1857. It remains the largest art exhibition to be held in the UK, possibly in the world, with over 16,000 works on display. It attracted over 1.3 million visitors in the 142 days it was open, about four times the population of Manchester at that time, with many visiting on organised railway excursions. Its selection and display of artworks had a formative influence on the public art collections which were being established in the UK at the time, such as the National Gallery, the National Portrait Gallery and the Victoria and Albert Museum.

9. 1948 Summer Olympics（1948 夏奥会）

The 1948 Summer Olympics was held in London. After a 12 year hiatus（中断）because of WWII, this was the second occasion that London had hosted the Olympic Games.

The event came to be known as the Austerity（紧缩）Games due to the economic climate and post-war rationing（配给）. No new venues were built for the games and athletes were housed in existing accommodation instead of an Olympic Village. A record 59 nations were represented by 4,104 athletes, 3,714 men and 390 women, in 19 sport disciplines. Because of their roles as aggressors in WWII, Germany and Japan were not invited to participate；the USSR（苏联）were invited but chose not to send any athletes. The United States team won the most total medals, 84, and the most gold medals, 38. The host nation won 23 medals, three of them gold.

10. Commonwealth Games（英联邦运动会）

The Commonwealth Games is an international, multi-sport event involving athletes from the Commonwealth of Nations. As well as many Olympic sports, the Games also include some sports that are played mainly in Commonwealth countries. The Game is overseen by the Commonwealth Games Federation（CGF）, which also controls the sporting programme and selects the host cities. The host city is selected from across the Commonwealth, with 21 cities in seven countries having hosted it.

The event was first held in 1930 under the title of the British Empire Games in Hamilton（哈密尔顿）, Ontario（安大略省）, Canada. The event was renamed as the British Empire and Commonwealth Games in 1954, the British Commonwealth Games in 1970, and gained its current title in 1978. Only six teams have attended every Commonwealth Games：Australia, Canada, England, New Zealand, Scotland and Wales. Australia has been the highest achieving team for thirteen games, England for seven and Canada for one. There are currently 54 members of the Commonwealth of Nations, and 71 teams participate in the Games.

11. British International Motor Show（英国国际汽车展）

The British International Motor Show is an automobile show held biennially（双年）. The first British Motor Show organised by the Society of Motor Manufacturers and Traders was held at Crystal Palace in 1903. It subsequently（随后）moved to Olympia（奥林匹亚）in London, where it was held each year for 32 years. From 1937 until 1976, it was held at Earl'Court in London, before moving to the National Exhibition Center（NEC）Birmingham in 1978. The NEC hosted the show every other year until the last show there in May 2004. The 2004 show was moved from the traditional October date to May to avoid conflicting with the other two major autumn motor shows in Frankfurt and Paris. In 2006 the motor show was returned to London, taking place at ExCeL in London Docklands. The 2010 show has been cancelled due to the economic downturn.

12. Farnborough Airshow（法保罗夫航空展）

The Farnborough International Airshow is a seven-day international trade fair for the aerospace business which is held in even-numbered years in mid-July at Farnborough Airfield in Hampshire（罕布什尔郡）, England.

The airshow is organised by Farnborough International Limited, a British aerospace industry organization, to demonstrate civilian and military aircraft to potential（潜在）customers and investors. Along with the Paris Air Show, Farnborough is an important event for the aerospace industry, known particularly for the announcement of new developments and orders.

As of the 2010 edition, the show takes place in five indoor exhibition halls and an outdoor aircraft static display. Demonstration flights and a flying display are held each day of the show. On the last two days, the general public are admitted, and some non-commercial items are added to the static（静态）and flying displays. Since 1996, the show has had its own official radio station operated by the staff and students of near-by Farnborough College of Technology. In 2004, the show was attended by more than 1,300 exhibitors and 150,000 trade visitors.

13. London Fashion Week（伦敦时装周）

London Fashion Week is an apparel（成衣）trade show held twice yearly in February and September. Organised by the British Fashion Council（BFC）for the London Development Agency with help from the Department for Business, Innovation and Skills, it first took place in 1984 and currently ranks alongside New York, Paris and Milan as one of the Big Four Fashion Weeks. It presents itself to funders as a trade event that also attracts significant press attention and benefits to tax payers（纳税人）. A retail-focused event, London Fashion Weekend, takes place immediately afterwards at the same venue and is open to the general public.

The current venue for most of the on-schedule events is Somerset House（萨默塞特宫）in central London, where a large marquee（遮篷）in the central courtyard hosts a series of catwalk shows by top designers and fashion houses, while an exhibition, housed within Somerset House itself, shows over 150 designers. However, many off-schedule events, such as On/Off and *Vauxhall Fashion Scout*（《沃克斯豪尔时尚风》）, are organised by other public-funded groups and take place at other venues in central London.

14. International Wine and Spirit Competition（伦敦国际品酒赛）

The International Wine & Spirit Competition（IWSC）is founded in 1969 by the oenologist（品酒家）Anton Massel（安东·马塞尔）. Each year the competition receives entries from over 80 countries worldwide. It culminates（达到高潮）in London in November with the annual awards presentation（授予）and banquet, which takes place at the historic City of London Guildhall（吉尔德霍尔）. The competition is considered to be the most prestigious wine and spirit competition. The awards given by the competition are considered to be some of the highest honors in the industry.

The judging process is rigorous with two stage ; blind tasting and detailed technical analysis undertaken by an independent laboratory. The competition maintains its high standards and smooth running by having its own purpose built premises（场地）including temperature controlled cellars, tasting rooms and a dedicated team of staff. The competition has its own storage facilities（设施）and cellaring for over 30,000 bottles. Judges sit in dedicated tasting rooms and are served only numbered glasses and an assessment sheet.

It takes over six months to judge all the products as they are sorted into over 1,500 categories. Initially all judging is by region/area, variety/style/type, vintage/age etc. Wines and spirits that win awards may then go forward to the appropriate trophy category to compete at national or international level.

The International Wine & Spirit Competition has over 250 specialists that travel from all over the world to judge. Many are Masters of Wine ; some are winemakers or distillers（蒸馏酒者）; others are trade specialists. Every judge is screened and panels selected for their knowledge and expertise（专长）. All judges also attend an IWSC judge's induction course.

15. Edinburgh Festival（爱丁堡艺术节）

Edinburgh Festival is a collective term for several simultaneous（同步）arts and cultural festivals that take place during August each year in Edinburgh, Scotland.

The Festival, which is the largest cultural event in the world, traces its roots to 1947 when the Edinburgh International Festival（EIF, 爱丁堡国际艺术节）was established in a post-war effort to provide a platform for the flowering of the human spirit. That same year, eight theatrical companies organized their own event, outside the official auspices（主办）of the EIF ; this started the movement which grew into the Edinburgh Festival Fringe（EFF, 爱丁堡边缘艺术节）. The EIF and the EFF remain independent bodies and run separate programmes each year.

Edinburgh International Festival is consisting of classical and contemporary theatre, opera, music, dance, visual arts, talks and workshops. In addition to ticketed events, there is an ongoing street fair, particularly on the Royal Mile. There were an estimated 18,901 performers from 60 countries.

16. Edinburgh International Film Festival（爱丁堡国际电影节）

The Edinburgh International Film Festival（EIFF）is an annual fortnight（两星期）of cinema screenings and related events taking place each June. Established in 1947, it is the world's oldest continually running film festival. The EIFF aims to present both UK and international movie premieres（首映式）and to exhibit the work of film-makers.

The first EIFF, a programme of documentaries（纪录片）, was presented by the Edinburgh Film Guild alongside the 1947 Edinburgh International Festival. At the time, Cannes（戛纳）and Venice（威尼斯）were the most significant annual film festivals. Over the subsequent years, the programme expanded to include fiction films and experimental work in addition to documentary. From 2008, the film festival moved from its traditional August slot（安排）to June.

17. Edinburgh International Television Festival（爱丁堡国际电视节）

The Edinburgh International Television Festival, founded in 1976, is held annually over the British August bank holiday weekend at the Edinburgh International Conference Centre.

Featuring prominent（著名）television industry voices（发言）and sessions（会议）covering pertinent（相关）issues facing the future of broadcasting, the Festival is best known for its keynote address（主旨演讲）, the James MacTaggart Memorial Lecture（詹姆士麦克塔格特纪念演讲）.

18. Edinburgh International Book Festival（爱丁堡国际图书节）

The Edinburgh International Book Festival takes place in the last three weeks of August every year in Charlotte Square（夏洛特广场）.

The Book Festival originally took place in a tent in Edinburgh in 1983. At first a biannual（每半年）event, the Festival became yearly in 1997. It is now a large international event, central to Edinburgh's acclaimed August arts celebrations. Perhaps as a result of this, Edinburgh was named the first UNESCO City of Literature in 2004.

There are over 700 events for both adults and children in three weeks. They range from writing workshops, education events, panel discussions, to talks and performances by international writers, poets, musicians and thinkers.

19. Glastonbury Festival（格拉斯顿伯里艺术节）

The Glastonbury Festival of Contemporary Performing Arts（当代表演艺术）, commonly abbreviated（简称）to Glastonbury or Glasto, is the largest green field open-air music and performing arts festival in the world. The festival is best known for its contemporary music, but also features dance, comedy, theatre, circus, cabaret（歌舞表演）and many other arts. For 2005, the enclosed（圈占）area of the festival was over 3.6 square kilometers, had over 385 live performances and was attended by around 150,000 people. In 2007, over 700 acts played on over 80 stages and the capacity expanded to 177,000.

20. Cambridge Folk Festival（剑桥民俗节）

The Cambridge Folk Festival is an annual music festival held on the site of Cherry Hinton Hall in Cherry Hinton（切利辛顿）. The festival is renowned for its eclectic（不拘一格）mix of music and a wide definition of what might be considered folk. It occurs over a long weekend（three and a half days）in summer. The festival has become very popular and tickets sell out quickly. Its current title sponsor（冠名赞助商）is the UK's fifth biggest food retailer（零售商）, the Co-operative Group. Until 2008 it was sponsored by BBC Radio 2 where it is broadcast live, while highlights（精彩部分）are recorded and shown later on the digital television channel BBC 4.

It is now run by Cambridge City Council Arts & Entertainments, together with over two hundred event staff.

21. Middlewich Folk and Boat Festival（米德尔威奇民俗船节）

The Middlewich Folk and Boat Festival takes place in June on the Trent and Mersey Canal（特伦特—默西运河）in Middlewich, Cheshire（柴郡）, England. The festival builds on the towns' industrial heritage in which canal boats were used to move coal and other raw materials in the town for the production of salt, and then move the salt out of town.

The Middlewich Folk and Boat festival was originally organised by members of the Middlewich Paddies, an Irish folk band formed in 1979. Since 1990 there has been an annual folk music and canal boat festival. The festival is now firmly established on the folk circuit（巡演）and it is estimated that 30,000 people visit the town during the festival weekend, along with 400 boats, Morris dance（莫里斯舞）and Craft Stalls. The festival was declared among the top three folk festivals in England by *Guardian Online*（《卫报在线》）.

22. Young Storyteller of the Year（年度青年故事赛）

Young Storyteller of the Year is an annual storytelling competition in the UK for young people aged between 15 and 25 since 2005. There are a range of awards including cash prizes and performance platforms at various storytelling festivals.

The event raises the profile（ 形 象 ）of young public speakers, providing them with an annual platform and showcase. Most of the active young storytellers in England and Wales have come through Young Storyteller of the Year. The event is organised by the Traditional Arts Team and supported financially by Arts Council England and Birmingham City Council.

23. Bristol International Balloon Fiesta（布里斯托尔国际热气球节）

The Bristol International Balloon Fiesta is held annually during August. Teams from the UK and other parts of the world bring their hot air balloons to the site and participate in mass ascents（升空）.

The event was first held in 1979 and is now one of the largest in Europe. It is common to have crowds of over 100,000 on each of the four days of the festival. It takes place in a large country estate Ashton（阿什顿）Court. Mass launches are made twice a day, at 6 am and 6 pm, subject to weather conditions.

One popular attraction is the night glow, when balloons are inflated and glow to music after dark. These are held on the opening Thursday night at approx 9:30 pm, followed by a spectacular fireworks display. There is another night glow at the same time followed by the fireworks on the Saturday night. Some people see these as the highlight of the fiesta.

24. Bristol International Kite Festival（布里斯托尔国际风筝节）

The Bristol International Kite Festival is held annually during September. It takes place at the Ashton Court estate（阿什顿庄园）in the district of North Somerset（索默塞）. Entry is free but there is a charge for car parking.

The festival started in 1986. In 1991, the festival hosted the World Cup Sport Kite Championship. Organiser and kite designer Martin Lester（马丁 · 莱斯特）was inducted（引入）into the World Kite Museum hall of fame in 1998. Funding problems have caused difficulties but have been overcome and the festival pulls in crowds of over 30,000.

拓展阅读 搜索

现代旅游业先驱托马斯·库克

人类的旅游活动由来已久，但旅游作为一个专门行业则是近代的事，英国的托马斯·库克（Thomas Cook）可谓“近代旅游业先驱”。

1808年11月22日，库克出生于英格兰德比郡墨尔本镇。他自幼家境贫寒，4岁丧父，母亲改嫁。迫于生计，库克10岁时辍学从业，先在一家蔬菜花木店当帮工，每周挣6便士。后又当木工学徒。17岁时进入拉特兰浸礼教会，任诵经人。1828年，库克成为一名传教士，云游四方，散发浸礼教会的小册子，宣传教义。他由此对旅游产生浓厚兴趣，并出于宗教原因，成为一位积极的禁酒志愿者。

1841年7月5日，库克包租了一列火车，组织570人从英格兰中部的莱斯特（Leicester）出发，前往拉夫堡（Loughborough）参加禁酒大会，还有一个唱赞美诗的乐队跟随。往返行程17公里左右，按团体收费，每人一先令，免费提供带火腿肉的午餐及小吃。虽然这次团体旅行是非商业性的“业余活动”，却面向公众，初具现代旅游活动雏形，为库克以后创办旅行社准备了人脉、口碑和经验。

1845年，库克放弃了木匠工作，筹建了世界上首家旅行社——托马斯·库克旅行社，开始从事具有商业性的旅游组团业务。同年夏，他组织了首次真正意义上的团体旅游。这次旅行为期一周，从莱斯特出发，途中经过若干地点停留参观，最终到达英格兰西部海港城市利物浦。库克事先进行了周密的准备，亲自考察旅游线路，确定沿途游览点，与各地客栈老板商定旅客的吃住事宜，并整理出版《利物浦之行手册》。招募海报一经张贴，报名者极其踊跃。为确保活动成功，库克将规模严格控制在350人以内。很多慕名而来者因名额已满不能如愿以偿，以致出现高价转卖名额的情况。这次旅游活动非常成功，具有现代旅行社包价旅游的特点，开创了旅行社业务的基本模式。

1846年，库克又组织350人到苏格兰集体旅游，配有向导，为每个成员发放了活动日程表和《苏格兰之行手册》。旅游团所到之处受到热烈欢迎。此后，他每年都要组织5000人在英伦三岛之间旅行，成功地将铁路、水路和交通设施结合起来，旅行业务得到快速发展。

1851年5月，英国伦敦水晶宫举办第一届世界博览会，库克抓住这个契机扩大旅行社业务。在展览开幕前，他遍访英格兰主要城市，组织各地旅客赴伦敦观展。他创办了《观光者》月刊杂志，专门介绍各地风光和旅游者见闻。这一年，他组织了16.5万人到伦敦参观展览。1853年，他又成功组织旅客参观都柏林展览。1855年，第二届世界博览会在巴黎举行，库克先后组织50余万名英国游客前往参观，使旅游业第一次从国内走向国际。此次旅游行采用全程包价方式，包括在巴黎4天的游览、食宿以及往返旅费，每人共计36先令。《曼彻斯特卫报》称赞其是“铁路旅游史上的创举”。

到了1864年，经库克组织的旅游人数已累计超过100万人。为进一步拓展旅行社的国际业务，他成立了托马斯·库克父子公司（即通济隆旅游公司），1865年又创办了一家旅游用品商店。1872年，库克组织了9位不同国籍的旅行者进行了为期222天的环球旅行，访问了纽约、华盛顿、南北战争战场、尼亚加拉大瀑布、多伦多等地，将旅游业务从欧洲拓展到北美洲。这次环球旅行非常成功，受到世人称颂。接着，他又在欧洲、美洲、澳大利亚与中东建立起自己的旅行社系统。1880 年，他又打开印度大门，并拓展了埃及市场。1892 年，他创办了国际通用的旅行支票，使旅游者可在世界各大城市自由兑换当地货币，使跨国旅游更加方便。通济隆旅行社还编印了世界最早的旅行杂志，曾被译成 7 国文字，再版 17 次。

1892 年 7 月，84 岁的托马斯·库克离开人世，长眠于英格兰萨里郡泰晤士河畔的瓦尔顿城。他一生创造性地经营着旅游业，在世界旅游史上创造了多项第一，他是国际旅游界的伟人，其名字将永载旅游史册。

——资料来源：www.baike.com/wiki/ 托马斯·库克 .

复习与思考

一、名词解释

英伦三岛　工业革命　水晶宫世博会　BBC 广播公司　披头士乐队
爱丁堡艺术节　斯诺克球　曼联足球队　伦敦时装周　伦敦国际品酒赛

二、问答题

1. 为何说英国是品牌文化发达的国家？
2. 简述英国的兴衰史。
3. 简述英国的会展产业发展概况。
4. 简述英国文化创意产业发展概况及其原因。

三、实践与训练

1. 调研英国励展公司在全球的经营活动。
2. 讨论中英两国如何加强会展旅游产业合作。

Chapter Four

American Region

学习意义 美洲是全球重要的旅游和会展目的地，尤其是美国在全球具有强大的影响力，是全球旅游和会议产业强国。通过系统地学习美国、墨西哥、巴西3个典型美洲国家的基本国情、社会文化、旅游产业与会展产业的基本情况，提高学生与美洲国家进行旅游与会展产业交流与合作的素质与能力。

内容概述 本章主要阐述美国、墨西哥和巴西的基本国情、社会文化、旅游产业与会展产业的基本情况。

学习目标

知识目标

1. 了解美、墨、巴等美洲国家的地理、政治、经济等基本国情。
2. 了解美、墨、巴等美洲国家的历史、文化、教育、社会风俗、美食等。
3. 了解美、墨、巴等美洲国家的旅游产业发展概况以及主要旅游城市。
4. 了解美、墨、巴等美洲国家的会展产业发展概况以及主要的会展项目。

能力目标

1. 能通过网络、文献整理等手段搜集相关资讯，掌握美、墨、巴等美洲国家的旅游产业与会展产业发展现状与趋势。
2. 能运用所学美洲国家的相关知识，对所在地的旅游活动与会展项目进行创新开发。

Section 15　USA

【导读】美国地跨北美南部，落基山、阿巴拉契亚山迤逦两侧，密西西比河纵贯中央，北有五大湖区通江达海。东北地区多英国移民，开发较早，城市连绵，经济发达，信奉清教。西南地区多亚洲移民，深受墨西哥天主教文化影响，经济后来居上；中部地区土著人较多，曾为法国殖民地，农业发达。建国历史不长，但资源丰富，少受战争影响，外来移民带来多元文化，实行三权分立政体，在许多领域影响全球，包括纽约的联合国总部、时装与金融中心，西雅图的波音客机与世博会宇宙针，底特律的汽车城，芝加哥的铁路网与摩天大楼，洛杉矶的唐人街与好莱坞星光大道，迈阿密的迷人海滩，拉斯维加斯的沙漠赌城，华盛顿的白宫与国会图书馆，亚特兰大的迪士尼乐园与可口可乐，休斯敦的宇宙飞船，哈佛大学的诺贝尔奖得主，还有NBA的篮球明星。

Part One　Basic Information

1. Overview

The United States of America（USA）is bordered by Canada to the North and Mexico to the South in North America. Alaska(阿拉斯加）juts out from northwestern Canada；Hawaii(夏威夷）lies 4,000 kilometers off the country's western coast, in the middle of the Pacific. Its capital city is Washington DC.With the territorial area 9.83 million square kilometers in total and around 329 million people, the United States is the fourth largest country by total area and third largest by population. It is one of the world most ethnically diverse and multicultural nations, the result of large scale immigration from many countries. People are Caucasian（71%）, African American（12%）, Latino（拉丁美洲人）（12%）, Asian（4%）and Native（土著）American（0.9%）. Their languages mainly are Spanish, English and Native American languages.

2. Geography

The continental US stretches across North America from the North Atlantic Ocean to the North Pacific Ocean. There are three major mountain ranges such as the Appalachians（阿巴拉契亚山）in the east and the titanic Rocky Mountains（落基山）in the west. The

Atlantic Coast is the most heavily populated area with the oldest cities of Boston, New York, Washington and Philadelphia（费城）. The central northeast is marked by the Great Lakes : Superior（苏必利尔湖）, Michigan（密执安湖）, Huron（休伦湖）, Erie（伊利湖）and Ontario（安大略湖）. The rivers and canals linking the lakes to the Atlantic Ocean made virtual seaports out of midwestern cities like Chicago（芝加哥）and Detroit（底特律）. The central area, drained by the Mississippi（密西西比河）, Missouri（密苏里河）and Ohio Rivers（俄亥俄河）, is the grain basket of the country. Farther west, on the Great Plains, are the country's chief grazing（放牧）areas. This is cowboy（牛仔）country. Desert predominates in the southwest, where the climate and degraded soils keep population density to a minimum. Cross the Sierra Nevada（内华达山脉）is the West Coast. Mt McKinley（麦金利山）is highest point in North America.

With such varied topography（地貌）, the US has rich natural resources, such as coal, copper, lead（铅）, uranium（铀）, gold, iron, mercury（汞）, nickel（镍）, silver, tungsten（钨）, zinc（锌）, petroleum, natural gas, timber and so on. At the same time, it has extremely diverse ecosystems（生态系统）. The most impressive flora is the huge sequoias（美洲杉）of the West Coast, some of which are believed to be the oldest living things on earth. The eastern states are home to leafy hardwood forests of maple（枫）, oak（橡）and elm（榆）, which burst into color in autumn. The largest land mammals, such as bears, elk（麋）and deer, roam（漫游）the northwestern states. The southern states are home to some of the most interesting fauna（动物）, including the alligator（鳄鱼）, rattlesnakes（响尾蛇）and wild boar（野猪）.

3. Climate

Including the non-continental states of Hawaii and Alaska, the US covers all kinds of environment from tropical to arctic（北极区）. It is mostly temperate, but tropical in Hawaii and Florida, arctic in Alaska, semiarid（半干旱）in the great plains west of the Mississippi River, and arid in the Great Basin of the southwest. The US is most popular with travelers during the summer.

4. Politics

The USA has a federal system, with the president as both the chief of state and head of government. President and vice president are elected on the same ticket by a college of representatives who are elected directly from each state ; they serve four-year terms. Cabinet appointed by the president with Senate（参议院）approval（核准）.

Bicameral Congress consists of the Senate and the House of Representatives（众议院）. The nine justices of Supreme Court（最高法院）are appointed for life on condition of good behavior by the president with confirmation（确认）by the Senate.

Each state（州）has its own constitution and a government that generally mirrors that of the federal government. The governor is the state's chief executive, and a state senate enact state laws, and a state police and court system enforce them. Among other things, states are responsible for education, criminal justice, prisons, hospitals, administration of elections, regulation of commerce and maintenance（维护）of highways. Many of these things are now done in cooperation with federal government, especially for funding purposes.

The states are further divided into counties, cities, towns and/or special districts that provide services like police, sanitation（卫生）, schools and so on. Local government units often combine to administer a large urban area as a single unit.

Democratic Party, Green Party, Libertarian Party and Republican Party are the main political parties. Its Flag includes 13 equal horizontal stripes（横纹）of red alternating with white and a blue rectangle（矩形）in the upper hoist-side corner bearing 50 small, white, five-pointed stars ; the 50 stars represent the 50 states and the 13 stripes for the 13 original colonies.

5. Economy

The US has the largest and most technologically powerful economy in the world. In this market oriented economy, private individuals and business firms make most of the decisions, and the federal and state governments buy needed goods and services predominantly in the private marketplace. US business firms enjoy considerably greater flexibility（弹性）than their counterparts（同行）in Western Europe and Japan in decisions to expand capital plant, to lay off surplus（过剩）workers, and to develop new products. US firms are at the forefront in technological advances, especially in computers and in medical, aerospace（宇航）and military equipment ; their advantage has narrowed since the end of WWII. Long-term problems include inadequate investment in economic infrastructure, rapidly rising medical and pension（养老金）costs of an aging population, sizable trade and budget deficits（赤字）, and stagnation（停滞）of family income in the lower economic groups.

Its major industries include those of oil, electronics, computers, automobile manufacturing, aerospace industries, agriculture, telecommunications, chemicals, lumber, mining, processing and packaging. And its major trading partners are Canada, Japan, Mexico, China and the

EU.The United States is the largest importer of goods and second largest exporter. In 2010, the total US trade deficit was $635 billion, and oil was the largest import commodity, while transportation equipment was the country's largest export. China is the largest foreign holder of U.S. public debt.

The United States has a capitalist mixed economy which is fueled by abundant natural resources and high productivity. In 2009, the private sector was estimated to constitute 86.4% of the economy. While its economy has reached a postindustrial level of development and its service sector constitutes 67.8% of GDP, the United States remains an industrial power. Chemical products are the leading manufacturing field. The United States is the third largest producer of oil in the world. It is the world's number one producer of electrical and nuclear energy, as well as liquid natural gas, sulfur, phosphates and salt. While agriculture accounts for just under 1% of GDP, the United States is the world's top producer of corn and soybeans. Consumer spending comprises 71% of the US economy in 2013. The 2008~2012 global recession had a significant impact on the United States.

Part Two Culture and Customs

1. History

It's believed that the continent's first inhabitants walked into North America across the Bering Strait（白令海峡）from Asia. For the next 20,000 years these pioneering settlers were left alone to develop distinct and dynamic cultures. By the middle of 1550s, much of the Americas had been poked（惊扰）by explorers from Spain, Portugal, England and France. The Spanish founded the first permanent（永久）European settlement in St Augustine（奥古斯丁）of Florida in 1565；the French moved in Maine（缅因）in 1602, and Jamestown（詹姆斯敦）of Virginia（弗吉尼亚）became the first British settlement in 1607. The first Africans arrived as Indentured Laborers（契约劳工）with the Brits（英国人）a year prior to English Puritan pilgrims（清教徒）escape of religious persecution（迫害）. The pilgrims（清教徒）founded a colony at Plymouth（普利茅斯）Rock of Massachusetts（马萨诸塞）in 1620.

British attempts to assert（宣称）authority in its 13 North American colonies led to the French and Indian War（1757~1763）. The British were victorious but were left with a nasty（讨厌）war debt, which they tried to recoup（补偿）by imposing（加征）new taxes. The rallying（集会）cry "no taxation without representation" united the colonies. British general Cornwallis（康华利）surrendered to American commander George Washington（华盛顿）at Yorktown（约克镇）of Virginia in 1781. The colonies were recognized as the new nation of the United States of America following *the Treaty of Paris*（《巴黎条约》）in 1783.

During the 19th and 20th centuries, a combination of land purchases, diplomacy and outright（公开）wars of conquest made 37 new states add to the original 13 as the nation expanded across the North American Continent and acquired a number of overseas possessions（领地）. The South remained firmly committed to an agrarian（农业）life heavily reliant（依赖）on African-American slave labor. Tensions were on the rise when abolitionist（废奴主义者）Abraham Lincoln was elected president in 1860. The South seceded（脱离）from the Union, and the Civil War began the following year. The North prevailed（获胜）in 1865, freed the slaves and introduced universal adult male suffrage（选举权）. America's trouncing（击败）of the Spaniards（西班牙舰队）in 1898 marked the USA's ascendancy（优势）as a superpower and woke the country out of its isolationist（孤立主义）. The US still did its best not to get its feet dirty in WWI's trenches（战壕）, but finally capitulated（参战）in 1917, sending over a million troops to help sort out the Germans. The 1929 stock-market crash signaled（预示）the start of the Great Depression（大萧条）and eventually brought about Franklin Roosevelt's（罗斯福）New Deal（新政）, which sought to lift the country back to prosperity. After the Japanese dropped in on Pearl Harbor（珍珠港）in 1941, the US played a major role in defeating the Axis powers（轴心国）.

The end of WWII segued（继续）into the Cold War. The 1960s was a decade of profound social change, thanks largely to the Civil Rights movement（民权运动）, Vietnam War protests and the discovery of sex, drugs and rock'n'roll. In 1974 Richard Nixon（理查德·尼克松）became the first US president to resign（辞职）from office, because of the Watergate Burglaries（水门窃听案）. The 1970s and 1980s were a period of technological advancement and declining industrialism. The collapse of the Soviet Bloc（联盟）in 1991 left the US as the world's sole superpower. On September 11, 2001, the terrorist（恐怖分子）attacked on US soil ; the US launched the War On Terror（反恐战争）by the invasion of Afghanistan（阿富汗）and the overthrow of the Taliban regime（塔利班政权）. In March 2003, the US launched a pre-emptive（先发制人）strike against Iraq. But the toppling（推翻）of Saddam Hussein's（萨达姆）dictatorship has done little to ease tensions in the Middle East. In 2008, the first African–American president, Barack Obama, was elected.

2. Immigrants

As a nation founded by an immigrant population, the US has admitted over 100 million immigrants in its short history, and continues to accept hundreds of thousands of newcomers each year. These immigrants bring their cultures and traditions and are largely free to continue them in the US. Once called a melting pot（民族熔炉）, the US is now described using the concept of a colorful mosaic（多彩盘）to represent the diverse ethnicities（种族）, religions and lifestyles.

The US is often divided into geographic regions that represent subcultures. The most common regional divisions are the West Coast, the Midwest, the South and the East Coast. Further divisions may also be made; for example, the South may further be distinguished（区分）by the Deep South including Louisiana（路易斯安那）and Mississippi, and the Southwest including New Mexico and Arizona（亚利桑那）. In general, Southerners are known for their Hospitality（好客）. The West Coast is known for a more casual（随便）and informal approach to business while the East Coast is often considered the more formal and sometimes conservative counterpart in terms of dress and conduct.

3. Arts

After WWII, the focus of the international art world shifted from Paris to New York. Artists leaving war-torn Europe brought the remnants of surrealism（超现实主义）to the Big Apple（纽约）, inspiring a group of young American painters to create the first distinct American painting style, abstract expressionism（抽象表现主义）.

The US has churned（产生）out a veritable（真正）forest of literature. The illustrious（杰出）lineup（列队）begins with Walt Whitman（沃尔特·惠特曼）, Herman Melville（赫尔曼·梅尔维尔）, Henry James（亨利·詹姆士）and Edith Wharton（伊迪丝·华顿）, and moves into the modern era with William Faulkner（威廉·福克纳）, Ernest Hemingway（欧内斯特·海明威）, Scott Fitzgerald（司各特·菲茨杰拉德）, Arthur Miller（阿瑟·米勒）and so on.

The advent of TV in the 1950s shook Hollywood's hegemony（霸权）to its core, but both forms of cinema and television have managed to coexist. The global distribution（发行）of American movies and TV shows has shaped the world's perception（理解）of the country to a high degree. The American music industry is the world's most powerful and pervasive（深入）. African-Americans' influence, including blues, jazz and hip-hop（霹雳舞）, can hardly be exaggerated（夸大）.

4. Festivals

Americans love parades and pageantry（庆典）, so there's no shortage of events and festivities. Independence Day（独立日）on July 4 is celebrated with lots of flag-waving patriotism（爱国激情）, fireworks and the odd（散）beverage.

Halloween（万圣节）on October 31 is a big deal for kids, who go trick-or-treating（不给糖就捣乱）around their neighborhood. In Greenwich Village, West Hollywood（西好莱坞）and San Francisco, the holiday is celebrated with parades. Americans go home for a big feed on Thanksgiving（感恩节）, the fourth Thursday of November.

5. Cuisine

The types of food served at home vary the most and depend upon the region of the country and the family's own cultural heritage. American Chinese cuisine is a style of cooking served by many Chinese restaurants in the US. However, it is considered to be not authentic（真正）Chinese cuisine by ethnic Chinese but instead a cuisine geared（适应）towards Westerners. With more and more new immigrants arriving from China, more diverse selections of authentic Chinese cuisines are available in major cities.

Tex-Mex is a highly spiced and vibrant style of cooking that developed as an evolution of Northern Mexican cuisine in Texas. The name is derived from names of Texas and Mexico. Tex-Mex cuisine is characterized by its heavy use of beef, beans and spices（香料）.

New England cuisine is characterized by extensive use of seafood and dairy products（乳制品）. Two outstandingly characteristic ingredients native to New England are maple syrup（枫糖）and cranberries（酸果）. The starch（主食）is potato. The favored cooking techniques are stewing and baking（烤）. The strongest outside influences transforming traditional New England cooking in the last century have been the Irish of Boston, the Portuguese fishermen and the Italians.

Midwestern cuisine features simple dishes such as pot roast（烤）, sausage（香肠）, scrapple（玉米肉饼）, pancakes（烤饼）and other comfort foods. Dairy（牛乳）is an important ingredient, especially cheese. Seasoning（调味品）is light, not spicy（辛辣）. As with most cuisine, it is heavily influenced by the various immigrant groups. In the northern Midwest, that consists of mainly Northern European groups. Missouri(密苏里）and Illinois(伊利诺斯）were destinations for many ethnic German immigrants, so sausages and potatoes are more prevalent. Seymour（西摩）in Wisconsin（威斯康星）claims to be the birthplace of the modern hamburger. Italian cuisine is popular in Chicago and St Louis（圣路易斯）.

Southern cuisine draws heavily influences from African-American, Native-American, Irish, French and Spanish cuisines. Its typical foods commonly are sweet tea, grits（粗面包）, biscuits, chicken-fried steak, cornbread（玉米糕）, okra（葵）and pickled（盐渍）watermelon rind（西瓜皮）and peaches（桃）. Fried foods are common in the South, a direct reflection of the influence of slave cooking on the region, since Africans of the time were fond of deep fat frying.

6. Education

In the American educational system children are generally required to attend school from the age of five or six until age 16 or 18, or have graduated from high school. Additionally, many children attend private schools before they reach the age of five.

Public education in the United States is provided by the separate states. It is free, but the US has no standard nationwide curriculum. Funding of schools is often done on the local level, with money obtained from property taxes（财产税）.

Most of the private institutions have traditionally been religious institutions. Poorer families may send their children to these lower-priced schools for a religious education. Some private secular（世俗）schools, military schools and multi-lingual（多语种）schools are available, but maybe very expensive.

The United States is a great center of higher education, boasting more than 1,500 universities, colleges and other institutions of higher learning. There is no national public university system in the United States ; each state has its own public university system. There are also many privately run colleges, universities and trade schools, and the eight Ivy League schools（常青藤联盟）, the Stanford University（斯坦福大学）, the Massachusetts Institute of Technology（麻省理工学院）and the California Institute of Technology（加州理工学院）are prestigious（著名）. Prestigious state universities include the University of California, Berkeley（伯克利）, the University of Virginia, the University of North Carolina, the University of Texas and the University of Michigan.

7. Marriage

The typical coupling（婚姻）in the United States involves two people of different sexes. Couples often meet through religious institutions, work, school or friends. The trend over the past few decades has been for more and more couples deciding to cohabitate（同居）before or instead of getting married. Marriage laws are established by each individual state.

Same-sex marriage is currently legal only in the state of Massachusetts（马萨诸塞）. Married couples typically reside in their own separate dwelling rather than living with others or with their parents.

The typical wedding involves a couple proclaiming（宣布）their commitment（许诺）to one another in front of their close relatives and friends and presided over by a religious figure such as a minister（牧师）, priest（神父）or rabbi（拉比）, depending upon the faith of the couple. In Christian ceremonies（仪式）, the general practice is for the bride's father to "give away" the bride（新娘）to the groom.

Divorce is the province（事务）of the state governments, not the federal government. The divorce rate in the United States has been climbing for decades and as of 2004 hovers（徘徊）around 50%.

8. Family

Beginning in the early of 20th century, the two-parent family known as the nuclear family was the predominant American family type. Children live with their parents until they go away to a college or university, or until they acquire their own jobs and decide to move out into their own apartment or home. Children are expected to be out of the house by their mid 20s. This may come from the long tradition of individualism（个人主义）.

In the early to mid-20th century, the father typically was the sole wage earner and the mother was the children's principal caregiver（监护者）. Today, more and more women have entered the workplace, and in the year 2000 made up 46.6% of the labor force, up from 18.3% in 1900. Dual-earner families are the predominant（主要）type for families with children in the US.

Single-parent households（单亲家庭）have been increasing in number and the majority are black households. In the single-parent household, the mother typically is the sole breadwinner of the family with little to no help from the father to raise the children. They have higher rates of poverty, and children of these households are more likely to have educational problems.

9. Religions

Religion does not play the same role in the United States as in many countries. There is no government-supported religion or established church of state. The government is based on separation of church and state（政教分离）, and people believe this. In general, people are quite private about their religious views. This does not mean that people are not religious, and that religion is not a political issue or an important part of people's lives.

Most people in the United States believe in God, and the majority of people are Christians(基督教). Christianity is divided into Catholicism(天主教)and Protestantism(新教). Protestantism is also divided into many churches : Baptist(浸信会), Methodist(卫理公会), Mormon(摩门教)and Christian Scientist(基督教科学派). Many believers reject evolution in favor of creation and some believe any form of birth control is a sin(罪孽).

10. Characters

Most people in the US believe that the ideal person is independent and self-reliant, and most people think of themselves this way. People in the US do not think of themselves as representatives of their families, communities or social class. Teachers expect students to be independent and individualistic, to work alone and to produce original work.

The Declaration of Independence(《独立宣言》)states "all men are created equal". In many ways people believe this ; you can see equality in such common practices as "waiting in line". In the classroom, all students are the same in the eyes of professors.

Many people in the US are very punctual and organize their activities around schedules. Being late is rude. For business appointments(约会), arrive a few minutes early. For social appointments, arrive 10~15 minutes after the appointed time.

Success in the United States is often measured in dollars. Many people think about money and material possessions as much as time. And most people in the US value friendship more than wealth.

11. Socializing

Men usually shake right hands when they first meet. Men do not usually shake hands with a woman unless she offers her hand first. Right hands are clasped(握紧)at waist level and arm's length. A firm squeeze(抓紧)occurs while the hands are raised slightly, then lowered and released. Do not squeeze too lightly or too strongly, and do not prolong the handshake by refusing to let go ; that is social death in the US.

Touching people often makes them uncomfortable. Men are especially nervous when touched by another man. Women who are good friends may walk arm-in-arm, but only rarely.

People expect others to be at least an arm's length away from them.

Small talk includes topics such as sports, weather, jobs or past experiences. Most people do not talk about religion, politics or personal feelings with strangers. Sex and bodily functions are not discussed. People do not usually talk about the personal lives of their conversation partners.

Most conversations are moderate in volume with few gestures（态势）. Do not speak too loudly or too quietly. During a conversation, the speaker looks briefly into the listener's eyes, briefly away, and then backs at the listener's eyes. The listener should look at the speaker's eyes constantly.

12. American Nose

The Great American Nose is one of the strangest phenomena（现象）in the United States. The American Nose can smell only two : good odors（气味）and bad odors, right odors and wrong odors. Of course, the American Nose prefers good odors and right odors. It must have inherited all its genes directly from its Puritan（清教徒）ancestors（祖先）. Bad odors emanate（散出）from bathrooms, garbage cans, moldy（霉）things, and most of all from human bodies. All natural odors are bad odors.

There are only three good odors, such as artificial flowers, artificial lemons and artificial spices, used to mask（掩饰）all of the bad odors. Does the kitchen smell like cooking? Spray it with great amounts of artificial spice. Does the closet smell moldy? Fill it with odor of roses. Does a person smell sweaty(汗臭)? Roll on quantities of deodorant(除臭剂) with scent of jasmine（茉莉）. Does the bathroom smell like a bathroom? Wipe everything down with scent of lemon cleaner.

Part Three　Tourism Attractions

1. Washington DC（华盛顿特区）

The US Congress met in a variety of cities before the newborn republic was ready to commit to a permanent seat of government. Congress chose the Potomac（波托马克）as a natural midpoint that would satisfy both northern and southern states. This spot had the added benefit（优势）of being across the river from George Washington's home in Mount Vernon（弗农山）. Maryland（马里兰州）and Virginia agreed to cede（划拨）land to create the

District of Columbia. Streets are arranged on a grid（格子）of northsouth numbered streets and eastwest lettered streets. This grid is overlaid by broad diagonal（对角线）avenues. The geometric（几何形）pattern is further interrupted by traffic circles that add to the city's appeal（魅力）. From the Capitol（国会大厦）the city is divided into four quadrants.

The United States Capitol, as political center of the US government and geographic center of DC itself, sits atop a hill overlooking the National Mall. The building is accessible by guided tours, which visit the dramatic Rotunda（圆形大厅）and the old Supreme Court chamber. The tour ends downstairs in the Crypt（地下室）, which has exhibits on the Capitol's history.

A block east of the Capitol, the Library of Congress（国会图书馆）has about 100 million items, including 26 million books, 36 million manuscripts and maps, photographs, sheet music and musical instruments. It's the largest library in the world. The best part of the library is the 1897 Jefferson Building（杰斐逊馆）, with its vaulted（拱状）ceilings and ornate decoration. The library screens free classic films, and occasionally concerts are given.

White House, a 132-room mansion, is presidential address since John Adams（约翰 · 亚当斯总统）. Its stature（地位）has grown through the years：no longer a mere residence, it's now the central icon of the American presidency. The Presidential Palace has changed a great deal over history. It was not originally white. After the British burnt the building in the War of 1812, it was restored and painted. It was Teddy Roosevelt（泰迪 · 罗斯福）who later gave official sanction to the executive mansion's popular name.

The Lincoln Memorial（林肯纪念堂）embodies the American ideal of freedom, tolerance and charity. Designed to resemble a Greek temple, the monument's 36 columns represent the 36 states in Lincoln's union. Completed in 1922, it quickly became a symbol of America's commitment（信奉）to civil rights.

More than 150 years old, the massive 16-museum Smithsonian（史密森尼博物馆群）is DC's premier attraction. Far more than a complex of museums, the Smithsonian is also a vast research and educational institution that cares for approximately 140 million artworks, scientific specimens（标本）, artifacts（古玩）and other objects. Its 14 DC museums and the Smithsonian-run National Zoological Park（国家动物园）together draw millions of visitors each year, and they also offer year-round calendars of films, lectures, kids' activities and other programs, most free.

Vietnam Veterans Memorial（越战老兵纪念馆）has become an American pilgrimage（朝觐）site. A testament（证物）to the sacrifice of soldiers during America's least popular war, the memorial's two walls of polished Indian granite（花岗石）are inscribed with the names of the 58,209 soldiers killed in the war, arranged chronologically（时序）by date of death.

Washington has a lot of events around the year. Regular features on the DC calendar include the beloved Cherry Blossom Festival（樱花节）in March-April and the Smithsonian's Folklife Festival in June. Independence Day is a grand event, including a troops parade, the reading of *the Declaration of Independence*（《独立宣言》）, concerts and fireworks over the Potomac. Other highlights include Martin Luther King Jr Day on the third Monday in January, the Smithsonian Kite Festival in late March, April's White House Easter Egg Roll（复活节滚蛋）. In September, Adams-Morgan Day（亚当斯—摩根日）is a raging（狂野）international block party with global music, food and crafts. This is also the month for the National Frisbee（飞盘）Festival and the DC Blues Festival. On the second Thursday in December, the President illuminates（照亮）the national Christmas tree. There's outdoor partying on New Year's Eve at the Old Post Office（老邮局大厦）.

2. New York（纽约）

New York city, the largest city in the US, occupies five boroughs（区）: Manhattan（曼哈顿）, Brookly（布鲁克林）, the Bronx（布朗克斯）, Queens（皇后区）and Staten Island（斯塔滕岛）. The city is known internationally for its culture, entertainment, dining, fashion, art, sports, finance and more. New York offers more than 18,000 restaurants, 150 world-class museums, and more than 10,000 retail shops of every variety.

American Museum of Natural History, founded in 1869, began with a mastodon's（大象）tooth and a few thousand beetles（甲虫）. Today, its collection includes more than 30 million artifacts. It's most famous for its three dinosaur（恐龙）halls. Other treasures in the permanent collection include the enormous blue whale（蓝鲸）that hangs from the ceiling above the Hall of Ocean Life（海洋馆）and the Star of India sapphire（蓝宝石）in the Hall of Minerals and Gems. Newer exhibitions such as the Hall of Biodiversity feature a strong ecological slant（倾向）. The Butterfly Conservancy（保护区）is a popular recurring exhibition, open from November to May and featuring 600 butterflies from all over the world.

The Empire State Building（帝国大厦）, New York's original skyline symbol, is a limestone classic built in just 410 days during the depths of the Depression. It stands 102 storeys and almost 449 meters tall. Come very early or very late ; a late-night trip to the top makes a wonderfully romantic interlude.

The Upper East Side（上东城）is home to New York's greatest concentration of cultural centers. The big daddy of these is the Metropolitan Museum of Art（大都会艺术馆）. It is undoubtedly one of New York's finest museums with 100,000-plus paintings, sculptures, drawings, prints, photographs, architectural models and design objects.

The 45 meters Statue of Liberty（自由女神像）, unveiled（揭幕）on 28 October, 1886, stands at the crossroads of Old World and New. It's a 354-step climb to the statue's crown（头冠）, the equivalent（相当）of climbing a 22-storey building.

Times Square（时代广场）has long been celebrated as New York' glittery crossroads. The square went into deep decline during the 1960s when the movie palaces turned XXX-rated and the area became known as a hangout（巢穴）for every colorful, crazy or dangerous character in Midtown（中城）. The West Village（西村）is one of the city's most popular neighborhoods, packed with cafes, shops and bars ; all of them huddled（挤）around Washington Square Park, purportedly the most crowded recreational space in the world.

3. Philadelphia（费城）

Philadelphia sits on the west bank of the Delaware River（特拉华河）in southeastern Pennsylvania（宾夕法尼亚）. It's laid out in a grid and divided into four quadrants, each with its own park. Philadelphia now enjoys recognition（公认）as a major cultural center with world-class museums, performing arts centers and some stunning（惊奇）architectures.

Independence National Historic Park is an L-shaped area west of the Delaware River. Called the birthplace of American government, Independence Hall（独立厅）was built between 1732 and 1756 as Pennsylvania State House, the colony's headquarters. The Second Continental Congress（第二届大陆会议）met here from 1775 to 1783. The Assembly Room（集会厅）is where the delegates from the 13 colonies met to approve the *Declaration of Independence*（《独立宣言》）on 4 July 1776, where the design of the US flag was agreed upon in 1777, where the Articles of the *Confederation*（《联邦条例》）were drafted in 1781, and where the Constitutional Convention（制宪大会）was held in 1787. Here, *the Bill of Rights*（《权利法案》）, the first 10 amendments（修正案）, were added to the Constitution, the US Mint was established, George Washington was inaugurated（就职）for his second term.

Nearby, Independence Square（独立广场）is where the Declaration of Independence was read publicly for the first time on 8 July 1776. Liberty Bell Pavilion（自由钟亭）is Philadelphia's top tourist attraction. The 936 kilograms bronze bell became badly cracked during the 19th century ; despite initial repairs it eventually became unusable in 1846 after tolling（敲）for George Washington's birthday. Near to Independence Hall is Franklin

Court, Ben Franklin's（本·富兰克林）home and workplace. An underground museum on the site displays Franklin's various inventions, including a heat-efficient stove（节能壁炉）.

Old City was Philadelphia in its early days. The National Museum of American Jewish History（犹太裔历史博物馆）and the Afro-American Historical & Cultural Museum contain some of the best collections in the country detailing the role of Jews and African Americans in American history.

South Philadelphia has been settled by succeeding waves of immigrants：from the Dutch and Swedish settlers of the 17th century, through the Jewish and Italian arrivals in the 19th and early 20th centuries, to the black, Hispanic and Asian settlers of more recent years. The Italian Market is the main attraction.

4. Chicago（芝加哥）

Chicago, in northeastern Illinois（伊利诺斯州）, stretches for 40 kilometers along the southern tip of Lake Michigan's shore. The Loop（卢普区）is the historic center of the city. Its buildings constitute a virtual textbook of American architecture. The intersection（交叉）of Madison（麦迪逊街）and State Streets is the hub of a numbering system. From this point, all street numbers are predicated on north, south, east or west, depending on which way they radiate.

Art Institute of Chicago（芝加哥美术馆）has a collection that spans 5,000 years of art, and its impressionist and postimpressionist（后期印象派）collection is second only to France's. The bronze lions flanking the steps are Chicago icons. Chicago Cultural Center often sponsors free music concerts. Galleries, exhibitions, beautiful interior design and a permanent museum all make this cultural center an interesting place to roam. Chicago Historical Society is a museum mainly focusing on the average person. The role of the commoner（平民）in the American Revolution sets the tone for the humanistic exhibits.

Lincoln Park, Chicago's most popular neighborhood, is alive day and night with people in-line skating, walking dogs and driving in circles for hours looking for a place to park. The free Lincoln Park Zoo, founded in 1868, enjoys considerable community support. Among the highlights are huge monitor lizards（蜥蜴）, turtles, fruit bats and spiders. The zoo has been a world leader in gorilla（猩猩）breeding, with more than three dozens born here since 1970. Some of their works have been shown in galleries.

Oak Park（橡树园）, 15 kilometers west of Chicago's Loop, is an affluent（富饶）suburb that has been preserved as a National Historic District because Ernest Hemingway（海

明威) was born and raised here. Most of his memorabilia (纪念物) is collected at the Ernest Hemingway Museum.

The hot Chicago summer is the peak of the festival season, with major events taking place in the parks and neighborhoods every weekend. The Chicago Blues Festival is a highly regarded three-day festival held in Grant Park on the first weekend in June. Soon after, Grant Park hosts the weekend-long Chicago Gospel Festival (福音节) and, on Labor Day weekend, the Chicago Jazz Festival. The German-American Festival (德裔美国人节) is an enjoyable event held in the heart of an old German neighborhood at Lincoln Square during the third weekend in September. In May, artistic types get along to Art Chicago. The massive mid-month festival on Navy Pier (海军码头) is a Very Big Deal in Chicago's art world. Over 3,000 artists are featured, and citywide events are held at museums and galleries.

5. Miami (迈阿密)

Miami, Florida's most populated city, sits at the southeastern tip of the United States, bordered by the Atlantic Ocean to the east, the Gulf of Mexico to the west. Half of Miami's population is Hispanic (西班牙裔) , and its immigrant communities focus on what's happening in Havana (哈瓦那) or Caracas (加拉加斯) as much as they follow events in Washington DC, giving the city an international outlook.

Most people come to Miami Beach for its beaches, clubs and bars, and spectacular modern architectural history. The Art Deco Historic District (装饰艺术历史街区) , a collection of pink, lavender (紫) and turquoise (青) buildings dating from the 1920s, is one of the largest areas on the US National Register of Historic Places. Its protection and renovation has been one of the major reasons for the rebirth of Miami as a top-notch (一流) tourist destination. The Deco district is in the heart of lively South Beach (南海滩) .

There are special events all the time in Miami. The biggest event of them is the Carnival Miami, a nine-day festival at the beginning of March. The International Hispanic Theater Festival (国际西班牙语戏剧节) from late May to mid-June is one of the largest Hispanic theatre events in the US, featuring US, Latin America, Caribbean (加勒比) and European theatre companies. The Annual Miami Reggae (瑞格舞) Festival in early August is a huge celebration of the music. The international Miami Book Fair, held during the second week of November, is among the most well attended in the US.

6. New Orleans (新奥尔良)

At the big toe of boot-shaped Louisiana (路易斯安那) , New Orleans nestles between Lake

Pontchartrain（庞特查雷恩）and the Mississippi River. It comprises（构成）a checkerboard（棋盘）of neighborhoods of different wealth and ethnicity（种族）. The French Quarter was the city's original focal point and remains its chief tourist draw. It houses nearly all New Orleans' signature（标志）tourist icons, and Bourbon Street（波钵街）alone, with its stormy nightlife and seedy sex shows, defines the city's bawdy（情色）character. The Quarter is noted for its Spanish architecture, for the district's French-designed buildings were destroyed by the tremendous fires of 1788 and 1794.

Royal Street the main drag of the French Quarter is the postcard image of the neighborhood. Jackson Square remains the central and most important starting point for visitors to the Quarter, with its assortment（杂糅）of street musicians, artists, fortune tellers（算命者）and mimes（小丑）doing their shtick（表演）on the sidewalk. Aquarium（水族馆）of the Americas is at the foot of Canal Street（运河街）.

New Orleans knows best how to party. New Orleans Jazz & Heritage Festival features music to suit just about anybody's tastes, with thousands of performers on more than 10 stages displaying styles ranging from big band to zydeco. Other somewhat less boisterous（喧闹）celebrations include the Black Heritage Festival on the second weekend in March, the Tennessee Williams Literary Festival on the last weekend in March, the French Quarter Festival on the second weekend in April, the Greek Festival on Memorial Day weekend in May. Independence Day features food and entertainment along the riverfront and star-studded musical performances at the Superdome（超级穹顶）.

7. Los Angeles（洛杉矶）

Unlike other metropolises, Los Angeles（LA）is a decentralized hodgepodge（大杂烩）with 88 cities. Its heart is the Downtown（市中心区）, about 19 kilometers east of the ocean. LA's downtown area is framed by freeways rather than any particular geographic boundary. Extending eight blocks east to west, the city's Civic Center is America's largest complex of government buildings after Washington, DC. It contains the most important of LA's city, county, state and federal office buildings including the Criminal Courts Building and the 1928 City Hall. North across Temple St from City Hall is the excellent LA Children's Museum.

A few blocks north of the station, the 16 square blocks of Chinatown comprise the social and cultural nucleus of LA's 200,000 Chinese residents. Here, the businesses of traditional acupuncturists（针灸师）and herbalists（中医）mingle with scores of restaurants and shops whose inventories（售品）vary from cheap kitsch（粗劣品）to exquisite silk clothing, inlaid（镶饰）furniture, antique porcelain and intricate（复杂）religious art.

Little Tokyo, first settled by early Japanese immigrants in the 1880s and thriving by the 1920s, was effectively decimated（破坏）by the anti-Japanese hysteria（狂热）during the WWII years. Thanks to an injection of investment from the old country, Little Tokyo is again the locus for LA's Japanese population of nearly a quarter million. Among its streets and outdoor shopping centers, there are sushi bars（寿司馆）, bento houses（便当屋）and traditional Japanese gardens. Housed in a historic Buddhist temple, the Japanese American National Museum exhibits objects and art history of Japanese emigration to, and life in the USA.

Disneyland（迪士尼乐园）is a masterpiece of picture perfect choreography（舞台）, even the litterbins（垃圾箱）are themed. The park is divided into four different lands namely the Adventureland（冒险园）, Frontierland（拓荒乐园）, Fantasyland（梦幻园）and Tomorrowland（未来园）.

Hollywood（好莱坞）is the movie Mecca and has built its reputation on the glamour（魅力）of the movies, but it certainly holds plenty of historic interest. Head east along the Boulevard（影星大道）, stepping on those famous bronze stars. Soak（渗透）up a bit of 1930s ambience（氛围）, Roosevelt Hotel is where the first Academy Awards were held in 1928. The corner of Hollywood and Vine（藤街）was once the heart of off-screen action for the Industry. The Collectors Book Store on the corner is a treasure trove（藏品）of memorabilia. Universal Studios（环球影城）is the world's largest movie studio. Universal City Walk is a fantasy promenade（漫步）of shops, restaurants, movie theaters and nightclubs. It's best after dark when vibrant neon（霓虹灯）signs transform it into a miniature Las Vegas Strip.

8. San Francisco（旧金山）

San Francisco covers the tip of a 50 kilometers peninsula in Northern California, with the Pacific Ocean on its western side and the San Francisco Bay to the north and east. The best way to explore San Francisco's neighborhoods is on foot. South of Market, a busy warehouse（仓库）district during the day, transforms into nightclub central at night.

Chinatown is densely packed and colorful. There are some curio shops（古玩店）, but the 30,000 Chinese live in a tightly knit, distinctly un-Western community. It's a great place for casual wandering through narrow alleys（小巷）. The most colorful time to visit Chinatown is during the Chinese New Year.

San Francisco Bay is the largest inlet（海湾）on the California coast, stretching about 100 kilometers in length and up to 20 kilometers in width. The beautiful Golden Gate Bridge（金门桥）crosses the 3 kilometers mouth of the bay. Completed in 1937, the bridge remains the symbol of the city.

Berkeley（伯克利）, erstwhile（以前）seat of radical student politics, has mellowed since its 1960s heyday but is still considered a Mecca of liberalism and the bizarre（奇异）. Telegraph Ave（电报大道）is the center of Berkeley's colorful student zone.

Part Four MICE Industry

1. Las Vegas Convention Center（拉斯维加斯会议中心）

The Las Vegas Convention Center（LVCC）is owned and operated by the Las Vegas Convention and Visitors Authority. It is adjacent to the Las Vegas Hilton Hotel and the Renaissance Las Vegas Hotel, and accessible from the Las Vegas Monorail（单轨）. Being one of the largest convention centers in the world with 297,000 square meters of space, it hosts shows with an estimated 200,000 participants.

In January 2010, the LVCC created a Digital Signage system of over 20 screens, providing its attendees with up-to-date, event-specific information and wayfinder maps to facilitate navigation. A variety of shows have been filmed in the convention center. Numerous conventions produce live shows in the facility.

2. Los Angeles Convention Center（洛杉矶会议中心）

The Los Angeles Convention Center（LACC）was opened in 1971 and expanded in 1993 and 1997 with over 67,000 square meters of exhibition space, 13,700 square meters of meeting space, and a 299-seat theater. On September 15, 2008, the Convention Center achieved a historical mark by becoming the first US convention center to be awarded the highly sought after certification（认证）in Leadership of Energy and Environmental Design for Existing Buildings.

The LACC hosts annual events such as the Greater Los Angeles Auto Show and Anime Expo, and is best known to video games fans as host to E3.

3. Times Union Center（时代联合中心）

The Times Union Center is an indoor arena, located in Albany（奥尔巴尼）, New York.

The building is managed by Spectator Management Group. The arena was opened on January 30, 1990. It has a maximum seating capacity of 15,500 for sporting events. It also has 25 luxury suites（豪华套间）, each having 16 seats, cable TV, private bathroom, and private refrigerator, and are located at the top of the inner bowl.

The Times Union Center regularly hosts exhibition games of major sports leagues. The NBA, WNBA and National Hockey League have all played games at the arena. World Wrestling Entertainment has visited the arena quite often. From 1990~1998, 189, 833 WWF（世界摔跤联合会）fans have walked through the Times Union Center doors. Three superstars won their first World Wrestling Entertainment Championship in this arena. Since its opening show, the Times Union Center has become a popular concert venue, due to its proximity（邻近）to larger cities like New York, Boston and Montreal（蒙特利尔）, where concert tickets tend to sell out faster.

4. Exhibition of the Industry of All Nations（万国工业博览会）

Exhibition of the Industry of All Nations was a World's Fair held in 1853 in New York City. It aimed to showcase the new industrial achievements of the world and also to demonstrate the nationalistic pride of a relatively young nation. The fair also included its own glass and iron exhibition building, the New York Crystal Palace. Adjoining the Crystal Palace was the Latting Observatory, a wooden tower 96 with meters high.

5. Centennial Exposition（百年费城世博会）

The Centennial International Exhibition of 1876, the first official world's Fair in the United States, was held in Philadelphia（费城）, to celebrate the 100th anniversary of the signing of the Declaration of Independence. About 10 million visitors attended, equivalent to about 20% of the population of the United States at the time. The right arm and torch（火炬）of the Statue of Liberty（自由女神雕像）were showcased at the Exposition. For a fee of 50 cents, visitors could climb the ladder（扶梯）to the balcony（观景台）, and the money raised this way was used to fund the rest of the statue.

6. World Cotton Centennial（百年棉花博览会）

The 1884 World's Fair was held in New Orleans, Louisiana. At a time when nearly one third of all cotton produced in the United States was handled（经销）in New Orleans and the city was home to the Cotton Exchange（交易所）, the idea for the fair was first advanced by the Cotton Planters Association. The name World Cotton Centennial referred to the earliest surviving record of export of a shipment of cotton from the United States to England in 1784.

The US Congress loaned $1 million to the Fair's directors and gave $300,000 for the construction of a large US Government & State Exhibits Hall on the site. It covered 249 acres, stretching from St. Charles Avenue（圣查尔斯大街）to the Mississippi River, and was notable that it could be entered directly by railway, steamboat or ocean-going ship. The main building enclosed 33 acres, illuminated（照亮）with 5,000 electric lights. There was also a Horticultural（园艺）Hall, an observation tower with electric elevators, and working examples of multiple designs of experimental electric street-cars.

On 16 December, 1884, US president Chester Arthur（切斯特 · 阿瑟）opened the Fair via telegraph. It closed on 2 June, 1885. In an unsuccessful attempt to recover some of the financial losses from the Fair, the grounds and structures were reused for the North Central & South American Exposition from November 10, 1885 to March 31, 1886, with no great success.

7. The Chicago World's Fair（芝加哥世博会）

The Chicago World's Fair, was held in 1893 to celebrate the 400th anniversary（周年）of Christopher Columbus's（克里斯托弗 · 哥伦布）arrival in the New World in 1492. Chicago bested New York City, Washing, DC and St Louis（圣路易斯）for the honor of hosting the fair. The fair had a profound effect on architecture, the arts, Chicago's self-image, and American industrial optimism. The exposition covered more than 2.4 square kilometers. Over 27 million people（about half the US population）attended the exposition during its six-month run.

8. Pan-American Exposition（泛美博览会）

The Pan-American Exposition was a World's Fair held in Buffalo, New York from May 1 through November 2, 1901. It was organized by the Pan-American Exposition Company, formed in 1897. But when the Spainish-American War（美西战争）broke out in 1898, plans were put on hold. After the war, there was a heated competition between Buffalo and Niagara Falls over the location. Buffalo won for two main reasons. First, Buffalo had a much larger population ; it was the eighth largest city in the United States. Second, Buffalo had better railroad connections within a day's journey by rail for over 40 million people. In July 1898, Congress pledged（划拨）$500,000 for the Exposition to be held at Buffalo.

Another helpful factor was that Nikola Tesla（尼科拉 · 特斯拉）had recently invented a three-phase system of alternating current power transmission for distant transfer of electricity. This allowed designers to light the Exposition in Buffalo using power generated 40 kilometers away at Niagara Falls.

9. Louisiana Purchase Exposition（路易斯安那并购博览会）

In 1904, St Louis hosted the world at a major international World's Fair. The Fair celebrated the centennial（百年）of the Louisiana Purchase in 1803, one year late. It was delayed from a planned opening in 1903 to 1904, to allow for full-scale participation by more states and foreign countries. The Fair opened April 30, 1904, and closed December 1, 1904.

The Fair's 4.9 square kilometers site was located at the present-day grounds of Forest Park and on the campus of Washington University, and was the largest fair to date. There were over 1,500 buildings, connected by some 120 kilometers of roads and walkways. It was said to be impossible to give even a hurried glance at everything in less than a week. The Palace of Agriculture alone covered some 324000 square meters.

Exhibits were staged by 62 foreign nations, the United States government and 45 US states（州）. These featured industries, cities, private organizations and corporations, theater troupes（剧团）and music schools. 19,694,855 individuals were in attendance at the fair.

10. Panama–Pacific International Exposition（巴拿马—太平洋博览会）

The Panama-Pacific International Exposition was a world's fair held in San Francisco（旧金山）between February 20 and December 4 in 1915. Its ostensible（表面）purpose was to celebrate the completion of the Panama Canal, but it was widely seen in the city as an opportunity to showcase its recovery from the 1906 earthquake. The fair was constructed on a 2.6 square kilometers site, along the northern shore now known as the Marina（马丽娜）.

11. Century of Progress International Exposition（百年进步世博会）

A Century of Progress International Exposition was the name of a world's Fair held in Chicago from 1933 to 1934 to celebrate the city's centennial. The theme of the fair was technological innovation. Its motto（口号）was "Science Finds, Industry Applies, Man Adapts", and its architectural symbol was the "Sky Ride"（天空之旅）, a transporter bridge perpendicular（垂直）to the shore on which one could ride from one side of the fair to the other.

12. Golden Gate International Exposition（金门世博会）

The Golden Gate International Exposition, held at San Francisco, was a World's Fair that celebrated the city's two newly-built bridges. The San Francisco-Oakland Bay Bridge was dedicated（落成）in 1936 and the Golden Gate Bridge was dedicated in 1937. The exposition was opened initially from February 18, 1939 through October 29, 1939. It opened again from May 25, 1940 through September 29, 1940.

The Theme of this Fair was "Pageant of the Pacific" primarily showcasing the goods of nations bordering the Pacific Ocean. The theme was physically symbolized by "Tower of the Sun" and a giant, 80-foot statue of Pacifica, goddess of the Pacific ocean.

Treasure Island（金银岛）, a completely flat, artificial island, was built specifically for the Exposition. Built by the federal government, Treasure Island was to be an airport for Pan American Airline's Pacific Rim service of flying boats. Due to wartime needs, it was soon turned into a naval base, which was occupied by the US Navy from 1941 to 1997.

13. Seattle World's Fair（西雅图世博会）

The Seattle World's Fair was a World's Fair held April 21 to October 21 in 1962. Nearly ten million people attended the fair. Unlike some other World's Fairs of its era, it ran a profit.

As planned, the exposition left behind a fairground and numerous public buildings and public works；some credit it with revitalizing（复兴）Seattle's economic and cultural life. The fair saw the construction of the Space Needle（宇宙针）and Alweg monorail（阿尔威克单轨）, as well as several sports venues and performing arts buildings. The site, slightly expanded since the fair, is now called Seattle Center；the United States Science Pavilion is now the Pacific Science Center.

14. 1932 Summer Olympics（1932 年夏奥会）

The 1932 Summer Olympics was celebrated in Los Angeles. No other cities made a bid（竞标）to host these Olympics. Held during the worldwide Great Depression, many nations and athletes were unable to pay for the trip to Los Angeles. Fewer than half the participants of the 1928 Summer Olympics in Amsterdam（阿姆斯特丹）returned to compete in 1932. US President Herbert Hoover（赫伯特 · 胡佛）did not attend the Games, the first sitting head of government not to appear at an Olympics hosted in that country.

15. New York Fashion Week（纽约时装周）

The semi-annual New York Fashion Week is held in February and September each year. It is one of four major fashion weeks held around the world.

The first New York Fashion Week, held in 1943, was designed to attract attention away from French fashion during WWII, when fashion industry insiders（业内人士）were unable to travel to Paris to see French fashion shows. Fashion publicist Eleanor Lambert（埃莉诺 · 兰伯特）

organized an event "Press Week" to showcase American designers for fashion journalists. "Press Week" was a success, and fashion magazines like *Vogue*(《时尚》), which were normally filled with French designs, increasingly featured American fashion.

In 1994, the event was moved to its current site in Bryant Park（布赖恩特公园）. Admission is by invitation only, to the fashion industry, fashion press, celebrities（名流）, and internet based Fashion press.

Mercedes-Benz Fashion Week is perhaps the most well-known event held during New York Fashion Week, but not the only one. Many top-name designers show their collections at other venues. Dozens of other fashion shows and related events are held around the city during New York Fashion Week, including Couture（高级时装）Fashion Week NY at the Waldorf-Astoria（华道夫酒店）and iFashion Week by iFashion Network and iConcept Media Group focusing on emerging and independent designers.

16. Miami Fashion Week（迈阿密时装周）

Miami Fashion Week is held every year during the spring in Wynwood（温伍德）Arts District of Miami. It was started in 1998 and is the world's largest fashion week for Latin American and the Caribbean（加勒比）fashion designers.

17. North American International Auto Show（北美国际汽车展）

The North American International Auto Show is an annual auto show held at Cobo Center（科博中心）in Detroit（底特律）, Michigan. It is among the largest auto shows in North America.

The first Auto Show was held in Detroit in 1907 and since then annually except 1943~1952. The show is particularly important because the Metro Detroit area is the location of the headquarters of the Big Three American automakers：Chrysler（克莱斯勒）, Ford（福特）and General Motors（通用汽车）.

The show begins with press preview（预展）days, industry preview days and a charity（慈善）preview event. The charity preview raises money for local children's charities. In 2004 and 2005, the charity preview attracted 17,500 people at $400 a ticket and raised $7 million in total. 35,711 tickets were sold for the industry preview representing people from 24 countries in 2005 and 6,897 credentialed（凭证）press from 63 countries. It is estimated that the show generates revenue（收益）of over $500 million to the local economy.

18. Arctic Thunder Air Show（北极迅雷航空展）

The Arctic Thunder Air Show is an open house event held biannually（每半年）at Elmendorf

（艾尔曼多）Air Force Base outside of Anchorage（安克雷奇）of Alaska（阿拉斯加）since 1990. The 2010 show was marred（破坏）by a tragedy（悲剧）due to a C-17 transport plane crash just a few days before the event, but it still managed to draw a crowd estimated at least 100,000. In addition to performances by military teams such as the Thunderbirds（雷鸟队）and the Blue Angels（蓝天使队）, the show also features appearances by civilian aerial performers.

19. World Dairy Expo（世界乳品博览会）

The World Dairy Expo is a five-day event showcasing dairy cattle and the newest technologies available to the dairy industry（乳品业）, held annually at the Alliant Energy Center in Madison（麦迪逊市）of Wisconsin（威斯康星）. Held in the first week of October since 1967, now it is recognized as a member of the Tradeshow Week Top 200, and the largest and most important dairy cattle show in North America.

Dairy cattle from all over the United States and Canada are exhibited at the show. After a grand champion from each breed is selected, a final judging is held to determine the best two cows in the show. World Dairy Expo is also home to a largest dairy-focused trade show in the world. Over 750 companies from all over the world exhibit to the show's 65,000 attendees.

One of the unusual aspects about the World Dairy Expo is its themes. Since the late 1980s the show has had a theme. Themes have ranged from the simple to the extravagant. The World Dairy Expo offers conferences for the youth in the dairy industry. There are several regional and national judging contests. Contestants compete for honors in dairy judging, dairy foods and dairy forage（草料）.

20. Consumer Electronics Show（消费电子产品展）

The International Consumer Electronics Show（CES）is a major technology-related trade show held each January in the Las Vegas Convention Center, taking up to 18 days to set up, run and break down. Not open to the public, the Consumer Electronics Association-sponsored show typically hosts previews（预展）of products and new product announcements（发布）. CES rose to prominence after COMDEX（康岱电脑展）was canceled.

The first CES was held in June 1967 in New York. It was a spinoff（衍生品）from the Chicago Music Show, which until then had served as the main event for exhibiting consumer electronics. From 1978 to 1994, CES was held twice each year：once in January in Las Vegas and once in June in Chicago. In 1998, the show changed to a once-a-year format（定式）with

Las Vegas as the location. CES 2021 was a full-digital event due to the COVID-19 pandemic.

21. Electronic Entertainment Expo（电子娱乐展）

The Electronic Entertainment Expo, commonly known as E3, is an annual trade show for the computer and video games industry presented by the Entertainment Software Association. It is used by many video game developers to show off their upcoming games and game related hardware. The E3 has been held in late May or early June of each year at the Los Angeles Convention Center. In 2007, the convention was exceptionally（特别）held from July 11 to 13 in Santa Monica（圣塔莫尼卡）of California.

E3 is widely considered to be the ultimate（最大）expo in the video game industry and major video game critics（评论家）routinely（通常）document the event and sometimes even provide a series of E3 awards. Video game companies generally spend more on their presentations for E3 than any other convention.

After reaching a record attendance of 70,000 people in 2005 and 60,000 in 2006, E3 was transformed into invitation-only in 2007 and 2008. A separate conference called the Entertainment for All Expo was held those years to accommodate（满足）the public demand for a major, annual video game event. However, it did not replicate（复制）E3's success and was abandoned, whereas the E3 2009 returned to an open access format.

22. MINExpo International（国际采矿展）

MINExpo International is a trade show sponsored by the National Mining Association. The show exhibits the latest mining and minerals processing technologies, and state-of-the-art machinery and equipment for the coal, metal and nonmetal（非金属）mining processing industries. MINExpo International 2008 was thought to have been the largest mining trade show in the world.

MINExpo International is held every four years and has been held at the Las Vegas Convention Center since 1996. The 2008 MINExpo drew over 44,000 people, an increase of over 44% from the previous show in 2004, and 1,025 exhibitors in an area of 56,000 square meters.

23. SHOT Show（射猎用品展）

The SHOT Show is an annual tradeshow for the shooting, hunting and firearms（枪支）industry. SHOT is an acronym（缩写）for "Shooting, Hunting and Outdoor Trade". This trade show is open only to those in the trade and the press. It is not open to the general public.

The first SHOT Show was held in St Louis（圣路易斯）of Missouri（密苏里）in 1979. The show is owned and sponsored by the National Shooting Sports Foundation. It rotates(轮办) between Las Vegas, Orlando, New Orleans and several other US cities, although in the last few years it has taken place mostly in Las Vegas.

24. World Ag Expo（世界农博会）

The World Ag Expo, held in Tulare（塔拉莱）of California each year during the second week of February, is one of the world's largest agricultural expositions. Prior to its 2001 rename, the event was titled California Farm Equipment Show and International Exposition. In 2006, the event featured more than 1,400 exhibitors, and was attended by California Governor（州长）Arnold Schwarzenegger（阿诺德·施瓦辛格）. The 2008 Expo attracted visitors from as far as the People's Republic of China.

25. Houston Livestock Show and Rodeo（休斯顿牲口秀）

The Houston Livestock Show and Rodeo is the world's largest live entertainment and livestock exhibition. It has been held at Reliant Astrodome（圆形棒球馆）in Houston of Texas since 1966.

The event is 20 days long. It is kicked off（开始）by the Downtown Rodeo Roundup（马术表演）held near Houston City Hall. The Show features championship Rodeo action including bull riding, livestock judging, concerts, a carnival pig racing, barbecue and the Rodeo Uncorked International Wine Competition, shopping, sales and livestock auctions. Traditional trail rides, which start in different areas of Texas and end in Houston, precede the Rodeo events.

The City of Houston celebrates this event with Go Texan Days, where residents are encouraged to dress in western wear for the duration of the Show. The rodeo has drawn some of the world's biggest recording artists. In 2010, attendance reached a record high of 2.2 million, requiring more than 22,000 volunteers.

26. Bishop Mule Days（毕晓普驴节）

Bishop Mule Days is an annual festival celebrating the mule, held in Bishop, California over a six day period just before Memorial Day（阵亡战士纪念日）. It includes competitive events and the largest non-motorized（非机动）parade in the United States. It started as a small show in 1969 with a few hundred attendees and has grown to Bishop's largest event, attracting as many as 30,000 spectators. Among mule shows, Bishop Mule Days has been described as the Granddaddy of Them All. Also included are an arts and crafts show, and a country and western musical concert.

27. Lexington Barbecue Festival（莱克星顿烧烤节）

The Lexington Barbecue Festival is a one-day food festvial held each October in uptown（住宅区）Lexington of North Carolina（北卡罗来纳州）, a city that calls itself the Barbecue Capital of the World.

When the festival first started in 1984, the participants were primarily local restaurants and a few local merchants. Since then it has grown to hundreds of vendors displaying every type of product. While the primary focus is still the barbecue, a large number of merchants sell other items that are unique to the area.

The first annual festival attracted 30,000 people, and the barbecue chefs（大厨）cooked 3,000 pounds of barbecue to meet demand ; by 1994, attendance had risen to over 100,000, and 11,000 pounds of meat were cooked. Several city blocks are closed to vehicle traffic for the event.

28. Castroville Artichoke Festival（卡斯特罗韦利洋蓟节）

Castroville Artichoke Festival is a food festival held annually in Monterey（蒙特雷）County of California. Since 1920s, Castroville has produced artichokes. The city itself is called the Artichoke（洋蓟）Center of the World. Castroville Artichoke Festival 2009 marks the 50th anniversary of this celebration.

Castroville Artichoke Festival is held in May and features large and colorful parades, two days of live music, agro art competition where three-dimensional fruit and vegetable artwork is presented by participants, farmers markets and field tours. Other activities include arts and crafts, artichoke souvenirs sales, wine tasting and cooking demos. Children are offered games, face painting, clowns（小丑）, stilt walkers（踩高跷）, puppets（木偶）and more.

With the main theme of this food festival being artichoke, foods offered during the festival are nevertheless various. Apart from artichokes, fried, sauteed(炒), grilled(烤), marinated(泡), pickled（腌）, fresh, and creamed as soup, visitors are offered foods from many ethnic groups that give Monterey County its character.

29. National Peanut Festival（美国花生节）

The National Peanut Festival is held each fall in Dothan(多森) of Alabama(阿拉巴马州), to honor peanut growers and to celebrate the harvest season.

The fairgrounds are located on Highway 231 South, three miles south of the Ross Clark

Circle. The festivities include games and amusement rides on a large midway（娱乐场）, animal acts, agricultural displays, an outdoor amphitheater（圆形剧场）with live music concerts by national recording artists, beauty pageants（选美）, arts and crafts displays, contests, food and a two-hour parade. The National Peanut festival also sponsors and holds field crop exhibits with prizes awarded to each exhibitor. The peanut festival also has other competitions, including sewing（缝纫）, cake, decorating, photography, cooking and art.

30. Ribfest（排骨美食节）

A ribfest is a type of food festival that occurs throughout the United States and Canada. The size of each ribfest is often measured by the number of traveling professional "rib teams" which sell food and compete at the events. A rib festival generally has multiple food vendors selling barbecue beef or pork ribs, pulled pork（手撕猪肉）, sandwiches, chicken, baked beans and other related food choices. The vendors usually compete against one another for top spot in several categories（种类）including Best Ribs, Best Sauce, Best Pulled Pork and the Peoples Choice Award.

31. South Beach Wine and Food Festival（南海滩红酒美食节）

The South Beach Wine and Food Festival is an annual wine and spirits events showcasing many of the world's top chefs, spirits producers and culinary（烹调）personalities. The event is hosted by Florida International University's（FIU）School of Hospitality and Tourism Management.

Started in 1997, it was known then as Florida Extravaganza（盛事）, and was a one-day event. In 2001, it was moved to South Beach and renamed the South Beach Wine and Food Festival, attracting over 7,000 guests. By 2002, that number had increased to 10,000 with increased national media attention, and to 20,000 guests by 2004. By 2009, 50,000 guests had come to the festival. To date, the festival has raised over $8 million dollars for FIU's School of Hospitality and Tourism Management and allows for on-hands industry experience.

32. Temecula Valley Balloon & Wine Festival（特曼库拉谷热气球美酒节）

The Temecula Valley Balloon and Wine Festival is held annually on the first weekend of June at Lake Skinner（斯基纳）Recreation Area in the Southern California Temecula Valley. The event features morning balloon launches, evening balloon glows, wine tasting from more than 20 wineries, wine competition, food and wine pairing（搭配）, concerts featuring country on Friday, Classic Rock and Rock on Saturday, and Jazz on Sunday.

33. Alaska Folk Festival（阿拉斯加民歌节）

The Alaska Folk Festival is an annual celebration of folk music from Alaska, the Northwestern United States, Canada and further. It is held in Juneau（朱诺）and most commonly occurs during the second week of April. It features performances from a wide variety of solo artists and musical groups, and it provides workshops for people interested in the music. In addition to the concerts and workshops, there are dances, singer, songwriter showcase and other events. All events are free to the public. This festival is supported solely by volunteers and donations. There are no auditions（试音）for the acts, anyone can apply. Each act is 15 minutes long. There are 9 concerts over 7 days with 15 acts in each concert.

34. San Francisco International Film Festival（旧金山国际电影节）

San Francisco International Film Festival is the oldest continuously running film festival in the Americas. Organized by the San Francisco Film Society, the Festival is held each spring for two weeks, presenting an average of 150 films from over 50 countries. The Festival highlights current trends in international film and video production with an emphasis on work that has not yet secured US distribution.

Since its inception（开端）, the Festival has grown to serve over 80,000 patrons, with screenings held in San Francisco, Berkeley（伯克利）and the Peninsula.

35. National Storytelling Festival（田纳西州故事节）

The National Storytelling Festival is held the first full weekend of October in Jonesborough（琼斯博罗）of Tennessee（田纳西州）at the International Storytelling Center. The National Storytelling Festival was founded by Jimmy Neil Smith(吉米·尼尔·史密斯), a high school journalism teacher in 1973. It has grown over the years to become a major festival both in the United States and internationally.

The three-day outdoor festival features performances by internationally-known artists and has been hailed "the leading event of its kind in America" by *USA Today*《今日美国》. In existence for nearly 40 years, the Festival attracts more than 10,000 audience members to Jonesborough annually, including school groups whose students attend as an educational experience.

The festival builds on the Appalachian（阿巴拉契亚山）cultural tradition of storytelling. Held under circus tents scattered throughout Jonesborough, storytellers sit on stages or at the head of the tent to perform. There are usually five or six tents in close proximity so that festival goers can easily walk from tent to tent and from performance to performance.

The festival has expanded to include the growing ranks of Youth Storytellers, including showcasing participants and winners of the National Youth Storytelling Showcase. The festival influenced the development of a storytelling graduate degree program at the nearby East Tennessee State University. This is the only Master's degree program of its kind.

拓展阅读 搜索

美国旅游产业的政策与特点

旅游是美国的重要支柱产业，提供了大量就业岗位。在美国，每8人中就有1人从事旅游及相关行业；按行业就业人数排名，有32个州的旅游就业人数排在前3位，且旅游业提供了68.4万个经理级以上的高层次就业岗位。作为新兴的朝阳产业，旅游业需要适度超前发展，美国政府出台了一系列扶持旅游产业的政策，其成功的经验值得借鉴。

第一，向旅游者征收消费税，确保旅游投入。如美国旅游城市均向旅游者征收特殊的酒店税，用于旅游基础设施建设。由于有税收作后盾，美国的景点大都免费开放。费城、华盛顿、纽约的名胜古迹、市政工程建筑以及国家森林公园大多不需购买门票，并配有免费的讲解服务。尼亚加拉大瀑布也不收门票，只是在核心景区才收电梯费和船票。这种重视间接收入、减少直接收费的做法是美国成功招徕游客增加旅游收入的主要原因。

第二，大力开展旅游宣传促销。美国有全世界最先进的经济、文化和科技，对各国游客有极强的吸引力。好莱坞电影以及覆盖全球的新闻媒体都在为美国旅游业作软广告。美联邦政府虽没有统一的旅游宣传规划，各州政府都有周密的宣传计划和措施，都制订了旅游业年度预算，其旅游预算资金主要包括旅游行业的税收、会员费、彩票收入、高速公路收费等。除投入广告外，各州有许多招徕客源的妙招，如有48个州为游客提供免费咨询电话号码，37个州设立了国际游客服务中心，46个州每年召开州长旅游会议，30个州设有旅游开发资助项目。

第三，对经济落后地区实行优待政策。开设赌场在美国许多州是违法的，但在新泽西州的大西洋城以及内华达州的拉斯维加斯市、雷诺市可以赌博。拉斯维加斯处于内华达州沙漠中央，自然条件恶劣，因获得联邦特许的赌博业经营权，迅速崛起，成为美国发展最快和建设得最漂亮的城市。该州的税收一半来自赌场。为消减赌博业的负面影响，美国政府采取多种措施。一是推进赌博业中性化和无害化，鼓励小赌小博，让普通人也可以参与体验。二是依法禁娼。赌博业和娼妓业如同一对孪生怪胎，两者共存将贻害无穷，美国在赌场严禁娼妓卖淫活动。三是防止舞弊和黑社会势力侵入赌场，内华达州设立了专门的赌博委员会和赌博管理署，防止黑社会染指该州的财富之源。为了支持尼亚加拉市的发展，美国也批准该市开设赌场。与此相反，夏威夷严格禁赌，甚至连发行彩券、抽奖都不允许，在色情方面却比较开放。此外，夏威夷严格限制工业，以免工业污染环境，伤害旅游业；并严禁游客随身携带食物入境，以保护该州的旅游农业。

在美国，旅游产业涉及的游、购、娱、食、住、行六个环节都得到均衡发展，因此在美国旅游可获得不一样的体验。

一是游得刺激。美国旅游产品种类繁多。首先是主题参与型，如洛杉矶好莱坞、迪士尼以及拉斯维加斯。其次是城市文化型，如纽约、华盛顿、费城、旧金山。再次是自然观光型，如尼亚加拉大瀑布。最后是休闲度假型，如夏威夷。美国人向来强调动手意识和冒险精神，其旅游项目也体现出参与、刺激的鲜明特色。洛杉矶的好莱坞和迪士尼乐园集“惊、险、奇、特”于一体，扣人心弦，令人惊叹；拉斯维加斯将博彩业中性化、无害化，赌博成为人人可参与的娱乐活动；夏威夷将刺激的冲浪项目打造成旅游精品；尼亚加拉大瀑布以巨大的落差给人以强烈的视觉冲击。参与、冒险、刺激已超越民族与种族界限，成为全人类普遍追求的情感体验，围绕这种情感需求开发的体验产品，当然能获得游客的青睐。

二是住得舒适。在美国，即使是最低档次的汽车酒店也很整洁、安全、安静，高星级酒店虽没有国内同星级酒店豪华，但强调体贴服务，所有旅店都有免费的叫醒服务，却没有骚扰电话。从大环境看，美国气候宜人，城市和乡村洁净如洗，很少有裸露的泥土地，到处郁郁葱葱；建筑一般不设围墙和防护窗，给人一种开放、安全的感觉。在美国，几乎看不到丢弃的生活垃圾，严格的垃圾袋装化、完善的环卫设施、强烈的公民卫生意识、严厉的处罚手段结合在一起，创造了美国文明卫生的生活环境。

三是行得便捷。美国公路高度发达，全世界的高速公路有 2/3 在美国，凡是有人居住的地方都有公路相通。美国航空运输便捷，无论在客货总运量、航空线路、机场设施、飞机数量和服务质量方面，都远远超过其他国家。一般来说，在美国本土主要依靠高速公路，在美国本土和岛屿以及世界各地则主要依靠航空。从旅游交通的角度讲，水运和铁路客运已被淘汰。美国逐年拆毁了许多铁路，铁路客运业务已微不足道。海运和内河客运业务早已退出历史舞台。夏威夷群岛各岛之间没有海上客运业务，全由飞机连接。

四是吃得可口。美国多元文化的特征鲜明，饮食文化莫不如此。除美式餐馆外，有中式、日式、欧式等各色餐馆，世界各大洲不同国家和民族的风味美食荟萃于此，琳琅满目。就进餐方式而言，有咖啡店、快餐店、自助餐厅、饭店、酒吧等，提供多种选择。在纽约、洛杉矶、旧金山等华人聚居地，中餐馆林立，甚至有正宗的湘菜馆；在火奴鲁鲁、尼亚加拉有正宗的潮州菜馆；即使是高速公路两旁也有许多福州人开办的中式自助餐。

五是购得满意。购物为美国旅游的首要环节。据调查，33% 的美国公民外出旅行以购物为主要目的。美国有众多大型的购物中心和高档雅致的精品店，也有许多物廉价美的街头摊点和跳蚤市场，各类商品应有尽有。旅游商店一般可分为三类，一是名牌厂家在乡村开设的品牌服装直销中心；二是中国旅美人士在唐人街开设的出国人员免税商店，以卖保健药品和小电器为主；三是旅游景点的纪念品商场。前两类旅游商店购物还非常实惠。

六是娱得开心。在洛杉矶、拉斯维加斯和夏威夷等地，娱与游已高度融为一体，令人流连忘返，乐不思蜀。在纽约、华盛顿等地，也有许多各种档次的娱乐场所。

——资料来源：《谈谈美国发达的旅游业对我国旅游业发展的借鉴意义》；
http://zhidao.baidu.com/question/101759616.html.

复习与思考

一、名词解释

落基山脉　密西西比河　五大湖区　华尔街　波音客机　好莱坞　迪士尼乐园　可口可乐　哈佛大学　NBA　世界乳品博览会　国际采矿展　消费电子展

二、简答题

1. 为何说美国是民族的熔炉？
2. 简述美国的发展史。
3. 简述美国的会展产业发展概况。
4. 简述美国的文化创意产业。

三、实践与训练

1. 调研美国会展场馆的经营模式。
2. 调研美国高校的会展专业设置状况。

Section 16 Mexico

【导读】墨西哥地处中美洲，东西濒临大洋，寒暖洋流交汇，海陆资源丰饶，石油、渔产最多。但多火山、地震，北部高原雨水稀少，气候炎热，中部地峡多热带雨林，南部尤卡坦半岛多文物古迹。墨西哥文化底蕴深厚，独具特色。民众大多信奉天主教，能歌善舞，家庭观念强。印第安人在天文、历法、文字、建筑、医学等方面取得伟大成就，最早培植南瓜、辣椒、烟叶与红薯，喜食昆虫与龙舌兰酒。墨西哥地理位置佳，旅游会展产业发达，墨西哥城的金字塔、蒙特雷的博物馆、蒂华纳的娱乐城、阿卡普尔科的海滩与美食、塔斯科的银饰、尤卡坦半岛的玛雅文明等，均特色鲜明。

Part One Basic Information

1. Overview

Covering almost two million square kilometers Mexico, officially the United Mexican states is the northernmost and westernmost country in Latin America. On the west and south the country is bordered by the Pacific Ocean, with the Gulf of California lying between the Baja California（下加利福尼亚）peninsula and the mainland. Mexico's east coast is washed by the Gulf of Mexico, while the east coast of the Yucatan Peninsula（尤卡坦半岛）meets the Caribbean Sea（加勒比海）. Mexico shares borders with the USA to the north, and Guatemala（危地马拉）and Belize（伯利兹）to the southeast. Mexico is a traveler's paradise, crammed with a multitude of opposing identities（特性）: desert landscapes, snowcapped volcanoes, ancient ruins, industrialized cities, colonial towns, glitzy（耀眼）resorts, lonely beaches and a world-beating collection of flora and fauna.

2. Geography

Lying in the latitudes（纬度）that contain most of the world's deserts, Mexico has an enormous range of natural environments and vegetation zones. Its rugged, mountainous topography adds to the variety by creating countless microclimates（微气候）. Despite the potential for great ecological diversity, human impact has been enormous. Before the Spanish conquest, about two-thirds of the country was forested. Today, only one-fifth of the country remains verdant（青翠）, mainly in the south and east.

Mexico is a mountainous country with two north-south ranges framing（形成）a group of broad central plateaus known as the Altiplano Central（中央高原）. In the south, the Sierra Madre（马德雷斯山脉）stretches across the states of Oaxaca（欧沙卡）to the Isthmus（地峡）of Tehuantepec（特旺特佩克）. From the isthmus, a narrow stretch of lowlands runs along the Pacific coast south to Guatemala（危地马拉）. The flat, low Yucatan Peninsula is tropical savanna（大草原）to its tip, where there's an arid, desert-like region. Natural resources mainly are petroleum, silver, copper, gold, lead, zinc, natural gas and timber.

Domesticated grazing animals have pushed the larger animals, such as puma, deer and coyote（狼）into isolated pockets. However, rabbits and snakes are common, and the tropical forests of the south and east still harbor monkeys, anteaters（食蚁兽）, wild pig, deer, parrots and some tropical reptiles such as the boa constrictor（大蟒蛇）.

3. Climate

Mexico's climate has something for everyone : it's hot and humid along the coastal plains, and drier and more temperate at higher elevations inland. Mexico is enjoyable year-round, but October-May is generally the most pleasant time to visit. The May to September can be hot and humid, particularly in the south, and inland temperatures can approach freezing during December to February.

The terrain and climate vary from rocky deserts in the north to tropical rain forest in the south. Mexico has suffered more than its fair share of climatic and environmental disasters. Hurricane（飓风）caused 300 deaths and great damage in the Pacific coastal states in October 1997. Lower than usual rainfall brought a drought and thousands of forest fires around Mexico in the first half of 1998. Tropical storms and rain along most of the Pacific coast and parts of central Mexico in September 1998 had their worst effects in Chiapas（恰帕斯）.

4. Politics

The 1917 Constitution provides a federal republic with powers separated into independent executive, legislative and judicial branches. Historically, the executive is the dominant branch, with power vested（授予）in the president, who promulgates（发布）and executes（执行）laws of the Congress. Congress has played an increasingly important role since 1997 when opposition parties first formed a majority in the legislature.

The president also legislates by executive decree (法令) in certain economic and financial fields. The president is elected by universal adult suffrage (选举) for a six-year term and may not hold office by second time. There is no vice president ; in the event of the removal (免职) or death of the president, a provisional (临时) president is elected by Congress. The three most important political parties in Mexico is the Institutional Revolutionary Party (革命制度党) , the National Action Party and the Party of the Democratic Revolution.

Mexico is divided into 31 states and a federal district. Each state has its own constitution and its citizens elect a governor as well as representatives to their respective state congresses. The Federal District is a special political division in Mexico, where the national capital, Mexico City, is located. It enjoys more limited local rule than the nation's "free and sovereign states" .

The flag has three equal vertical (竖) bands of green (hoist side) , white and red ; the coat of arms is centered in the white band. The national emblem has a picture of an eagle perched on a cactus (仙人掌) with a snake in its beak (喙) .

5. Economy

According to the World Bank, Mexico has the highest per capita income in Latin America and is firmly established as a middle-income country. Mexico is considered a newly industrialized country and an emerging power. It had the 15th largest nominal GDP and the 11th largest GDP by purchasing power parity in 2018. But income distribution is very unequal. Mexico has a free market economy with a mixture of modern and outmoded (过时) industry and agriculture, increasingly dominated by the private sector. The government continued a policy of privatizing and expanding competition in sea ports, railroads, telecommunications, electricity, natural gas distribution and airports. Private consumption became the leading driver of growth, accompanied by increased employment and higher wages. Mexico still needs to overcome many structural problems as it strives to modernize its economy and raise living standards.

Its major industries are food, beverages, tobacco, chemicals, iron, steel and petroleum. Mexico is the tenth largest oil producer and the first largest silver producer in the world. Mexico's state-owned oil company, Pemex(墨西哥石化) holds a constitutionally established monopoly(垄断) for the exploration, production, transportation and marketing of the nation's oil.

Mexico is one of the world's most trade dependent countries, and it is particularly dependent on trade with the US, which buys approximately 85% of its exports. The result is that the Mexican economy is strongly linked to the US business cycle. Mexico is pursuing additional trade agreements with most countries in Latin America and has signed a free trade deal with the EU to lessen its dependence on the US. Mexico ranks sixth in the world and first in the Americas by number of UNESCO World Heritage Sites with 32, and in 2010 was the tenth most visited country in the world with 22.5 million international arrivals per year.

Part Two Culture and Customs

1. History

For more than 3,000 years, Mexico was the site of several Mesoamerican（中美洲）civilizations, such as the Aztec（阿兹特克）, the Olmec（奥尔麦克）, the Toltec（托尔特克）and the Maya（玛雅）. Latecomers to Mexico's central plateau, never thought of themselves as anything but heirs（继承人）of the brilliant civilizations that had preceded them.

The arrival of the Spainish in the early of 16th century, and their defeat of the Mexica in 1521, marked the beginning of the 300 year-long colonial period of Mexico as New Spain（新西班牙）. On September 16, 1810, independence from Spain was declared by Hidalgo（伊达尔哥）, a Catholic priest（神父）in the small town of Dolores（多洛雷斯）, causing a long war that eventually led to independence in 1821 and the creation of the First Mexican Empire. After independence, Spanish possessions in Central America were all incorporated（合并）into Mexico from 1822 to 1823. Soon after achieving its independence from Spain, the Mexican government, in an effort to populate its sparsely-settled hinterlands（腹地）, awarded land grants（授予）in a remote area of the northernmost state to hundreds of immigrant families from the United States, on the condition that the settlers convert（皈依）to Catholicism to assume（取得）Mexican citizenship.

The Empire soon fell to rebellious republican forces. The Texans（得克萨斯人）led mainly by relatively recently arrived English-speaking settlers, declared independence from Mexico, giving birth to the Republic of Texas. Texas won its independence in 1836, further reducing the territory of the newborn republic. In the 1840s, the country was invaded and defeated by the United States, which demanded and received roughly one-third of the country's remaining territory. In the 1860s, the country again suffered a military occupation by France.

General Ignacio Zaragoza（萨拉戈萨）defeated the French Army at the city of Puebla（普埃布拉）on May 5, 1862. Napoleon III of France imposed（强加）Maximilian（马克西米利安）as Emperor of Mexico from 1864 to 1867. Maximilian was captured and executed（处死）by the Republican Army in mid 1867.

From then on, Mexico experienced economic growth under the conservative（保守派）and pro-European（亲欧派）rule of Porfirio Diaz（迪亚斯）. Foreign investment was allowed to develop the oil industry and the construction of the railroad system all across the country. His mandate（统治）was mostly undemocratic（专制）and benefited the middle and upper classes while the Amerindian（印第安人）indigenous population continued to live in precarious（动荡）conditions. Growing social inequalities（不平等）, restricted freedom of the press and his insistence to be reelected for a fifth term led to massive protests. His fraudulent（欺骗）victory in the 1910 elections sparked the Mexican Revolution. Revolutionary forces defeated the federal army, but were left with internal struggles, leaving the country in conflict for two more decades. The creation of the National Revolutionary Party in 1929 ended the struggles. During the next four decades Mexico experienced impressive economic growth, and historians called this period "the Mexican Miracle"（墨西哥奇迹）. However the management of the economy collapsed several times afterwards.

2. People

With a population of about 126 million, Mexico is the most populous Spanish-speaking country in the world. Mexico is ethnically and culturally diverse. About 60% of the population is mestizo（欧印混血）, mixed Amerindian and European white ; 30% is Amerindian, including Maya（玛雅人）, Zapotecs（萨巴特克人）, Mixtecs（米斯特克人）, and 9% is white of European descent. The remaining 1% includes black, Middle Eastern and Filipino（菲律宾）groups. Mexico is the country where the greatest numbers of US citizens live outside the United States.

3. Language

Spanish is the official language of Mexico, spoken to some extent by nearly the entire population. About 7% of the population speaks an Amerindian language. The government officially recognizes 62 Amerindian languages. Of these Nahuatl（那瓦特语）and Maya（玛雅语）are each spoken by 1.5 million. However, some of these languages have had a significant impact on Mexican Spanish, lending words that are not found in the Spanish of Spain or the rest of Latin America. This is especially evident in the names of common plants and animals.

The Mexican government has promoted and established bilingual（双语）education programs in indigenous（当地）rural communities. English is widely used in business. As a result, English language skills are much in demand and can lead to an increase in the salary offered by a company. English is also spoken along the US-Mexican border, in big cities and beach resorts. French is taught to some students during their second of the three years of high school. The basics of Greek and Latin are taught to all students their first year of high school.

4. Family

Mexican culture is known for the unified nature of the family. The country's divorce（离婚）rate is among the lowest in the world. Children regularly live with their parents until they are married, even if they remain single in their thirties or later. It is also quite common for family units to remain unitary, often with grandparents, parents, aunts, uncles and children all living in the same area or the same house. Loyalty within the family is absolute, and brothers will fight for the honor of their sisters.

The roles of the parents in Mexican culture are generally well-defined, with the father acting as the family's ruler and the mother as the family's heart. Machismo（大男子主义）is quite common in Mexican families, with the father exercising authority in a dictatorship（专断）manner. Wives are generally expected to endure this treatment from their husbands, and many consider it acceptable behavior. A mother is often responsible for maintaining the household（家务）and caring for the children, who as a result often revere（尊敬）her, while fearing their authoritative father.

The Mexican people value the family above all else. Business is always secondary to family. The Mexican people have lunch breaks in the middle of the day. Shops will close at their closing times and the owners and workers will head for home to be with their families. In the past few decades, as influences from the United States continue to shape Mexican culture, machismo（男子气概）is slowly becoming despised（轻视）, especially in the northern part of the country. In southern and more rural communities, these basic behaviors continue to exist.

5. Religions

During the Spanish conquest and colonization of Mexico, Roman Catholicism was established as the dominant religion of Mexico, and today about 89% of Mexicans identify（认

定）themselves with Christianity. Evangelical（福音会）denominations（教派）have grown in recent years, after being introduced by missionaries（传教士）and settlers from Europe and the United States in the 19th century. Other religions make up the remaining 5%. Judaism has been practiced in Mexico for centuries, and there are estimated to be 100,000 Jews in Mexico today. Islam is mainly practised by members of the Arab, Turkish and other expatriate（移居）communities. Mexico's indigenous Muslims number only a few thousand or less, although recent years have seen some growth of Islam in Chiapas（恰帕斯州）.

That, indigenous religious practices were incorporated（融入）into the practices of Catholicism, led to widespread religious syncretism（融合）. Perhaps the most striking example of this fusion of different traditions is the widespread veneration（崇拜）of the Our Lady of Guadalupe（圣母瓜达鲁佩）. The Day of the Dead（亡灵节）is another example of religious syncretism, in which the European Catholic All Saints Day（万圣节）is combined with indigenous rites of ancestor（祖先）veneration. In many Mexican communities, traditional healers（游医）use indigenous folk medicine, spiritual and Christian faith healing to treat ailments(疾病）and cleanse（净化）spiritual impurities.

6. Arts

The culture of Mexico reflects the complexity of Mexico's history through the blending（混合）of Pre-Hispanic Mesoamerican civilizations and the culture of Spain, imparted（赋予）during Spain's 300 year colonization of Mexico. More recently, influences from the United States have shaped Mexican culture, and to a lesser extent, influences from Europe, Africa and Asia.

Mexico is known worldwide for its folk art traditions, mostly derived（起源）from a combination of indigenous and Spanish crafts. Particularly notable among handicrafts are the clay pottery made in the valley of Oaxaca（欧沙卡）and the bird and animal figures made in the village of Tomala. Colorfully embroidered（刺绣）cotton garments, cotton or wool shawls（披肩）and outer garments（衣服）, colorful baskets and rugs（地毯）are seen everywhere.

Between the Spanish conquest and the early Twentieth Century, Mexican fine arts were largely in imitation of European traditions. After the Mexican Revolution, a new generation of Mexican artists led a vibrant national movement that incorporated political, historic and folk themes in their work. During the 1940s, actors, actresses and directors became popular icons and even figures with political influence on diverse spheres of Mexican life. The film industry received a boost（推进）as a consequence of Hollywood redirecting its efforts towards propagandistic（宣传）films, which left an open field for other industries.

7. Education

Mexico has made impressive improvements in education in the last two decades. In 2004, literacy（识字）rate was at 92%, and youth literacy rate（ages 15~24）was 96%. Primary and secondary education of 9 years is free and mandatory（强制）. Even though different bilingual education programs have existed since the 1960s for the indigenous communities, after a constitution reform in the late 1990s, this programs have had a new thrust（推力）, and free text books have been produced in more than a dozen indigenous languages.

Mexico was the first country to establish a system of distance learning satellite secondary education, aimed for the little towns and rural communities. In 2005 this system included 30,000 connected schools, 3 million students and 300,000 teachers, who use televised lectures and education science programs, pre-recorded and transmited through EduSat（教育卫星）. The Mexican distant learning secondary education is also transmitted to some Central American countries and used in some southern states of the United States as a method of bilingual education.

Monterrey's（蒙特雷）labor force has mostly professional training and the city has more colleges, universities and technological institutes per capita than any other Mexican city. Among its numerous study centers, the most worldwide recognized is the Monterrey's. Technological Institute of Superior Studies. It is an extremely prestigious institution with 33 campuses distributed（分布）all over Mexico and as an example of excellence in education. It is one of the biggest, most dynamic and relevant（重要）universities in Latin America.

8. Festivals

Mexico's reputation for full-blooded（热血）festive fun is well founded：just about every month sees a major national holiday, and every other day is a local saint's day or town fair celebration. Carnaval, held late February or early March in the week before Ash Wednesday（圣灰星期三）, is the big bash（狂欢）before the 40-day penance（苦修）of Lent（四旬斋）.

The country's most characteristic fiesta is the wonderfully macabre（恐怖）Day of the Dead, held the day after All Saints' Day（万圣节）on November 2. The souls of the dear departed are believed to return to earth on this day and families visit graveyards（墓地）to decorate and celebrate their loved ones past. December 12 is another big day on the Mexican calendar, celebrating the Day of Our Lady of Guadalupe（圣母瓜达卢佩）, the country's major religious icon.

9. Cuisine

Mexican cuisine is known for its intense and varied flavors, colorful decoration, and the variety of spices that it has. Mexican gastronomy（美食）is one of the richest in the world, rich in proteins, vitamins and minerals, though some people characterize it as greasy（油腻）and excessively spicy.

Most of today's Mexican cuisine is based on Native American traditions, including the Aztecs and Maya, combined with culinary（烹饪）trends introduced by Spanish colonists. Mexican cuisine is centered around three national staples（主食）: tortillas（玉米饼）, beans and chili peppers（辣椒）. The indigenous part of many traditional foods is the chili pepper. Foods like these tend to be very colorful because of the rich variety of vegetables such as red peppers, green peppers, chiles（红番椒）, cauliflower（花椰菜）, radishes and meats.

Mexican food varies by region, because of local climate, geography and ethnic differences among the indigenous inhabitants, and these different populations are influenced by the Spaniards（西班牙人）in varying degrees as well. The north of Mexico is known for beef production and meat dishes while southeastern Mexico for spicy vegetable and chicken-based dishes. Veracruz-style（韦拉克鲁斯菜）is a common method of preparing seafood. There's also more exotic dishes, cooked in the Aztec or Maya style. Mexican cuisine has combined with the cuisine of the southwest United States to form Tex-Mex cuisine.

Mexico is also famous for its alcoholic beverages. Pulque（龙舌兰酒）is a mildly（温和）alcoholic drink derived directly from the sap（汁）of the maguey（龙舌兰）.

Part Three Tourism Attractions

1. Mexico City（墨西哥城）

Mexico City is the financial, political and cultural capital of Mexico, and the world third largest metropolis only after Tokyo and New York City. Mexico's best and worst ingredients are all here : music and noise, brown（褐色）air and green parks, colonial palaces and skyscrapers, world-renowned museums and ever-spreading slums（贫民窟）. One could spend many months exploring all the museums, monuments, plazas, colonial buildings, monasteries（修道院）, murals（壁画）, galleries, historical remnants, archaeological finds, statuary（雕像）, shrines（神庙）and religious relics.

The National Museum of Anthropology（国家人类学博物馆）is one of the world great museums. A great way to get a feeling for the city is to enjoy drinks or dinner in the 45th floor of the World Trade Center（世贸中心）. Bellinis（贝利尼）is a revolving（旋转）restaurant that offers stunning（惊险）views of the whole city. If possible, get settled in before sunset.

Paseo de la Reforma（改革大道）, the city's main thoroughfare（大街）, makes Mexico City the Manhattan（曼哈顿）of Latin America. This elegant boulevard（大道）is lined with dozens of magnificent monuments including the much-photographed Independence Monument（独立纪念碑）which has become the unofficial trademark of Mexico City. Sharing the precious space along the street are modern high-rise office buildings, embassies（大使馆）, luxury hotels, colonial mansions, more monuments and shaded pedestrian promenades（步行街）. Zona Rosa（玫瑰区）is home to numerous crafts and antique（古玩）stores. Polanco（珀兰克）is an upscale（高档）residential and commercial district is filled with elegant shops, boutiques（时装店）and malls.

Mexico City was once the center of the entire Aztec Empire（阿兹特克帝国）. The current Zocalo（宪法广场）is built on the same spot where once stood Montezuma's（蒙特祖马）palace. Many of the old mansions and public buildings in the area were built hundreds of years ago using the stones from the Aztec temples（阿兹特克神庙）that were destroyed by the Spaniards. The Zocalo is the second largest public plaza in the world；only Red Square in Moscow is bigger. Within just a few blocks of the Zocalo, in all directions, are some of the city's finest examples of city history, architecture and art. More than 1,500 buildings in this relatively small area of the city have been declared historic or artistic monuments. It is here that the country celebrates it independence on September 15 every year.

2. Guadalajara（瓜达拉哈拉）

The city of Guadalajara is the capital of the State of Jalisco（哈里斯科）and the nation's second most important and largest urban area. Portrayed as a kind city, Guadalajara also takes the second place in the Mexican business world after Mexico City. The city refers to itself as the Silicon Valley（硅谷）of Mexico. Such high-technology companies as General Electric（通用电器）, IBM and Hitachi（日立）have facilities in the city or its suburbs. The Universidad de Guadalajara（瓜达拉哈拉大学）, the state's public university, has its headquarters here.

Guadalajara is known for its people. More than just a city, it represents Mexican culture with its folklore, the renowned Mariachi（流浪乐队）, handcrafts, tequila（龙舌兰酒）,

the national sport, the Mexican Hat Dance, broad-brimmed hats (宽缘帽) and the Mexican rodeo (斗牛) . Many of the traditions considered characteristically Mexican was created in Guadalajara. The exceptional (独特) climate, natural beauty and friendly charm of the inhabitants are some of the special characteristics that have made it famous as the Pearl of the West.

Contemporary Guadalajara represents modern Mexico in the strength of its economic, industrial, commercial and service infrastructure, together with legacy (遗产) of four and a half centuries of culture, endorsed (赋予) by the richness of the religious and civil architecture and by the hard work of inhabitants. Few cities can offer such a variety of interesting things to see and do, involving the visitors in a cultural, historical and legendary atmosphere. The Metropolitan Area (都会区) and surrounding towns represent one of the most important tourism regions in the country. Highlights include the giant, twin-towered cathedral (教堂) and the lovely plazas that surround it.

3. Acapulco (阿卡普尔科)

Located in the Pacific Coast of Mexico, Acapulco is a world-renowned synonym (同义词) for relaxation and fun. The rare mixture of golden beaches, Sierra Madre Mountains (马德雷斯山) , tropical jungles and lagoons (礁湖) , and the Mexican warmth, mysticism and tradition perfectly blend in together to form a unique experience to last a lifetime. Acapulco is a paradise (天堂) with a lot of fun. Most of Acapulco's major attractions are either on or very close to this busy street.

Acapulco is also a vibrant city with many centuries of history and culture to be explored. Acapulco is a living witness of pre-Columbian times to Mexican Conquest, Independence and Modern times. Acapulco's history even has its share of pirates. Several blocks at the south of the Zocalo is the Fuerte de San Diego (圣地亚哥堡) , a fort built in the 18th century to protect the city against pirate attacks. The fort is very well preserved and houses a museum with some interesting.

During the day most of the focus in Acapulco is on the beach, such as Playa Diamante (钻石海滩) and Playa Revolcadero (瑞佛卡地罗海滩) . Four of Acapulco's golf courses are located in this area. Water sports of all kinds, waverunners (冲浪者) , ultra light airplanes and horseback riding are available here. Because of the waves this is a great area for surfers as well as beachcombing and collecting a few shells. Playa Puerto Marques (马格斯海滩) is part a fairly large bay that is a favorite with locals. The entire beach is lined with tin (锡) roofed restaurants serving up fresh seafood, cold beer and tropical drinks at prices that are usually below those of Acapulco proper. Playa Icacos（伊卡科斯海滩）is a calm beach, toward the southern end of the bay, lined with high-rise hotels.

Acapulco sizzles（灼烧）by night, and its nightlife is legendary. There is no place in the world that can compete with Acapulco's sophisticated（高雅）dazzling nightclubs and the choice of entertainment and restaurants. The view of Acapulco Bay, with its millions of lights reflecting in the water like stars, is simply breathtaking, and probably one of the most romantic scenarios（景致）in the world.

4. Monterrey（蒙特雷）

Monterrey, capital of the state of Nuevo Leon（新利昂）, is located in the northeast of Mexico and it is the country's third biggest city. Known as the City of the Mountains, it is situated in the oriental side of the Sierra Madre Mountains. Considered the main industrial area in Mexico, it features a high level of technological penetration（渗透）in the country, since it has 10,000 different kinds of industries mainly focusing on food production, beer, tobacco, glass, cement, steel, chemical products, machinery and equipment. Due to this huge concentration of industry and commerce, *the Fortune*（《财富》）magazine has named it one of the most ideal Latin American cities for doing business and with great opportunities for investors. Called also The Sultan of the North, this city has two airports, more than 35 up-to-date industrial parks and a conventions center with the most advanced technology. All these characteristics, together with amazing residential areas for business executives and an efficient road and transportation system, make of Monterrey a very appealing（吸引人）city to visit and do business.

With first-class restaurants, modern shopping centers, plenty of museums and cultural venues, in addition to mountains, canyons and parks located in the city's surroundings, which provide with fantastic opportunities for hiking, mountain biking and cave exploring, Monterrey shows that it is not only a business-friendly city, but also a remarkable tourist and recreational destination.

The Great Plaza is the focal point of the city's center. The Nuevo Leon's Regional Museum（新莱昂州博物馆）offers a general outlook on the region's history. The Glass Museum（玻璃博物馆）combines history, art and science related to this fragile and delicate material. The Monterrey Museum contains more than 1,500 pieces concerning different art expressions such as sculpture, painting, drawing, graphics and photography. The Contemporary Art Museum is a forum for diverse art manifestations（表现）and a meeting point for the contemporary art's trends, and the Mexican History Museum exhibits in 4 different rooms. Monterrey also features theaters and auditoriums（音乐厅）, in where every year there are shows, concerts and world class plays.

5. Tijuana（蒂华纳）

Tijuana, the fifth largest city of Mexico, is the most northerly city in Latin America. The border city is sometimes considered a mix of Mexico's good and bad：known for its economic prosperity, popular discos and shopping areas.

Due to its proximity to the USA and its cheap labor, it is an attractive city for companies to establish extensive industrial parks. Foreign and domestic companies usually assembly related employ thousands of laborers, which makes Tijuana a popular city for poor migrant workers from other parts of Mexico, as well as other countries to the south. Many of these migrant workers eventually travel illegally into the United States in search of better paying jobs. The city has various schools of superior studies, music conservatory（学校）, dance schools, plastic（造型）arts, science and culinary arts. More than 20 universities and centers for higher education give it a dynamic student sector. The demand for technical jobs is high in this region.

The most popular tourist attraction is Avenida Revolución（革命大道）. Many foreigners travel there to drink, buy prescription（处方）drugs, bootleg（走私）brand-name clothing and accessories（服饰）, and Mexican curiosities（新奇物）. The Tijuana Cultural Center is comprised of a theatre, lecture rooms, video rooms, a library, exhibition halls, a museum of the Californias, a futuristic planetary movie theater and a restaurant. Another important culture center is La Casa de la Cultura（德拉卡其屋）, comprising a school, theater and public library. The city also has Municipal Institute of Art and Culture, the Tijuana Wax Museum（蜡像馆）.

6. Veracruz（韦拉克鲁斯）

Beautiful Port of Veracruz beats persistently in the History of Mexico with vestiges（遗存）of the most ancient Mesoamerican（中美洲）civilization and the first and main entrance of the Europeans to the American continent. The land where southeastern Veracruz lies today is a large and extremely fertile flood plain, formed through time with sediments carried from the high lands by plentiful rivers. These conditions made it easy for human groups to settle and later originate the Olmecs（奥尔麦克文化）.

During Mexico's independent life, Veracruz has played a heroic role by resisting（反抗）the invasions from Spain in 1829, from the US in 1847 and 1914, from France in 1859. In the present days the Port of Veracruz is living a boom due to the active Mexican participation in international trade and because of a careful but intense tourist development.

The Port's modernization has included the creation and restoration of attractions like Veracruz Aquarium（水族馆）, Naval Museum and the City Museum. Being a port city with great trade activity, Veracruz is an authentic（真正）melting pot for races, cultures and art. The state's music tradition has its origin in the culture fusion of the African slaves, the Native Americans, the Spaniards and other cultures that arrived later；while in architecture the ancient Spanish fortresses coexist with the modern shipyards, the Franciscan（圣芳济会）and Dominican（多明我会）styles juxtapose（并列）with the neoclassical and modern.

Part Four MICE Industry

1. Yucatán Siglo XXI Convention Centre（尤卡坦 21 世纪会议中心）

Yucatán Siglo XXI Convention Centre is located in northern Mérida（梅里达）. Halls in Siglo XXI have names referring to Maya heritage sites in the region such as Salón Chichén Itzá（奇琴·伊察馆）, Salón Uxmal（乌斯马尔馆）, and Salón Ek Balam（埃可·巴兰姆馆）.

2. 1968 Summer Olympics（1968 年夏奥会）

The 1968 Summer Olympics were held in Mexico City. It was the first Olympic Games hosted by a developing country, and the first Games hosted by a Spanish speaking country. It was the second after 1964 Summer Olympics hosted outside of Europe, Australia or the United States. It was also the third Olympic Games held in Autumn, then followed by the 1988 Summer Olympics.

3. Expresión en Corto International Film Festival（国际情景电影节）

The Expresión en Corto（情景片）International Film Festival is an annual international film festival, held since 1997 during the final week of July in the cities of San Miguel de Allende（圣米格尔·德阿连德）and Guanajuato（瓜纳华托）.

As a state sponsored cultural event that does not charge admission（门票）to its viewing audience, Expresión en Corto estimates an attendance of more than 85,000 audience and receives more than 2,400 works from 90 participating countries in its international competition. It presents a variety of films, conferences, workshops, tributes（捐物）and activities at no cost to the visiting public. More than 400 films are screened from 10 am until 4 am each day in 21 venues.

The international competition is the largest in Mexico, with films competing in a variety of categories that include : Short Fiction, Short Animation, Short Experimental, Short Documentary, Feature Documentary and Mexican Feature Length Opera Prima. Academy Award winners and nominated（提名）short films and documentaries are presented by their directors.

From the stroke（钟声）of midnight onward, both San Miguel de Allende and Guanajuato Capital open their graveyards（墓地）for the festival's "Cine entre muertos", which screens horror films among the tombstones, the mausoleums and the dead. The contemporary art galley and the subterranean（地下）tunnels are converted into make-shift theaters for a celebration of sexual diversity called Midnight Madness（疯狂午夜场）, which includes gay, lesbian, erotic, experimental and underground films.

Each year the festival hosts an annual International Pitching Market, which summons（召集）international producers, directors, distributors, production services providers, theater owners, and diverse film financing institutions from around the world who are interested in participating in co-productions with the top Mexican feature film projects. The Pitching Market includes panels pertinent（关于）to obtaining current sources of financing for films, focusing on the current and future possibilities of international co-productions, with particular emphasis on the Mexican and Spotlight Country's film industries.

4. Puerto Vallarta International Gourmet festival（普多瓦亚塔国际美食节）

Puerto Vallarta International Gourmet Festival is a culinary festival held every November since 1995. There were 35,000 visitors to the festival in 2006. Every year the Festival invites culinary professionals from all over the world to cook and to demonstrate their cuisines. The Festival is supported by local restaurants. During the Festival, international and local food and beverage professionals run events around town.

Events include the Sunday Festival Gourmet Brunch（早午餐）, Wine Tasting, and Cheeses of the World. There are also Chef' Table and Winemakers' dinners hosted by restaurants. The traditional Gala Dinner（大会晚宴）, called the "Spirit of Mexico", concludes the Festival.

5. Guadalajara International Book Fair（瓜达拉哈拉国际图书展）

The Guadalajara International Book Fair（FIL）is the most important annual event of its kind in the Spanish-speaking world, and the second largest book fair in the world after Frankfurt's. Created in 1987, it is put on by the University of Guadalajara. It is held every year, starting on the last Saturday in November and continuing for nine days in Guadalajara（瓜达拉哈拉）of Jalisco（哈里斯科州）.

The purpose of the FIL is to provide an optimal（最佳）business environment for the book industry professionals and exhibitors who attend the fair, and for the reading public eager to meet authors and pick up the latest entries in the market.

Since 1993, the FIL has invited a country or region to be the guest of honor, providing them an opportunity to display the best of its cultural and literary heritage.

6. Vive Latino（活力拉丁节）

Vive Latino is an annual rock music festival held in Mexico City. It is one of the most important rock en espanol（西班牙语摇滚）music festivals in Latin America, featuring a great variety of Mexican, Latin and Spanish groups of many genres（流派）.

The event takes place usually in between the months of April and May. The duration of the festival has been 1~2 days depending on the number of live acts. The first edition was in 1998, and has been repeated yearly ever since. The number of stages has changed over the time, ranging from 2 to 4.

In the history of the festival there's been a series of important musical performances and appearances from all over the world, mainly from Latin America, Spain and Latin bands from the US.

拓展阅读 搜索

爱吃辣椒的墨西哥人

据说世界上最早的辣椒是墨西哥人的祖先玛雅人栽培出来的。500年前，一位西班牙修道士来到中美洲，他看到阿兹特克国王吃着各种辣椒菜，如红辣椒烧鱼、绿辣椒田鸡、红辣椒龙虾、番茄辣火鸡等，感到非常诧异。后来，西班牙人建立了全球贸易体系，辣椒由此传播到了世界各地。

墨西哥的辣椒品种繁多，大的、小的、红的、黄的、长的、圆的，令人眼花缭乱。其中有一种野生辣椒，如绿豆般大小，颜色深红，煞是可爱，但非常辣。墨西哥人爱吃辣椒，在世界上出了名。在墨西哥，无论是城市还是乡村，无论是普通人家还是豪华酒楼，餐桌上都少不了辣椒。无论是在大城市的公园里，还是在偏僻乡村的集市上，都可以看到小贩们把杧果、甜橙削皮后，插在一根小棍上，蘸上一层红红的辣椒粉，大声叫卖；游人们则一个个举着蘸满辣椒粉的杧果或橙子，吃得满嘴通红，津津有味。墨西哥人喝龙舌兰酒也就着辣椒汁。这种辣椒汁在超市、酒店都有卖。喝酒时，每人要备两只小杯，一只装酒，一只装辣椒汁，喝一口酒，再喝一口辣椒汁，别有风味。

墨西哥人吃辣椒花样百出。当地人将辣椒做成一种名叫“萨尔萨”的佐餐调味汁，不管早餐、午餐还是晚餐，餐桌上都放着萨尔萨。萨尔萨的主料是辣椒，但因配料不同，味道和颜色各异。最常见的萨尔萨有绿色和红色两种。绿色萨尔萨是用绿辣椒、绿番茄加上香菜、葱头等做成的，香味浓郁，辣而不燥，开胃效果好。红色萨尔萨是用红辣椒加红番茄等做成的，香辣俱全，味道醇厚。“莫莱”是墨西哥最有名的烹饪调味酱，是用辣椒加巧克力、玉米、果仁、香料等做成的，是烹制肉类菜肴必备的调料，可制作莫莱火鸡、莫莱牛肉等。莫莱的颜色主要有酱红色和绿色两种。酱红色莫莱味道醇厚，绿色莫莱味道清香。普埃普拉和瓦哈卡两州的莫莱最有名。首都墨西哥城市郊的米尔帕阿尔塔村每年都举办规模盛大的莫莱节，展销百余种莫莱。

墨西哥人最爱吃泡辣椒。最常见的泡辣椒是用绿辣椒泡的。有的泡辣椒也伴一些胡萝卜和葱头等蔬菜，绿、白、橙相间，色彩艳丽。就餐时吃点儿泡辣椒，既开胃又解腻。美国的麦当劳、肯德基也入乡随俗，推出汉堡包夹泡辣椒，以迎合墨西哥人嗜辣的口味。在墨西哥，干吃辣椒最简单。这种吃法源自农村，农民在野外干活，饿了就在地里揪几个辣椒，就着玉米饼，就是一顿饭。现在，这种吃法传到城里的大饭店，厨师们将整个辣椒洗净切成块，放在漂亮的小碟子里，就可以吃了。

——资料来源：《爱吃辣椒的墨西哥人》，《21 世纪》。

复习与思考

一、名词解释

印第安人　龙舌兰酒　玛雅文明　万圣节　亡灵节　1968 年奥运会　活力拉丁节

二、问答题

1. 墨西哥城为何建有三元文化广场？

2. 为何说墨西哥是“浮在油海上的国家”？

3. 简述墨西哥的玛雅文化。

4. 简述墨西哥的会展旅游产业。

三、实践与训练

1. 调研烟叶、红薯等美洲作物传播到中国的路径。

2. 调研墨西哥的滨海旅游产业。

Section 17　Brazil

【导读】巴西地处南美洲东部，疆域位列世界第五。地形南北低，中部高。北部亚马孙河流域，密布热带雨林，为地球之肺；中部高原，盛产咖啡与甘蔗；南部盆地，畜牧业发达。大西洋沿岸开发较早，城市绵亘，萨尔瓦多、里约热内卢、巴西利亚先后作为首都。深受葡萄牙天主教文化影响，并融入非洲文化和土著印第安人文化，民众热情奔放，能歌善舞，以足球、狂欢节、桑巴舞、咖啡、烤肉、红木著称于世。经济发展迅猛，为金砖国家，盛产咖啡、甘蔗、玉米、大豆，为“世界粮仓”。旅游业发达，亚马孙河的观潮与探险，巴西利亚的三权广场，里约热内卢的基督像与糖面包山，圣保罗的时装与海滩，伊瓜苏的瀑布，库里蒂巴的环保公交，皆具特色。

Part One　Basic Information

1. Overview

The Federative Republic of Brazil, with a area of 8.51 million square kilometers, is the largest country in Latin America and fifth largest in the world. It is the most populous country（214 million）in the south America. And 47.7% of the population is European descent including Portuguese, German, Italian, Spanish and Polish（波兰人）, 43.1% mulatto（混血儿）, mixed white and black, 7.6% African descent, 1% other includes Japanese, Arab, Amerindian（印第安人）.

As a former colony of Portugal, Brazil has Portuguese as its official language. Spanish, English and French are other main languages. After 50 years of internal migration and population growth, Brazil is a thoroughly urban country ; more than two out of every three Brazilians（巴西人）live in a city. Brasilia（巴西利亚）is the capital city.

2. Geography

Brazil can be divided into four major geographic regions. The long, narrow Atlantic seaboard has coastal ranges, but north of Bahia（巴伊亚）is flatter. The highest peak is the Pico da Neblina（内布利纳峰）at 3,014 meters. The large highlands, or the Planalto Brasileiro

（巴西高原）, are punctuated（打断）by several small mountain ranges and sliced（切断）by several large rivers. There are also two great depressions(盆地）: the Parana-Paragui Basin(巴拉那—巴拉圭盆地）in the south, and the Amazon Basin（亚马孙盆地）in the north.

The Amazon（亚马孙河）, 6992.6 kilometers long, is the world's second longest river. It carries more water to the sea than any other river and the Amazon forest contains 30% of the world remaining forest area. The Parana（巴拉那河）and its major tributary（支流）, the Iguacu River（伊瓜苏河）, the Rio Negro（内格罗河）, Sao Francisco（圣弗朗西斯科河）and Xingu（兴谷河）rivers are the other major rivers. A number of islands in the Atlantic Ocean are part of Brazil：Rocas（罗卡斯岛）and Fernando de Noronha（费尔南多德诺言罗尼亚岛）.

The richness and diversity of Brazil's fauna is astounding（惊人）and the country ranks first in the world for numbers of species of mammals, freshwater fish and plants, second for amphibians（两栖类）, third for bird species, and fifth for species of reptiles（爬行类）. Despite its natural riches, Brazil had been renowned for the destruction（破坏）of its environment.

3. Climate

Although 90 percent of the country is within the tropical zone, the climate varies considerably from the mostly tropical North to temperate（温带）zones. Brazil has five climatic regions：equatorial region（赤道区）, tropical region（热带区）, semiarid region（半干旱区）, highland tropical region（高地热带区）and subtropical region（亚热带区）. Temperatures along the equator are high, averaging above 25℃. There is little seasonal variation near the equator. At the country's other extreme, there are frosts during the winter（June-August）, and in some years there is snow in the mountainous areas. Temperatures in the cities of Sao Paulo（圣保罗）and Brasília（巴西利亚）are moderate usually between 15℃ and 30℃ because of their elevation of approximately 1,000 meters. Rio de Janeiro（里约热内卢）, Recife（累西腓）and Salvador（萨尔瓦多）on the coast have warm climates. The southern city of Curitiba（库里提巴）has a subtropical climate.

Precipitation（降水）levels vary widely. Most of Brazil has moderate rainfall between 1,000 and 1,500 millimeters a year. The Amazon region is notoriously humid, with rainfall generally more than 2,000 millimeters per year and reaching as high as 3,000 millimeters in parts of the western Amazon. Despite high annual precipitation（降水）, the Amazon rain forest has a dry season three to five months long. The semiarid Northeast is scarce

(缺乏) of rainfall and there are severe droughts (旱灾) in cycles every seven years, so the driest and hottest part of the country. Most of the Center-West has 1, 500 to 2,000 millimeters of rainfall per year.

4. Politics

Brazil is a federal republic with 26 states and a federal district. The 1988 constitution grants extensive powers to the federal government, made up of executive, legislative (立法) and judicial branches. The president holds office for four years with the right to reelected for an additional four-year term. He or she has extensive executive powers, and is both head of state and head of government and he also appoints the cabinet. The Brazilian legislature, the bicameral National Congress, consists of the Federal Senate with 81 seats and the Chamber of Deputies (众议院) with 513 seats.

States and municipalities are organized like the federal government, with three government branches. Because of the mandatory (强制) revenue allocation to states and municipalities, Brazilian governors and mayors have exercised considerable (相当大) power since 1989. Brazil's states maintain a separation between executive and legislature. Each of the 27 governors must achieve more than 50 percent of the vote. State legislatures are unicameral. State level elections occur at the same time as those to the president and Congress. But local elections in municipalities are held in the second year between presidential, congressional and state elections.

The flag of Brazil is green with a large yellow diamond in the center bearing a blue celestial globe with 27 white five-pointed stars.

5. Economy

The Brazilian economy is the world ninth largest by nominal GDP and the eighth largest by purchasing power parity, as of 2018. A member of the BRIC group, Brazil has one of the world's fastest growing major economies, with its economic reforms giving the country new international recognition and influence. Brazil is a regional power in Latin America and a middle power in international affairs.

Brazil is endowed (赋予) with vast agricultural resources. Brazilian agriculture is well diversified, and the country is largely self-sufficient (自给自足) in food. Brazil is the world largest producer of sugarcane (甘蔗) and coffee, and a net exporter of cocoa, soybeans, orange juice, tobacco, forest products and other tropical fruits and nuts. Brazil is a net exporter of agricultural and food products. Livestock production is important in many sections of the country with rapid growth in the poultry（家禽）, pork and milk industries, reflecting changes in consumers' tastes.

Brazil has one of the most advanced industrial sectors in Latin America. Accounting for one-third of GDP, Brazil's diverse industries range from automobiles, steel and petrochemicals to computers, aircraft（飞机）and consumer durables（耐用品）. With the increased economic stability, Brazilian firms and multinationals（跨国公司）have invested heavily in new equipment and technology, a large share of which has been purchased from US firms.

Brazil has a diverse and sophisticated（先进）services industry as well. Brazil's financial services industry provides local firms a wide range of products and is attracting numerous new entrants（加盟者）.

The Brazilian Government has undertaken an ambitious program to reduce dependence on imported oil. Brazil is one of the world's leading producers of hydroelectric（水电）power. Existing hydroelectric power provides 92% of the nation's electricity. Two large hydroelectrical projects, the world's largest Itaipu Dam（伊泰普水坝）and the Tucurui（图库鲁伊）Dam in Para（帕拉）in northern Brazil, are in operation.

Brazil has a mixed economy with abundant natural resources. Proven（已探明）mineral resources are extensive. Large iron and manganese（锰）reserves are important sources of industrial raw materials and export earnings. Deposits of nickel（镍）, tin, chromite（铬铁矿）, copper, lead, tungsten（钨）, zinc, gold and other minerals are exploited.

Part Two Culture and Customs

1. History

Brazil had been inhabited for at least 6,000 years by semi-nomadic populations. In contrast to the Inca（印加）and Maya（玛雅）, the Brazilian Indians never develop a centralized civilization. The Indian population was quite diverse and there were an estimated two to six million living in the territory that is now Brazil when the Portuguese first arrived. In 1500 Pedro Alvares（彼得罗 · 阿尔瓦雷斯）set sail from Lisbon（里斯本）with 13 ships and 1,200 crew, ostensibly（原本）for India, and arrived on the Brazilian coast by accident. In 1531 King João III（乔奥三世）of Portugal sent the first settlers to Brazil and, in 1534, fearing the ambitions of other European countries, he divided the coast into 15 hereditary（世袭）captaincies（酋长）,

which were given to friends of the Crown.

The colonists soon discovered that the land and climate were ideal for growing sugar cane, and solved the prodigious（巨大）labor requirements by enslaving the Indian population. The capture and sale of slaves soon became one of Brazil's most lucrative（赢利）trades, and was dominated by the bandeirantes（班代兰蒂人）, men from Sao Paulo usually born of Indian mothers and Portuguese fathers. They hunted the Indians into the interior（内地）, and by the middle of 1600s had reached the peaks of the Peruvian（秘鲁）Andes（安第斯山）. Their brutal（野蛮）exploits（开拓）secured（确保）the huge interior of South America for Portuguese Brazil. From the middle of 16th century and particularly during the 17th century, African slaves were compelled to replace Indians on the plantations（种植园）. They were less vulnerable（脆弱）to European diseases, but their lives were short nevertheless. In the 1690s, gold was discovered in Minas Gerais（米纳·吉拉斯）and the rush was on. Brazilians and Portuguese flooded into the territory and countless slaves were brought from Africa to dig and die in the mines.

In 1807, Napoleon's army marched on Lisbon. The Portuguese Prince Regent（摄政王）set sail for Brazil. He made Rio de Janeiro the capital of the United Kingdom of Portugal, Brazil and the Algarve（阿尔加维）; Brazil became the only New World colony to serve as the seat of a European monarch. On September 7, 1822 the Prince Regent's son, Pedro（佩德罗）pulled out his sword and yelled the battle cry "Independence or death". Portugal was too weak to fight its favorite son, so the independent Empire of Brazil was established without spilling a drop of blood. During the 19th century, coffee replaced sugar as Brazil's major export.

In 1929, the global economic crisis weakened the coffee planters' hold on the government and an opposition Liberal Alliance was formed with the support of nationalist military officers. The president Vargas（瓦加斯）dominated the political scene from 1930 until 1954. His replacement, Kubitschek（库比契克）, built Brasilia, the new capital, which was supposed to catalyses（催化）the development of the interior. By the early 1960s, the economy was battered（击碎）by inflation and the expense of building the new capital. Brazil's fragile democracy was squashed（压扁）by a military coup in 1964. The military rulers then set about creating large-scale projects that benefited a wealthy few, at the expense of the rest of the population. In the middle of 1980s, Brazil's economic miracle, supported largely by loans from international banks, petered（耗尽）out and the military handed power back to a civilian government. In November 1989, Brazilians had their first opportunity to elect a president by popular vote in almost 30 years.

2. Culture

Brazilian culture has been shaped not only by the Portuguese who gave the country its most common religion and language, but also by the country's native Indians, the considerable African population, and other settlers from Europe, the Middle East and Asia. The result involves fascinating music, earthy writers and tasty food.

The geography of Brazil makes it a country of many faces. The five official regions of Brazil were thought to divide the country between its cultural feats. The Amazon River allows hundreds of small communities to live independent of the outside world, depending only for medicine and some food supply from traders. Indian culture is very hierarchical（等级森严）. Tribes still exist living solely（独自）off the river and its surrounding natural resources. Their religions usually are nature-related, relying heavily on ancestral worship（祖先崇拜）.

In the southeastern part of Brazil is found most of the culture that is known world-wide. Samba（桑巴舞）was created in Bahia（巴伊亚）, but just started being a definitive feature of Brazilian culture when it hit the shores of Rio de Janeiro. The South is highly influenced by later European immigration, which took place by the 19th-20th centuries. The Germanic and Italian influences are clearly felt, especially in terms of appearance. The gaucho（高卓人）subculture is also very appearing in this region. The West Central part of the country is primarily grasslands and flooded lands, and the extensive cattle economy also makes this region the motherland of Brazilian cowboys（牛仔）.

3. Cuisine

Brazil's population is a racial mix of native Amerindians, Portugueses, Africans, Italians, Spaniards（西班牙人）, Germans, Lebanese（黎巴嫩）and Asians. This has created a national cooking style marked by the preservation（保存）of regional differences. Culturally, the Amazon basin is heavily populated by native Indians or people of mixed Indian and Portuguese ancestry（祖先）who live on a diet of fish, root vegetables such as manioc（树薯）, yams（洋芋）and peanuts, plus palm or tropical fruits. The cuisine of this region is heavily Indian-influenced.

Within the State of Bahia（巴伊亚）the predominate（主导）cuisine is Afro-Bahian, which evolves from plantation cooks improvising（临时制作）on African, Indian and traditional Portuguese dishes using locally available ingredients. In the remainder of the coastal plains there is less African influence on the food, with seafood, shellfish and tropical fruits as menu staples（主食）.

Inland, in the arid, drought stricken cattle-growing farmlands, foods typically include ingredients of dried meat, rice, beans, goat, manioc and corn meal. In the Central-West Region, fish, beef and pork from the vast ranches（农场）of the region dominate the menu, along with harvested crops of soybean, rice, maize and manioc.

In Sao Paulo, the influence of European and North African immigrants is noticed in the region's cuisine. The majority arrived from Italy, along with many from Portugal, Spain and Japan, plus other European and Arab nations. So, there it's possible to find all kind of cuisines. Minas Gerais'（米纳斯 · 吉拉斯州）Cuisine is also strongly felt here, with many restaurants serving that fare. To the national cuisine, the gaucho（高卓人）contributed dishes made with sun-dried or salt-dried meats. The European immigrants are accustomed to a wheat-based diet, and introduced wine, leaf vegetables and dairy（乳制品）products into Brazilian cuisine.

Caipirinha（凯匹林纳酒）, the national drink, is a potent（强劲）, delicious lime（酸橙）drink very refreshing for the tropics! Brazilians end to enjoy drinking choppe when socializing. Choppe is a locally brewed beer, which has a heavy Germanic influence in its taste. Brazil is famous for its coffee. Brazilians take their coffee very strong, sweet and in small cups. Most Brazilians drink coffee for breakfast every day.

4. Religion

In Brazil, religions are not mutually exclusive（排外）. Brazil's main religion since the 16th century has been Christianity, predominantly Roman Catholicism introduced by the missionaries who accompanied the Portuguese explorers and settlers of Brazil. Brazil has the largest number of baptized（受洗）Roman Catholics on Earth. Brazil also has many other offshoots（分支）of Christianity. Protestantism（新教）is generally the only religion in Brazil relatively free of syncretism（融合）.

African religions have million of followers, mainly Afro-Brazilians. They are concentrated mainly in large urban centers in the Northeast, such as Salvador（萨尔瓦多）, Recife（累西腓）, or Rio de Janeiro in the Southeast. The black slaves would summon（召唤）their gods with chants（圣歌）and dances they had brought from Africa.

All over the country, but mainly in the Amazon rainforest, there are many Indians still practicing their original traditions. Buddhism, Shinto（神道）, Judaism, Islam and a few other religions are observed by approximately 5% of the total population of Brazil. Most of the people who practice these minority religions are the 20th century immigrants from East Asia, the Middle East and Eastern Europe, or of recent immigrant descent. 15% of the population consider themselves agnostics（不可知论者）or atheists（无神论者）.

5. Music

Brazilian music has always been characterized by great diversity and is still developing new and original forms. The native peoples of the Brazilian rainforest play instruments including whistles（口哨）, flutes（长笛）, horns（喇叭）, drums and rattles（快板）. Much of the area's folk music imitates the sound of the Amazon Rainforest.

When the Portuguese arrived in Brazil, the first natives they met played an array of reed（簧片）flutes and other wind and percussion（打击）instruments. The Jesuit（耶稣）missionaries introduced songs which used the Tupi（图皮）language with Christian lyrics（曲调）, in an attempt to convert（改宗）the people to Christianity, and also introduced Gregorian（格利高里）chant and the flute, bow（乐弓）and the clavichord（翼琴）.

By the beginning of the 20th century, samba（桑巴舞）had begun to evolve in Rio de Janeiro's neighborhood, inhabited mostly by poor blacks descended from slaves. It is a mixture of Spanish bolero（波利乐舞）with the cadences（韵律）and rhythms（节拍）of African music. Tropicalismo（热带主义）is a mix of musical influences that arrived in Brazil in the 1960s and led a more electric samba. More recently, the lambada（兰巴达贴身舞）, influenced by Caribbean rhythms（韵律）, became internationally popular in the 1980s.

6. Festivals

Although there are festivals taking place all year round in Brazil, the country's most famous event is Carnaval（狂欢节）, which lasts for five days from Friday to Tuesday immediately preceding Ash Wednesday（圣灰星期三）. It is celebrated all over Brazil and there are more authentic versions than the glitzy（炫目）tourist drawcard held in Rio. Traditionally, this is also the culmination（高潮）of the Brazilian summer holidays and Carnival Rio also marks the end of the long school holidays. As a result, travel during Rio Carnival time can be difficult.

As a predominately Roman Catholic nation, Good Friday and Easter Sunday（March/April）is a national holiday in Brazil. Christmas officially starts on December 24, which is a half-day holiday. Other important events and holidays include Washing of the Steps of Bonfim（博菲姆）Church on the 3rd Thursday in January. The event itself occurs in Salvador and comprises of hundreds of women in traditional Bahian dress carrying perfumed water to wash the church's steps. Tiradentes（奇拉甸奇斯）Day on April 21 commemorates the execution（死刑）of Brazilian national hero Xavier（泽维尔）.

7. Capoeira（卡波耶拉武术）

Capoeira is an Afro-Brazilian martial（武术）art developed in the 1500s by African slaves. It is marked by deft（灵巧）, tricky（机警）movements often played on the ground or completely inverted（倒转）. It also has a strong acrobatic（特技）component in some versions and is always played with music.

During the 1500s, Portugal shipped many slaves into Brazil from Western Africa. These slaves brought their cultural traditions and religion with them to the New World. Capoeira was developed by the slaves of Brazil as a way to resist their oppressors（压迫者）, secretly practice their art, transmit（传承）their culture, and lift their spirits. After slavery was abolished, the slaves moved to the cities of Brazil, and with no employment to be found, many joined or formed criminal gangs（黑帮）. They continued to practice Capoeira, and it became associated with anti-government or criminal activities. As a result, Capoeira was outlawed（违法）in Brazil in 1892. Capoeira continued to be practiced, but it moved further underground. Rodas（围圈）were often held in areas with plenty of escape routes, and a special rhythm were added to the music to warn players that the police were coming. To avoid being persecuted（迫害）, Capoeira practitioners also gave themselves many nicknames（绰号）. This made it much harder for the police to discover their true identities（身份）. This tradition continues to this day.

In 1937, Mestre Bimba（宾巴师父）was invited to demonstrate his art in front of the president. After this performance, he was given permission to open the first Capoeira school in Brazil. Since that time, Capoeira has been officially recognized as a national sport, and has spread around the world. Mestre Bimba's systematization and teaching of capoeira made a tremendous contribution to the capoeira community. In 1942, Mestre Pastinha（巴斯奇亚师父）opened the first Capoeira Angola school in Bahia. He had his students wear black pants and yellow T-shirts. Most Angola schools since then follow in this tradition. Together, Mestre Bimba and Mestre Pastinha are generally seen as the fathers of modern Capoeira Regional（瑞吉农）and Capoeira Angola（安哥拉）respectively.

8. Football

The Brazilian national football team is the most successful national football team with five FIFA World Cup victories. Brazil is the only nation to have qualified（有资格）for every World Cup. Brazil finished second in the 1950 World Cup, losing the deciding group match to

Uruguay（乌拉圭）in a great match that was seen by 200,000 people in Rio de Janeiro. It was also the first and only time that Brazil has hosted a World Cup. In the 1958 World Cup, Brazil won its first World Cup title, defeating the host Sweden in the final by 5-2. In the 1962 World Cup Garrincha（卡雷卡）and his mates went to Chile and won the second world title. Brazil won its third World Cup in Mexico in 1970. Only in the 1994 World Cup, were they able to win another title. After finishing as runner-up（亚军）in the 1998 World Cup, Brazil won its fifth championship at the 2002 World Cup in Japan and South Korea. Brazil won the Confederations Cup in 1997. Although they never win the Gold Medal at the Olympic Games, they did win two Silvers in 1984 and 1988, and a Bronze in 1996.

Part Three Tourism Attractions

1. Brasília（巴西利亚）

Brasília is Brazil capital since April 21, 1960. Designed by architect Oscar Niemeyer（奥斯卡 · 尼迈耶）, urban planner Lucio Costa（卢西奥 · 科斯塔）and landscape architect Burle Marx（布雷 · 马克思）, the city was built in an incredible three years（1957~1960）by millions of dirt-poor peasants working around the clock.

Unfortunately, the world most ambitious planned city was designed for automobiles and air conditioners, not for people. Brasilia was intended as the administrative capital（行政首都）of Brazil, a function it serves well to this day. However, the city planners had not taken into consideration any private enterprise existing in Brasilia. Although bureaucrats（官员）and politicians（政要）are lured（吸引）to Brasília by 100% salary hikes（加薪）and big apartments, as soon as the weekend comes they jet to Rio or São Paulo. The poor man who work in the construction and service industries, pass their nights in favelas（贫民窟）up to 30 kilometers outside the city. Only the popular Brasilia Park National ecological reserve on the north side of town has natural swimming pools and is a good place to escape from the blazing sun.

2. Sao Paulo（圣保罗）

Sao Paulo is the biggest city in South America with an estimated population ranging from 11 to 25 million. Many of them are descendants（后裔）of Italian and Japanese migrants. The city is so large, when flying from Rio de Janeiro to Sao Paulo, half of the time spent in the air is over the outskirts（郊区）of this city. The plateau megalopolis（大都会）is also the commercial center of Brazil with some of the biggest skyscrapers in the country.

Sao Paulo is Brazil's powerhouse and has the most German industry in the world, more even than any city in Germany. Strong industrial development and cultural diversity have provided Sao Paulo with the largest, most cultured and educated middle class in Brazil. These paulistas（圣保罗人）are lively and well informed and, though they complain about the traffic, street violence and pollution, wouldn't dream of living anywhere else.

Sao Paulo offers the excitement and nightlife of one of the world most dynamic places. There are excellent, world-class museums including the baroque Teatro Municipal（市立剧场）and the Museu de Arte de Sao Paulo（圣保罗艺术博物馆）.

3. Rio de Janeiro（里约热内卢）

Rio de Janeiro（Rio for short）has a majestic（壮丽）beauty, nestled（坐落于）between a glorious bay with dazzling beaches and a sharply rising mountain range covered by tropical vegetation. The city is one of the most densely populated on earth, with 6 million inhabitants. With the establishment of Brasilia in 1960, Rio ceased（停止）to be Brazil's capital, but this second largest city is still a major cultural capital with museums housing a wide range of art and information on Brazilian life and culture. It is a combination of beaches, sports, sun, exotic parks and gardens, spectacular（壮丽）mountain views, plus a bit of dancing and drinking.

One of the most thrilling（刺激）sites is Corcovado（驼子峰）, a mountain with a sheer granite（花岗岩）face topped by the Christ the Redeemer（耶稣基督）statue rising more than 100 feet from a 20-foot pedestal（底座）. Tourists can reach the top on an 1885 cogwheel（齿轮）train or on a winding（蜿蜒）road with great beach views.

The second famous peak, Sugarloaf Mountain（甜面包山）, is just as impressive, giving a different perspective of the city. Sugarloaf consists of a huge granite slab（板）at the entrance of the Guanabara Bay（瓜纳巴拉湾）. From the top can see the whole city, plus the beaches and the Atlantic Ocean. The sunsets as seen from the top are fabulous（绝妙）.

The legendary Copacabana Beach（科巴卡巴纳海滩）is lively, with people often playing beach volleyball with the samba playing in the background. The Ipanema Beach（伊帕纳玛海滩）is known for its attraction to the young and fashionable with numerous boutiques（时装店）.

Rio is also highly regarded as being the educational and cultural center of Brazil with both some of Brazil's leading universities and some of the most delightful museums and art galleries. Rio's museums and privately funded cultural centers are filled with masterpieces（杰作）and wonderful history. The Museu Historico National（国家历史博物馆）boasts a collection of 30,000 items, including ivory toys once owned by the imperial family.

4. Salvador（萨尔瓦多）

Bahia（巴伊亚）is Brazil's most Africanized state. Its capital Salvador, lying between tropical hills and wide beaches along the bay of of All Saints, is a fascinating and vibrant city loaded with historic buildings, and is one of Brazil's cultural highlights. Founded in 1549, Salvador was Brazil's most important city for 300 years, and the Portuguese Empire's second city after Lisbon（里斯本）. The city of Salvador was built in two distinct levels, with residences（住宅）in the hills and office buildings below adjoined with an elevator（电梯）in between.

The black African culture originating with former slaves, is reflected strongly in the city's culture. In fact, 70 percent of the city's population is Afro-Brazilian and ceremonies honor both African gods and Catholic holidays. It is known for its many wild festivals and general sensuality（情色）and decadence（颓废）. Carnaval（狂欢节）in Salvador is justly famous and attracts hordes of tourists. The best time to visit the city is between November and April and the month of July.

Salvador's beaches have been an inspiration（灵感）for writers and musicians. Many beaches are lit up at night and boast bars and restaurants for the evening crowd. Salvador has many plazas for loafing and strolling. The narrow cobblestone（卵石）street has changed little since days when the city served as the slave center of Brazil. Salvador's other highlights include 34 colonial churches. The interior of the unremarkable Igreja de Sao Francisco Church（圣方济各教堂）is covered in gold leaf.

5. Curitiba（库里蒂巴）

Curitiba has a popucation of 1.5 million, many with European ancestry（祖籍）, and a major inland port for the upper Amazon River areas. The city goes back to 1669, when the first European settlement was established. Rubber plantations brought wealth to the area until the decline in the 1920s. Today, the city is known for its imports of Brazil nuts, electronic and manufacturing equipment and petroleum refining.

The emphasis of Curitiba is protecting the environment with innovative urban planning and many parks and gardens. One of the best is the Jardim Botanico garden（雅尔丁植物园）, which includes a two-floor greenhouse shaped like a castle. The Botanical Museum within the park features an array of exotic Brazilian plants. The narrow-gauge（窄轨）train completed in 1880 provides a breathtaking journey from Curitiba to Paranagua（巴拉那瓜）, traveling under 13 tunnels and over 67 bridges. The tracks cross the verdant（青翠）Mar Ranges（马尔山脉）and traverse numerous canyons（峡谷）with many streams, waterfalls and vibrant vegetation.

6. The Amazon（亚马孙河）

The Amazon is a gigantic watershed of rivers and forests, covering almost half of Brazilian territory and extending into neighboring countries. The wide stretch（展开）of river known as Rio Amazonas runs between the cities of Manaus（马瑙斯）and Belem（贝伦）. The forest still keeps many of its secrets：to this day, major tributaries（支流）of the Amazon are unexplored；of the estimated 15,000 species of Amazon creatures, thousands of birds and fish and hundreds of mammals have not been classified. Forest birds and insect life is well represented, with over 1,800 species of butterflies（蝴蝶）and more than 200 species of mosquito（蚊子）. Fish abound in such an amazing diversity of species that biologists are unable to identify much of the catch found in Belém（贝伦市）'s markets. Things to do in the Amazon include bird watching, trekking/hiking, climbing and taking boat journeys along the river. Without doubt, a tour to Brazil is incomplete without a trip to the Amazon.

The most common jumping-off point for excursions into the Amazon is Manaus（马瑙斯）a sprawling（伸展）city of more than a million people lying beside the Rio Negro（内尼格罗河）, 10 kilometers upstream from the confluence（汇合处）of the Solimões（索里芒斯河）and Negro rivers. Manaus itself has few attractions although increasingly crime-ridden. The city's most potent（强力）symbol is the Teatro Amazonas（亚马孙纳斯剧院）, a famous opera house designed in Italian Renaissance style in 1896, which reflecting the massive wealth of the Rubber Boom（橡胶繁荣）of the past. Operas and other events fill the stage regularly. The waterfront piers（码头）, which are not fixed but left to float due to fluctuating water levels, are also worth a visit. While Manaus day trips and boat tours offer a chance to experience jungle flora and bird life, they are more interesting as a way of seeing the way of life of the caboclos（土著人）.

Belém, capital of Pará（帕拉）State and chief port of the lower Amazon River, is on the Pará River estuary（河口）. The port is accessible to oceangoing（远洋）ships and includes a naval base. Founded in 1615 by the Portuguese, Belém owes its commercial importance to the opening of the Amazon to foreign trade in the late of 19th century. The city is built on a number of small islands intersected（分隔）by channels and other rivers. One part of Belém contains modern skyscrapers and the other part, has charming tree-filled squares, churches and traditional blue tiles. The market is on the dock and one of the largest in Brazil. It was designed and built in England and assembled（组装）in Belém. As the cultural center of northern Brazil, Belém is the site of the Federal University of Pará built in 1957 and the Goeldi Museum（戈莱迪博物馆）, with its world-famous ethnological（人种学）and zoological collections on the Amazon.

Part Four MICE Industry

1. Riocentro（里约会展中心）

Riocentro is an exhibition and convention center located in Rio de Janeiro. Built in 1977, it is the largest exhibition center in Latin America. Capacity of the pavilions ranges from 2,000 to 4,500 people. In 1992, it hosted the United Nations Earth Summit（地球峰会）. For the 2007 Pan American Games（泛美运动会）, it hosted a variety of events in several pavilions.

When Rio was bidding for the 2016 Summer Olympics and Paralympics（残奥会）which it won in October 2009, four of its six pavilions were proposed as venues. Pavilion 2 hosted Olympic boxing, Pavilion 3 hosted Olympic and Paralympic table tennis, Pavilion 4 hosted badminton（羽毛球）, and Pavilion 6 hosted Olympic weightlifting（举重）and Paralympic powerlifting events.

2. Latin America Memorial（拉美纪念馆）

The Latin America Memorial is a cultural, political and leisure complex, inaugurated（落成）in 1989 in Sao Paulo. The architectural setting is a monument to the cultural, political, social and economic integration（融合）of Latin America, spanning an area of 84,482 square meters. Its cultural project was developed by Brazilian anthropologist（人类学家）. It is a public foundation, financially and administratively autonomous, maintained by the state government.

In the main square, there is a large concrete sculpture, representing an open hand in vertical（垂直）position, with the map of Latin America painted in red. It's a symbol of Latin

America's past of oppression and its battles for freedom, with the red map as a reminder of the blood from the sacrifices that were made.

The Memorial has a permanent collection of works of art, on display in the indoors and outdoors spaces, as well as a large assemblage（组合）of Latin American folk art. The library comprises 30,000 titles, besides music and image departments. The Memorial promotes exhibitions, conferences, debates, video sessions, theater, dance and music performances. It also has a research center specializing in Latin American issues and keeps an active bibliographic（文献）production. From 1989 to 2007, the Memorial also served as a host to the Latin American Parliament.

3. Sao Paulo Fashion Week（圣保罗时装周）

The Sao Paulo Fashion Week（SPFW）is a fashion event, held at Ibirapuera（伊比拉普埃拉）Park in Sao Paulo. It began in 1996, when the event was known as Morumbi（莫伦比）Fashion Brazil. It won the current name in January 2001. Today, the event is the most important fashion show in Latin America. Besides structuring the whole textile industry of the country, the event has been marked by campaigns for hunger, for the prevention of cancer and AIDS, recycling of waste, education and more recently celebrated the centenary of Japanese diaspora（移居）to Brazil.

Today's event happens twice a year, one in January, featuring the fall collection, and one in June featuring the spring collection, with its all-famous Brazilian lines of beachwear（泳装）. In the first ten years, the investments grew from 600,000 Reais to more than five million in 2006.

4. Rock in Rio（里约摇滚节）

Rock in Rio is a series of rock festivals held in Brazil and later in Portugal（葡萄牙）, Spain and the USA. Eight incarnations of the festival were in Rio de Janeiro, eight in Lisbon, three in Madrid（马德里）, and one in Las Vegas. In 2011, Rock in Rio taked place in its original home, Rio de Janeiro.

Rock in Rio has been the largest rock festival in the world, with 1.5 million people in the first edition, 700,000 in the second, about 1.2 million in the third, and about 350,000 people in each of the 3 Lisbon editions.

Here are some numbers of Rock in Rio. The City of Rock, the place where the event was held, covered an area of 250,000 square meters. 1,600,000 liters of beverages were served, using 4 million plastic cups, 900,000 hamburgers, 500,000 pizza slices. McDonalds（麦当劳）sold 58,000 hamburgers in a single day, which was a Guinness World Record（吉尼斯世界纪录）.

5. Sao Paulo Gay Pride Parade（圣保罗自豪日）

Sao Paulo Gay Pride Parade happens annually in Avenida Paulista（圣保罗大街）since 1997. The event is the second largest of the city, after only Formula One.

The march is the event's main activity and the one that draws the biggest attention to the press, the Brazilian authorities（当局）as well as to the hundreds of thousands of curious people that align（站齐）themselves along the parade's route. The parade is 4.2 kilometers long and starts at Avenida Paulista at around noon, to end at Roosevelt Square at around 10 pm.

Strongly supported by the State and the City of Sao Paulo government authorities, the event counts with a solid security plan. These are numbers of its edition of 2010, approximately 2,000 policemen, two mobile police stations for immediate reporting of occurrences, 30 equipped ambulances, 55 nurses, 46 medical physicians, three hospital camps with 80 beds. In the Pride the city usually receives about 400,000 tourists.

拓展阅读 搜索

巴西狂欢节成功的经验

一年一度的巴西狂欢节在巴西人的生活中占据着重要地位，巴西狂欢节的成功经验对我国打造节庆产业也具有借鉴意义。

第一，政府积极引导和扶持。在狂欢节发展过程中，巴西联邦和地方政府扮演“推手”角色，通过提供政策、资金或配套设施等，使活动不断规范和壮大。狂欢节最初是民众自发的文化活动，缺乏严密组织，影响有限，往往伴随着暴力犯罪和色情等，狂欢节游行还影响市内交通。但政府没有简单地将其取缔，而是积极引导和扶持。政府在加强警力的同时，通过媒体宣传和现场发放扇子、避孕工具等实用的宣教物品，将狂欢节变成对公民进行道德教育和普及卫生知识的渠道。政府督促各地桑巴学校加强行业自律，杜绝狂欢节表演中的淫秽行为，以保证活动的健康发展。为提升狂欢节品位，避免临时表演场地建拆对城市交通的影响，里约市政府于 1984 年建立了一条 700 米长、能容纳 6.5 万名观众的“桑巴大道”，使狂欢节由此进入新的发展阶段。2006 年，里约市政府斥资 5,000 万美元，在里约港区建立占地 7.8 万平方米的彩车制作大棚，彻底解决了狂欢节期间体量庞大的彩车无法抵达表演现场的困难，每年吸引世界各地的游客前来参观，既提升了狂欢节的知名度，也振兴了衰落的港区。圣保罗、马瑙斯、维多利亚、巴西利亚和阿雷格里港等城市争相效仿，相继建立了各自的桑巴大道和狂欢节城。此外，各级政府还对狂欢节进行财政支持。2008 年，联邦政府向里约市特别组桑巴学校资助 600 万美元。2009 年，里约州政府和市政府分别向 12 所特别组桑巴学校资助 250 万美元和 200 万美元。由此可见，政府的引导扶持是民间文化活动转向文化产业必不可少的助力，但政府又不能将民间文化活动刻意地商业化和产业化，以免事与愿违，适得其反。

第二，坚持民族传统，不断进行国际化创新。自 19 世纪中叶以来，里约狂欢节经久不衰，规模不断扩大，吸引力越来越强，就是正确处理了传统和创新的关系。自 1932 年以来的 80 多年间，里约市每年举行桑巴学校行进表演赛，从未中断。行进表演的主体结构不变，评比项目相对固定，这是狂欢节得以延续的关键。与此同时，各桑巴学校在内容和形式上不断创新，将每个时代的社会热点引入行进表演的主题。彩车的科技含量越来越高，计算机技术得到大量运用。传统艺术与现代科技的和谐结合使狂欢节独具魅力。随着经济全球一体化，文化艺术的国际化势不可当。活动组织者在保持狂欢节民族特色的同时，亦注入许多国际元素，意大利的文艺复兴、安徒生的童话故事和塞万提斯的《堂吉诃德》相继成为狂欢节的主题，越来越多的外国名人出现在狂欢节行进队伍中，越来越多的国家开始转播巴西狂欢节实况。这不仅增进了世界人民对狂欢节的了解，也使其获得更多的赞助。

第三，通过竞争机制得以持续发展。巴西狂欢节长盛不衰并逐渐形成产业，除了当地民众对传统文化的热爱外，竞争机制也是重要原因。每年狂欢节的最终评比结果总是重头戏。与足球俱乐部一样，因为竞争机制，使自己所属的桑巴学校成为年度冠军是大家的共同追求。巴西狂欢节桑巴学校行进表演大都具有比赛性质。如里约市的特别组（甲组）表演，每个参赛学校必须控制在 80 分钟以内，由专家、历史学家、记者、社会名人组成的 40 名评委对行进表演的主题、协调性、彩车、服饰等 10 个项目进行打分，评出当年冠军，分数排在最后的学校降入升级组（乙组）。升级组中获冠军的学校则获得来年参加特别组表演的资格。获得冠军虽没有特别的奖金，但桑巴学校的知名度和内部凝聚力因此大大提高，平时的演出就能吸引更多观众，以致获得更多的门票收入与社会赞助。

第四，民众广泛参与。民众的广泛参与是文化活动取得成功的基本条件。巴西狂欢节民众参与性强，市民既是狂欢节的生产者，也是其消费者。每个桑巴学校参加行进表演的数千名舞者大都是志愿者，在大棚中制作狂欢节道具和服饰的人也大都是志愿者。狂欢节是每个民众都消费得起的文化活动，门票并非狂欢节桑巴大道行进表演的主要收入来源，除包厢和主看台门票较高外，其他区域的门票价格都能为大众所接受。狂欢节期间，各种形式的欢庆活动遍布城市各处，不同职业、肤色和阶层的人们均参与其中，既有终年为生计奔波的下层民众，也有身居要职的政府官员和腰缠万贯的商界巨头，还有家喻户晓的影视明星。狂欢节期间，巴西各地犯罪率明显下降，足以说明该活动有着积极的社会影响。

——资料来源：舒建平，《巴西狂欢节对我国打造民间节庆产业的启示》，《中国文化报》。

复习与思考

一、名词解释

亚马孙河　咖啡文化　天主教　狂欢节　桑巴舞　三权广场　伊瓜苏瀑布

二、问答题

1. 为何说巴西多元文化特征明显?
2. 为何说亚马孙河流域是“地球之肺”?
3. 简述巴西的咖啡文化。
4. 简述巴西的会展旅游产业。

三、实践与训练

1. 调研巴西与中国的经贸往来情况。
2. 调研巴西的狂欢节经营特点。

Chapter Five

African Region

学习意义 非洲是全球新兴的旅游和会展目的地，埃及和南非的会展旅游最具特色。通过系统地学习埃及、南非两个典型非洲国家的基本国情、社会文化、旅游产业与会展产业情况，提高学生与非洲国家进行旅游与会展产业交流与合作的素质与能力。

内容概述 本章主要阐述埃及和南非等非洲国家的基本国情、社会文化、旅游产业与会展产业情况。

学习目标

知识目标

1. 了解埃及、南非等非洲国家的地理、政治、经济等基本国情。
2. 了解埃及、南非等非洲国家的历史、文化、教育、社会风俗、美食等。
3. 了解埃及、南非等非洲国家的旅游产业发展概况以及主要旅游城市。
4. 了解埃及、南非等非洲国家的会展产业发展概况以及主要的会展项目。

能力目标

1. 能通过网络、文献调研等手段搜集相关资讯，掌握埃及、南非等非洲国家的旅游产业与会展产业发展现状与趋势。
2. 能运用所学非洲国家的相关知识，对所在地的旅游活动与会展项目进行创新开发。

Section 18 Egypt

【导读】埃及地跨亚非两洲，尼罗河纵贯南北，苏伊士运河沟通东西，沙漠广袤，气候炎热。尼罗河谷物产丰饶，人口集聚，城市连绵。历史悠久，文化灿烂，为四大文明古国之一。4000年前，法老建金字塔与狮身人面像；2000年前，科普特人建教堂；1000多年前，穆斯林建立绿衣大食与清真寺，如此层层累积，交融糅合。金字塔、狮身人面像、阿蒙神庙、木乃伊、方尖石碑、椰枣、香料驰名世界。旅游业发达，开罗、卢克梭、亚历山大人气最旺；会展业潜力巨大，是中国企业进入非洲和中东地区的桥头堡。

Part One　Basic Information

1. Overview

The Arab Republic of Egypt, commonly known as Egypt, is located in northeastern Africa. It borders with Libya（利比亚）to the west, Sudan（苏丹）to the south and Israel（以色列）to the northeast, and faces to the north and east the Mediterranean Sea（地中海）and the Red Sea respectively. Egypt is famous for its ancient civilization and some of the world most stunning ancient monuments. The capital city Cairo（开罗）is Africa largest city and has been a crossroads of Arab commerce and culture for millennia, and its intellectual and Islamic institutions are at the center of the region's social and cultural development.

2. Geography

Egypt stretches over more than a million square kilometers. More than 94% of the land area is barren（荒芜）desert, which has induced 98% of the population to squish（拥挤）into just 3% of the total land area, the fertile Nile Valley（尼罗河谷）and Delta（三角洲）. The eastern Sinai region slopes（陡坡）up to the high mountains of Mt Katherine（凯瑟琳山）, 2,642 meters high and Mt Sinai（西奈山）. Along Egypt's Mediterranean coast there are countless white-sand beaches, some developed as tourist resorts but many still pristine（原始）and isolated. North ward of Cairo, the Nile splits into a series of tributaries（支流）that flow into the Mediterranean Sea.

Egypt includes parts of the Sahara（撒哈拉）Desert and of the Libyan（利比亚）Desert. Egypt's important role in geopolitics（地缘政治）stems from its strategic position：as a land bridge between Africa and Asia, and as a passage（通道）between the Mediterranian Sea and the Indian Ocean through the Suez（苏伊士）Canal. Natural resources are petroleum, natural gas, iron ore, phosphates（磷）, manganese（锰）, gypsum（石膏）, lead and zinc.

Most of the animals worshipped by the ancient Egyptians are now extinct（灭绝）in the country. There are plenty of rodents（鼠）and bats, but domesticated（驯养）camels and donkeys are the most visible forms of Egyptian animal life. There are around 430 species of birds, but most pass through on migration from Europe to southern Africa. There are also 34 varieties of snake including the best known cobra（眼镜蛇）. Scorpions（蝎子）are common throughout the country. The Red Sea supports sharks（鲨鱼）, turtles, dolphins（海豚）, colorful corals（珊瑚虫）, sponges（海绵）, starfish（海星）and various mollusks（软体动物）.

3. Climate

The climate of Egypt is characterized by a hot season from May to September and a cool season from November to March. Extreme temperatures during both seasons are moderated（缓和）by the prevailing（盛行）northern winds. Egyptian summer is hot and dry in most part of the country, and humid in the Delta and along the Mediterranean Coast. Wide variations part of temperature occur in the deserts, ranging from a maximum of 46℃ during daylight hours to a minimum of 6℃ after sunset. Winter weather is fairly cold with winds blowing over the desert at sunrise and sunset. In winter showers（阵雨）fall all over between October and April.

The most humid area is along the Mediterranean coast. Precipitation（降水）decreases rapidly to the south, and in many desert locations it may rain only once in several years. Water drainage toward the Mediterranean Sea from the main plateau supplies sufficient moisture（湿气）to permit some agriculture in the coastal area.

The sandstorm season last only a few days in March and April. It blows in different places according to the wind direction. These sandstorms may cause temperatures to rise as high as 20℃ in two hours. The winds blow intermittently（间歇）and may continue for days, cause illness in people and animals, harm crops, and occasionally damage houses and infrastructure.

4. Politics

Egypt operates under a multi-party semi-presidential system in which the executive power is divided between the President and the Prime Minister. Egypt holds regular single-candidate presidential and multi-party parliamentary elections.

Historically, Egypt has played the role of a mediator（调停者）in resolving disputes（争端）of various Arab nations. Today, Egypt is widely regarded as the main political and cultural centre of the Arab and Middle Eastern（中东）regions. Geography, population, history, military strength and diplomatic expertise（技能）give Egypt extensive political influence in the Middle East. The permanent headquarters for the League of Arab States（阿拉伯国家联盟）is located in Cairo. Egypt was the first Arab state to establish peace with the State of Israel（以色列）after the signing of the *Israel-Egypt Peace Treaty*《埃以和约》after the *Camp David Accords*《戴维营协议》. Egypt also has a major influence on other Arab states.

5. Economy

Egypt is considered a regional and middle power, with significant cultural, political, and military influence in North Africa, the Middle East and the Muslim world. The economy of Egypt is one of the most diversified in the Middle East. Egyptian economy mainly relies on the sources of income of tourism, remittances（汇款）from Egyptians working abroad and revenues from the Suez Canal. Egypt's rich cultural legacies have made tourism a vital part of the economy, employing about 12% of the country's workforce. An estimated 2.7 million Egyptians abroad contribute actively to the development of their country through remittances（US$ 7.8 billion in 2009）, as well as circulation of human and social capital are investment. Remittances, money earned by Egyptians living abroad are sent home, reached a record US$21 billion in 2012.Egypt has a developed energy market based on coal, oil, natural gas and hydro power. Substantial coal deposits in the northeast Sinai are mined every year. Oil and gas are produced in the western desert regions, the Gulf of Suez and the Nile Delta.

The completion of the Aswan High Dam（阿斯旺水坝）in 1971 and the resultant（形成）Lake Nasser（纳赛尔湖）have altered the time-honored（久享盛名）place of the Nile River in the agriculture and ecology of Egypt. A rapidly growing population, limited arable land and dependence on the Nile all continue to overtax（透支）resources and stress society. Its main agricultural products are cotton, rice, corn, wheat, beans, fruits, vegetables, cattle, water buffalo, sheep and goats.

Economic conditions have started to improve considerably due to the adoption of more liberal economic policies. Since the fall of Mubarak (穆巴拉克) in 2011, Egypt has experienced a drastic fall in both foreign investment and tourism revenues, followed by a 60% drop in foreign exchange reserves, a 3% drop in growth, and a rapid devaluation of the Egyptian pound.

Part Two Culture and Customs

1. History

The regularity and richness of the annual Nile River flood, allowed for the development of one of the world great civilizations. A unified kingdom was founded 3200 BC by King Menes (美尼斯), and a series of dynasties ruled in Egypt for the next three millennia. The pharaohs(法老) were considered divine (神) and they ruled over a highly stratified (等级) society. The first pyramid was built in the 27th century BC ; over the next 500 years the monuments grew increasingly grand. Monarchical (帝王) power was at its greatest during the 4th dynasty, when Khufu (胡夫) , Khafre (哈夫拉) and Mycerinus (孟卡拉) built the Pyramids of Giza (吉萨) . Through the 6th and 7th dynasties power was diffused (散布) and small principalities (诸侯国) began to appear.

An independent kingdom was established at Thebes (底比斯) and under Montuhotep Ⅱ (门图霍特普二世) , Egypt again came under the control of a single pharaoh. From 1550 BC to 1069 BC, the New Kingdom bloomed under rulers such as Tuthmosis Ⅰ (图特蒙西斯一世), the first pharaoh to be entombed(埋葬) in the Valley of the Kings(帝王谷). Amenhotep Ⅳ (阿孟霍特普四世) renounced the teachings of the priesthood (僧侣) . Soon thereafter, Egypt was ruled by generals : Ramses Ⅰ (拉美西斯一世), Ramses Ⅱ , Ramses Ⅲ , and Seti Ⅰ (塞提一世) . They built massive monuments and temples, but following their reigns the empire was in disarray, allowing the Macedonian (马其顿人) conqueror Alexander the Great (亚历山大大帝) to arrive in 331 BC and establish a new capital.

Under Ptolemy Ⅰ (托勒密一世) , Alexandria (亚历山大港) became a great city. The Ptolemies (托勒密家族) ruled Egypt for 300 years. In 31 BC, Egypt became part of the Roman Empire. When the empire fell apart, Nubians (努比亚人) , North Africans and Persians (波斯人) invaded, although Egypt remained relatively stable until AD 640 when the Arabs arrived.

It was the Muslim Arabs who introduced Islam and the Arabic language in the 7th century changing Egypt into a Arab nation once and for all. Muslim rulers nominated by the Islamic Caliphate（哈里法）remained in control of Egypt for the next six centuries. Western European Christians seized much of the weakening empire in the Crusades（十字军东征）of the 11th century, but in 1187 the Syrian-based Seljuks（塞尔柱帝国）sent an army into Egypt and Saladin（萨拉丁）fortified（加强）Cairo and expelled the Crusaders from Jerusalem（耶路撒冷）. Salah ad-Din（萨拉赫丁）enlisted Mamluks（马穆鲁克雇佣军）, but they ended up overthrowing his dynasty and ruled for two and a half centuries before Egypt fell to the Turks（土耳其人）in 1517. Since most of the Mamluks were of Turkish descent, the Turkish Ottoman sultans largely left the Mamluks alone, as long as they paid their taxes. This state of affairs continued until Napoleon（拿破仑）invaded in 1798, only to be ousted by the British in 1801；they were in turn expelled（赶出）by the Lieutenant（中尉）Mohammed Ali（阿里）.

Following the completion of the Suez Canal（苏伊士运河）in 1869, Egypt became an important world transportation hub. However, the country also fell heavily into debt. Ostensibly（名义上）to protect its investments, Britain seized control of Egypt's government in 1882. In 1952, a group of dissident military officers, led by Colonel Nasser（纳赛尔）, orchestrated（谋划）a bloodless coup（政变）. The British and French were loath（不愿）to relinquish（放弃）control, so they invaded. Nasser（纳赛尔）became a hero, particularly among Arabs. Sadat（萨达特）took over from Nasser when he died in 1970, and set about improving relations with the West. Israel agreed to withdraw（撤离）from Sinai, and Egypt officially recognized Israel. Many in the Arab world felt Sadat had betrayed（背叛）them, and he was assassinated（暗杀）on 6 October 1981. Mubarak（穆巴拉克）was sworn in and has been the country's leader ever since. Mubarak has surprised many with his deft political footwork in the troubled region, improving relations with Israel and other Arab states.

2. Bedouin（贝都因人）

Wandering throughout Egypt's deserts, Bedouin nomads continually search for fresh grazing for their camels and goats and water for their families. They don't wander aimlessly（漫无目的）, but return annually to various locations in their territory where the land and water can sustain them for the season. Little in the desert escapes the Bedouin's eye. They know where and when water can be found and whether it's just brackish（咸味）or toxic；shrubs tell them when it last rained and how much. Signs left in the sand proclaim who has been there before him, when, the directions from which they came and departed, the size of their flocks, and perhaps even the ages of their camels. Bedouins navigate by the stars, familiar landmarks, and stone markers left on a previous trek（迁徙）. They travel light, leaving caches（贮藏品）hanging in trees. Other travelers, if in need, are welcomed to take the food and water but are bound not to touch the remaining articles.

Bedouin live in tents of goat and camel hair panels（毛绳）that the women have woven on their narrow ground looms（织机）and stitched（缝）together. When the tribe moves, Bedouin's wife is in charge of dismantling（拆卸）the tent, packing it on the camels, and reassembling it at the new site. She can roll up the sides so that the cool breeze enters, or stake（打桩）them down, making it secure in a sand storm. In case of divorce（离婚）, the tent belongs to the woman, while the man takes his domestic animals and leaves.

The Bedouin band into small, tightly knit tribes, and their leaders, picked（精选）for their wisdom and judgment, retain their positions by finesse and largesse（慷慨）. To the Bedouin, hospitality is mandatory（必然）and guests are welcomed to a tent for three days and three nights. The teapot or coffee pot is always on for either kinsman（亲族）or stranger. In exchange, the host expects conversation, for the Bedouin thus keeps abreast（同步）of the news. If water is far away, the men and boys make the trip with camels, bringing it back in goatskins（羊皮袋）. They also go into the nearest town to exchange news and barter（交易）, trading rugs, cheese, milk, goats and camels for cloth, jewelry, rifles（来复枪）, flour, rice, tea, sugar and coffee.

3. Nubians（努比亚人）

Dark-skinned Nubians inhabit the narrow valley south of Aswan（阿斯旺）. These people once farmed the narrow margins of the river, planting palm groves（椰林）along its edge. A distinct group for centuries, Nubians served the pharaohs（法老）as traders and elite military forces. During the Late Period, Nubians traveled north, invading Luxor（卢克索）to reestablish classical Pharaonic culture.

For centuries, Nubians have taken great pride in their unique culture. Today, transplanted（迁居）from the lands inundated（淹没）by the waters of Lake Nasser, these hard-working people are attempting to revive（复兴）their culture in the face of economic and social pressures.

Originally Nubian villages were closely knit, celebrating births and marriages with village-wide festivals, rituals that always included the river. The newborn child was washed in its life-giving flow. A bride and groom bathed separately in the fertile waters on the eve of their marriage, then again at dawn together. After a death, at the end of mourning, the women came to the waters to wash from their faces the mud and blue dye that had been their badge（标志）of sorrow, and offer henna（指甲花）and perfume to the spirits of the river. Although the Nubians converted（改信）first to Christianity and then to Islam, beliefs in the water angels persist, and the people continue to petition（祈求）these spirits for favors and blessings.

4. Dress

For the most Egyptians, a married woman traditionally wears a black outer dress over her brightly colored housedress, and covers her hair with a long veil（头巾）. She wears her dowry（嫁妆）of gold necklaces and silver bracelets（手镯）and anklets（足环）, insurance against poverty if her husband divorces her or she becomes widowed. Her husband dresses in a long robe（罩袍）, cotton in summer and wool in winter. He often covers his head with a scarf（围巾）and in the winter adds a wool jacket. The robe of both sexes cover the entire body, but their looseness allows a cooling circulation of air and serves as insulation（融热层）.

The Bedouin dresses for the desert, his layered（多层）robes absorbing the sun's hot rays while allowing cooling breezes to circulate. A man winds a cloth around his head and neck to retard（防止）moisture loss that can lead to heat stroke（中暑）and to shield his face against the harsh, dry sand. A female wear black dresses and head covers embroidered（刺绣）in tiny cross-stitch（十字绣）designs：blue for unmarried women, red for married.

5. Cuisine

Egyptian food reflects the country's melting pot（种族融合）history；native cooks using local ingredients have modified（改良）Greek, Turkish, Lebanese, Palestinian（巴勒斯坦）and Syrian（叙利亚）traditions to suit Egyptian budgets, customs and tastes. Dishes are simple；made with naturally ripened fruits and vegetables and seasoned（调味）with fresh spices.

Rice and bread form the bulk of Egyptian main courses. Rice is often varied by cooking it with nuts, onions, vegetables, or small amounts of meat. Bread comes in several forms, such as a pita（皮塔饼）type made either with refined white flour or with coarse（粗）wheat. Stuffed（包裹）with any of several fillings, it becomes the Egyptian sandwich. For most Egyptians, meat is a luxury used in small amounts, cooked with vegetables, and served with or over rice.

The drinking of coffee remains a national tradition, and local coffeehouses still cater to men who come to drink coffee, discuss politics, play backgammon（双陆棋）, listen to Egyptian music, and smoke the shiisha（锡沙水烟）. Egyptians adopted the custom of formal afternoon tea from the native Arabians, and it's served with milk, lemon and sugar on the side. Western soft drinks are ubiquitous（普遍）in Egypt, but most are domestically bottled. Devout（虔诚）Muslims do not drink alcohol or eat pork, which is considered unclean.

6. Culture

Whether Muslim or Copt（科普特人）, the Egyptians are deeply religious and religious principles govern their daily lives. Egyptian males tend to be chauvinistic（大男主义）in a society that acknowledges male domination. That patriarchal（家长制）system requires the support and loyalty（忠诚）of all members of the family in return for security and protection. Adults are expected to respect and care for their elderly parents. In rural areas, care and loyalty also extends to the clan.

Egyptians are very conservative. Explicit（直白）sexual material, such as magazines, photos, tapes or records, is illegal and subject to confiscation（没收）. Women are expected to dress and behave modestly（谨慎）. For men, speaking to an unknown Egyptian woman is a breach（违背）of etiquette. But Egypt could boast a far higher proportion of women working as doctors, dentists, lawyers, professors, diplomats（外交官）or high officials than the US or some European country.

Superstition（迷信）is part of the Egyptian way of life. Owls（猫头鹰）and black cats are bad omens（征兆）and so are bearers（信使）of bad news. Bad dreams can be grossly misinterpreted. Ghosts and spirits are also bad news. Egyptians will never leave a slipper or a shoe turned upside down, or a pair of scissors（剪刀）open；these are signs of bad luck. They never throw bread on the floor, and if found will be picked up and put aside in a corner so that it is not trodden（踩踏）on.

7. Language

The Egyptian people speak only languages from the Afro-Asiatic family. The Arabic language has its mark on the Egyptian mind. Classical Arabic is used by the media and in formal writing, but the spoken Arabic is colloquial（口语）and varies from one region to the next. The colloquial Arabic of Cairo is widely understood throughout the Arab world because of the cultural influence of films, songs and TV programs. Classical（古典）Arabic is the living proof of past glory. It can be acquired only by formal education.

8. Entertainment

Egypt has a thriving media and arts industry, with more than 30 satellite channels and more than 100 motion pictures produced a year. To bolster（支持）its media industry, especially with the keen（激烈）competition from the Persian Gulf（波斯湾）states and Lebanon, it has built a large media city that it has promoted（晋升）as the Hollywood of the East. Egypt has the only opera house amongst Arab countries.

Although Egypt is famous for belly-dancing（肚皮舞）. Many dancers at belly-dancing play shows at the resorts and tourist hotels in European or American, because it's considered improper for Arab women to behave so provocatively（挑逗）. Those dancers who are Egyptian like Fifi（菲菲）, have bodyguards for protection against the excesses of Islamic zealotry（狂热者）. However, at large family gatherings such as wedding or private parties, dancing is sometimes part of the fun.

9. Religion

Islam is the official religion of Egypt. Islam is part of the Judaeo-Christian（犹太-基督教）family of religions and was revealed to the Prophet（先知）Muhammad（穆罕默德）. Islam has five major principles, which form the foundation of the religion. The first is the belief that there is only one God and that the Prophet Muhammad is the messenger of God. The second is prayer（祈祷）, which is performed five times a day and can be conducted in any place as long as it is done facing Mecca. Almsgiving（施舍）is the third principle and by religious law. Muslims must donate a percentage of their savings to the poor. The fourth pillar is the obligation to fast（斋戒）during the holy month of Ramadan（斋月）. The fifth pillar is pilgrimage（朝觐）to Mecca, which all Muslims hope to perform at least once. The pilgrimage is performed 70 days after the end of the Ramadan fast.

The Copts（科普特人）, a large minority in Egypt, are a Christian sect which separated from the Byzantine and Latin church in the 5th century over a disagreement in religious doctrine（教义）. Copts founded the world's first monasteries（修道院）, and the continuing monastic tradition is an important part of the Coptic faith. There is also a small Jewish community.

10. Festivals

Egypt's holidays and festivals are primarily Islamic or Coptic religious celebrations. Moulid（穆罕默德诞日）, a cross between a funfair and a religious festival, are celebrated with vigor.

Lasting about a week, Moulids involve Sufi zikrs（迷魂舞）, snake charming, curing of the sick, sideshows（杂耍）, food and parades in the city streets, with lights, feasts, drummers and special sweets. It is celebrates the Prophet Mohammed's birthday around May.

Ramadan（斋月）is celebrated during the ninth month of the Islamic calendar. It was during this month that the *Quran*（《可兰经》）was revealed to Mohammed. Ramadan is the holiest month of the Islamic year and is more of a religious observation than a holiday. It is a month of fasting. Muslims, except for the young, the old, the sick, pregnant women and travelers, abstain（禁绝）from food, drink and cigarettes throughout daylight hours. The fast begins at dawn and ends after sunset and is broken by a meal. The evening is filled with festivities and people gather in the main squares of towns throughout Egypt to listen to musicians and storytellers. Just before dawn another meal is eaten in preparation for the long day of fasting. During Ramadan business hours are shortened.

Eid al Fitr（开斋节）celebrates the end of Ramadan with new clothes, gifts and plenty of good food. Festivities usually last three days. Eid Al Adha（古尔邦节）commemorates Abraham's sacrifice of a sheep in place of his son. It is traditional for wealthier families to slaughter（屠宰）a lamb and share the meat with the extended family, neighbors and the poor. It is the time of the pilgrimage to Mecca. Streets are decorated with colored lights and children play in their best clothes.

What's more, there are a lot of public holidays. Cairo has been the entertainment capitol of the Arab World for more than a century. During New Year's Night, the entire city looks like one big party. Cars and people walk in the streets until the next day. Either poor or rich, everybody is cheerful and trying to have fun on the last night of the year. Thousands of Arabs, from North Africa and the Middle East, fly to Cairo for that special night.

Part Three Tourism Attractions

1. Cairo（开罗）

Cairo isn't a gentle city. Home to more than 21.3 million Egyptians, Arabs, Africans and sundry（各种）others, Cairo doesn't have the resources for graceful boulevards（大街）. Historic buildings are buried in age-old quarters of the city that have yet to be tamed and made tourist-friendly.

As the city's main square and focal point, Midan Tahrir（塔里尔广场）is home to the

Egyptian Museum and central to many hotels. Downtown is the noisy, busy commercial heart of Cairo. Its streets are packed with glitzy（耀眼）shops and above is a beehive of countless thousands of small, dusty businesses. Much grand architecture remains but the character of the area has changed considerably from its cosmopolitan, cafe-society heyday（鼎盛）.

The Manial（马尼亚宫）Palace Museum, built in the early of 20th century, has some wonderfully overblown（渲染）interiors：a private Throne Hall complete with red carpet, gilt（镀金）furniture and ranked portraits of illustrious forebears（先人）. More than 100,000 antiquities from almost every period of ancient Egyptian history are housed in the Egyptian Museum. The exhibit that outshines（超越）everything else is the treasure of the young New Kingdom pharaoh Tutankhamun（图坦卡蒙）, especially the astonishing solid-gold death mask. Other highlights include the Royal Mummy Room（皇家木乃伊厅）.

Old Cairo（老开罗）is the seat of the Coptic Christian（科普特基督教徒）community, once hosting more than 20 churches within less than a square kilometer, this number is now down to five. It remains a haven of tranquility（宁静）. The Coptic Museum houses Coptic art from Graeco-Roman（希腊—罗马）times to the Islamic era. Old Cairo is also home to the city's remaining Jewish population. There is also a spring which is supposed to mark the place where the pharaoh's daughter found Moses（摩西）in the reeds, and where Mary drew water to wash the baby Jesus.

Islamic Cairo is the old medieval metropolis. Unchanged over the centuries, the neighborhood is a maze of narrow, twisting alleyways（小巷）lined with splendid mosques and medieval facades（外墙）. The Citadel（城堡）homes to Egypt's rulers for 700 years, whose impressive fortifications（要塞）offer superb panoramas（全景）of the city. The Southern Cemetery hosts the rococo tomb complex. There's also the Museum of Islamic Art, which has one of the world's finest collections of Islamic applied（实用）art.

The Pyramids at Giza（吉萨）, part of a massive necropolis（墓地）attached to the ancient capital of Memphis（孟菲斯）, are the sole survivors of the Seven Wonders of the World（世界七大奇观）and the planet's oldest tourist attraction. Built by successive（相继）generations of pharaohs, they were already more than 2,500 years old at the time of the birth of Jesus Christ. The Great Pyramid of Khufu（胡夫）stood 146 meters high when it was completed around 2600 BC. About 2.3 million limestone（石灰岩）blocks, weighing around 2.5 tones each, were used in the construction of this giant. Although there is not much to see inside the pyramid, the experience of climbing through such an ancient structure is unforgetable. Southwest of Khufu is the Pyramid of Khafre（哈夫拉）. At a height of 62 meters, the

Pyramid of Menkaure（门卡乌拉）is the smallest of the three pyramids. A deep gash（裂缝）in the north face is the result of an unsuccessful attempt by a caliph（哈里发）to dismantle（拆除）the pyramid in 1186. Recent geological and archaeological（考古）survey has shown that the Sphinx（斯芬克司雕像）most likely dates from Khafre's reign, and probably portrays his features. Unfortunately the monument is suffering the stone equivalent of cancer, and recent restoration attempts have sped up the decay（腐蚀）.

2. Alexandria（亚历山大）

The second largest city in Egypt, Alexandria, known as the Pearl of the Mediterranean（地中海）, has an atmosphere that is more Mediterranean than Middle Eastern ; its ambience（氛围）and cultural heritage distance it from the rest of the country although it is actually only 225 kilometers from Cairo. Founded by Alexander the Great in 331 BC, Alexandria became the capital of Graeco-Roman Egypt, its status as a beacon of culture symbolized by Pharos（法罗斯灯塔）, the legendary lighthouse that was one of the Seven Wonders of the World. Once famed for its world-renown library, Alexandria at its peak was a great repository（智库）of science, philosophy and intellectual thought and learning. The setting for the stormy relationship between Cleopatra（克利奥巴特拉）and Mark Antony（安东尼）, Alexandria was also the center of learning in the ancient world.

The Graeco-Roman Museum contains relics that date back to the 3rd century BC. Experts are hoping to discover Cleopatra's Palace under the sea bed off Alexandria ; platforms, pavements and columns have been found, and in 1998 a granite（花岗石）statue of a priest of Isis（伊希斯女神）and a diorite（闪长岩）sphinx（狮身人面像）were raised from the sea. But ancient Alexandria declined, and when Napoleon landed, he found a sparsely populated fishing village. From the 19th century Alexandria took a new role, as a focus for Egypt's commercial and maritime expansion. Generations of immigrants from Greece, Italy settled here and made the city synonymous（同义词）with commerce, cosmopolitanism and bohemian culture.

3. Luxor（卢克索）

Built on the site of the ancient city of Thebes（底比斯）, Luxor is the world greatest open air museum. People have been visiting the magnificent monuments of Luxor, Karnak（卡纳克神庙）, Hatshepsut（哈特舍普苏法老）and Ramses III（拉美西斯三世）for thousands of years. Even in ancient times, during the Late Dynasties of the Greek and Roman periods, the Luxor area drew tourists, and has been doing so ever since. It is one of Egypt's prime tourist destinations.

The Valley of the Kings is as good as any to try first, with tombs from the 18th and 19th Dynasties. These are 25th and 26th Dynasty tombs in the Valley of Asasif（阿萨西夫）. The Temple of Mentuhotep Ⅰ（门图霍特普一世）and Thotmose Ⅱ（图特摩斯二世）here must be seen. Much of the architecture here seems very powerful against the towering cliffs in the background. The 18th Dynasty necropolis（大墓地）sits amidst houses where there are hundreds of holes. And below here is the famous Ramsesseum（拉美西斯法老馆）. The huge complex is another of Thebes's major attractions. The gate has square towers and appears almost oriental. Behind the complex is the workmen's village（工匠村）. Southwest here is the Valley of the Queens（王后谷）, where queens of the 18th and 19th Dynasties were buried. Out in the fields near here is the Colossi of Memnon（孟农巨像）, one of the major tourist attractions throughout time.

4. Aswan（阿斯旺）

Aswan stands on the east bank of the Nile at the first cataract（大瀑布）about 81 miles south of Luxor and is a busy market and a strategic frontier town. In ancient times it was a garrison（驻防）town of importance to early Coptic Christians. Aswan has been a favorite winter resort since the beginning of the nineteenth century. In Aswan the Nile is glorious as it makes its way down from the massive High Dam and Lake Nasser（纳赛尔湖）.

The souk（露天剧场）is full of the scent and color of spices, perfumes, scarves（丝巾）and baskets. Every night Nubian dancers and musicians perform in the Cultural Center, just off the Corniche（滨河路）. Folklore troupes（剧团）recreate scenes from village life and perform the famous Nubian mock stick-fight dances. The bazaar runs along the Corniche, which continues past the Ferial Gardens（平日花园）and the Nubian Museum（努比亚博物馆）, and continues on to the Cemetery. Just east of the cemetery in the famous area quarries（采石场）is the gigantic unfinished Obelisk（方尖碑）. The most obvious is Elephantine Island where is timeless with artifacts dating from pre-Dynastic times onward. Just up river a bit, there is also the old Aswan dam, built by the British, which was enlarged, expanded, but unable to control the Nile for irrigation.

5. Suez（苏伊士）

Suez located on the Southern tip of the Suez Canal has been a commercial port since the 7th century. The spice trade and pilgrimages to Mecca made it prosperous（繁荣）throughout the Middle Ages. It became a naval base in the 15th century and, in 1869 the opening of the Suez Canal ensured its development as a modern city. Today, Suez is one of Egypt's largest ports. It is about 134 kilometers from Cairo and 88 kilometers from Ismailia, this city affords an excellent view of Sinai and the Red Sea. It is also interesting to watch ships passing through the Canal from Suez's vantage（优越）point.

6. Fayoum Oasis（法尤姆绿洲）

The Fayoum（法尤姆）Oasis is a wonderful area of Egypt with a rich and interesting history. This 692 square miles depression was a lush paradise during prehistoric times. At 215 square kilometers, the current Lake Qaroun（咸湖）remains Egypt's largest salt water lake. It has remained an agriculture center, well known for its fruits, vegetables and chickens. The Greek mummy portraits found in the Fayoum are said to be the world's first true life portraits, and examples can be found in area museums. In addition, a paved road is possibly the first paved road in the world and dates to over 4,500 years. And finally, the world's first dam was probably built here in order to control the Nile floods into the area. The ancient Bahr Yussef（巴约瑟夫）canal runs through the center of the city and irrigates the land. Due to the canals, Medinet El-Fayoum has been called the Venice of Egypt. It lies at the center of the depression, and all of the canals, roads and train rails in the Fayoum converge here. The city's dominant attractions are the water wheels built by the Greek settlers, the canals and the Obelisk（方尖碑）which stands at the city's northern entrance.

Part Four MICE Industry

1. Cairo International Book Fair（开罗国际图书展）

The Cairo International Book Fair（CIBF）is a major book fair held every year in the last week of January at the Cairo International Fair Grounds. It is the largest book fair in the Arab world, as well as the oldest. In 2006 it was the second largest book fair in the world after the Frankfurt Book Fair.

The fair is also notable as Cairo based publishers produce an estimated three of five Arabic language books printed in the world, and the state owned General Egyptian Book Organisation that coordinates the fair is the largest book publisher in the Arabian world. The fair features booths and speakers from private publishers and government agencies from around the world, as well as retailers of books, video and other media. Lectures, readings and other public events take place during the almost three weeks over which the book fair runs, and material is presented in Arabic, English and other languages. The fair purposely（特意）appeals to ordinary Egyptians, with media on mainstream topics, outdoor events, and even fireworks to entertain the large crowds.

The CIBF was founded in 1969 to coincide with celebrations of the 1000th anniversary of the founding of the city of Cairo. The CIBF has been marred（影响）in recent years by charges that leftist and Muslim militant authors, works critical of the government, and works featuring passages（章节）or topics deemed（认定）sexually or culturally controversial（争议）have been banned from presentation at the book fair.

2. Cairo International Film Festival（开罗国际电影节）

The Cairo International Film Festival is an annual film festival held in Cairo. Established in 1976, it was the first International film festival in the Middle East and the only international competitive feature film festival recognized by the International Federation of Film Producers Associations（FIAPF）in Africa and the Middle East and the oldest in this category.

The Egyptian Association of Film Writers and Critics headed the festival for the first seven years until 1983. In the following year, the Union of Artist's Syndicates supervised（监管）the festival after which several associations mustered（集中）their resources to run the festival. Special awards such as the Best Arab Film Award are available to award the most spectacular（精彩）regional films of the year. Awards for best actor and actress are also given, often going to Egyptians. The International Festival has awarded dozens of international superstars as well as directors.

The Cairo Film Festival moved into the 21st century with hope. The Cairo Film Connection is the latest coproduction platform aiming at maximizing networking to induce coproductions for films originating from the Arab world. Egyptians seem grateful for the Festival. It offers the opportunity for audiences to watch films from other countries and gain an insight into their customs and concerns.

拓展阅读 搜索

埃及金字塔之谜

在尼罗河下游西岸散布着80余座金字塔。它们是古代埃及法老的陵墓。埃及人叫它“庇里穆斯”（pyramids），意思是“高”。从四面望去，它们都是上小下大的等腰三角形，很像中文的“金”字，因此中国人形象地称其为“金字塔”。这些庞然大物结构精巧，至今仍有许多解不开的谜。

第一，工程浩繁。最大的金字塔是第四王朝法老胡夫的陵墓，约建造于4700年前。塔高146.5米，相当于40层高的摩天大楼；塔基成正方形，每边长230.6米；共由大约230万块大小不等的石块砌成，最轻的重1.5吨，平均重量约2.5吨，总重量约684.8万吨。第二大金字塔是哈佛拉金字塔，塔旁雄踞着一尊巨大的狮身人面像，石像高22米、长75米，头戴奈姆斯皇冠，额上刻着库伯拉圣蛇浮雕，下巴垂着5米多长的胡须，威严而神秘。1798年，拿破仑占领埃及，下令用重炮轰击人面狮身像，结果只轰断几根胡须，至今仍保存在英国博物馆内。修筑如此庞然大物，需要的石块是哪里采的呢？据考证，一般石料是就近取材，外层的11.5万块上等白石灰石则取自尼罗河东岸的穆卡塔姆采石场，内部墓室的花岗岩则采自800多公里外的阿斯旺。采石、搬运、砌筑需要大批石匠、运输工和建筑工，还需要大批工程师和管理员，一支足够强大的秩序维护军队和后勤保障部队也必不可少。据估计，修筑如此规模浩大的工程需要5000万人口国力的支撑，而三四千年前全球人口总数不超过2000万。何况金字塔有80多座，即使每30年完成一座，累计也需要2400年。

第二，运输之谜。即使有足够的人力，也无法把这些重2.5吨至160吨的巨石运送到工地。那时没有马和车，车和马是公元前16世纪即建筑胡夫大金字塔以后1000年才从外地引进的。有人认为是用撬板圆木棍运法，但这种方法需要消耗大量木材，当时尼罗河流域盛产的棕榈树，无论是木材数量、生长速度还是木质硬度，都不能满足这种运输的需要，而进口木材几乎不可能。有人认为是船舶水运法。1980年，人们曾发掘一处古老的港口，但那时没有滑轮和绞车，没有先进的起重设备，让笨重的巨石下坡、上船、起岸，比在陆地撬运还困难。法国一名工业化学家却提出，这些石块不是天然石块，而是用石灰、岩石、贝壳等黏合而成的人工石块，且在石块中发现了2.5厘米长的人发也为这种假设提供了佐证。但这种杰出的黏合剂不仅在古籍中没有记载，即使用现代化高科技手段也还没有研制出来。

第三，神秘的生命之能。科学家研究发现，金字塔结构能储存一种奇异的“能”，使尸体迅速脱水成木乃伊。如将一枚生锈的金属币放进金字塔内，不久就会锃亮如新；如将一杯鲜奶置于金字塔内24小时，味道仍然鲜美纯正；如果头痛牙痛，到金字塔内待一小时，就会消肿止痛，如释重负；如果神经衰弱，疲惫不堪，到金字塔内待几分钟或数小时，也会精神焕发，气力倍增。法国科学家鲍维斯发现，在塔内高三分之一位置有垃圾桶，桶内小动物的尸体自行脱水，并不腐烂。他按金字塔的尺寸比例做成小模型，也具有防腐保鲜功能，曾在美国畅销。捷克的无线电技师卡尔根据这个原理设计了“金字塔”刀片锋利器，在1959年获得专利。埃及科学家海利将菜豆籽放进金字塔内取出播种，比一般菜豆籽出苗长4倍，叶绿素多4倍。1963年，俄克拉荷马大学的生物学家发现已死亡数几千年的埃及公主梅纳的皮肤细胞仍有生命力。最令人惊讶的是，埃及考古学家马苏博士在帝王谷地下 8 米处打开一座古墓石门时，发现一只满身尘土的大灰猫，拱起背，嘶嘶地叫，凶猛地向人扑来。几小时后，这只猫在实验室死亡，但它已忠实地守卫主人 4,000 多年了。有科学家提出，金字塔结构是一个完美的微波谐振腔体，微波的加热效应可以杀灭细菌，并使尸体脱水。有科学家认为，所有建筑物都能吸收宇宙波，金字塔内花岗石如同蓄电池，可以吸收并储存各种宇宙波，金字塔外石灰石则防止宇宙波扩散。金字塔内那种神秘的能正是宇宙波作用的结果。

第四，法老的诅咒。金字塔内不仅是生命和能量的源泉，还以神秘的恐怖方式阻止人们对其进行探究。1922 年，考古队发掘图坦卡蒙国王陵墓，发现墓穴入口处赫然写道："任何盗墓者都将遭到法老的诅咒！"科学家对其警告当然不当一回事，然而厄运和灾难一再证明诅咒的神秘效力。先是发掘队队长卡那公爵被不知名的蚊虫叮咬，突然发病去世。接着，两名参观者或落水溺死或患肺炎猝死，给法老木乃伊拍 x 光照的记者突然休克而死，发掘者肯塔博士的两名助手麦克、皮切尔先后莫名死亡，皮切尔父亲跳楼自杀，送葬的汽车又压死一名八岁儿童。在该陵墓发掘后三年零三个月内，有 22 名与发掘活动有关的人物相继神秘离世。胡夫金字塔上也有一段可怕的铭文："不论是谁骚扰了法老的安宁，死神之翼将在它的头上降临。"开罗大学伊瑟门 · 塔亚博士指出，木乃伊体内存在一种曲霉细菌，会导致感染者呼吸系统发炎，皮肤出现红斑，最终导致呼吸困难而死亡。美国《医学月刊》曾刊登一篇调查报告，100 名曾参观金字塔的英国游客在随后 10 年内有 40% 死于癌症，且年龄都不大。那些胆敢爬上金字塔顶的游客很快昏厥，无一生还。迈阿密贝利大学化学系教授达维多凡曾从金字塔内测出衰减的辐射线，推测这可能是英国游客致癌的病因。但据测量，金字塔外没有辐射，可见金字塔结构具有防辐射作用，他又推断金字塔或许是史前外星人的核废料储存所。金字塔有太多的不解之谜，似乎只有外星人的出现才可以解释这些怪现象。不过最近又有新的假设，那就是根据爱因斯坦的相对论原理，未来的人类采用高科技通过时空隧道到达数千年前的尼罗河留下了这些杰作。

——资料来源：欧阳家悦，《金字塔未解之谜》，时事出版社。

复习与思考

一、名词解释

尼罗河　苏伊士运河　金字塔　狮身人面像　科普特人　阿蒙神庙　木乃伊　方尖石碑　莎草纸

二、问答题

1. 为何说埃及是亚洲进入非洲的桥头堡？
2. 为何说埃及是文明古国？
3. 为何说开罗是世界的伊斯兰教文化中心？
4. 简述埃及的会展旅游产业。

三、实践与训练

1. 调研中文在埃及的推广情况。
2. 深入了解金字塔文化。
3. 寻找古埃及文明来源于中国的证据。

Section 19 South Africa

【导读】南非地处非洲南端，二洋交汇，三面环海，为东西航道要冲。气候温和，海陆物产丰饶，以黄金、钻石最为著名。曾为英、荷殖民地，多欧洲及印度、马来西亚移民，并有非洲土著文化，语言、信仰、饮食、服饰、风俗多姿多彩。曼德拉为民权运动领袖，获诺贝尔和平奖。立法、行政、司法三权分立，各司其职，相互制衡。科教发达，采矿、制造、农业与旅游为支柱产业，约翰内斯堡为经济金融中心，曾举办2010年世界杯，为金砖国家，但治安欠佳。

Part One Basic Information

1. Overview

The Republic of South Africa located in the southern tip of the African continent with a area of 1.22 million square kilometers and a population of 55 million in 2016. 79.2% of the people are black, 8.9% white, 8.9% mixed race and 2.5% of Indian or Asian descent. It is a republic and independent member of the British Commonwealth（英联邦）. The countries of Namibia（纳米比亚）, Botswana（博茨瓦纳）, Zimbabwe（津巴布韦）, Mozambique（莫桑比克）and Swaziland（斯威士兰）run from west to east along South Africa's northern border. Lesotho（莱索托）is an independent nation, entirely surrounded by South African territory. South Africa has three Capital Cities：official Pretoria（比勒陀利亚）, judicial Bloemfontein（布隆方丹）and legislative Cape Town（开普敦）.

2. Geography

South Africa has a long coastline that stretches more than 2,500 kilometers and across two oceans：the Atlantic and the Indian. South Africa has a great variety of climate zones, from the extreme desert of the Kalahari（喀拉哈里）near Namibia to lush subtropical climate along the border with Mozambique. It quickly rises over a mountainous escarpment（悬崖）towards the interior plateau known as the Highveld（海维尔德）. Even though South Africa is classified as semiarid, there is considerable variation in topography.

South Africa has more than 20,000 species of plants, or about 10 percent of all the known flora species on earth, making it particularly verdant（翠绿）. When it comes to land mammals, South Africa hogs（独占）the superlatives（动物之最）: it's got the biggest as the African elephant, the tallest as the giraffe（长颈鹿）and the fastest as the cheetah（猎豹）.

3. Climate

The climate is mild throughout South Africa. Snow is a possibility in July and August in the mountain areas. Spring is the best time for wildflowers in the Northern Cape and Western Cape provinces. Summer from November to February can be uncomfortably hot, especially in the low veld（草原）. Higher altitude areas are pleasantly warm over summer, but the mountains are rainy and mist-prone（有雾）. It generally rains in the afternoon during the summer everywhere in the country. The northeastern regions can be annoyingly（烦人）humid, but Durban（德班）has a moderate climate with swimming possible year-round. November and February are the best months for Cape Town（开普敦）. During the rest of the year, it's usually quite cool, often rainy, windy and foggy and too cold to lie on the beach. Johannesburg（约翰内斯堡）at 1,735 meters above sea level, can be quite cool in the winter. Those who go to South Africa specifically for animal viewing may go during winter because with less grown grass the animals tend to gather around watering holes.

4. Politics

South Africa has a constitutional democracy with a three-tier（三级）government and an independent judiciary, operating under a Westminster-styled（英式）parliamentary system. South Africa's government differs greatly from those of other Commonwealth（英联邦）nations. The national, provincial and local levels of government all have legislative and executive authority in their own spheres defined in the South African constitution as "distinctive, interdependent（相依）and interrelated（相关）". The government is undertaken by three interconnected arms of government: legislature, executive, judiciary.

The legislature makes the laws. The parliament is bicameral. The leader of the political party or coalition（联盟）of parties that wins a majority of the seats in the House of Representatives is named President. The President and the Ministers are responsible to the Parliament. General elections are held at least once every five years. The President, Deputy President, the Speaker of the National Assembly（国民大会）, and Ministers make up the executive branch of the South African state. The President is both Head of State and Head of

Government. The minimum age for voting is 18.

When apartheid（种族隔离）ended in 1994, the South African government had to integrate（整合）the formerly independent and semi-independent Bantustans（班图斯坦）into the political structure of South Africa. To this end, it abolished the four former provinces of South Africa and replaced them with nine fully integrated provinces. The country is one of the few in Africa never to have had a coup（政变）, making it a regional power.

5. Economy

The economy of South Africa is the second and well developed of the entire African continent, with modern infrastructure throughout the country. It has Developed from an agrarian into a modern industrial state since WWII, and the economy is well diversified producing a wide range of consumer and investment goods. The domestic telecommunications infrastructure provides modern and efficient service to urban areas including cellular（手机）and internet services. South Africa's transportation infrastructure is mature supporting both domestic and regional needs.

South Africa has rich mineral resources. It is the world largest producer and exporter of gold and platinum（白金）and also exports a significant amount of coal. In 2000, platinum overtook gold as South Africa's largest foreign exchange earner. The valueadded processing（加工）of minerals to produce ferroalloys（合金）, stainless steels（不锈钢）and similar products is a major industry and an important growth area. The country's diverse manufacturing industry is a world leader in several specialized sectors, including railway rolling stock, synthetic fuels, mining equipment and machinery.

More than half of the gross national product（GNP）is achieved through exports and imports. By investing in modern production technologies after the apartheid era（种族隔离时代）, South African products became more and more competitive in the world market. Its major trading partners include the United Kingdom, the United States, Germany, Italy, Belgium, China and Japan. South Africa's trade with other Sub-Saharan（南撒哈拉）African countries has increased substantially. In an effort to boost economic growth and spur（刺激）job creation, the government has launched special investment corridors（走廊）to promote development in specific regions and also is working to encourage small, medium and microenterprise development.

In August 2013, South Africa was ranked as the top African Country of the Future based on the country's economic potential, labour environment, cost-effectiveness, infrastructure, business friendliness, and foreign direct investment strategy.

Part Two Culture and Customs

1. History

South Africa is one of the oldest nations in Africa. Extensive fossils suggest that the nomadic Khoisan（克瓦桑人）have lived in Southern Africa since around 100,000 BC. Bantu（班图族）iron-using agriculturists and herdsmen（牧民）moved south of the Limpopo River（林波波河）into South Africa by the 5th century. These Iron Age（铁器时代）populations displaced earlier hunter-gatherer peoples as they migrated.

Southern Africa became a popular stop for European crews（船队）after Vasco de Gama（达伽马）opened the Cape of Good Hope（好望角）spice route（香料之路）in 1498, and by the middle of 17th century, scurvy（坏血病）and shipwreck had induced Dutch traders to opt（选择）for a permanent settlement in Table Bay（桌湾）on the site of present-day Cape Town. The Dutch settlers initiated a series of wars called Cape Frontier Wars（开疆战役）against the Xhosa（科萨）people, and imported slaves from Indonesia, Madagascar（马达加斯加）and India. Descendants（后裔）of these slaves, who often married with Dutch settlers, later became known as Cape Coloureds and Cape Malays. More complications（复杂）were added in the 1800s, when the British Empire seized the Cape of Good Hope area in 1797 during the Fourth Anglo-Dutch War（英荷战争）. The Dutch declared bankruptcy, and the British annexed the Cape Colony in 1805. The *Treaty of Vienna*（《维也纳条约》）gave the British control of the colony. To escape British control, white Afrikaners（荷裔）migrated northward, coming into contact with the Zulu tribes（祖鲁族）. A series of wars broke out, ending in the defeat of the Zulus at Blood River（血河）. In 1878, the British also fought the Zulus and defeated them the following year.

The discovery of diamonds in 1867 and gold in 1886 spurred economic growth and immigration, intensifying the subjugation（征服）of the natives. The Boers（布尔人）successfully resisted British encroachments（侵犯）during the First Boer War（1880~1881）. The British returned in greater numbers without their red jackets in the Second Boer War（1899~1902）. *The Treaty of Vereeniging*（《弗里尼欣条约》）specified full British sovereignty（主权）over the South African republics, and the British government agreed to assume（承担）the 3,000,000 pound war debt owed by the Afrikaner（荷裔）governments. One of the main provisions（规定）of the treaty was that blacks would not be allowed to vote. After four years of negotiations, the Union of South Africa was created from the colonies of Cape Colony, Natal（纳塔尔）Colony, the republics of Orange Free State（奥林奇自由邦）and Transvaal（德兰士瓦）on 31 May, 1910.

The right-wing National Party sympathised（支持）with Nazi Germany during WWII, and sought（谋求）greater racial segregation after it. Beginning about the turn of the 20th century, more and more legislation was passed restricting（限制）the rights of nonwhites. The law of Apartheid reached their peak under the Afrikaner National Party（白人国民党）since 1948. Blacks responded by forming the Communist-backed African National Congress（非洲国民大会）, which was dedicated（致力）to ending apartheid. Continued violence, diplomatic isolation（孤立）and economic boycotts（封锁）forced the white government to make some concessions（让步）in the 1980s, but the apartheid laws were not scrapped until 1991, when blacks were allowed to vote in the country's first democratic elections. Nelson Mandela（尼尔森·曼德拉）was then elected president.

2. People

South Africa has the largest population of European descent in Africa, the largest Indian population outside of Asia, as well as the largest Coloured community in Africa, making it one of the most ethnically diverse countries on the continent. Racial and ethnic strife（冲突）between the black majority and the white minority have played a large part in the country's history and politics.

Many cultural differences correspond closely to the racial groups defined by Apartheid as Blacks, Whites, Coloureds and Asians. The country's black majority still has a number of rural inhabitants who lead largely impoverished and necessarily simple lives. However blacks are increasingly urbanised and westernised, and usually speak English or Afrikaans in addition to their native tongue. Many urban blacks speak several indigenous languages. Most are Christian, with membership of the Anglican and Roman Catholic churches, although many follow traditional beliefs.

The white minority lead lifestyles similar in many respects to whites found in Western Europe, North America and Australia（澳大利亚）. Religious beliefs are strong with most Afrikaners adhering to the Dutch Reformed Church. Most Englishspeaking whites are either Anglican or Roman Catholic. Perhaps 150,000 whites are Jewish with a similar number being of Portuguese origin.

The mixed-race Coloureds are much closer to whites than they are to black South Africans. There is a small minority of Coloureds, known as Cape Malays. The major part of the Asian population of the country is Indian in origin, many of whom descended from indentured workers（契约劳工）brought in the 19th century to work on the sugar plantations. They preserve their own cultural heritage, languages and religious beliefs, being either Hindu or Muslim and speak English. Although Indian languages are seldom spoken or understood, English subtitled（字幕）Bollywood films and television programmes are popular among South African Indians. There is a much smaller Chinese community in South Africa, although its numbers have increased by immigration from Taiwan.

3. Festivals

Public holidays underwent a dramatic shake-up after the 1994 elections. For example, the Day of the Vow（宣誓节）which celebrated the massacre（大屠杀）of Zulus, has become the Day of Reconciliation（和解节）on 16 December. The officially ignored（忽视）but widely observed Soweto Day（索韦托节）marking the student uprisings（起义）that eventually led to liberation, is now celebrated as Youth Day on June 16. Human Rights Day is held on the anniversary of the Sharpeville（沙佩韦尔）massacre on March 21.

The Festival of the Art transforms Grahamstown（格累厄姆镇）in the Eastern Cape each July. As well as mainstream（主流）art, opera and theatre, there are fringe（边缘）and student components to the festival, including theatre performed in many of the languages spoken in South Africa. Big Arts Alive Festival is held in Johannesburg in September and October. This is a great time to hear excellent music, on and off the official program.

4. Cuisine

South African cuisine varies widely, representing the food of indigenous people and of all the immigrants. Strong influences are African, Malay, Dutch, Indian, French and Portuguese food. In the more cosmopolitan（世界）big cities, one is likely to find Morrocan（摩洛哥）, Chinese, Japanese and many other cuisines. Indian food like curry（咖喱）is popular especially in Durban with its large Indian population, but may be considered mild（温和）or bland（清淡）by Indian or even British standards. Other local Indian Cape-Malay dishes originated from Southeast Asia include bobotie（咖喱肉末）made from curried lamb, fruit and bread, served with yellow rice, coconut（椰果）, banana slices, rice and chutney（酸辣酱）.

The Portuguese community has also made its mark, with spicy chicken being a favorite.

Typical to South Africa is the maize-meal which is usually eaten with beans, gravy（肉汁）or meat. The Afrikaans boerewors（火烤香肠）is a substantial（结实）sausage. Pastries（馅饼）and desserts are also universally popular. Vegetarianism has traditionally been treated with incomprehension, but is now more widely accepted. Ostrich（鸵鸟）is an increasingly popular protein, with low cholesterol（胆固醇）. Dried fruit chutney（酸辣酱）is very popular. Other popular foods are samosas（萨莫萨饺子）, chicken pie, tomato bredie（炖羊肉）and malva pudding（锦葵布丁）. South Africa has also developed into a major wine producer, with some of the best vineyards（葡萄园）in the world.

5. AIDS

South Africa is one of the countries most affected by HIV with 5~6 million HIV infected individuals. Nearly 20% of the 15~49 year old population is infected and in parts of the country up to 40% of women of child-bearing age are infected. About 2,300 new infections occur each day or over 850,000 annually. Approximately 40% of adult deaths and 25% of all deaths in 2,000 were due to AIDS. The extraction（采矿）industries, education and health are among the sectors that will be severely affected. In April 2002, a revitalization（重振）of the HIV/AIDS program was announced by the Cabinet with substantial（大量）funding.

6. Crime

Crime is a major problem in South Africa, especially violent crime. According to a survey compiled（编辑）by the United Nations, South Africa is ranked first for murder by firearm（火枪）, manslaughter（杀人）, rape and assault（袭击）. It is number two for murder and number four for robbery（抢劫）. Many wealthier South Africans moved into gated（门禁）communities, abandoning（放弃）the central business districts of some cities for the relative security of suburbs. This effect is most pronounced in Johannesburg, although the trend（趋势）is noticeable in other cities as well. Many emigrants（移居外国者）from South Africa also state that crime was a big motivator（动因）for them.

Part Three Tourism Attractions

1. Johannesburg（约翰内斯堡）

Johannesburg is the most populous city in South Africa and the second-most populous city in Sub-Saharan Africa, behind Lagos（拉哥斯）. The population of the Greater Johannesburg Metropolitan Area is almost eight million. Johannesburg is considered to be Africa's only world city. Johannesburg is the provincial capital of Gauteng（豪登）Province and the site of the South African Constitutional Court（立法院）. It is the site of a large-scale gold and diamond trade due to its location on the mineral-rich Witwatersrand（威特沃特斯兰德）. Johannesburg is located in the eastern Highveld Plateau at an elevation of 1753 meters, enjoying a dry, sunny climate.

Johannesburg, described as the Heartbeat of Africa, is the economic and financial hub of South Africa, producing 16% of South Africa's gross domestic product, and accounts for 40% of Gauteng's economic activity. The city has a great variety of manufacturing industries, including steel and cement plants. Many banking houses and commercial companies are also located in Johannesburg. Due to its commercial importance, this city is the site of a number of government branch offices, as well as consular（领事）offices. Though Johannesburg is not along a coast or near a large river, the container terminal（集装箱码头）at City Deep is purported（声称）to be the largest Dry Port in the world, with some 60% of cargo that arrives through the port of Durban arriving in Johannesburg. It is served by Johannesburg International Airport, the largest and busiest airport in Africa and the gateway for international air travel to and from the rest of South Africa.

Johannesburg's largest and most prestigious shopping centre is Sandton City(桑顿城). The Johannesburg Zoo is one of the largest in South Africa. Recent additions have centred around history museums, such as the Apartheid Museum（种族隔离博物馆）and the Gold Reef City（金矿城）, a large amusement park to the south of the Central Business District, is also a large draw for tourists in the city. The Johannesburg Art Gallery features South African and European landscape（景观）and figurative（具象的）paintings. The Museum Africa covers the history of the city of Johannesburg, as well as housing a large collection of rock art. The Market Theatre complex attained notoriety（名声）in the 1970s and 1980s by staging anti-apartheid plays, and has now become a centre for modern South African playwriting. Most visitors go to see the Mandela Museum（曼德拉博物馆）, which is located in the former home of Nelson Mandela（尼尔森·曼德拉）. The Cradle of Humankind, a UNESCO World Heritage Site, is 25 kilometres to the northwest of the city.

2. Durban（德班）

Durban, being marked as South Africa's playground, is a vibrant subtropical cosmopolitan city in KwaZulu-Natal Province. Durban has a population of about 3.4 million people with diverse cultures including a large Indian community making it the second largest city in South Africa. While Johannesburg has embraced its new Afro-centric nature, and Cape Town has held on to its Euro-centric culture, Durban has emerged as an Ethno-centric city : a polyglot（通晓）of Eastern, Western and African cultures, each of which give Durban a distinctly unique flavour.

Durban is South Africa's busiest container port and has a substantial industrial sector. The port is one of the world's largest natural deep water ports. The long continuous stretch of hotels that line the city's beachfront is known as Durban's Golden Mile（黄金大道）. The weather stays warm year-round drawing the crowds to Durban's surf（冲浪）beaches. Roma Revolving Restaurant（拉玛旋转饭店）is a prominent building from the port with a rotating circular restaurant room that provides 360° views of the city, but it is sadly dated（陈旧）. The city hall houses a gallery with a good collection of contemporary South African art and a natural science museum.

3. Cape Town（开普敦）

Cape Town, the capital of the Western Cape Province, is the third most populous city and the legislative capital（立法首都）of South Africa. The Dutch East India Company（荷属东印度公司）established a supply depot（补给站）in Cape Town in 1652. For the indigenous people refused to deal with the Dutch, they imported slaves from Madagascar（马达加斯加）, India, Ceylon（锡兰）, Malaya and Indonesia to deal with the colony's chronic labour shortage. There was also a shortage of women in the colony, so the Europeans exploited the female slaves for both labour and sex. In time the slaves also mixed with the Khoisan（克瓦桑人）. The offspring of these unions formed the basis of sections of today's Cape Coloured population.

During 150-odd years of Dutch rule, Cape Town thrived and gained a wider reputation as the Tavern（客栈）of the Seas, a riotous（狂欢）port used by every sailor travelling between Europe and the Orient. The discovery and exploitation of diamonds and gold in the Highveld（海维尔德）region in the 1870s and 1880s led to rapid changes. Cape Town was soon no longer the single dominant metropolis in the country, but as a major port. It was a beneficiary of the mineral wealth that laid the foundation for an industrial society.

Cape Town is one of the most beautiful cities in the world, offering outstanding interest and variety to the visitor. Cape Town is famous for its natural harbour and its location near the

Cape of Good Hope（好望角）. The area is also famous for its unique plant life and the fine wines. There are great walks and spectacular views from Tabletop Mountain（桌顶山）as well as ocean swimming, boating activities, and plenty of ways to get out into the wilderness areas around Cape Town. Indoors, the city boasts a wealth of interesting museums.

4. Pretoria（比勒陀利亚）

Pretoria, located in the northern part of Gauteng Province, is one of South Africa's three capital cities, serving as the executive capital（行政首都）. Pretoria has the second largest number of embassies（大使馆）in the world after Washington DC. Pretoria is approximately 50 kilometers north of Johannesburg. It lies in a warm, well-sheltered（庇护）, fertile valley, surrounded by the hills of the Magaliesberg（马格雷斯堡）range, 1370 meters above sea level. The Cullinan（库里南）Diamond, the largest gem diamond ever found, was discovered near Pretoria at the Premier Mine（普里米尔矿区）on 26 January, 1905.

Pretoria is an important industrial center, with heavy industries including iron and steel casting（冶炼）as well as automobile, railroad and machinery manufacture. It is the headquarters of the South African Iron and Steel Corporation, which produces most of South Africa's steel. Pretoria is one of South Africa's leading academic（学术）cities. The South African Council for Scientific and Industrial Research is also located in this city.

Pretoria is known as Jacaranda（紫楹花）City for the purple-blossomed trees which bloom in such profusion（充沛）in later September-October. Pretoria's main street, Church Street, is the longest urban street in South Africa. Church Square is the city's historic centre with the statue of president of Paul Kruger（保罗 · 克留格尔）at its centre. Several historically and architecturally significant buildings surround the square：the Palace of Justice, the Old Capitol Theatre, the Tudor（都铎）Chambers, the Old Council Chamber and the General Post Office. The turreted（塔状）Palace of Justice was the scene of the most famous political trial in South Africa's history. During this trial, Nelson Mandela and a number of other prominent liberation struggle figures were charged with treason（叛国罪）and subsequently（相继）incarcerated（监禁）.

The Transvaal（德兰士瓦）Museum was amalgamated（合并）with the Pretoria-based National Cultural History Museum and the South African National Museum for Military History on April 1，1999 to form the Northern Flagship Institution. The Institution is managed by a chief executive officer and a board, which replaced the three separate previous museum boards.

5. Bloemfontein（布隆方丹）

Bloemfontein, known as the City of Roses, is one of South Africa's three capital cities serving as the judicial capital（司法首都）, as well as the capital of the Free State province. Historically an Afrikaner settlement, Bloemfontein was officially founded in 1846, and served from 1854 to 1902 as the capital of the Orange Free State. A railway line was built in 1890 connecting Bloemfontein to Cape Town. On March 13, 1900 during the Anglo-Boer War（英布战争）, British forces captured the city and built a concentration camp（集中营）here to house Boer women and children. The 28,000 women and children who died in this camp are paid homage（崇敬）by the National Women's Memorial, on the outskirts of the city.

The landlocked Free State Province between the Vaal River（瓦尔河）in the north and the Orange River（奥林奇河）in the south is an immense rolling prairie（大草原）. The Golden Gate National Park, with its spectacular sandstone formations（构造）, an area of scenic beauty, has a network of nature trails and provides the opportunity to see a variety of antelope（羚羊）and birdlike. The adjoining Qwaqwa National Park（夸夸国家公园）is sanctuary（保护区）to rare species of vulture（秃鹰）. The Free State are home to the South Sotho（梭托）people and their culture can be appreciated at the Basotho（巴索托）Cultural Village.

Part Four MICE Industry

1. Johannesburg Exhibitions（约翰内斯堡展览业）

Johannesburg is the country's top exhibitions venue, landing more than half the number of all exhibitions held in South Africa. Research shows that of the 1,900 exhibitions held in South Africa every year, 51% are held in the Johannesburg area, with Cape Town taking 15% of exhibitions, and Durban coming in at 11%.

In 2003, a strategic alliance was formed between the Johannesburg Tourism Company and the Exhibition Association of Southern Africa, with the aim of promoting Johannesburg as a prime destination for national and international exhibitions, conventions and special events.

Johannesburg has many world-class conference venues. The four biggest, which can each host thousands of delegates, are the Sandton（桑顿）Convention Centre, next door to Africa's top-class shopping and business centre; Gallagher Estate, between Johannesburg and Pretoria;

the Dome, the fourth largest such structure in the world；and the MTN Expo Centre, which is the city's biggest venue and is not far from Soweto（索韦托）.

2. Sandton Convention Centre（桑顿会议中心）

The Sandton Convention Centre was the venue of the 2002 World Summit on Sustainable Development（世界可持续发展峰会）. The centre is close to many of the city's top hotels and is within a block or two of the Sandton City and Nelson Mandela Square shopping malls which are considered the best in Africa. They contain banks, travel agencies, shops and restaurants.

The centre is in the middle of a busy business area, but parking is not a problem. Accessed（接近）controlled basement parking to the centre is available. Sandton can also be approached along a number of arterial（主干）roads and the route（路线）and signposts（路标）to the suburb make it easy to get there.

The centre itself is used for conventions, exhibitions and special events, and caters for the disabled（残疾人）. The convention level of the centre, which accommodates（容纳）3,500 people, offers flexible seating configuration. The multipurpose pavilion, which can host more than 4,000 people, can handle large conferences, concerts, sports events and special functions. There are two exhibition areas of more than 5,000 square meters each and 15 meeting rooms.

3. The Coca-Cola dome（可口可乐馆）

The Coca-Cola dome is South Africa's most definitive（最佳）multipurpose indoor entertainment arena. Situated in Northgate（诺斯盖特）, the Coca-Cola dome is unmatched（无比）in its perfect combination of capacity with capability, hosting a variety of different events from consumer and trade exhibitions to international and local concerts to corporate banquets（宴会）and launches（开展）to large conventions, as well as indoor sporting events.

The large main arena covers 11,049 square meters of uninterrupted space；the mezzanine（夹层）level offers an additional 2,500 square meters of space. As the epic（宏大）concert venue of South Africa, with a maximum capacity of 19,100 standing and 13,000 seated, the venue has played host to every major international artist touring indoors. The Coca-Cola dome is truly a technologically advanced venue with a state of the art Automative Building Management System（楼宇智能系统）.

It's easy to get to the Coca-Cola dome, a 35-minute drive from the Johannesburg International Airport and a 15-minute trip from Lanseria（拉塞利亚）International Airport.

There is an excellent choice of accommodation nearby, from luxurious hotels and guesthouses to homely bed-and-breakfast establishments.

4. Nasrec Expo Centre（纳斯瑞克展览中心）

Nasrec's MTN Expo Centre is located in southwest of Johannesburg, near the Gold Reef City Casino（金矿城赌场）, the Apartheid Museum and Soweto（索韦托）.

The massive exhibition facilities offer 42,000 square meters of undercover space. The main arena can accommodate an impressive 20,000 people. Another venue, the Black Eagle（黑鹰馆）, can be divided into three sections. The Bateleur（短尾鹰馆）, which is slightly larger, easily divides into two. It can seat 1,000 delegates cinema-style. The centre is also quite self-sufficient : it has its own banks, post office, telecommunication services and secure parking for up to 20,000 vehicles. The centre is within easy reach of restaurants and fast-food outlets.

The centre hosts a number of huge events annually, including the largest consumer exhibition in the southern hemisphere, the Rand Show（南非博览会）.

5. Cape Town International Convention Centre（开普敦国际会议中心）

The Cape Town International Convention Centre（CTICC）was opened in June 2003. It hosted the Final Draw of the 2010 FIFA World Cup（世界杯足球赛）.

It is currently undergoing an expansion, with more exhibition space nearing completion on the south-eastern section of the property, and a 15-story Convention Tower office block being built above. The CTICC is served by the Westin Grand Hotel located on the same premises in the north-western corner, and is situated close to the city centre and the Victoria & Alfred Waterfront（维多利亚·阿尔弗雷德码头）.

6. Cape Town Book Fair（开普敦图书展）

The Cape Town Book Fair started in 2006 at the Cape Town International Convention Centre. The annual fair is a joint venture between South-African publisher-association and the Frankfurt Book Fair.

In the first year, there were exhibitors from over 20 countries. In 2007 there were 350 exhibitors from 25 countries. In 2008 there were 293 exhibitors from 31 countries. In 2009 there were 274 exhibitors from 31 countries. 70% of all books come from Great Britain and other English-speaking areas.

7. SciFest Africa（非洲科学节）

SciFest Africa is South Africa's national science Festival held annually in late March or early April in Grahamstown（格拉汉姆）, Eastern Cape（东开普省）. It was the first festival of its kind on the African continent and was launched in 1997 as a high profile（形象）, national event to promote a culture of science. The main aims of the festival is to break through popular misconceptions and create a new mindset about science, technology, engineering and mathematics（数学）by demonstrating that these disciplines underpin（支撑）our everyday activities.

The festival features over 600 events including lectures, interactive exhibitions, workshops, educational theatre, field trips, a soap box derby（街头演讲）, laser shows, science olympics, a film fest, science shows and tours. According to the festival organizers, about 58,000 visitors attended the 2008 festival. Scientists from several countries are invited to share their work, make science accessible to ordinary people, give career guidance, and act as role models for youth.

8. 2010 FIFA World Cup（2010 世界杯足球赛）

The 2010 FIFA World Cup was the 19th FIFA World Cup, the world championship for men's national association football teams. It took place in South Africa from 11 June to 11 July, 2010. The bidding process for hosting the tournament finals was open only to African nations ; in 2004, the International Football Federation Association（FIFA）selected South Africa over Egypt and Morocco（摩洛哥）to become the first African nation to host the finals.

Five new stadiums were built for the tournament, and five of the existing venues were upgraded. Construction costs were expected to US$ 1 billion. South Africa also improved its public transport infrastructure within the host cities, and major road networks were improved. The country implemented（实施）special measures to ensure the safety and security of spectators in accordance with standard FIFA requirements.

The match was played in ten stadiums in nine host cities around the country, with the final played at the Soccer City stadium in Johannesburg. Thirty-two teams were selected for participation via a worldwide qualification tournament（资格赛）that began in August 2007. In the final, Spain defeated the Netherlands 1–0 after extra time and obtained the world title. Host nation South Africa, 2006 world champions Italy and 2006 runners-up（亚军）France were eliminated（淘汰）in the first round of the tournament.

The total prize money on offer for the tournament was confirmed by FIFA as US$420 million, a 60 percent increase on the 2006 tournament. Before the tournament, each of the 32 entrants（参赛者）receive US$1 million for preparation costs.

9. Durban International Film Festival（德班国际电影节）

The Durban International Film Festival（DIFF）is an annual film festival that takes place in Durban（德班）. Founded in 1979, it is the oldest and largest film festival in Southern African and presents over 200 screenings celebrating the best in South African, African and international cinema. In 2010 edition, over 200 films screened：80 feature films, 41 documentaries, 69 short films, 11 surf（冲浪）films. Films from more than 70 countries were presented and the vast majority of these screenings were South African and African premieres（最佳）. 52 South African films were presented at the festival.

The festival also offers filmmaker workshops, industry seminars, discussion forums and outreach activities. The festival offers many competition sections and some of the prizes have cash attached. Since 2006, the Durban Amnesty（人权）group has also sponsored a cash prize called the Amnesty International Durban Human Rights Award.

拓展阅读 搜索

南非奥本海默钻石家族的兴衰

一提到南非，人们就会马上想到钻石。南非盛产钻石，与奥本海默家族的钻石王朝密不可分。1880 年，钻石王朝的创始人——恩内斯特·奥本海默出生在德国一个雪茄制造商家庭。16 岁时，他随哥哥来到伦敦，在一个犹太裔钻石商的钻石分拣车间打工，负责挑出有瑕疵的钻石。犹太钻石商很快发现，恩内斯特虽未受过专业训练，但对钻石有着天生的鉴赏力。21 岁时，备受器重的恩内斯特被派往南非金伯利工作。金伯利是著名的钻石之城，上溯 30 多年，这里曾发现巨大的钻石矿，由此吸引世界各地的大批冒险者前来淘宝。恩内斯特对商业和政治也非常敏锐。在金伯利，如鱼得水的恩内斯特在英、德殖民地间从事贸易。在从容赚钱的同时，他积累了宝贵的政治人脉。1912 年，恩内斯特当选为金伯利市市长，并连任三届，最终代表金伯利市进入南非议会。

1917 年，恩内斯特在成立南非英美资源公司，趁第一次世界大战中德军胜负未卜之机，以低价收购了被南非军队占领的德国钻石矿。战争很快结束，奥本海默家族的钻石生意开始渐露峥嵘。通过长期而激烈的价格战，在 1926 年他成功合并了南非老牌的德比尔斯钻石公司，恩内斯特成为南非钻石界无人匹敌的大佬。1929 年，全球经济大萧条，伦敦的钻石企业联盟濒临破产。恩内斯特抓住时机，低成本扩张，1934 年在伦敦创立中央统售机构（CSO），构建了全球最大的钻石销售渠道。他一直认为，提升钻石价值的唯一方法就是减少产量，使其变得稀缺。现在时机成熟，他关闭了手中所有钻石矿，使全球钻石的年产量在 1930 ~ 1933 年间从 2200 万克拉骤降到 1.4 万克拉，钻石价格因此持续上涨。1935 年，他创立奥本海默父子公司，控股了家族的所有生意。20 世纪 50 年代初，恩内斯特成为南非首富。1957 年，恩内斯特去世，其子 49 岁的哈里 · 奥本海默继承 1.8 亿美元的家产以及占世界钻石产量 80% 的钻石王朝。

哈里曾就读于英国切特豪斯公学和牛津大学，对政治和商业也有天赋。他曾在美国麦迪逊大街广告业中心创造了钻石行业的“4C”标准——切工（Cut）、色泽（Color）、纯净度（Clarity）和克拉（Carat）。哈里为德比尔斯公司撰写的“钻石恒久远，一颗永流传”的经典名句，被评为 20 世纪最成功的广告文案。在哈里主持下，钻石王朝快速发展。在 20 世纪 80 年代之前，德比尔斯公司掌控着全球 90% 的钻石销售。CSO 每年只举行 10 次钻石鉴赏会，只邀请 125 家看货商，他们被称为“德比尔斯 125”。随着澳大利亚、加拿大、俄罗斯不断发现大型钻石矿，南非钻石王国的地位逐渐动摇，德比尔斯的市场占有率一度下降到 45%。哈里将市场从高端客户扩大到中产阶级，采取多种灵活的营销手段。到 20 世纪末，德比尔斯开始成功转型为一家以市场为导向的非垄断型企业，市场占有率回升。奥本海默家族的事业在哈里手中达到全盛，旗下的英美黄金、英美铂金分别成为全球最大的黄金和铂金生产商，米罗科则成为世界十大铜生产商之一，奥本海默家族企业的产值占南非国内生产总值的 10%，出口额占南非出口总额的 30%，俨然南非的“国中之国”。

1998 年，52 岁的尼基 · 奥本海默成为钻石王朝新的掌门人。在其领导下，德比尔斯与知名奢侈品集团路易 · 威登合作，开始涉足钻石零售业。这使德比尔斯的产业价值链更长，并从钻石饰品销售中获得更丰厚的利润。他成功地实施“最佳供应商”战略，通过向看货商和下游企业提供更多的附加价值，将他们控制在德比尔斯四周，共同进退，提升对整个行业的影响力。该策略被哈佛大学商学院选为经典案例。2001 年，尼基决定由奥本海默家族和英美资源集团共同出资 197 亿美元，收购德比尔斯。这是第二次世界大战以来全球钻石业最大的资产重组案，也是南非经济史上最大的企业收购案。奥本海默家族由此垄断了世界钻石业 90% 的市场份额。2008 年，《福布斯》评出全球最显赫的 14 个财富家族，奥本海默家族名列其中。但好景不长，2008 年金融危机暴发，全球钻石需求陷入停滞，德比尔斯的钻石业务遭受重创。尼基被迫再次做出艰难抉择，将德比尔斯出售给英美资源集团。奥本海默家族的钻石王朝或将由此告一段落。

——资料来源：高峰，《南非“钻石大王”不干了》，《环球人物》；《南非钻石巨头尼基 · 奥本海默拱手让出德比尔斯》，《钱江晚报》。

复习与思考

一、名词解释

英荷战争　布隆方丹　2010年世界杯

二、问答题

1. 为何说南非是多元文化的国家？
2. 为何说南非具有重要的地理位置？
3. 简述南非的会展旅游产业特色。

三、实践与训练

1. 调研南非的钻石产业。
2. 研究南非华人的生存状况。

再版后记

2001 年 12 月，中国加入世界贸易组织（WTO），中国市场经济参与全球化竞争需要大量具有国际视野的高素质人才。中国高校兴起双语教学改革潮流，不仅强化英语教学，专业课也开展双语教学，教育部对高校教学水平评估时提出双语教学指标。开展双语教学，引进国外原版教材，价格昂贵，其内容也不完全适合中国国情，亟须自主开发双语教材。旅游管理是涉外性强的专业，有些专业课程适合开展双语教学，如客源国概况课程开展双语教学可收到事半功倍、一举多得之效。苦于双语教材缺乏，我以“敢于吃螃蟹”的精神，结合教学实践，尝试编写“旅游客源国概况”双语教材，以中英文介绍全球 30 个主要旅游国家的概况、历史、文化和景点。中国旅游出版社领导慧眼识珠，于 2006 年 1 月出版《中国主要旅游客源国与目的地国概况》。责任编辑事后反馈，选题论证时有争议，担心有风险，直到 3000 册销售完毕她才松了一口气。这部教材填补了旅游及会展领域双语教材的空白，丰富了出版物种类，被全国多所高校师生用来开展双语教学，好评如潮。2006 年，我在浙江大学举办的全国双语教学师资培训班上作典型发言，分享双语教材开发经验。

2007 年，湖南商学院创办会展经济与管理专业。我作为专业负责人，积极与全国会展行业和院校开展交流互动，通过中国会展经济研究会结识沈丹阳、陈泽炎、储祥银、吴锋、赵伟、朱立文、呼庆源、李淑玲、王新生、杜中塔等行业大咖，通过中国会展教育论坛结识北京第二外国语学院刘大可、湖北大学马勇、中山大学罗秋菊、南开大学何会文、上海大学张敏、天津商业大学杨琪、浙江大学张健康、上海师范大学王春雷、福建师范大学郑耀星、上海工程技术大学许传宏、上海交通大学王方华、海南大学耿松涛、哈尔滨商业大学孟凡胜、浙江万里学院任国岩、广西财经学院钟颖、厦门理工学院蔡清毅、上海对外经贸大学蓝星、广东财经大学袁亚忠、上海应用技术学院杨顺勇、浙江外国语学院刘明广、重庆文理学院周健华、北京农学院仲欣、廊坊师范学院胡玲玲、长沙商贸旅游职业技术学院许名勇、乌鲁木齐职业大学王江英、浙江经贸职业技术学院丁萍萍、中南林业科技大学文岚、湖南师范大学许春晓等会展教育界专家，他们亦师亦友，给我很多帮助和支持。我担任中国会展教育联合会理事，多次被评为中国会展教育优秀人物，湖南商学院也多次被评为全国优秀会展院校。

随着会展产业蓬勃发展，中国会展教育急剧扩张，开办会展专业的高校从几所快速扩展至数百所。会展产业与旅游产业一样，都需要整合国内外资源与市场，具有显著的国际性，高校会展教育也需要双语教学。为了满足高校会展教育对双语教材的迫切需求，我在 2012 年对第一版教材进行大幅度改写，增加全球旅游、会展产业概况，删减一些不太重要的国家，重点介绍 17 个会展旅游大国，每个国家增加会展板块，更新相关数据；2014 年 3 月、5 月先后在中国旅游出版社、高等教育出版社出版《中国主要旅游客源国与目的地国概况（双语教学用书）》《主要旅游客源国概况》两部双语教材。北京第二外国语学院刘大可教授、长沙市会展办陈树中主任鼎力推介，全国多所院校踊跃征订，反响很好。2016 年，该教材被中国会展经济研究会评为“优秀会展经济研究成果二等奖”。

自 2012 年中共十八大召开以来，中国进入社会主义新时代。随着“一带一路”、人类命运共同体的实施与推进，中国的政治、经济、军事、科技和文化实力全面提升，中国重返世界舞台中央，中华民族正在实现伟大复兴，全球格局发生深刻变化。2019 年新冠肺炎疫情暴发，人类迎来百年未有之变局。2020 年，中国全面建成小康社会。2021 年，中国开始实施乡村振兴战略，确立第二个百年奋斗目标。2022 年，党的二十大召开，习近平总书记提出“创新是第一动力”“人才是第一资源”，将创新、科技、教育提到战略地位，开启“中国式现代化”的新征程，尤其强调“办人民满意的教育”“加强教材建设和管理”。2023 年 6 月 2 日，习近平总书记在北京出席文化传承发展座谈会，提出“第二个结合”的光辉论断，指出中华文明具有连续性、创新性、统一性、包容性、和平性的特点，建设中华民族现代文明。中国正从旅游会展大国向旅游会展强国迈进，急需培养创新型复合型高素质旅游会展人才，双语教材应与时俱进，融入最新研究成果。

2015 年 12 月，我参与创办湖南省伏羲文化研究会，开始研究早期湖湘文明，提出“大湘西是人类文明的重要源头”“高庙文明往外传播，催生古印度、古埃及文明”等观点。2016 年，将数千个英语单词的每个字母解读为音、意相通的相应汉字，如 HILL 即岵屹岭峦，HERB 即蒿莪荏芭，揭示英语源自汉语的真相。2017 年赴美国访学，参观纽约、华盛顿等地人类历史博物馆，明白“殷商移民开发美洲创立印第安文明”的真相，并在纽约皇后区法拉盛图书馆、纽约唐人街中华第一浸信会、曼哈顿华美人文学会、美国中文电视台作“湖南高庙文明西传催生古埃及文明暨英汉同源于高庙糯语”的讲座，视频发布于 YouTube。2018 年赴涟源挂职，任副市长，开展科技扶贫，多次举办“英汉同源”讲座，主持完成“英汉同文”省级课题。2019 年，参加中国首届国际前沿教育高峰论坛，“英语起源于汉语之研究”获“重大贡献奖”。2020 年，在涟源市杨市镇彭氏宗祠创办“糯文糯语英汉同文馆”，开发茶砖、扑克、文化衫、笔记本等系列文创产品，获湖南省旅游商品大赛银奖，“糯文糯语”商标获国家知识产权局批准。2021 年至今，我先后在湖南工商大学文学与新闻传播学院、数字传媒与人文学院工作，担任副院长职务，从事会展、旅游、广告等专业课程教学，指导学生开展“糯文糯语英汉同文馆”创业活动，获长沙市岳麓山大科城红枫杯创业大赛“优秀项目奖”。受诸玄识、董并生、杜钢建、陈大漓、翟桂鋈、何新、亚布等学者影响，自己积极投身“西史辨伪”研究，视野得以开阔，明白“古希腊文明是虚构伪造”“郑和下西洋，绘制世界地图，构建全球进贡贸易体系”的真相。

2023 年 5 月 27 日，在第三届中国新闻发言人论坛上，中国外交部发言人毛宁说了一段振奋人心的话，面对反华敌对势力掀起的一波又一波的舆论抹黑浪潮，我们不做“沉默的羔羊”，不做绅士，要做战士。在尖锐激烈的国际舆论斗争中确保话语阵地不丢，坚决维护国家的利益、形象和尊严。教育的根本目标是立德树人、培根铸魂。培养“胸怀宇内，放眼全球”的创新人才，需要守正创新、文化自信、古为今用、洋为中用，既不能食古不化，也不能崇洋媚外。值此双语教材修订再版之机，我们必须坚持习近平总书记的大历史观，头脑清醒，敢于亮剑，善于斗争，旗帜鲜明地抵制“西方伪史”的错误观点，坚决维护国家文化主权，讲好中国故事，为课程思政提供优秀素材，为新时代培养创新型旅游会展人才提供优秀的双语教材。

王佩良

湖南工商大学数字传媒与人文学院副院长、教授、博士

2023 年 6 月

项目策划：张芸艳
责任编辑：张芸艳
责任印制：孙颖慧
封面设计：武爱听

图书在版编目（CIP）数据

中国主要旅游客源国与目的地国概况 = Survey of Major Source and Destination Countries for Chinese Tourism：双语教学用书：汉文、英文 / 王佩良编著．-- 2 版．-- 北京：中国旅游出版社，2023.8

“十二五”职业教育国家规划教材

ISBN 978-7-5032-7166-3

Ⅰ.①中… Ⅱ.①王… Ⅲ.①旅游客源－国际市场－概况－中国－职业教育－教材－汉、英 ②景点－概况－世界－职业教育－教材－汉、英 Ⅳ.① F592.6 ② K91

中国国家版本馆 CIP 数据核字（2023）第 126827 号

书　　名：中国主要旅游客源国与目的地国概况（第二版）

作　　者：王佩良
出版发行：中国旅游出版社
（北京静安东里 6 号　邮编：100028）
http://www.cttp.net.cn　E-mail: cttp@mct.gov.cn
营销中心电话：010-57377103，010-57377106
读者服务部电话：010-57377107
排　　版：北京中文天地文化艺术有限公司
经　　销：全国各地新华书店
印　　刷：三河市灵山芝兰印刷有限公司
版　　次：2023 年 8 月第 2 版　2023 年 8 月第 1 次印刷
开　　本：787 毫米 ×1092 毫米 1/16
印　　张：21
字　　数：310 千
定　　价：49.80 元
I S B N　978-7-5032-7166-3